窮通寶鑑

궁통보감窮通寶鑑

조후용신론의 체계적 이론을 세운 名著

문원북 역학易學 고전시리즈 ⑥

초판발행	2020년 11월 01일
초판2쇄	2024년 02월 01일

지은이 김낙범
펴낸이 김민철

펴낸곳 도서출판 문원북
주 소 서울시 마포구 토정로 222 한국출판콘텐츠센터 422
전 화 02-2634-9846 / 팩 스 02-2365-9846

ISBN 978-89-7461-473-7

메 일 wellpine@hanmail.net
카 페 cafe.daum.net/samjai
블로그 blog.naver.com/gold7265

이 도서의 국립 중앙도서관 출판사 도서 목록(CIP)은 서지정보 유통지원 시스템 홈페이지
(http://seoji.nl.go.kr)와 국가 자료 공동 목록 시스템(http://www.nl.go.kr/kolisnet)
에서 이용하실 수 있습니다.

(CIP제어번호: CIP2020040555)

궁통보감

조후용신론의 체계적 이론을 세운 명저 名著

문원북 BOOK

 들어가며

궁통보감이 어려운 이유

궁통보감을 이해하기 어렵다고 하는 사람들이 많습니다.
그러나 궁통보감을 이해하기 어려운 것이 아닙니다.

사주팔자를 해석하는 관법은 크게 두 가지로 나눌 수 있는데
격국론과 기세의 억부론이라고 할 수 있습니다.

궁통보감은 기세의 억부론을 펼친 관법인데
이를 격국론의 관법으로 이해하려고 하므로 어려운 것입니다.

궁통보감의 원저는 난강망이라고 하며 서기 1300년경에 적천수와 비슷한
시기에 나온 명리학 저서로서 작자는 미상으로 알려져 있습니다.

난강망은 이후 서기 1700년경에 청나라 초기에 천문학을 담당하던 관리가
입수하여 조화원약으로 편저하였으며
서기 1800년경에 청나라 말기에 여춘대가 난강망을 입수하여 궁통보감으
로 편저한 것으로 전해지고 있습니다.

이후 대만의 명리학자인 서락오가 이들을 해설하여
1937년에 궁통보감평주를 발간하고
1941년에 조화원약평주를 발간하면서 세상에 널리 알려지게 됩니다.

서락오는 궁통보감과 조화원약을 해설하여 궁통보감평주과 조화원약평주
를 펴내면서 세상에 알리는 공헌은 지대하였습니다.
그러나 궁통보감평주와 조화원약평주를 격국론의 관법과 혼합하여 해설하
였으므로 이를 보는 독자들은 어려움을 느끼는 것입니다.

궁통보감은 기세의 억부론으로 이해하여야 쉬운 것입니다.

격국론은 일간과 월령을 중심으로 하고 재관인식 등의 십신에 의하여 이루어지는 생극제화로서
격국의 성격과 패격을 이루어 부귀를 추명하는 관법입니다.

기세의 억부론은 일간이 태어난 계절의 환경을 중시하고 천간과 지지의 기세에 의하여 이루어지는 음양과 오행의 세력을 가늠하여
강한 것은 억제하고 설기하며 약한 것은 생하고 도와주는 억부抑扶로써 음양의 조화를 이루어 부귀를 추명하는 관법입니다.

격국론과 기세의 억부론에 대한 관점은 다릅니다.
격국론은 재관인식 등으로 만들어진 십신의 용신에 의하여 격국의 틀을 만드는데 중점을 두므로
음양과 오행의 특성과 세력의 태과불급을 조절하기에는 다소 어려운 점이 있습니다.

기세의 억부론은 오직 음양과 오행의 기세가 만드는 환경과 세력의 태과불급을 억부하여 조절하는 용신으로 음양의 조화를 이루는 것이므로
격국론의 용신체계와는 근본적으로 다르다고 할 수 있습니다.

서락오는 격국론과 기세의 억부론을 혼합하면서 궁통보감평주와 조화원약평주를 해설하여 세상에 내놓았지만
이에 대한 이해가 수반되지 않으면 매우 난해한 학문이 될 수밖에 없는 것이므로 공통보감이 어렵다고 이야기 하는 것입니다.

궁통보감의 원저인 난강망은 격국론의 이론을 배제하고 기세의 억부론에

의한 이론을 펼친 것입니다.
십간별로 계절에 의한 한난조습이 사주팔자에 미치는 영향을 조절하고
음양과 오행의 기세가 만드는 세력을 억부로 조절하여
중화로써 음양의 조화를 이루는 십간을 용신으로 채용하고 있습니다.

이 책은 궁통보감을 기세의 억부론의 관점으로 해설하였습니다.

궁통보감을 이해하고자 하면 음양과 오행 그리고 한난조습을 조절하며 중화로써 음양의 조화를 이루는 기세의 억부론으로 보아야 합니다.

궁통보감이나 조화원약은 모두 난강망에서 비롯된 것으로서 서락오도 난강망의 원문 자체를 해설한 것이 없는 것을 보면 난강망의 원문을 입수하지 못한 것으로 판단됩니다.

조화원약은 천문학자인 관리가 난강망을 입수하여 편저한 것으로서 고대 격국론의 체계를 곳곳에서 발견할 수 있습니다.

궁통보감은 여춘대가 난강망을 입수하여 난강망에서 펼치는 기세의 억부론을 그대로 반영하여 편저한 것입니다.

그러므로 필자는 조화원약보다는 궁통보감을 해설하는 것을 선택하고
격국론의 관점을 배제하면서 오로지 난강망의 저자와 여춘대의 관점으로 해설하고자 노력하였습니다.

난강망 그리고 궁통보감에서 펼치는 기세의 억부론에 대한 진정한 이치를 밝히고자 이 책을 펴내기에 이른 것입니다.

이 책에 제시된 명식은 조화원약의 명식을 발췌하였습니다.

궁통보감에는 명식의 사례가 거의 없는 것이 특징이므로 조화원약에서 제시한 명식을 발췌하여 궁통보감에서 펼치는 기세의 억부론의 관점으로 해설하였습니다.

그러나 조화원약에서 제시하고 해설한 명식은 당시에 유행하던 고대의 격국론으로서 정란격, 합록격, 귀록격, 육음조양격, 태원 등으로 해설한 것이 대부분입니다.

이 책에서는 조화원약에 제시된 명식을 차용하되 조화원약에서 해설한 내용과 서락오가 해설한 내용을 모두 배제하고
오직 궁통보감에서 펼치는 기세의 억부론의 관점으로 해설하였습니다.

독자 여러분들은 격국론과 기세의 억부론의 차이점을 바로 이해하고
궁통보감을 격국론의 관점이 아닌 기세의 억부론의 관점으로 이해하면서
음양의 조화에 대한 진정한 이치를 깨닫기를 바랍니다.

궁통보감으로 기세의 억부론의 관법을 익히고 난 후에 자평진전에서 펼치는 격국론의 관법과 결합하면 아주 유용하고 정확한 관법으로 사주팔자를 해석하여 운명을 조망할 수 있습니다.

이 책으로 궁통보감에서 이야기하는 기세의 억부론을 이해하면서
자연의 이치를 깨닫고 사주팔자를 통하여 삶의 이치를 조망하여
운명을 개선하는 지혜를 발휘하면서
행복한 삶을 살 수 있도록 지도하고 이끌어주기를 간절히 바랍니다.

庚子년 가을에
무공 김낙범 드림

궁통보감을 쉽게 이해하려면

궁통보감은 기세의 억부론에 의한 관법을 펼친 책으로서 음양의 조화를 알 게 되면 매우 쉽게 이해할 수 있습니다.

음양의 조화는 만물의 생장소멸과 살아가는 생존법칙에 의한 자연의 이치 로서 인간의 삶도 역시 이와 다르지 않기 때문입니다.

사주팔자에 정하여진 운명은 사주팔자와 운에 의한 삶의 환경에 적응하면 서 치열한 생존경쟁을 통하여 음양의 조화를 이루고 삶에 필요한 지혜와 부귀를 만드는 것입니다.

그러므로 우리의 삶은 삶의 환경인 자연의 이치를 벗어나지 못하고 음양과 오행의 성쇠와 강약을 억부抑扶로써 조절하며
중화로써 음양의 조화를 이루어 행복을 추구하는 것입니다.

음양과 오행의 성질과 작용을 먼저 이해하고 수화기제와 한난조습의 변화 하는 이치를 알게 되면 음양의 조화를 알 수 있으며
삶에 필요한 재물과 명예가 어떻게 생성이 되고 소멸이 되는지
치열한 경쟁사회에서 어떻게 살아야 행복을 추구할 수 있는지를 알 수 있 게 됩니다.

이것이 궁통보감에서 말하고자 하는 것입니다.
십신에 의한 격국론의 틀에서 벗어나 자연의 이치에 단순히 대입하여 인간 의 삶을 조망하면서 행복을 추구하고자 하는 것이 궁통보감에서 펼치고자 하는 기세의 억부론에 대한 진정한 이치라고 할 수 있습니다.

먼저 제1장 오행총론에서 소개하는
음양의 성질과 작용을 숙지하고 이해하여야 합니다.

구분	양		음	
사상四象	소양少陽	태양太陽	소음少陰	태음太陰
오행五行	木	火	金	水
성질	등상騰上	염상炎上	침하沉下	윤하潤下
작용	풍기風氣	열기熱氣	조기燥氣	한기寒氣

양기는 木의 소양과 火의 태양으로 나뉘고
음기는 金의 소음과 水의 태음으로 나누어집니다.

土는 水火와 木金을 조절하는 작용이 있습니다.
水火의 음기와 양기를 조절하고 중개하며
木金의 음기와 양기를 조절하고 중개하는 작용을 합니다.

기세의 억부론은 음양과 오행의 태과불급을 조절하는 작용입니다.
태과太過한 것은 가득 찬 것으로서 억억抑으로써 제어하고 설기하며
불급不及한 것은 비워져 있는 것으로서 부扶로써 채우고 생하면서
억부抑扶로써 기세의 균형을 이루어야 중화가 되면서 음양의 조화가 이루
어지는 것입니다.

음양과 오행의 태과불급은 천간과 지지의 조합에 의하여 발생합니다.
음양의 기세가 부조화를 이루면 삶의 질에 지대한 영향을 주게 되므로
음양의 기세를 조절하여 음양의 조화를 이루어주면 삶에 필요한 부귀는
저절로 만들어집니다.

木은 水의 음기를 설기하고 火의 양기를 배양하고
金은 火의 양기를 설기하고 水의 음기를 배양하며
土는 水火의 태과불급을 조절하면서 木金의 작용을 돕는 것입니다.

水火의 기후와 물상적 작용을 이해하여야 합니다.

火		水	
丙	丁	壬	癸
양기		음기	
온기溫氣	열기熱氣	한기寒氣	습기濕氣
태양	촛불 등불 화로	바다 호수 강물	구름 비 눈

木金의 기후와 물상적 작용을 이해하여야 합니다.

木		金	
甲	乙	庚	辛
양기		음기	
생기生氣	풍기風氣	살기殺氣	조기燥氣
나무 장작	초목 가지 잎	철 도끼 쟁기	보석 칼

土의 조절과 물상적 작용을 이해하여야 합니다.

土	
戊	己
산 제방 댐 들	밭 논 정원
음양의 가운데로서 충기沖氣라고 하며 조절과 중개의 작용	

음양과 오행이 만들어내는 천간과 지지의 작용을 이해하고
이들이 만들어내는 기후와 물상적 작용의 특성을 이해하면서
이들의 기세가 연합하여 만들어내는 태과불급을 억부로 조절하여야
비로소 기세의 억부론으로 사주팔자를 해석하고 우리의 운명을 조망하고
개선할 수 있는 지혜를 발휘할 수 있는 것입니다.

지지의 음양을 이해하여야 합니다.
子에서 양기가 생기며 점차 양기가 발전하여 巳에서 가장 왕성하고
午에서 음기가 생기며 점차 음기가 발전하여 亥에서 가장 왕성합니다.

지지는 음양이 성쇠하는 사상四象의 과정으로서 춘하추동의 계절이 만들어
지고 한난조습의 기후가 만들어지면서
우리의 삶에 지대한 영향을 끼치는 환경이 만들어지는 것입니다.

지지는 월로서 표시가 되며
寅월이 정월로서 입춘이 시작되는 달이 되고
卯월은 이월로서 입춘으로 부터 두 번째 달이 되는 것입니다.
사주팔자의 월은 음력이나 양력이 아닌 절기를 기준하기 때문입니다.

용신의 체계를 이해하여야 합니다.
궁통보감에서 펼치는 기세의 억부론에서는 천간이 용신을 담당합니다.
기세의 억부용신은 태과불급한 기세를 조절하고 음양의 조화를 이루기 위
한 요소로서 반드시 필요합니다.

겨울에 태어난 壬水에게 태과한 음기를 조절하기 위하여 丙火를 용신으로
쓰는 것은 당연한 것이며
여름에 태어난 丙火에게 태과한 양기를 조절하기 위하여 壬水를 용신으로
쓰는 것은 당연한 것입니다.

봄에 태어난 甲木이 성장하기 위하여 癸水와 丙火를 쓰는 것이고
가을에 태어난 庚金을 수렴하기 위하여 丁火와 壬水를 쓰면서
수화기제를 이루어주어야 만물이 성장하고 수렴하게 됩니다.

궁통보감의 용신은 자연의 이치를 함유하고 있으며
기세의 억부로서 음양의 조화를 이루는 천간으로서 만들어지므로
십신의 생극조화로 만들어진 격국론의 용신과 다른 것입니다.

격국론과 기세의 억부론은 용신체계가 다릅니다.
격국론의 용신은 격국을 만드는 십신의 생극조화로 만들어지며
기세의 억부론에서 용신은 음양의 조화를 이루는 천간으로서 만들어지므
로 용신체계가 서로 다를 수밖에 없습니다.

한 가지 예로서
가을에 태어난 丙火에게 한 무리의 辛金이 있다면 격국론의 종재격과 같다
고 합니다.

격국론에서 종재격이 되면 재성이 용신이 되는 것이 일반적이므로
金이 용신이고 용신을 생하는 土가 희신이 됩니다.

그러나 궁통보감에서는 음양의 조화를 이루는 천간이 용신이 되므로
쇠약한 丙火를 돕는 木을 용신으로 하며 용신을 도와 辛金의 태과한 기세를
설기하는 水를 희신으로 설정하게 됩니다.

서락오는 궁통보감평주를 격국론과 혼합된 관점으로 해설하였으므로
궁통보감에서 제시한 종재격의 용신이 잘못된 오자라고 수정하여야 한다
고 주장하지만 궁통보감에서 펼치는 기세의 억부론에 대한 관점으로 보면
결코 용신이 잘못된 것이 아닙니다.

궁통보감에서 종재격에 비유하면서 격국론의 종재격 용신과 다른 용신을
일률적으로 적용한 것을 보면 결코 잘못된 오자가 아닌 것을 알 수 있는 것
입니다.
오히려 기세의 억부론에 대한 용신을 바로 제시한 것으로 보아야 할 것입
니다.
그러므로 격국론의 용신체계와 기세의 억부론에 의한 용신체계가 다름을
이해하여야 하는 것입니다.

궁통보감의 육친론은 격국론의 육친론과 다릅니다.
격국론의 육친론은 남성의 사주팔자는 재성과 관성을 처자로 설정하고
여성의 사주팔자는 식상과 정관을 자식과 남편으로 설정하는 것이 일반적
입니다.

궁통보감에서 펼치는 기세의 억부론에서 육친론은
음양의 조화를 이루어주는 용신이 가장 중요하므로 용신을 자식으로 설정
하고 처 또는 남편을 희신으로 설정하였습니다.

가령 甲木이 용신이면 수처목자水妻木子라고 하며
木이 자식으로서 용신이고 水가 처로서 희신을 역할을 한다고 설정하면서
용신이 음양의 조화를 잘 이루면 처가 현명하고 자식이 효도한다고 말하고
있습니다.

궁통보감은 기세의 억부론의 관점으로 이해하여야 하는 것입니다.
위와 같은 개념으로 궁통보감을 읽는다면
궁통보감이 매우 쉽다는 것을 알 수 있습니다.
음양과 오행의 기세에 대한 태과불급을 억부로써 조절하여 중화를 만들고
음양의 조화를 이루는 관법이라는 것을 알 수 있는 것입니다.

음양의 조화는 우리의 삶에 직접적인 영향을 미치는 것으로서
사주팔자를 통하여 우리의 운명과 삶을 조망하면서 어떻게 사는 것이 가장
현명한 것인지를 판단할 수 있는 지침을 제공하여 주는 자연의 이치이며
도리입니다.

庚子년 가을에 무공 김낙범 드림

목차

들어가며

필독 - 궁통보감을 쉽게 이해하려면

제1장 오행총론

제2장 갑목甲木

제3장 을목乙木

제4장 병화丙火

제5장 · 정화丁火

제6장　무토戊土

제7장 　기토己土

제8장　경금庚金

제9장 신금辛金

제10장 임수壬水

제11장 계수癸水

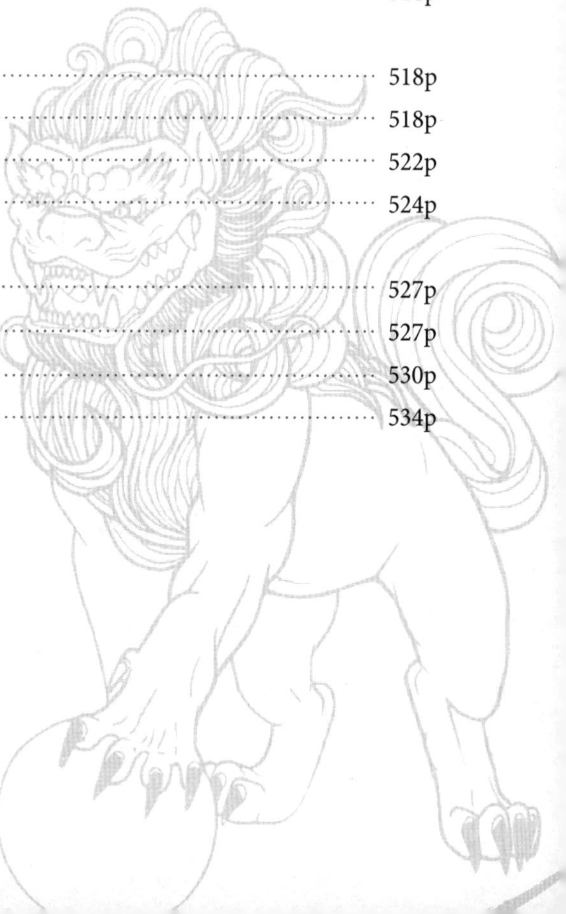

제 1 장
오 행 총 론
五 行 總 論

오행총론은 궁통보감의 기본적인 이론으로서 음양의 조화를 이루는 기세론입니다.
명리학의 백과사전이라고 할 수 있는 삼명통회에 수록된 오행론과 내용이
같으므로 참고하기 바랍니다.

1. 오행

1) 오행이란

五行者 本乎天地之間而不窮者也 故謂之行 北方陰極而生寒 寒生水
오행자 본호천지지간이불궁자야 고위지행 북방음극이생한 한생수
南方陽極而生熱 熱生火 東方陽散以泄而生風 風生木 西方陰止以收
남방양극이생열 열생화 동방양산이설이생풍 풍생목 서방음지이수
而生燥 燥生金 中央陰陽交而生溫 溫生土 其相生也所以相維 其相剋也
이생조 조생금 중앙음양교이생온 온생토 기상생야소이상유 기상극야
所以相制 此之謂有倫
소이상제 차지위유론

오행이란 본래 천지간에 끊임없이 운행하는 것이라고 한다. 그러므로 북방 음
극에서 차가운 한기를 만들고 한기로써 水를 만든다. 남방 양극에서 뜨거운 열
기를 만들고 열기로써 火를 만든다. 동방에서 양이 흩어져 설기되며 바람 풍기
를 만들고 풍기로써 木을 만든다. 서방에서 음이 머무르고 수렴되어 마른 조기
를 만들고 조기로써 金을 만든다. 중앙에는 음양이 교차하며 따뜻하고 온화한
기를 만들고 온화한 기로써 土를 만든다. 이로써 상생하여 서로 유지하고 상극
하며 서로 제어하므로 이것으로 도리가 있다고 한다.

오행이란 본래 천지간에 끊임없이 운행하는 것이라고 합니다.

북방 음극에서 차가운 한기를 만들고 한기로써 水를 만들며
남방 양극에서 뜨거운 열기를 만들고 열기로써 火를 만든다고 합니다.
동방에서 양기가 흩어져 설기되며
바람 풍기를 만들고 풍기로써 木을 만든다고 합니다.
서방에서 음기가 머무르고 수렴되며
마른 조기를 만들고 조기로써 金을 만든다고 합니다.
중앙에서 음양이 교차되면서 따뜻하고 온화한 기를 만들고
온화한 기로써 土를 만든다고 합니다.

이로써 오행은 상생하며 서로 유지하고 상극하며 서로 제어하므로
이것으로서 자연의 도리가 있다고 합니다.

2) 오행의 성질

火爲太陽 性炎上 水爲太陰 性潤下 木爲少陽 性騰上而無所止 金爲
화 위 태 양 성 염 상 수 위 태 음 성 윤 하 목 위 소 양 성 등 상 이 무 소 지 금 위
少陰 性沉下而有所止 土無常性 視四時所乘 欲使相濟得所 勿令太
소 음 성 침 하 이 유 소 지 토 무 상 성 시 사 시 소 승 욕 사 상 제 득 소 물 령 태
過不及
과 불 급
火는 태양으로서 불이 타오르는 성질이 있다. 水는 태음으로서 물이 아래로 흐르
는 성질이 있다. 木은 소양으로서 위로 힘차게 오르고 멈추지 않는 성질이 있다.
金은 소음으로서 아래로 가라앉으며 머무는 성질이 있다. 土는 일정한 성질이 없
고 사계절을 타고 나타나며 조화를 얻고자 한다면 태과불급이 없어야 한다.

오행은 사상으로 성질이 나타난다고 합니다.

사상四象	태양太陽	태음太陰	소양少陽	소음少陰
오행五行	火	水	木	金

火는 태양太陽이며 양기가 왕성한 기운으로서
불이 위로 타오르는 염상炎上의 성질이 있다고 합니다.

水는 태음太陰이며 음기가 왕성한 기운으로서
물이 아래로 흐르는 윤하潤下의 성질이 있다고 합니다.

木은 소양少陽이며 양기가 자라나는 기운으로서
위로 힘차게 솟아오르고자 하는 등상騰上의 성질이 있다고 합니다.

金은 소음少陰이며 음기가 자라나는 기운으로서
아래로 가라앉으며 머물고자 하는 침하沉下의 성질이 있다고 합니다.

土는 일정한 성질이 없고 춘하추동 사계절을 타고 나타나며
음양의 조화를 이루고자 하면 태과불급이 없어야 합니다.

3) 오행의 성정

夫五行之性 各致其用 水者其性智 火者其性禮 木其性仁 金其性義
부 오 행 지 성 각 치 기 용 수 자 기 성 지 화 자 기 성 례 목 기 성 인 금 기 성 의
惟土主信 重寬厚博 無所不容 以之水 即水附之而行 以之木 則木托
유 토 주 신 중 관 후 박 무 소 불 용 이 지 수 즉 수 부 지 이 행 이 지 목 즉 목 탁
之而生 金不得土 則無自出 火不得土 則無自歸 必損實以爲通 致虛
지 이 생 금 불 득 토 즉 무 자 출 화 불 득 토 즉 무 자 귀 필 손 실 이 위 통 치 허
以爲明 故五行皆賴土也
이 위 명 고 오 행 개 뢰 토 야

대개 오행의 성정은 각각 세밀하게 그 쓰임이 있다. 水는 그 성정이 지혜이며
火는 그 성정이 예절이고 木은 그 성정이 인자함이며 金은 그 성정이 의리이다.
오로지 土는 믿음으로 무겁고 너그러우며 두텁고 넓으며 받아들이지 않는 것이
없다. 이로써 水가 기대어 흐르고 木이 의탁하여 살아가며 金은 土를 얻지 않고
는 스스로 나오지 못하고 火는 土를 얻지 않고는 스스로 돌아갈 곳이 없다. 반
드시 실한 것은 덜어내야 통하며 허한 것은 채워야 밝아지는 것이므로 오행은
모두 土에 의지하는 것이다.

오행의 성정은 각각 세밀하게 그 쓰임이 있다고 합니다.

오행	水	火	木	金	土
성정	지혜	예절	인자	의리	믿음

土는 무겁고 너그러우며 두텁고 넓으며 모든 것을 포용한다고 하며
土는 水를 조절하는 작용을 하므로 水가 土에 기대어 흐르고
土는 木이 살아가는 흙이므로 木이 土에 의탁하여 살아가고
土는 金을 생산하므로 金은 土를 얻지 않고는 스스로 나오지 못하며
火는 土를 얻지 않고는 스스로 돌아갈 곳이 없다고 합니다.

반드시 가득 차서 실하면 제어와 설기로써 덜어내야 통할 수 있으며
비워져 허한 것은 생부生扶로써 채워야 밝아질 수 있으므로
오행은 모두 土의 조절작용에 의지한다고 합니다.

4) 오행의 형색과 수리

推其形色 則水黑 火赤 木青 金白 土黃 此正色也 及其變易 則不然
추 기 형 색 즉 수 흑 화 적 목 청 금 백 토 황 차 정 색 야 급 기 변 역 즉 불 연
常以生旺從正色 死絶從母色 成形冠帶從妻色 病敗從鬼色 旺墓從子
상 이 생 왕 종 정 색 사 절 종 모 색 성 형 관 대 종 처 색 병 패 종 귀 색 왕 묘 종 자
色 其數則水一 火二 木三 金四 土五 生旺加倍 死絶減半
색 기 수 즉 수 일 화 이 목 삼 금 사 토 오 생 왕 가 배 사 절 감 반

형색으로 추론하면 水는 흑색이고 火는 적색이며 木은 청색이고 金은 백색이며
土는 황색으로서 이것이 바른 색이고 변화하면 그러하지 않다. 항상 생왕하면
바른 색을 따르고 사절하면 모친의 색을 따르고 관대의 형상을 이루면 처의 색
을 따르고 병이 들어 패하면 귀의 색을 따르며 왕묘에서는 자식의 색을 따르는
것이다. 오행의 숫자는 水가 일이고 火가 이이며 木이 삼이고 金이 사이며 土가
오이다. 생왕하면 배가되고 사절하면 반감된다.

오행의 정하여진 형색과 수리는 아래와 같다고 합니다.

오행	水	火	木	金	土
바른 형색	흑색	적색	청색	백색	황색
숫자	1	2	3	4	5

바른 형색은 기세의 왕쇠에 의하여 변화한다고 합니다.
생왕生旺하면 기세가 왕성하므로 바른 색을 따른다고 하며
사절死絶하면 기세가 소멸되므로 생하여주는 모친의 색을 따르고
관대冠帶의 형상에서는 결혼을 하는 시기로서 처의 색을 따르고
병패病敗하면 기세가 설기되므로 관살인 귀鬼의 색을 따르고
왕묘旺墓에서는 후손에게 기세를 넘겨주어야 하므로 자식의 색을 따른다고
합니다.

생왕하면 기세가 두 배로 왕성하여진다고 하며
사절하면 기세가 쇠약하여지므로 반으로 감소된다고 합니다.

5) 오행의 중화

以義推之 夫萬物負陰而抱陽 沖氣以和 過與不及 皆為乖道 故高者
이의추지 부만물부음이포양 충기이화 과여불급 개위괴도 고고자
抑之使平 下者舉之使崇 或益其不及 或損其太過 所以貴在折衷 歸
억지사평 하자거지사숭 혹익기불급 혹손기태과 소이귀재절충 귀
於中道 使無有餘不足之累 即財官印食貴人驛馬之微意也 行運亦如
어중도 사무유여부족지누 즉재관인식귀인역마지미의야 행운역여
之 識其微意 則於命理之說 思過半矣
지 식기미의 즉어명리지설 사과반의

이로써 뜻을 추리하여 본다면 대개 만물은 음을 지고 양을 품으며 충기로써 조
화를 이룬다. 지나침은 모자람만 못하니 모두 도리가 어그러진다. 그러므로 높
이 있는 것은 억제하여 평평하게 하며 아래에 있는 것은 끌어올려서 높여야 하
는 것이니 모자라면 보태고 남으면 덜어내는 것이다. 이로써 귀한 것도 절충하
여 중도로 돌아가고 남거나 부족한 것이 누적됨이 없어야 재관인식이 부귀의
작은 뜻이라도 있게 된다. 행운도 역시 이와 같으니 그러한 작은 뜻을 알기만
해도 명리의 반은 아는 것이다.

부음負陰은 음기를 등에 지고 포양抱陽은 양기를 품는다는 것으로서
만물이 음양을 함께 지니고
충기沖氣인 土로써 조화를 이룬다고 합니다.

지나침은 모자람만 못하니 모두 도리에 어긋나는 것으로서
기세가 태과太過하여 높이 있는 것은 억제하여 평평하게 하고
남는 것은 덜어낸다고 하며
기세가 불급不及하여 아래에 있는 것은 끌어올려서 높여야 하고
모자란 것은 보태어 준다고 합니다.

이로써 귀貴한 것도 절충하여 중도로 돌아가고
태과불급이 누적되지 않아야 재관인식이 균형을 이루면서
부귀를 뜻하는 역마驛馬와 귀인貴人으로서 작은 뜻이라도 있고
행운도 역시 이와 같으니 이러한 뜻을 아는 것만으로도
이미 명리의 반을 아는 것이라고 합니다.

2. 목木

1) 木의 성질

木性騰上而無所止 氣重則欲金任使 有金則有惟高惟斂之德 仍愛土重
목 성 등 상 이 무 소 지   기 중 즉 욕 금 임 사   유 금 즉 유 유 고 유 렴 지 덕   잉 애 토 중
則根蟠深固 土少則有枝茂根危之患 木賴水生 少則滋潤 多則漂流
즉 근 반 심 고   토 소 즉 유 지 무 근 위 지 환   목 뢰 수 생   소 즉 자 윤   다 즉 표 류
木의 성질은 위로 오르기만 하고 멈추지 않는다. 기운이 무거우면 金으로 다스
려 주기를 바라고 金이 있으면 오로지 높이 올라 수렴하고자 하는 덕이 있다.
土가 무거운 것을 따르며 뿌리를 깊고 견고하게 두르고 土가 적으면 가지가 무
성하여 뿌리가 위태해지는 우환이 있다. 木은 水의 생함에 의지하고 적어도 촉
촉하게 적시고 많으면 떠다닌다.

木의 성질은 위로 오르기만 하고 강하게 분출하는 추진력으로서
하늘만 보고 위로 오르므로 결코 멈추지 않는다고 합니다.

木의 기세가 무거워 왕성하다면
金으로 제어하며 다스려 주기를 바란다고 하며
金이 있으면 오로지 높이 올라가
결실을 수렴하고자 하는 덕이 있다고 합니다.

土의 기세가 왕성하고 무거운 것을 따르는 것은
뿌리를 깊고 견고하게 두를 수 있기 때문이며
土의 기세가 쇠약하여 적으면 가지만 무성하여지고
뿌리는 약하여 위태하므로 넘어질 우환이 있다고 합니다.

木은 水의 생함에 의지하는데
水가 적어 적당하면 촉촉하게 적실 수 있지만
水가 많으면 물에 떠다니며 정처 없이 방랑한다고 합니다.

甲戌 乙亥 木之源 甲寅 乙卯 木之鄕 甲辰 乙巳 木之生 皆活木也 甲申
갑술 을해 목지원 갑인 을묘 목지향 갑진 을사 목지생 개활목야 갑신

乙酉 木受剋 甲午 乙未 木自死 甲子 乙丑 金剋木 皆死木也
을유 목수극 갑오 을미 목자사 갑자 을축 금극목 개사목야

甲戌 乙亥는 木의 근원이며 甲寅 乙卯는 木의 고향이고 甲辰 乙巳는 木이 생을
받는 곳이므로 모두 활목이다. 甲申 乙酉는 木이 극을 받으며 甲午 乙未는 木이
죽으며 甲子 乙丑은 金이 木을 극하므로 모두 사목이다.

활목活木은 살아서 활동하는 것이므로 생목生木이라고도 하며
사목死木은 죽은 木으로서 활동을 하지 못한다고 합니다.

甲戌 乙亥는 木의 기세가 생겨나는 곳이므로
木의 근원이라고 합니다.
甲寅 乙卯는 木의 기세가 왕성한 곳이므로
木의 고향이라고 합니다.

甲辰 乙巳는 木의 기세가 쇠약해지는 곳이므로
木이 생을 받는 곳이라고 합니다.
그러므로 모두 木이 활동을 하며 살아 있다고 합니다.

甲申 乙酉는 木의 기세가 끊어지는 곳이므로
木이 극을 받는다고 합니다.

甲午 乙未는 木의 기세가 모두 소진된 곳이므로
木이 죽는다고 합니다.

甲子 乙丑은 木의 기세를 차가운 한기로써 극을 하는 곳이므로
木이 차가운 金의 극을 받는다고 합니다.
金은 水를 생하여 차가운 한기를 만들기 때문입니다.
그러므로 모두 木이 활동을 하지 못하며 죽어있다고 합니다.

生木得火而秀 丙丁相同 死木得金而造 庚辛必利 生木見金自傷 死木得火
생목득화이수 병정상동 사목득금이조 경신필리 생목견금자상 사목득화

自焚 無風自止 其勢亂也 遇水返化其源 其勢盡也 金木相等 格謂斲輪
자분 무풍자지 기세란야 우수반화기원 기세진야 금목상등 격위착륜

若向秋生 反為傷斧 是秋生忌金重也
약향추생 반위상부 시추생기금중야

생목이 火를 얻으면 우수하니 丙丁과 같다. 사목이 金을 얻으면 제조되니 庚辛
이 반드시 이롭다. 생목에게 金이 있으면 저절로 상하고 사목이 火를 얻으면 저
절로 타버리며 바람이 없으면 저절로 그치나 그 세력은 혼란스럽고 水를 만나
근원으로 돌아가면 그 세력이 소진된다. 金木이 서로 비등하면 수레바퀴를 만드
는 격이며 가을에 태어나면 오히려 도끼에 상하므로 가을 생은 金의 무거움
을 꺼린다.

생목은 활동하는 木이므로 火를 얻으면 목화통명木火通明으로서
우수하여지고 밝아지므로 丙丁火와 같다고 합니다.

사목은 죽은 木이므로 金을 얻어서 다듬으면 훌륭한 도구로 제조되어 쓰임
이 있는 것이니 庚辛金이 반드시 이롭다고 합니다.

생목에게 金이 있으면 잘리므로 저절로 상한다고 하며
사목이 火를 얻으면 저절로 타버리고 바람이 없으면 저절로 그치지만
타버리는 火의 세력으로 인하여 혼란스럽다고 하며
水를 만나 근원으로 돌아가면 火의 세력이 소진되어 꺼진다고 합니다.

金木의 기세가 서로 비등하면
金으로 木을 깎고 다듬어서 수레바퀴를 만드는 격이라고 합니다.

木이 가을에 태어나면 金의 기세가 왕성하여지므로
木의 기세가 감당하지 못하면 오히려 金의 도끼에 의하여 상한다고 하여
가을 생의 木은 기세가 왕성한 무거운 金을 꺼린다고 합니다.

2) 봄의 木

木生於春 餘寒猶存 喜火溫暖 則無盤屈之患 藉水資扶 而有舒暢之美
목생어춘 여한유존 희화온난 즉무반굴지환 자수자부 이유서창지미
春初不宜水盛 陰濃則根損枝枯 春木陽氣煩燥 無水則葉槁根枯 是以水
춘초불의수성 음농즉근손지고 춘목양기번조 무수즉엽고근고 시이수
火二物 既濟方佳
화이물 기제방가

木이 봄에 태어나면 추위가 아직 남아 있으므로 火의 따뜻함을 반기면 움츠릴
염려가 없고 水로써 도우면 펼쳐지는 아름다움이 있다. 초봄에 水가 왕성한 것
은 마땅치 않으니 음이 짙으면 뿌리가 손상되고 가지가 마른다. 봄木의 양기는
열이 많아 水가 없으면 잎과 뿌리가 마르므로 水火 두 가지가 기제를 이루어야
비로소 좋다.

木이 봄에 태어나면 봄은 아직 차가운 한기가 남아있는 시기로서
火의 온난한 기를 반기면 추위로 인하여 움츠릴 염려가 없다고 하며
水로써 적시어 도와주면 움츠린 것이 펼쳐지면서 번성하므로
여유롭게 성장하는 아름다움이 있다고 합니다.

초봄에 水의 기세가 왕성한 것은 마땅치 않은 것으로서
음이 짙으면 水의 기세가 왕성하여 태과한 것이므로
이로 인하여 오히려 木의 뿌리가 썩어 손상되어
수분을 공급하지 못하고 가지가 마른다고 합니다.

봄의 木은 양기陽氣가 한창 자라는 소양少陽의 시기로서
열기가 많이 발생하는데 水가 없어 적셔주지 못한다면
열기로 인하여 木의 잎과 뿌리가 시들고 마른다고 합니다.

그러므로 水火 두 가지가 서로 균형으로써 조화를 이루어야
수화기제水火既濟가 이루어지며 비로소 좋다고 합니다.

土多而損力 土薄則財豐 忌逢金重 傷殘剋伐 一生不閑 設使木旺 得金則良
토 다 이 손 력 토 박 즉 재 풍 기 봉 금 중 상 잔 극 벌 일 생 불 한 설 사 목 왕 득 금 즉 량

終生獲福
종 생 획 복

土가 많으면 기운이 손상되고 土가 엷으면 재물이 풍부해진다. 무거운 金을 만
나기를 꺼리는 것은 손상되고 잘리므로 일생이 한가롭지 못하기 때문이다. 만
약에 木이 왕성하고 우량한 金을 얻으면 평생토록 복을 얻는다.

土가 많으면 土의 기세가 왕성한 것으로서
木이 봄에 기세가 왕성하여도 왕성한 土의 기세를 소토하여
뿌리를 내리려면 많은 기운이 손상된다고 합니다.

土가 엷으면 土의 기세가 쇠약한 것으로서
土가 엷고 부드러우면 뿌리를 내리기 쉬우므로 木이 번성하여
풍성한 결실을 맺을 수 있어 재물이 풍부해진다고 합니다.

무거운 金은 기세가 왕성한 것으로서
木의 기세가 왕성한 金의 기세를 감당하기 어려우면
여지없이 손상되고 잘리므로 꺼린다고 하며
이로 인하여 성장할 수 없으므로
일생동안 한가롭지 못하고 고달픈 삶을 살기 때문이라고 합니다.

만약에 木의 기세가 왕성한데
金의 기세가 왕성하고 순수하여 우량하다면 좋은 金으로써
金과 木이 서로 기세의 균형으로 조화를 이룰 수 있으므로
평생토록 복을 얻는다고 합니다.

3) 여름의 木

夏月之木 根乾葉燥 盤而且直 屈而能伸 欲得水盛而成滋潤之力 誠不可少
하월지목 근건엽조 반이차직 굴이능신 욕득수성이성자윤지력 성불가소
切忌火旺而招焚化之憂 故以為凶 土宜在薄 不可厚重 厚則反為災咎 惡金
절기화왕이초분화지우 고이위흉 토의재박 불가후중 후즉반위재구 오금
在多 不可欠缺 缺則不能琢削 重重見木 徒以成林 疊疊逢華 終無結果
재다 불가흠결 결즉불능탁삭 중중견목 도이성림 첩첩봉화 종무결과

여름의 木은 뿌리와 잎이 메마르므로 굽은 것을 곧게 하고 휘어진 것을 펴지게 하려면 왕성한 水를 얻어 윤택하게 성장할 수 있는 힘을 바라는 것으로서 진실로 적어서는 안 된다. 火가 왕성한 것을 절대로 꺼리는데 타버릴 염려가 있어 흉하기 때문이다. 土는 마땅히 엷어야 하고 두텁고 무겁지 않아야 하는데 두터우면 오히려 재앙과 허물이 있다. 金이 많은 것을 싫어하고 부족하여도 안 되니 부족하면 다듬고 깎을 수 없으며 木이 중첩되어 무거우면 겨우 숲을 이루고 겹겹이 꽃이 화려하게 피어도 결국 결과는 없다.

여름에는 火의 왕성한 기세로 인하여 木의 뿌리와 잎이 메마르므로
굽은 것을 곧게 하고 휘어진 것을 펴지게 하려면
왕성한 기세의 水를 얻어 윤택하게 성장할 수 있는 힘을 바라며
水가 진실로 적어서는 안 된다고 합니다.

여름에는 火의 기세가 왕성한 것을 절대로 꺼리는데
木이 타버릴 염려가 있어 흉하기 때문이라고 합니다.

土의 기세는 마땅히 엷어야 뿌리를 쉽게 내릴 수 있으므로 두텁고
무겁지 않아야 하는데 두터우면 오히려 재앙과 허물이 있다고 합니다.

金이 많으면 木이 감당하기 어려우므로 싫어한다고 하며
金이 부족하면 木을 다듬고 깎을 수 없으니 쓰임이 없다고 하며
木이 중첩되어 무거우면 숲을 이루고 화려하게 꽃을 피울 수 있어도
결국 아무런 결실을 얻지 못한다고 합니다.

4) 가을의 木

秋月之木 氣漸淒涼 形漸凋敗 初秋之時 火氣未除 尤喜水土以相滋 中秋
추 월 지 목 기 점 처 량 형 점 조 패 초 추 시 시 화 기 미 제 우 희 수 토 이 상 자 중 추
之令 果以成實 欲得剛金而修削 霜降後不宜水盛 水盛則木漂流 寒露節又
지 령 과 이 성 실 욕 득 강 금 이 수 삭 상 강 후 불 의 수 성 수 성 즉 목 표 류 한 로 절 우
喜火炎 火炎則木實 木多有多材之美 土厚無自任之能
희 화 염 화 염 즉 목 실 목 다 유 다 재 지 미 토 후 무 자 임 지 능
가을의 木은 기후가 점차 싸늘하고 쓸쓸하므로 형색이 점차 시들어 떨어진다.
초가을에는 火기가 아직 남아 있으므로 더욱 水와 土로써 도와주기를 반긴다.
중추에는 과실을 완성하기 위하여 강한 金을 얻어 다듬기를 바란다. 상강이후
에 水가 왕성한 것은 마땅치 아니한데 水가 왕성하면 木이 떠다니기 때문이다.
한로에는 뜨거운 火를 반기는데 火가 뜨거우면 木이 견실해지기 때문이다. 木이
많으면 재능이 많아 좋으며 土가 두터우면 스스로 감당할 수 있는 능력이 없다.

가을에는 기후가 점차 싸늘하고 쓸쓸하여지므로 가지와 잎이 메마르고
낙엽이 되어 형색이 점차 시들어 떨어진다고 합니다.

초가을에는 여름의 火의 기세가 아직 남아있어 메마르므로
더욱 水의 기세와 土의 설기로써 도와주기를 반긴다고 합니다.

중추에는 과실을 완성하기 위하여 강한 金을 얻어 다듬어야
가지와 잎에 남아 있는 영양분을 과실에 수렴할 수 있다고 합니다.

상강霜降이후에 水의 기세가 왕성하면
木이 물에 떠다니므로 마땅치 않다고 하며
한로寒露에는 추워지므로 뜨거운 火의 기세를 반기는데
火가 뜨거우면 木이 단단하고 견실해지기 때문이라고 합니다.

木이 많으면 쓸 수 있는 재능이 많아 좋다고 하며
土가 두터우면 스스로 감당할 수 있는 능력이 없다고 합니다.

5) 겨울의 木

冬月之木 盤屈在地 欲土多而培養 惡水盛而忘形 金總多不能剋伐 火重見
동 월 지 목 반 굴 재 지 욕 토 다 이 배 양 오 수 성 이 망 형 금 총 다 불 능 극 벌 화 중 견
溫暖有功 歸根復命之時 木病安能輔助 須忌死絕之地 只宜生旺之方
온 난 유 공 귀 근 복 명 지 시 목 병 안 능 보 조 수 기 사 절 지 지 지 의 생 왕 지 방

겨울의 木은 땅에 움츠리고 있어 많은 土로 배양하여주기를 바란다. 水가 왕성
한 것을 싫어하는 것은 형세를 잃기 때문이고 金이 총체적으로 많아도 자르기
어렵고 火가 중첩되어도 따뜻하게 하는 공이 있다. 뿌리로 돌아가 사명을 회복
하는 시기인데 木이 병들면 어찌 도울 수 있겠는가. 반드시 사절지를 꺼리고 오
직 생왕하는 운으로 가야 마땅하다.

겨울은 추운 계절로서 木이 땅속에 움츠리고 있는 형상으로서
많은 土로 덮어 주어 배양하여 주는 것을 바란다고 합니다.

水의 기세가 왕성한 것을 싫어하는 것은
추위로 인하여 얼게 되어 형세를 잃기 때문이라고 하며
金의 기세가 총체적으로 많아도
겨울 金은 기세가 쇠약하여 木을 자르기 어렵다고 합니다.

火의 기세가 중첩되어도
겨울에 얼어있는 木을 따뜻하게 하여 해동하는 공이 있다고 합니다.

겨울에는 木이 일을 마치고 뿌리로 돌아가 새로이 싹을 내어야 하는
자신의 사명을 회복하고자 준비하는 시기로서
木이 병들면 어찌 도울 수 있겠느냐고 합니다.

그러므로 반드시 사절지인 申酉운을 꺼리는 것이라고 하며
오직 생왕지인 寅卯운으로 가야
자신의 사명을 회복할 수 있어 마땅하다고 합니다.

3. 화火

1) 火의 성질

炎炎真火 位鎭南方 故火無不明之理 輝光不久 全要伏藏 故明無不滅
염 염 진 화　위 진 남 방　고 화 무 불 명 지 리　휘 광 불 구　전 요 복 장　고 명 무 불 멸
之象 火以木爲體 無木 則火不長焰 火以水爲用 無水 則火太酷烈 故
지 상　화 이 목 위 체　무 목　즉 화 불 장 염　화 이 수 위 용　무 수　즉 화 태 혹 열 고
火多則不實 火烈則傷物
화 다 즉 부 실　화 열 즉 상 물

이글거리며 타오르는 것이 진정한 火이고 남방에 자리 잡고 있어 火가 밝지 않을 이치가 없지만 찬란한 빛이 오래가지 않으니 온전하게 숨겨야 한다. 그러므로 밝음은 불멸의 상이 없다. 火는 木을 체로 하므로 木이 없다면 火의 불꽃은 오래 가지 않는다. 火는 水를 용으로 하므로 水가 없다면 火는 매우 치열하여진다. 그러므로 火가 많으면 부실하고 火가 치열하면 만물이 상한다.

진정한 火는 태양과 같이 이글거리며 타오르는 것으로서 낮에는
남방에 자리 잡고 밝게 타오르므로 밝지 않을 이치가 없다고 합니다.

그러나 서방으로 태양이 지면서 찬란한 빛은 오래가지 않으며
밤에는 어두움으로 인하여 밝음을 온전하게 숨겨야 하는 것으로서
밝음이 지속되는 불멸의 상은 없으므로 영원하지 않다고 합니다.

火는 木을 체로 하고 水를 용으로 한다고 합니다.
火는 木에서 생하므로 木을 체體로 하는 것이고
木이 없다면 火의 기세를 유지하지 못하고 오래가지 않는다고 합니다.

火는 水를 용用으로 활용하면서 스스로 치열한 양기를 조절하는데
水의 기세가 없다면 火의 기세는 매우 치열하여 진다고 합니다.

火가 많으면 기세가 왕성하여 만물이 메마르므로 부실하여진다고 하며
火의 열기가 치열하여지며 만물이 타버려 상한다고 합니다.

木能藏火 到寅卯方而生火 不利於西 遇申酉而必死 生居離位 果斷有為
목능장화 도인묘방이생화 불리어서 우신유이필사 생거리위 과단유위
若居坎宮 謹畏守禮 金得火和 而能鎔鑄 水得火和 則成既濟 遇土不明
약거감궁 근외수례 금득화화 이능용주 수득화화 즉성기제 우토불명
多主蹇塞 逢木旺處 決定為榮 木死火虛 難得永久 縱有功名 必不久長
다주건색 봉목왕처 결정위영 목사화허 난득영구 종유공명 필불구장
木은 능히 火를 저장하고 寅卯방에 이르면 火를 생하지만 서방에서는 불리하니
申酉를 만나면 반드시 죽는다. 남방에서는 살아가면서 과단성 있게 할 일을 하
지만 북방에서는 삼가 두려워하며 예의를 지킨다. 金이 火의 조화를 얻으면 능
히 녹여 그릇을 만들고 水가 火의 조화를 얻으면 기제를 이룬다. 土를 만나면
밝지 아니하고 고난이 많다. 木이 왕성한 곳을 만나면 반드시 영화를 누린다.
木이 죽으면 火가 허하여지며 오래가지 못하니 공명이 따라도 반드시 오래가지
못한다.

木은 능히 火의 기세를 저장할 수 있다고 하며
寅卯동방은 태양이 뜨는 곳으로서 火를 생하는 곳이지만
申酉서방은 태양이 지는 곳으로서 火가 죽으므로 불리하다고 하며
남방 이위離位에서는 밝으므로 살면서 과단성 있게 할 일을 하지만
북방 감궁坎宮에서는 어두움을 두려워하며 예의를 지킨다고 합니다.

金이 火의 조화를 얻으면 녹여서 쓰임이 있는 그릇을 만들 수 있고
水가 火의 조화를 얻으면 수화기제水火既濟를 이룬다고 합니다.

火가 土를 만나면 土의 두터운 흙에 덮이어 밝음이 사라지므로
매사가 막히며 고난이 많다고 합니다.

木이 왕성한 곳을 만나면 생을 받으므로
밝게 빛날 수 있는 것으로서 반드시 영화를 누린다고 하며
木이 죽으면 火의 기세도 허해지며 오래가지 못하므로
공명功名이 따른다고 하여도 반드시 오래가지 못한다고 합니다.

春忌見木 惡其焚也 夏忌見土 惡其暗也 秋忌見金 金難剋制 冬忌見水
춘 기 견 목　오 기 분 야　하 기 견 토　오 기 암 야　추 기 견 금　금 난 극 제 동 기 견 수

水旺則滅 故春火欲明 不欲炎 炎則不實 秋火欲藏 不欲明 明則太燥
수 왕 즉 멸　고 춘 화 욕 명　불 욕 염　염 즉 부 실　추 화 욕 장　불 욕 명　명 즉 태 조

冬火欲生 不欲殺 殺則歇滅
동 화 욕 생　불 욕 살　살 즉 헐 멸

봄에 木이 있는 것을 꺼리는 것은 불타는 것을 싫어하기 때문이다. 여름에 土가 있는 것을 꺼리는 것은 어두워지는 것을 싫어하기 때문이다. 가을에 金이 있는 것을 꺼리는 것은 金을 극하여 제어하기 어렵기 때문이다. 겨울에 水가 있는 것을 꺼리는 것은 水가 왕성하여 소멸되기 때문이다. 그러므로 봄의 火는 밝음을 바라고 뜨거운 것을 바라지 않는데 뜨거우면 부실하여진다. 가을의 火는 저장되기를 바라고 밝음을 바라지 않는데 밝으면 너무 마른다. 겨울의 火는 살기를 바라고 죽기를 바라지 않는데 죽으면 사라진다.

봄에 木이 있는 것을 꺼리는 것은
火의 왕성한 기세로 인하여 불타는 것을 싫어하기 때문이라고 합니다.
여름에 土가 있는 것을 꺼리는 것은
밝은 빛이 묻혀 어두워지는 것을 싫어하기 때문이라고 합니다.

가을에 金이 있는 것을 꺼리는 것은
왕성한 기세의 金을 극하여 제어하기 어렵기 때문이라고 합니다.
겨울에 水가 있는 것을 꺼리는 것은
水의 기세가 왕성하여 火의 기세가 소멸되기 때문이라고 합니다.

봄에는 火가 밝기를 바라고 뜨거운 것을 바라지 않는데
뜨거우면 만물이 생장하지 못하고 부실하여진다고 합니다.
가을에는 火가 태양이 서산에 기울며 어두움에 저장되기를 바라고
밝음을 바라지 않는데 밝으면 만물이 너무 마른다고 합니다.
겨울에는 火가 어둠속에서 살기를 바라며 죽기를 바라지 않는데
죽으면 불꽃이 사라진다고 합니다.

2) 봄의 火

生於春月 母旺子相 勢力並行 喜木生扶 不宜過旺 旺則火炎 欲水既濟
생 어 춘 월 모 왕 자 상 세 력 병 행 희 목 생 부 불 의 과 왕 왕 즉 화 염 욕 수 기 제
不愁興盛 盛則沾恩 土多則蹇塞埋光 火盛則傷多烈燥 見金可以施功
불 수 흥 성 성 즉 첨 은 토 다 즉 건 색 매 광 화 성 즉 상 다 열 조 견 금 가 이 시 공
縱重見用才尤遂
종 중 견 용 재 무 수

봄에 태어나면 모친이 왕성하여 자식을 도와 세력이 함께 움직이므로 木의 도
움을 반기지만 너무 왕성하면 마땅치 않으니 왕성하면 화염이 된다. 水의 기제
를 바라며 흥성함을 염려하지 않는 것은 왕성하면 은혜를 입기 때문이다. 土가
많으면 막히며 빛이 묻혀버리고 火가 왕성하면 상하고 치열하여 건조해진다.
金이 있으면 할 일을 할 수 있고 설사 중첩되어도 재능을 더욱 우수하게 쓴다.

봄에 태어나면 왕성한 木의 기세로써 火를 생하므로
모왕자상母旺子相의 상으로서 왕성한 모친이 자식을 도와
木火의 세력이 함께 움직인다고 하며
火는 木의 도움을 반기지만 기세가 너무 왕성하면
뜨거운 화염이 되므로 마땅치 않다고 합니다.

水와 조화를 이루는 수화기제水火既濟를 바란다고 하며
음양의 기세가 흥성하여도 염려하지 않는 것은
수화기제로써 조화의 공을 이루는 은혜를 입기 때문이라고 합니다.

土가 많으면 火는 막히며 빛이 묻혀버리므로 어두워진다고 하며
火의 기세가 왕성하면 열기가 치열하여지므로
뜨거운 열기로 인하여 土는 상하고 건조해진다고 합니다.

金이 있으면 火의 기세로써 녹여 할 일을 하고 공을 세울 수 있으며
설사 金이 중첩된다고 하여도
재능을 더욱 우수하게 쓸 수 있다고 합니다.

3) 여름의 火

夏月之火 秉令乘權 逢水制則免自焚之咎 見木助必招夭折之患 遇金必
하 월 지 화 병 령 승 권 봉 수 제 즉 면 자 분 지 구 견 목 조 필 초 요 절 지 환 우 금 필
作良工 得土遂成稼穡 金土雖為美利 無水則金燥土焦 再加木助 太過
작 량 공 득 토 수 성 가 색 금 토 수 위 미 리 무 수 즉 금 조 토 초 재 가 목 조 태 과
傾危
경 위
여름의 火는 사령하여 권력을 잡고 있으므로 水를 만나 제어가 되어야 스스로
불타는 재앙을 면하지만 木이 있어 도우면 반드시 요절하는 우환을 초래한다.
金을 만나면 반드시 우수한 장인이다. 土를 득하면 반드시 가꾸고 거두어 성취
를 이룬다. 金土가 비록 이로움이 많아도 水가 없으면 金이 건조하여지고 土는
불에 그슬리며 재차 木이 도우면 태과하여 위험한 지경이 된다.

여름에는 火가 득령하여 권력을 장악하는 시기로서 양기가 왕성하므로
水의 기세를 만나서 왕성한 火의 기세를 제어하여야
스스로 불타 없어지는 재앙을 면할 수 있다고 합니다.

木이 있어 왕성한 火의 기세를 도우면 스스로 불타 없어지므로
반드시 요절하는 우환을 초래한다고 합니다.

金을 만나면 왕성한 火의 기세로써 金을 녹일 수 있으므로
반드시 우수한 재능이 있는 장인이 된다고 합니다.

土를 득하면 여름에 땀 흘려 농사를 지을 수 있으므로
반드시 가꾸고 거두어 결실의 성취를 이룬다고 합니다.

金과 土가 비록 이로움이 많다고 하여도
水의 기세가 없다면 왕성한 火의 치열한 기세로 인하여
金은 건조하여지고 土는 불에 타 그슬린다고 하며
재차 木이 도우면 태과한 火의 기세를 돋구어주는 것이니
이로 인하여 위험한 지경이 된다고 합니다.

4) 가을의 火

秋月之火 性息體和 得木生則有復明之慶 遇水剋難免隕滅之災 土重
추 월 지 화 성 식 체 화 득 목 생 즉 유 복 명 지 경 우 수 극 난 면 운 멸 지 화 토 중
而掩息其光 金多而損傷其勢 火見火以光輝 縱疊見而必利
이 엄 식 기 광 금 다 이 손 상 기 세 화 견 화 이 광 휘 종 첩 견 이 필 리

가을의 火는 휴식하며 온화한 것으로서 木을 얻어 생하면 다시 밝아지는 경사
가 있다. 水의 극을 만나면 죽음의 재앙을 면하기 어렵다. 土가 중첩되면 빛이
감추어지고 金이 많으면 세력이 손상된다. 火가 火를 보면 빛나므로 설사 중첩
되어도 반드시 이롭다.

가을에는 火의 기세가 점차 쇠약하여지며 휴식하는 시기이므로
밝게 빛나던 火의 기세가 점차 온화하게 된다고 하는 것으로서
木을 얻어 생하면 다시 밝아지는 경사가 있다고 합니다.

가을의 火는 기세가 쇠약하므로 水의 극을 만나면
불꽃이 꺼지므로 이로써 죽음의 재앙을 면하기 어렵다고 합니다.

土가 중첩되면 빛이 감추어진다고 하는데
마치 높은 서산에 태양이 지면서 빛이 묻혀버리고
어두워지는 형상이라고 할 수 있습니다.

金이 많으면 가을에 왕성한 金의 기세가 더욱 왕성하여지는 것으로서
가을에 쇠약하여진 火의 기세로는
왕성한 金의 기세를 감당하기 어려우므로 세력이 손상된다고 합니다.

火가 火를 보면 가을에 쇠약한 火의 기세를 도와줄 수 있으므로
빛날 수 있다고 하며
설사 火가 중첩되어도 기세가 왕성하여지므로
왕성한 金의 기세를 감당할 수 있어 반드시 이롭다고 합니다.

5) 겨울의 火

冬月之火 體絶形亡 喜木生而有救 遇水剋以爲殃 欲土制爲榮 愛火比
동 월 지 수 체 절 형 망 희 목 생 이 유 구 우 수 극 이 위 앙 욕 토 제 위 영 애 화 비
爲利 見金爲難任財 無金而不遭害 天地雖傾 火水難成
위 리 견 금 위 난 임 재 무 금 이 불 조 해 천 지 수 경 화 수 난 성
겨울의 火는 형체가 끊어지고 없어지므로 木이 생하며 구하여 주는 것을 반기
며 水의 극을 만나면 재앙이 있고 土가 제어하여주면 영화로우며 火비견을 아
끼면 이롭다. 金이 있어도 재물로 받아들이기 어렵고 金이 없으면 해로움을 만
나지 않는다. 천지가 오직 기울어진다면 火水로 이루기는 어렵다.

겨울의 火는 어둠 속에 잠기므로 형체가 끊어지고 없어진다고 하며
木이 생하여 구하여준다면
火의 기세가 다시 살아나므로 반긴다고 합니다.

겨울에는 水의 기세가 매우 왕성한 것으로서
水의 왕성한 기세로써 극하면 불이 꺼지는 재앙이 있다고 합니다.
이때 土가 있어 왕성한 水의 기세를 억제하고
火의 기세를 구하여주면 영화롭다고 합니다.

또한 火의 비견을 아끼며 사랑한다면 도움을 받아서
왕성한 水의 기세를 감당할 수 있으므로 이롭다고 합니다.

겨울에는 金이 있으면 水의 기세로 인하여 차갑게 되므로
쇠약한 火의 기세로써 녹이기 어려우므로
金을 재물로 받아들이기 어렵다고 하며
金이 없으면 녹일 필요가 없으므로 해로움을 만나지 않는다고 합니다.

천지가 기울어지면 음양이 태과불급한 것으로서
水의 기세와 火의 기세가 음양의 조화를 이루기 어렵다고 합니다.

4. 토土

1) 土의 성질

五行之土 散在四維 故金木水火 依而成象 是四時皆有用有忌者 火死
오행지토 산재사유 고금목수화 의이성상 시사시개유용유기자 화사
酉也 水旺子也 蓋土賴火運 火死則土囚 土喜水財 水旺則土虛 土得金
유야 수왕자야 개토뢰화운 화사즉토수 토희수재 수왕즉토허 토득금
火 方成大器 土高無貴 空惹灰塵 土聚則滯 土散則輕
화 방성대기 토고무귀 공야회진 토취즉체 토산즉경
오행의 土는 사방에 흩어져 있으므로 金木水火에 의지하여 상을 이루며 사계절에 모두 쓰이기도 하고 꺼리기도 한다. 火는 酉에서 죽고 水는 子에서 왕성하다. 대개 土는 火의 운행에 의지하므로 火가 죽으면 土도 휴수된다. 土는 水재성을 반기지만 水가 왕성하면 土가 허해진다. 土는 金火를 득하여야 큰 그릇을 이룬다. 土가 높아도 귀하지 않으면 공중에 먼지만 날리고 土가 모이면 침체되고 土가 흩어지면 가벼워진다.

오행의 土는 사방에 흩어져 金木水火에 의지하여 상을 이룬다고 하며
각 계절마다 辰戌丑未의 상을 이루므로
사계절에 모두 쓰이기도 하고 꺼리기도 합니다.

火의 양기는 酉金에서 죽고 水의 음기는 子水에서 왕성하다고 하며
대개 土는 火의 십이운성의 운행에 의지하므로
火가 죽으면 土도 역시 기세가 쇠약하여지며 휴수된다고 합니다.

土는 水재성을 반기지만 水의 기세가 왕성하여지면
왕성한 水의 기세로 인하여 떠내려가므로 土는 허해진다고 합니다.

土는 金火를 득하여야 이로써 큰 그릇을 만들 수 있다고 하며
土가 높이 있어도 귀하게 되지 않으면 공중에 먼지만 흩날리게 되고
土가 모이면 흙이 쌓이는 것이니 침체된다고 하며
土가 흩어지면 얇고 가벼워진다고 합니다.

辰戌丑未 土之正也 分陰分陽 主則不同 辰有伏水 未有匿木 滋養萬物
진 술 축 미 토 지 정 야 분 음 분 양 주 즉 부 동 진 유 복 수 미 유 닉 목 자 양 만 물
春夏為功 戌有藏火 丑有隱金 秋火冬金 肅殺萬物 土聚辰未為貴 聚丑戌
춘 하 위 공 술 유 장 화 축 유 은 금 추 화 동 금 숙 살 만 물 토 취 진 미 위 귀 취 축 술
不為貴 是土愛辰未 而不愛丑戌也明矣 若更五行有氣 人命逢之 田產無比
불 위 귀 시 토 애 진 미 이 불 애 축 술 야 명 의 약 갱 오 행 유 기 인 명 봉 지 전 산 무 비
晚年富貴悠悠
만 년 부 귀 유 유

辰戌丑未는 土의 바른 모습으로서 음과 양으로 나누고 주관하는 일이 같지 않
다. 辰은 水를 품고 未는 木을 감추고 만물을 기르며 봄과 여름에 공을 세운다.
戌은 火를 저장하고 丑은 金을 숨기고 있어 가을 火와 겨울 金으로써 만물을 숙
살한다. 土는 辰未가 모이면 귀하고 丑戌이 모이면 귀하지 않으니 土는 辰未를
좋아하고 丑戌을 좋아하지는 않음이 분명하다. 더구나 오행에 기세가 있는 사
람의 명조를 만나면 전답과 재산을 비교할 수 없으며 만년까지 부귀가 오래도
록 이어진다.

辰戌丑未는 土의 바른 모습으로서 辰未는 양기이고
丑戌은 음기라고 하며 각기 주관하는 일이 같지 않다고 합니다.

辰土는 水의 기세를 품고 봄에 만물을 소생하게 하며
未土는 木을 감추고 여름에 만물을 성장시켜 공을 세운다고 합니다.
戌土는 火의 기세를 저장하고 丑土는 金을 숨기고 있어
가을 火와 겨울 金으로써 만물을 숙살하여 죽인다고 합니다.

辰未가 모이면 만물이 성장할 수 있어 귀하다고 하여 좋아하지만
丑戌이 모이면 만물을 숙살하므로 귀하지 않다고 하는 것으로서
土는 辰未를 좋아하고 丑戌을 좋아하지 않는 것이 분명하다고 합니다.

더구나 오행에 왕성한 기세가 있는 사람의 명조를 만나면
이로 인하여 전답과 재산이 비교할 수 없을 정도로 많으며
만년까지 부귀가 오래도록 이어진다고 합니다.

若土太實無水 燥則不和 無木則不疏通 土見火則焦 女命多不生長 土旺四
약토태실무수 조즉불화 무목즉불소통 토견화즉초 여명다불생장 토왕사
季 惟戌土困弱 戌多為人好鬥 多瞌睡 辰未人好食 丑人清省 丑為艮土
계 유술토곤약 술다위인호투 다갑수 진미인호식 축인청성 축위간토
有癸水能潤而膏 人命遇此 主能卓立
유계수능윤이고 인명우차 주능탁립

土가 매우 견실한데 水가 없어 마르면 조화롭지 못하고 木이 없으면 소통이 안
되며 土가 火를 보면 바싹 타버리는데 여명에 많으면 낳고 기르지를 못한다. 土
가 사계절에 왕성하지만 오직 戌土만 피곤하고 쇠약한데 戌이 많은 사람은 싸
우기를 좋아하고 졸음이 많다. 辰未가 있는 사람은 먹기를 좋아하고 丑이 있는
사람은 깨달음이 맑다. 丑은 간방의 土로서 癸水로써 적시면 기름지게 하므로
사람의 명에 이것을 만나면 높이 우뚝 설 수 있다.

土가 매우 견실하면 기세가 매우 왕성한 것인데
水가 없으면 마르므로 쓸모가 없으니 조화롭지 못하다고 하며
木이 없으면 土를 소토하지 못하므로 소통이 안 된다고 합니다.

土가 火의 기세를 보면 불에 바싹 타버리므로 쓰임이 없다고 하며
여성에게 火土가 많으면 조열한 기세로 인하여 자궁이 마른 것으로서
자식을 낳고 기르지 못한다고 합니다.

土는 사계절에 모두 기세가 왕성하지만
오직 戌土만은 쇠약하여진 기세로 인하여 피곤하다고 하며
戌土가 많은 사람은 기세를 확보하기 위하여 싸움을 좋아하지만
피곤하고 쇠약하므로 졸음이 많다고 합니다.

辰未는 만물이 성장하는 시기로서 먹기를 좋아한다고 하고
丑은 휴식하는 시기로서 고요하게 명상하므로 깨달음이 맑다고 하며
丑은 북동의 간방艮方에 있는 土로서
癸水로써 적시어주면 밭이 기름지며 쓰임이 있으므로
사람의 명에 丑을 만나면 스스로 높이 우뚝 설 수 있다고 합니다.

2) 봄의 土

生於春月 其勢虛浮 喜火生扶 惡木太過 忌水泛濫 喜土比助 得金而制
생 어 춘 월 기 세 허 부 희 화 생 부 오 목 태 과 기 수 범 람 희 토 비 조 득 금 이 제
木爲祥 金太多仍盜土氣
목 위 상 금 태 다 잉 도 토 기

봄에 태어나 그 기세가 허하여 떠 있는 것으로서 火가 생하며 도와주기를 좋아
한다. 木이 태과함을 싫어하고 水가 넘치는 것을 꺼리며 土비견의 도움을 좋아
한다. 金을 얻어 木을 제어하면 길하지만 金이 너무 많다면 土기를 빈번하게 훔
쳐간다.

봄에 태어난 土는 겨울의 얼었던 흙이 녹으면서 푸석하여지므로
그 기세가 허하여 떠있다고 하는 것으로서
火의 기세로써 土를 따뜻하게 해동하며
도와주는 것을 좋아한다고 합니다.

木이 태과하면 기세가 매우 왕성한 것으로서
봄에 쇠약한 기세의 土로서는
기세가 왕성한 木의 소토를 감당하기 어려우므로 싫어한다고 합니다.

水의 기세가 왕성하여 범람하여 넘치면
土는 홍수에 휩쓸려 황폐하여진 전답이 되는 것으로서
쓸모가 없어지므로 꺼린다고 합니다.

이때 土비견이 함께 있어 서로 도와 제방을 쌓아
넘치는 水의 기세를 제어하여 주면
홍수를 제어하고 전답을 보호할 수 있어 좋아한다고 합니다.

金을 얻으면 왕성한 木의 기세를 제어할 수 있어 길하다고 하지만
金이 너무 많으면 왕성한 기세로써 오히려 土의 기세를 설기하므로
土의 기세를 빈번하게 훔쳐간다고 합니다.

3) 여름의 土

夏月之土 其勢燥烈 得盛水滋潤成功 忌旺火煆煉焦坼 木助火炎 水剋
하 월 지 토 기 세 조 열 득 성 수 자 윤 성 공 기 왕 화 하 련 초 탁 목 조 화 염 수 극

無礙 金生水泛 妻財有益 見比肩蹇滯不通 如太過又宜木剋
무 애 금 생 수 범 처 재 유 익 견 비 견 건 체 불 통 여 태 과 우 의 목 극

여름의 土는 그 기세가 조열하므로 왕성한 水를 얻어 촉촉하게 적시어 주어야
공을 이루며 왕성한 火는 불에 구워 갈라 터지게 하므로 꺼린다. 木이 화염을
도우면 水로 극하여도 장애가 없다. 金이 水를 생하여 넘치면 처와 재물에 유익
하다. 비견이 있으면 막히고 소통이 안 되며 태과하면 木으로 극하는 것이 마땅
하다.

여름의 土는 火의 기세가 왕성하여
土가 마르므로 조열한 것으로서 왕성한 水의 기세를 얻어
土를 촉촉하게 적셔주어야 음양의 조화를 이루는 공이 있다고 합니다.

왕성한 火의 기세는 오히려 土를 불에 구워 갈라터지게 하여
쓰임이 없게 만들므로 꺼린다고 합니다.

木이 있어 기세가 왕성한 火를 생한다면
火의 기세는 더욱 더 치열하여지므로 화염을 돕는 것이라고 하며
이때는 치열한 화염을 제어하기 위하여 水의 기세로써 극하여도
장애가 없다고 합니다.

金이 있어 水를 생하여 기세가 넘쳐도
왕성한 火의 기세를 제어하여 음양의 조화를 이룰 수 있으므로
오히려 처와 재물에 유익하다고 합니다.

土비견이 있으면 서로 협력하여 제방을 쌓으므로
水의 기세가 흐르지 못하여 막히고 소통이 안 된다고 하는 것으로서
이때는 木으로써 극하여 소토하는 것이 마땅하다고 합니다.

4) 가을의 土

秋月之土 子旺母衰 金多而耗盜其氣 木盛須制伏純良 火重重而不厭
추월지토 자왕모쇠 금다이모도기기 목성수제복순량 화중중이불염
水泛泛而不祥 得比肩則能助力 至霜降不比無妨
수범범이불상 득비견즉능조력 지상강불비무방

가을의 土는 자식이 왕성하고 어머니가 쇠약하므로 金이 많으면 그 기를 소모
시키며 훔쳐간다. 木이 왕성하면 반드시 제복하여야 순수하고 선량하다. 火가
중첩되어 무거워도 싫어하지 않지만 水가 가득 차서 넘치면 길하지 않고 비견
을 득하면 도움을 받을 수 있으며 상강에 이르면 비견이 없어도 무방하다.

가을에는 土의 자식인 金의 기세가 왕성하고
어머니인 土의 기세가 쇠약한 자왕모쇠子旺母衰의 상으로서
金이 많으면 기세가 왕성하여 태과한 것으로서
土의 기세를 설기하므로 기세를 소모시키며 훔쳐간다고 합니다.

木의 기세가 왕성하면 가을 土의 쇠약한 기세가 감당하기 어려우므로
반드시 왕성한 기세의 金으로써 木을 제복하여야
土가 순수하여지면서 선량하다고 합니다.

火가 중첩되어 무거우면 火의 기세가 왕성한 것으로서
가을의 왕성한 金의 기세를 제어하며
쇠약한 기세의 土를 도울 수 있으므로 싫어하지 않는다고 합니다.

그러나 水가 가득차서 넘치면 水의 기세가 왕성한 것으로서
가을 土의 기세가 감당하지 못하고 휩쓸리므로 길하지 않다고 합니다.

이때 土비견을 득하여 서로 협력하여 제방을 쌓으면
왕성한 기세의 水를 함께 제어할 수 있으므로 도움을 받을 수 있으며
상강霜降에 이르면 戌월에 戊土가 사령한 시기로서
土의 기세도 왕성하여지므로 土비견이 없어도 무방하다고 합니다.

5) 겨울의 土

冬月之土 外寒內溫 水旺財豐 金多子秀 火盛有榮 木多無咎 再加比肩
동 월 지 토 외 한 내 온 수 왕 재 풍 금 다 자 수 화 성 유 영 목 다 무 구 재 가 비 견
扶助為佳 更喜身主康強足壽
부 조 위 가 갱 희 신 주 강 강 족 수

겨울의 土는 밖은 춥고 안은 따뜻하며 水가 왕성하면 재물이 풍성하고 金이
많으면 자식이 우수하고 火가 왕성하면 영화로우며 木이 많아도 재앙이 없다.
재차 비견이 도와주면 좋으며 더욱 반기는 것은 일주가 강건하여 장수하는 것
이다.

겨울에는 추운 계절로서 밖은 춥지만 흙속은 따뜻한 것으로서
외한내온外寒內溫의 성정을 가지고 있다고 합니다.

水의 기세가 왕성하면 많은 결실을 저장할 수 있으므로
재물이 풍성하다고 합니다.

金이 많으면 金水의 기세가 모두 왕성하여 맑은 기세를 가지므로
土의 자식으로서 金이 우수하다고 합니다.

火의 기세가 왕성하면 겨울을 따뜻하게 지낼 수 있으므로
영화스럽게 살 수 있다고 합니다.

木이 많아도 겨울의 왕성한 水의 기세를 설기할 수 있으므로
土가 왕성한 水의 기세에 휩쓸려가는 재앙은 없다고 합니다.

재차 土비견이 도와주면 함께 협력하여 제방을 쌓아
왕성한 水의 기세를 충분히 감당할 수 있으므로 좋다고 하며
더욱 반기는 것은 이로 인하여 일주가 강건하여지고
장수하는 것이라고 합니다.

5. 금金

1) 金의 성질

金以至陰為體 中含至陽之精 乃能堅剛 獨異眾物 若獨陰而不堅 冰雪
금 이 지 음 위 체 중 함 지 양 지 정 내 능 견 강 독 이 중 물 약 독 음 이 불 견 빙 설
是也 遇火則消矣 故金無火煉 不能成器 金重火輕 執事繁難 金輕火重
시 야 우 화 즉 소 의 고 금 무 화 련 불 능 성 기 금 중 화 경 집 사 번 난 금 경 화 중
煆煉消亡 金極火盛 為格最精
하 련 소 망 금 극 화 성 위 격 최 정
金은 지극한 음이 체로서 가운데에 지극한 양의 정기를 포함하고 있어 견고하
고 강하므로 다른 것과 다르다. 음으로만 되어 있다면 견고하지 못하여 눈이나
얼음 같은 것으로서 火를 만나면 소멸된다. 그러므로 金은 火로 단련하지 않으
면 그릇을 만들 수 없다. 金이 무겁고 火가 가볍다면 일이 복잡하고 어려우며
金이 가볍고 火가 무거우면 불에 달구어져 녹아 없어진다. 金이 극히 왕성하고
火도 왕성하면 가장 훌륭한 격국이다.

金은 지극한 음기가 체로서 가운데에 지극히 순수한 양기를 포함하여
견고하고 강하다고 하므로 다른 오행과 다르다고 하며
음기로만 되어 있다면 견고하지 못하여 눈이나 얼음 같은 것으로서
火의 기세를 만나면 쉽게 녹아 소멸된다고 합니다.

그러므로 金은 음기가 체로서 양기를 포함하고 있으므로
火의 기세로써 단련하지 않으면 그릇을 만들 수 없다고 합니다.

金의 기세가 무겁고 火의 기세가 가볍다면
金을 단련하여 그릇을 만드는 일이 복잡하고 어렵다고 하며
金의 기세가 가볍고 火의 기세가 무거우면
金은 불에 달구어져 녹아 없어진다고 합니다.

金의 기세가 극히 왕성하고 火의 기세도 왕성하면 金을 단련하여
쓸모 있는 그릇을 만들 수 있으므로 가장 훌륭한 격국이라고 합니다.

金火全 名曰鑄印 犯丑字 即為損模 金火多名為乘軒 遇死衰 反為不利
금화전 명왈주인 범축자 즉위손모 금화다명위승헌 우사쇠 반위불리
木火煉金 成名銳而退速 純金遇水 逢富顯以贏餘
목화련금 성명예이퇴속 순금우수 봉부현이영여

金火가 완전하면 이른바 주물로 만든 인장으로서 丑이 드러나면 모양이 손상된다. 金火가 많으면 고위직에 오르고 사쇠지를 만나면 오히려 불리하다. 木火로 金을 단련하면 명성을 이루는 것이 빠르지만 물러나는 것도 신속하다. 순수한 金이 水를 만나면 부귀가 남아서 넘치게 된다.

金火가 완전하면 이른바 주물로 만든 인장이라고 하는 것으로서
인장은 결재권을 가진 관리가 지니며
권한의 상징이기도 하므로 벼슬을 한다는 뜻이 있습니다.

그러나 丑土가 드러나면 金이 암장되고 火가 꺼지므로
인장이 손상되는 것으로서 벼슬을 유지하기 어렵다고 합니다.

金火가 많아 기세가 왕성하면
훌륭한 인장을 만들 수 있으므로 고위직에 오를 수 있다고 합니다.

그러나 金火의 기세가 왕성하여도 사지死地나 쇠지衰地를 만나면
기세가 쇠약하여지므로 오히려 불리하다고 합니다.

木火로써 金을 단련하면 쓰임이 있는 그릇을 만들 수 있어
명성을 이루는 것이 빠르다고 하지만
木이 모두 소모되고 火의 기세를 지속적으로 유지하기 어려우면
물러나는 것도 신속하다고 합다.

순수한 金이 水의 기세를 만나 씻어내면 맑아지는 것으로서
빛이 나는 보석과 같으므로 부귀가 남아서 넘친다고 합니다.

金能生水 水旺則金沉 土能生金 金多則土賤 金無水乾枯 水重 則沉淪
금능생수 수왕즉금침 토능생금 금다즉토천 금무수건고 수중 즉침륜

無用 金無土則死絕 土重 則埋沒不顯
무용 금무토즉사절 토중 즉매몰불현

金은 水를 능히 생하지만 水가 왕성하면 金은 가라앉으며 土는 金을 능히 생하
지만 金이 많으면 土는 천하여진다. 金에게 水가 없으면 메마르고 水가 무거우
면 가라앉아 쓸모가 없다. 金에게 土가 없으면 사절하고 土가 무거우면 매몰되
어 나타나지 못한다.

金은 능히 水를 생하지만
水의 기세가 왕성하면 金은 오히려 물속에 가라앉는다고 합니다.

土는 金을 능히 생하지만
金이 많아 기세가 왕성하면 오히려 土의 설기가 태과한 것으로서
土는 기세가 쇠약하여지므로 천하게 되어 쓸모가 없다고 합니다.

金은 건조하게 하는 기운을 가지고 있는데
水의 습기가 없으면 더욱 더 건조하여 메마른다고 합니다.

水가 무거우면 기세가 왕성한 것으로서
金이 물속에 가라앉게 되므로 金은 쓸모가 없어진다고 합니다.

金에게 土가 없으면 생을 받지 못하고 설기되므로
사절死絕되어 기세가 죽거나 끊어진다고 하며

土가 무거우면 두터운 흙으로서
金이 두터운 흙속에 매몰되어 나타나지 못한다고 합니다.

兩金兩火 最上 兩金兩木 財足 一金生三水 力弱難勝 一金得三木
양금양화 최상 양금양목 재족 일금생삼수 역약난승 일금득삼목

頑鈍自損 金成則火滅 故金未成器 欲得見火 金已成器 不欲見火
완둔자손 금성즉화멸 고금미성기 욕득견화 금이성기 불욕견화

金到申酉巳丑 亦可謂之成也 運喜西北 不利東南
금도신유사축 역가위지성야 운희서북 불리동남

金火가 두 개씩 있다면 최상이고 金木이 두 개씩 있다면 재물이 풍족하다. 하나
의 金이 세 개의 水를 생하면 힘이 약하여 이기기 어렵고 하나의 金이 세 개의
木을 득하면 둔하여지며 자신이 손상된다. 金이 완성되면 火는 소멸된다. 그러
므로 金이 아직 그릇으로 완성이 안 되면 火가 있기를 바라고 金이 이미 그릇으
로 완성되면 火가 있는 것을 바라지 않는다. 金이 申酉巳丑에 이르면 역시 완성
되었다고 할 수 있는데 운은 서북이 좋고 동남은 불리하다.

金과 火가 두 개씩 있다면 金火의 기세가 왕성한 것으로서
쓰임이 있는 그릇을 만들 수 있으므로 최상의 격이라고 합니다.

金과 木이 두 개씩 있다면 金木의 기세가 왕성한 것으로서
풍부한 재료가 있는 것이므로 재물이 풍족하다고 합니다.

하나의 金이 세 개의 水를 생하면 水의 기세에 설기되므로
힘이 약하여지고 水의 왕성하여진 기세를 이기기 어렵다고 합니다.

하나의 金이 세 개의 木을 득하면 木의 기세가 왕성한 것으로서
金이 오히려 둔하여지고 손상된다고 합니다.

金이 완성되면 火의 기세는 소멸되므로
金이 그릇으로 미완성되었다면 火의 기세가 있기를 바란다고 하며
金이 이미 그릇으로 완성되면 火의 기세는 바라지 않는다고 합니다.

金이 申酉巳丑에 이르면 이미 그릇이 완성된 것으로서
서북 金水운이 좋고 동남 木火운은 불리하다고 합니다.

2) 봄의 金

生於春月 餘寒未盡 貴乎火氣為榮 性柔體弱 欲得厚土為助 水盛增寒
생 어 춘 월 여 한 미 진 귀 호 화 기 위 영 성 유 체 약 욕 득 후 토 위 조 수 성 증 한

難施鋒銳之勢 木旺損力 有挫鈍之危 金來比助 扶持最妙 比而無火
난 시 봉 예 지 세 목 왕 손 력 유 좌 둔 지 위 금 래 비 조 부 지 최 묘 비 이 무 화

失類非良
실 류 비 량

봄에 태어나면 한기가 아직 남아 있으므로 火기를 존중하면 영화롭다. 성질이
유약하고 체가 약하므로 두터운 土를 득하여 도와주기를 바란다. 水가 왕성하
면 한기가 증가하므로 날카로운 세력을 쓰기 어렵다. 木이 왕성하면 힘이 손상
되어 둔하게 되는 위험이 있으므로 金비견이 와서 돕는 것이 가장 좋으나 비견
에게 火가 없다면 쓸모가 없어 좋지 않다.

봄에는 겨울의 추운 한기가 아직 남아있는 시기로서
火의 기세를 존중하여 따뜻하게 하여주면 영화롭다고 합니다.

봄의 金은 성질이 유약하고 체가 약하므로 두터운 土의 기세를 득하여
金을 생하여 도와주기를 바란다고 합니다.

水의 기세가 왕성하면 차가운 한기가 증가하므로
金의 날카로운 기세를 쓰기 어렵다고 합니다.

木의 기세가 왕성하면 유약한 金이 감당하기 어려우므로
힘이 손상되어 둔하게 되는 위험이 있다고 하며
金비견이 와서 돕는 것이 가장 좋다고 합니다.

그러나 金비견이 있어도 火의 기세가 없다면
날카로움이 없어 쓸모가 없는 것으로서 좋은 것이 아니라고 합니다.

3) 여름의 金

夏月之金 尤為柔弱 形質未備 尤嫌死絕 火多而却為不厭 水盛而滋潤
하월지금 우위유약 형질미비 우혐사절 화다이각위불염 수성이자윤
呈祥 見木而助鬼傷身 遇金而扶持精壯 土薄而最為有用 土厚而埋沒
정상 견목이조귀상신 우금이부지정장 토박이최위유용 토후이매몰
無光
무광

여름의 金은 더욱 유약하여 형질이 미비하므로 사절되는 것을 더욱 혐오한다. 火가 많아도 오히려 싫증내지 않는다. 水가 왕성하면 촉촉해져 길한 조짐이 나타난다. 木이 있으면 관살을 도와 몸이 상하고 金을 만나면 도움을 받아 건장하여진다. 土는 엷은 것이 가장 쓸모가 있고 土가 두터우면 매몰되어 빛이 없어진다.

여름에는 金의 기세가 더욱 유약하며
金의 형질이 아직 갖추어지지 않아 미비하고 어린 모습으로서
기세가 죽고 끊어지며 사절되는 것을 더욱 혐오한다고 합니다.

여름에 火의 기세가 많으면 열기가 매우 왕성하지만
유약한 金을 단련하여 쓰임이 있도록 다듬어주므로
오히려 싫증내지 않는다고 합니다.

水의 기세가 왕성하면
여름에 왕성한 火의 기세로 인하여 메마른 金을 촉촉하게 적시어
맑게 하여주므로 길한 조짐이 나타난다고 합니다.

木이 있으면 火관살을 도와주어 火의 기세가 태과하여지므로
金의 몸체가 녹으므로 상한다고 하며
金을 만나면 木을 제어하고 태과한 火의 기세를 함께
감당할 수 있으므로 오히려 건장하여진다고 합니다.

土는 엷어야 유약한 金의 기세가 감당할 수 있어 쓸모가 있다고 하며
土가 두터우면 金은 흙속에 매몰되어 빛이 없어진다고 합니다.

4) 가을의 金

秋月之金 當權得令 火來煅煉 遂成鍾鼎之材 土多培養 反惹頑濁之氣
추월지금 당권득령 화래하련 수성종정지재 토다배양 반야완탁지기

見水則精神越秀 逢木則琢削施威 金助愈剛 剛過則決 氣重愈旺 旺極
견수즉정신월수 봉목즉탁삭시위 금조유강 강과즉결 기중유왕 왕극

則衰
즉쇠

가을의 金은 득령하여 권력을 담당하므로 火가 와서 불에 단련하면 마침내 종과 가마솥과 같은 인재를 만든다. 土가 많아 배양하면 오히려 완고하고 탁한 기운을 일으킨다. 水가 있으면 정신이 더욱 우수하다. 木을 만나면 쪼개고 다듬는 위엄을 나타낸다. 金이 도우면 더욱 강해지지만 강한 것이 과하면 갈라진다. 기가 무거우면 더욱 왕성해지지만 왕성한 것이 극에 달하면 쇠약하여진다.

가을은 金이 득령하여 권력을 담당하므로 기세가 왕성한 시기로서
火의 기세로써 불에 단련하면 마침내 종과 가마솥과 같은
쓰임이 있는 우수한 인재를 만들 수 있다고 합니다.

土가 많으면 기세가 왕성한 것으로서
金을 생하여 배양하면 기세가 태과하여지므로
오히려 완고하고 탁한 기운을 일으킨다고 합니다.

水의 기세를 만나면 씻기어 설기되므로 맑아지는 것으로서
정신이 더욱 우수하여진다고 합니다.

木을 만나면 왕성한 기세의 金으로써
木을 쪼개고 다듬는 위엄이 나타난다고 합니다.

金이 도우면 더욱 강하여지지만 강한 것이 과하면 갈라진다.
金이 도와 기세가 무거워지면 기세가 왕성하여지지만
왕성한 것이 극에 달하면 오히려 쇠약하여지기 때문이라고 합니다.

5) 겨울의 金

冬月之金 形寒性冷 木多則難施琢削之功 水盛未免沉潛之患 土能制水
동 월 지 금　형 한 성 냉　목 다 즉 난 시 탁 삭 지 공　수 성 미 면 침 잠 지 환　토 능 제 수
金體不寒 火來助土 子母成功 喜比肩聚氣相扶 欲官印溫養為利
금 체 불 한　화 래 조 토　자 모 성 공　희 비 견 취 기 상 부　욕 관 인 온 양 위 리
겨울의 金은 형질과 성정이 차갑다. 木이 많으면 다듬고 깎는 공을 나타내기 어
렵다. 水가 왕성하면 가라앉는 우환을 면하지 못하므로 土로써 水를 제어할 수
있어야 한다. 金의 몸체가 차갑지 않으려면 火가 와서 土를 도와야 모자의 공을
이룬다. 비견으로 기를 모아 서로 돕는 것을 반기며 관인으로 따뜻하게 배양하
여 이롭게 하여주기를 바란다.

겨울은 추운 계절로서 金의 형질과 성정도 차갑다고 합니다.

木이 많으면 기세가 왕성한 것으로서
쇠약하여진 金으로는 왕성한 木의 기세를 다듬고 깎기 어려우므로
공을 나타내기 어렵다고 합니다.

水의 기세가 왕성하면 金은 물속에 가라앉는 우환을 면하지 못하므로
土로써 왕성한 水의 기세를 제어할 수 있어야
물속에 가라앉는 우환을 면할 수 있다고 합니다.

金의 몸체를 차갑게 하지 않으려면
火가 와서 土를 도와야 火土의 모자가 함께 노력하여
金을 구하는 모자母子의 공을 이룬다고 합니다.

金비견이 있어 서로의 기세를 모아 협력하는 것을 반긴다고 하며
火土의 관인으로써 따뜻하게 배양하여
이롭게 하여주는 것을 바란다고 합니다.

6. 수水

1) 水의 성질

天傾西北 亥為出水之方 地陷東南 辰為納水之庫 逆流到申而作聲
천경서북 해위출수지방 지함동남 진위납수지고 역류도신이작성
故水不西流 水性潤下 順則有容 順行十二神 順也 主有度量 有吉神
고수불서류 수성윤하 순즉유용 순행십이신 순야 주유도량 유길신
扶助 乃貴格 逆則有聲 逆行十二神 逆也
부조 내귀격 역즉유성 역행십이신 역야

하늘이 서북으로 기우니 亥는 水가 나오는 방위이고 땅은 동남으로 꺼지니 辰은 水를 거두는 곳이다. 申으로 역류하면 소리가 나므로 水는 서쪽으로 흐르지 아니한다. 水의 성질은 아래로 흐르는 것이 순리를 따르는 모습이므로 십이신을 순행하는 것이 순리로서 도량이 있는 것이고 길신의 도움이 있으면 귀격이 된다. 역류하면 소리가 나니 십이신을 역행하는 것은 거스르는 것이다.

하늘이 서북쪽으로 기울면서 은하수의 물이 흘러나오므로
서북방인 亥에서 水의 기세가 나온다고 하며
땅이 동남쪽으로 꺼지면서 물이 고이므로
동북방인 辰에서 水의 음기를 거둔다고 합니다.

서쪽인 申金으로 흐르면 역류하는 것으로서 소리가 요란하게 나므로
水는 서쪽으로는 흐르지 않는다고 합니다.

水의 성질은 윤하潤下로서 아래로 흘러야 순리를 따르는 모습이므로
지형이 낮은 동남쪽으로 寅卯辰巳午未의 십이신을 순행하며
흐르는 것이 순리로서 도량이 있다고 하는 것으로서
길신의 도움이 있으면 귀격이 된다고 합니다.

그러나 지형이 높은 서쪽으로 戌酉申의 십이신을 역행하며 흐르면
순리를 거스르는 것이므로 요란한 소리가 난다고 합니다.

入格者 主清貴 有聲譽 忌刑剋 則橫流 愛自死自絶 則吉 水不絶源
입격자 주청귀 유성예 기형극 즉횡류 애자사자절 즉길 수불절원

仗金生而流遠 水流泛濫 賴土剋以堤防 水火均 則合既濟之美 水土混
장금생이류원 수류범람 뢰토극이제방 수화균 즉합기제지미 수토혼

則有濁源之凶
즉유탁원지흉

격에 들면 고결하며 명예가 있다. 꺼리는 것은 형극으로 옆길로 흐르는 것으로
서 스스로 사절하면 길하다. 水는 원천이 끊어지지 않는 金의 생에 의지하여야
멀리 흐른다. 水가 넘쳐흐르면 土에 의뢰하여 제방으로써 막아야 한다. 水火가
균형을 이루면 기제의 아름다움에 부합된다. 水土가 혼잡하면 원천이 탁하여지
며 흉하다.

합당한 격에 들면 흐름이 순조로워지므로
고결하여지고 명성을 세상에 떨친다고 합니다.

꺼리는 것은 형극으로 고통을 당하는 것이라고 하며
이로 인하여 바른 길로 흐르지 않고 옆길로 흐른다고 하며
스스로 사절하여 흐름을 멈추면 길하다고 합니다.

水의 기세는 원천이 끊어지지 않는 金에 의지하여야
지속적인 생을 받으면서 멀리 흐른다고 합니다.

水의 기세가 넘쳐흐르면 土에게 의뢰하여 제방을 쌓아 제어를 하여야
넘쳐흐르는 水의 기세를 막을 수 있다고 한다고 합니다.

水의 기세와 火의 기세가 균형을 이루면 수화기제水火旣濟로서
음양의 조화를 이루는 아름다움에 부합된다고 합니다.

水土가 혼잡하면 金에서 흐르는 원천이
흙탕물이 되며 탁하여지므로 흉하다고 합니다.

四時皆忌火多 則水受渴 忌見土重 則水不流 忌見金死 金死則水困
사 시 개 기 화 다 즉 수 수 갈 기 견 토 중 즉 수 불 류 기 견 금 사 금 사 즉 수 곤

忌見木旺 木旺則水死 沈芝云 水命動搖 多主濁濫 女人尤忌之 口訣云
기 견 목 왕 목 왕 즉 수 사 심 지 운 수 명 동 요 다 주 탁 람 여 인 우 기 지 구 결 운

陽水身弱 窮 陰水身弱 主貴
양 수 신 약 궁 음 수 신 약 주 귀

사계절에 모두 火가 많은 것을 꺼리는데 水가 마르기 때문이다. 土가 무거운 것
을 꺼리는 것은 水가 흐르지 못하기 때문이다. 金이 죽는 것을 꺼리는 것은 金
이 죽으면 水가 곤란하기 때문이다. 木이 왕성한 것을 꺼리는 것은 木이 왕성하
면 水가 죽기 때문이다. 심지에 이르기를 水의 명조가 동요하는 것이 많으면 탁
하여지고 넘치며 여인은 더욱 꺼린다고 하였으며 구결에 이르기를 양水가 신약
하면 빈궁하고 음水는 신약하여도 귀하다고 하였다.

사계절에는 모두 火의 기세가 많은 것을 꺼리는데
왕성한 火의 기세로 인하여 水의 기세가 마르기 때문이라고 합니다.

土가 무거운 것을 꺼리는 것은 두터운 흙에 의하여 막히므로
水의 기세가 원활하게 흐르지 못하기 때문이라고 합니다.

金이 죽는 것을 꺼리는 것은 金이 죽으면
水의 기세가 생을 받지 못하여 곤란하기 때문이라고 합니다.

木이 왕성한 것을 꺼리는 것은
木의 기세가 왕성하면 水의 기세가 설기되어 죽기 때문이라고 합니다.

심지沈芝라는 당나라 고서에서 이르기를
水의 명조가 동요하는 것이 많으면 탁하여지고 넘친다고 하며
특히 여인에게는 음기가 넘치므로 더욱 꺼린다고 합니다.

전해오는 구결에서는 양수인 壬水가 신약하면 빈궁하다고 하지만
음수인 癸水는 신약하여도 귀하다고 하였답니다.

2) 봄의 水

生於春月 性濫滔淫 再逢水助 必有崩堤之勢 若加土盛 則無泛漲之憂
생 어 춘 월 성 람 도 음 재 봉 수 조 필 유 붕 제 지 세 약 가 토 성 즉 무 범 창 지 우

喜金生扶 不宜金盛 欲火既濟 不要火多 見木而可施功 無土仍愁散漫
희 금 생 부 불 의 금 성 욕 화 기 제 불 요 화 다 견 목 이 가 시 공 무 토 잉 수 산 만

봄에 태어난 水는 성정이 넘치고 과도한 것으로서 재차 水의 도움을 만나면 반
드시 제방을 무너뜨리는 세력이 있으나 土도 왕성하면 넘쳐흐를 우려는 없다.
金이 생하여 도와주는 것을 반기지만 金이 왕성한 것은 마땅치 아니하다. 火로
기제를 바라지만 火가 많은 것을 필요로 하지는 않는다. 木이 있으면 공을 세울
수 있으나 土가 없으면 빈번하게 근심하고 산만해진다.

봄에 태어난 水는 겨울의 왕성한 기세를 가지고 오므로
성정이 넘치고 과도한 것으로서 재차 水의 도움을 만나면
반드시 제방을 무너뜨리는 왕성한 세력이 있다고 합니다.

그러나 土의 기세도 왕성하면 제방을 만들어 제어할 수 있으므로
넘쳐흐를 우려는 없다고 합니다.

金이 생하여 도와주면 수원이 끊어지지 않으므로 반기지만
金이 왕성하면 水의 기세를 더욱 왕성하게 하여
넘치게 하므로 마땅치 않다고 합니다.

火의 기세로써 음양의 조화를 이루는 수화기제水火旣濟를 바라지만
火가 많으면 오히려 균형이 깨지므로 필요로 하지 않는다고 합니다.

木이 있으면 생하는 공을 세울 수 있으나
土가 없으면 넘치는 水의 기세를 제어할 제방이 없는 것으로서
빈번하게 근심하고 산만해진다고 합니다.

3) 여름의 水

夏月之水 執性歸源 時當涸際 欲得比肩 喜金生而助體 忌火旺而焙乾
하 월 지 수 집 성 귀 원 시 당 학 제 욕 득 비 견 희 금 생 이 조 체 기 화 왕 이 배 건
木盛則盜其氣 土旺則制其流
목 성 즉 도 기 기 토 왕 즉 제 기 류
여름의 水는 수원으로 돌아가려고 하는 성정이 있고 물이 마를 시기이므로 비
견을 득하기를 바라며 金이 생하여 체를 도와주는 것을 반긴다. 꺼리는 것은 火
가 왕성하면 마르기 때문이며 木이 왕성하면 기를 빼앗기고 土가 왕성하면 흐
름이 제어되기 때문이다.

여름의 水는 자신이 태어난 수원인 申金으로
돌아가고자 하는 성정이 있다고 합니다.

수원水源은 申金으로서 水의 기세가 생하는 곳이며
水의 원천이라고 하는 곳으로서
여름의 계절인 巳午未를 지나 원천인 申金으로 돌아간다고 합니다.

여름에는 왕성한 火의 기세로 인하여
水의 기세가 마르는 시기이므로
水비견이 함께 가세하여 기세를 보태어 도와주기를 바라며
또한 金이 생하여 水의 몸체를 도와주는 것을 반긴다고 합니다.

火의 기세가 왕성하면
水의 기세가 마르기 때문에 꺼린다고 합니다.

木의 기세가 왕성하면
水의 기세를 설기하여 빼앗으므로 꺼린다고 합니다.

土의 기세가 왕성하면 제방을 쌓아
水의 흐름이 제어되기 때문에 꺼린다고 합니다.

4) 가을의 水

秋月之水 母旺子相 表裏晶瑩 得金助則澄清 逢土旺而混濁 火多而財盛
추월지수 모왕자상 표리정영 득금조즉징청 봉토왕이혼탁 화다이재성
木重而子榮 重重見水 增其泛濫之憂 疊疊逢土 始得清平之意
목중이자영 중중견수 증기범람지우 첩첩봉토 시득청평지의
가을에 태어난 水는 어미가 왕성하여 자식을 도우므로 안과 밖이 밝고 투명한 것
으로서 金의 도움을 얻으면 맑아진다. 왕성한 土를 만나면 혼탁하여지고 火가 많으
면 재물이 많아지고 木이 중첩되면 자식이 영화롭다. 중첩되어 무거운 水가 있으면
넘칠 우려가 많고 중첩되어 무거운 土를 만나면 비로소 평화로운 뜻을 얻는다.

가을에 태어난 水의 기세는 모왕자상母旺子相의 상으로서
안과 밖이 밝고 투명하다고 하며
가을에 왕성한 어머니 金의 도움을 얻으면 맑아진다고 합니다.

왕성한 기세의 土를 만나면
가을의 金을 흙으로 덮어 원천이 흙탕물이 되어 혼탁하다고 합니다.

火가 많으면 기세가 왕성한 것으로서
가을의 왕성한 金을 단련하여 쓰임이 있는 도구를 만들어
저장할 수 있으므로 재물이 많아진다고 합니다.

木이 중첩되면 기세가 왕성한 것으로서
水의 왕성한 기세를 설기할 수 있으므로
자식이 우수한 인재로서 영화롭게 된다고 합니다.

水가 중첩되어 기세가 무겁고 왕성하면
가을 金의 왕성한 기세로써 생을 받아 더욱 왕성하여지므로
자칫 넘칠 우려가 많다고 합니다.

그러나 중첩되어 무거운 土를 만나면 제방을 쌓아
제어할 수 있으므로 비로소 평화로운 뜻을 얻게 된다고 합니다.

5) 겨울의 水

冬月之水 司令當權 遇火 則增暖除寒 見土 則形藏歸化 金多 反曰無義
동 월 지 수 사 령 당 권 우 화 즉 증 난 제 한 견 토 즉 형 장 귀 화 금 다 반 왈 무 의
木盛 是謂有情 土太過 勢成涸轍 水泛濫 喜土堤防
목 성 시 위 유 정 토 태 과 세 성 학 철 수 범 람 희 토 제 방
겨울의 水는 사령하여 권력을 담당한다. 火를 만나면 따뜻함이 많아져 추위를
제거한다. 土가 있으면 형체를 저장하고 귀화한다. 金이 많으면 오히려 의리가
없다고 한다. 木이 왕성하면 정이 있다고 한다. 土가 태과하면 세력은 궁지에
몰린다. 水가 넘치면 土의 제방을 반긴다.

겨울은 水의 계절로서 득령하여 권력을 담당하므로
水의 기세가 매우 왕성한 시기라고 합니다.

火를 만나면 따뜻함이 많아져 추위로 인하여 얼어버린 水를
해동할 수 있으므로 추위를 제거한다고 합니다.

土가 있으면 水는 땅속으로 들어가 어는 것을 방지할 수 있으므로
형체를 저장한다고 하며 땅속으로 돌아가 귀화한다고 합니다.

金이 많으면 金水의 기세가 태과하여
더욱 더 차갑게 하여 얼게 하므로 오히려 의리가 없다고 합니다.

木의 기세가 왕성하면 水의 왕성한 기세를 설기하여
흐르게 할 수 있으므로 정이 있다고 합니다.

土의 기세가 태과하면 水의 기세를 제어하는 것이 태과하므로
수레바퀴의 흔적에 고인 물처럼 궁지에 몰린다고 합니다.

그러나 水의 기세가 넘치면
土의 제방으로써 막아야 하므로 오히려 반긴다고 합니다.

제 2 장
갑 목
甲 木

1. 봄의 甲木

春月之木 漸有生長之象 初春猶有餘寒 當以火溫暖 則有舒暢之美
춘 월 지 목 점 유 생 장 지 상 초 춘 유 유 여 한 당 이 화 온 난 즉 유 서 창 지 미
水多變尅 有損精神 重見生旺 必用庚金斲鑿 可成棟樑 春末陽壯水
수 다 변 극 유 손 정 신 중 견 생 왕 필 용 경 금 착 착 가 성 동 량 춘 말 양 장 수
渴 藉水資扶 則花繁葉茂
갈 자 수 자 부 즉 화 번 엽 무

봄의 木은 점차 생장하는 형상으로서 초봄에는 추위가 아직 남아 있으니 당연히
火로써 따뜻하게 하여야 편안하여진다. 水가 많으면 극으로 변하고 정신이 손상
된다. 중첩되고 생왕하면 반드시 庚金으로써 다듬어야 대들보를 이룰 수 있다. 늦
봄에는 양이 성장하고 水가 메마르니 水로써 도와주면 꽃과 잎이 무성하여진다.

봄의 木은 뿌리와 싹이 자라며 점차 생장하는 형상이라고 합니다.

초봄에는 겨울이 막 지난 후로서 아직 차가운 한기가 남아 있으므로
당연히 火로써 따뜻하게 해동하여주어야
뿌리와 싹이 편안하게 자랄 수 있는 환경이 된다고 합니다.

水가 많으면 차가운 한기가 왕성한 기세이므로
오히려 水로써 木을 생하는 것이 아니라
차가운 한기로 변하여 극하는 결과를 가져온다고 하며
水가 木을 생하고자 하는 정신이 손상된다고 합니다.

木이 중첩되어 무겁고 뿌리가 깊어 기세가 생왕하면
반드시 庚金을 써서 木을 깎고 다듬어 대들보를 만들어야
쓸모 있는 인재를 만들 수 있다고 합니다.

늦봄에는 양기가 성장하여 온난한 기가 열기로 상승하는 시기로서
水가 메마른다고 하므로 水로써 도와주어야
木의 꽃과 잎이 메마르지 않고 무성하게 성장할 수 있다고 합니다.

初春無火 增之以水 則陰濃氣弱 根損枝枯 不能華秀 春末失水 增之
초춘무화 증지이수 즉음농기약 근손지고 불능화수 춘말실수 증지

以火 則陽氣太盛 燥渴相加 枝枯葉乾 亦不華秀 是以水火二物 要得
이화 즉양기태성 조갈상가 지고엽건 역불화수 시이수화이물 요득

時相濟為美
시 상 제 위 미

초봄에는 火가 없어 水가 증가하면 음이 농축되어 기가 약해지므로 뿌리는 손
상되고 가지는 말라 화려한 꽃을 피울 수 없다. 늦봄에 水를 잃고 火가 증가하
면 양기가 지나치게 왕성하여 더욱 더 마르므로 가지와 잎이 메마르니 역시 화
려한 꽃을 피우지 못한다. 그러므로 水火 두 가지는 시기에 따라 서로 조화되어
야 아름답다.

초봄에는 따뜻한 火가 없고 차가운 水가 증가하여 얼어붙게 되면
음기가 농축되어 양기가 쇠약하여지는 것으로서
차가워 얼어붙은 水를 해동하지 못하므로
오히려 水의 차가운 기세로 인하여 木의 뿌리는 손상되고
가지는 마르므로 화려한 꽃을 피울 수 없다고 합니다.

늦봄에는 火가 상승하는 시기로서 水를 잃고 火가 증가하면
음기가 쇠약하고 양기가 지나치게 왕성한 것으로서
열기가 왕성하여지며 역시 가지와 잎이 메마르므로
화려한 꽃을 피우지 못한다고 합니다.

그러므로 水와 火 두 가지 중에
어느 한 가지라도 많거나 적다면 균형이 어그러지는 것으로서
계절의 시기에 알맞게 서로 조화되어야 아름답다고 합니다.

수화기제水火旣濟木는 水火의 기세가 서로 균형이 되어
음양의 조화가 이루어진 상태로서 만물이 아름답게 성장할 수 있는
최적의 조건을 형성하여 준다고 할 수 있습니다.

1) 寅월의 甲木

正月甲木 初春尚有餘寒 得丙癸逢 富貴雙全 癸藏丙透 名寒木向陽
정월갑목 초춘상유여한 득병계봉 부귀쌍전 계장병투 명한목향양
主大富貴 倘風水不及 亦不失儒林俊秀 如無丙癸 平常人也
주대부귀 당풍수불급 역부실유림준수 여무병계 평상인야
정월의 甲木은 초봄으로서 아직 추위가 남아있으므로 丙을 얻고 癸를 만나면
부귀가 모두 완전하다. 癸는 암장되고 丙이 투출하면 이른바 한목향양으로서
크게 부귀하다. 혹시 풍수가 모자라도 학자로서의 준수함을 잃지는 않는다. 丙
과 癸가 없다면 보통사람이다.

寅월은 입춘이 있는 달로서 아직 차가운 한기가 남아 있는 시기로서
甲木은 丙火로써 해동하여 따뜻하게 하고 癸水로써 적셔주어야
우수하게 성장할 수 있어 부귀가 완전하다고 합니다.

癸水가 암장되어 甲木의 뿌리를 적셔주고
丙火가 투출하면 한목향양寒木向陽으로서 추운 甲木이
태양을 바라보며 따스한 빛을 받으면 크게 부귀하다고 합니다.
혹시 풍수가 모자라 조상이나 부모의 은덕을 넉넉하게 입지 못하여도
학자로서의 준수함은 잃지 않는다고 합니다.

그러나 丙火와 癸水가 없다면
음양의 조화가 이루어지지 않아 보통사람에 불과하다고 합니다.

※ 참고
사주명리의 만세력은 양력이나 음력과 달리 절기를 기준으로 하므로 입춘
일이 설날이 되는 것이며 입춘이 있는 정월을 寅월이라고 합니다.
이 책에서는 원문에서 표기한 월의 숫자를 십이지지로 표현합니다.

정월	이월	삼월	사월	오월	유월	칠월	팔월	구월	시월	십일월	십이월
寅	卯	辰	巳	午	未	申	酉	戌	亥	子	丑

正二月甲木 素無取從財從煞從化之理 或一派庚辛 主一生勞苦 剋子
정 이 월 갑 목 소 무 취 종 재 종 살 종 화 지 리 혹 일 파 경 신 주 일 생 노 고 극 자

刑妻 再支會金局 非貧即夭 如無丙丁 一派壬癸 又無戊己制之 名水
형 처 재 지 회 금 국 비 빈 즉 요 여 무 병 정 일 파 임 계 우 무 무 기 제 지 명 수

泛木浮 死無棺槨 如一派戊己 支會金局 為財多身弱 富屋貧人 終生
범 목 부 사 무 관 곽 여 일 파 무 기 지 회 금 국 위 재 다 신 약 부 옥 빈 인 종 생

勞苦 妻晚子遲
노 고 처 만 자 지

정월과 이월의 甲木은 종재 종살 종화의 이치를 취하지 않는다. 한 무리의 庚辛
이 있다면 일생동안 고생하며 처자를 힘들게 하고 지지에서 金국도 회합하면
가난하지 않으면 요절한다. 丙丁이 없는데 한 무리의 壬癸가 있고 戊己로 제어
하는 것도 없다면 이른바 물이 넘쳐 떠다니는 나무로서 죽어서도 관이 없다. 한
무리의 戊己가 있고 지지에서 金국이 회합하면 재다신약으로서 부잣집에서 사
는 가난한 사람으로서 평생 고생하고 처자식의 인연이 늦다.

寅卯월의 甲木은 월령을 득하여 자체적으로 기세가 매우 왕성하므로
土金의 기세가 아무리 왕성하여도 따르며 복종하지 않는다고 하여
종재從財 종살從煞 종화從化하는 이치를 취하지 않는다고 합니다.

한 무리의 庚辛金이 있다면 왕성한 기세를 甲木이 감당하지 못하여
일생동안 고생한다고 하며 처자도 힘들게 하고
지지에서 金국도 회합하면 뿌리가 상하여 甲木이 쓰러지므로
가난하지 않으면 요절하여 죽는다고 합니다.

丙丁火가 없고 한 무리의 壬癸水가 있는데
이를 제어하는 戊己土도 없다면 이른바 수범목부水泛木浮라고 하며
넘치는 물에 떠다니므로 객사하여 죽어서도 관이 없다고 합니다.

한 무리의 戊己土가 있고 지지에서 金국도 회합하면
격국론의 용어로서 재다신약財多身弱이라고 하며 부잣집에서 사는
가난한 사람으로서 평생 고생하고 처자식의 인연도 늦다고 합니다.

或無庚金 有丁透 亦屬文星 為木火通明之象 又名傷官生財格 主聰明
혹 무 경 금 유 정 투 역 속 문 성 위 목 화 통 명 지 상 우 명 상 관 생 재 격 주 총 명

雅秀 一見癸水傷丁 但作厚道迂儒 或柱中多癸 滋助木神 傷滅丁火 其
아 수 일 견 계 수 상 정 단 작 후 도 우 유 혹 주 중 다 계 자 조 목 신 상 멸 정 화 기

人奸雄梟險 曹操之徒 言淸行濁 笑裏藏刀
인 간 웅 효 험 조 조 지 도 언 청 행 탁 소 리 장 도

庚金이 없고 丁이 투출하면 문성에 속하는 목화통명의 상이고 또한 상관생재격
으로서 총명하고 준수하다. 하나의 癸水가 있으면 丁이 상하므로 비록 너그러
워도 세상물정에 어두운 선비이다. 사주에 癸가 많아 木신을 적시어 돕지만 丁
火가 상하여 꺼지므로 그 사람은 간사한 영웅으로서 올빼미와 같이 위험한 조
조 같은 무리이며 말은 맑아도 행동은 탁하며 웃음 속에 칼을 감추고 있다.

庚金이 없고 丁火가 투출하면
甲木의 왕성한 기세를 丁火로써 설기하여 밝아지므로
목화통명木火通明의 상으로서 학자인 문성文星에 속한다고 합니다.

또한 격국론의 용어로서 상관생재격傷官生財格이라고 하며
총명하고 준수한 인물이라고 합니다.

하나의 癸水가 있으면 丁火를 상하게 하는 것으로서
癸水로 인하여 비록 너그러운 성품이라고 하여도
丁火의 불꽃이 꺼지므로 세상물정에 어두운 선비라고 합니다.

사주에 癸水가 많으면 기세가 왕성한 것으로서
寅卯월에 사령한 木을 촉촉하게 적시며 돕는다고 하지만
丁火의 불꽃이 상하여 꺼지므로 밝지 못하다고 합니다.

그러므로 간사한 영웅으로서 올빼미와 같이 위험한 조조 같은 무리이며
비록 겉으로는 선한 척 말을 하여도 행동은 탁하여 악하므로
웃음 속에 칼을 감추고 다니는 위험한 위인이라고 합니다.

若庚申 戊寅 甲寅 丙寅 一行金水運 發進士 或甲午日庚午時 此人必貴
약 경 신 무 인 갑 인 병 인 일 행 금 수 운 발 진 사 혹 갑 오 일 경 오 시 차 인 필 귀
但要好運相催 不宜制了庚丁
단 요 호 운 상 최 불 의 제 료 경 정
庚申 戊寅 甲寅 丙寅은 일단 金水운으로 흘러야 진사로서 발전한다. 甲午일 庚
午시라면 이 사람은 필시 귀인이다. 그러나 좋은 운이 서로 재촉하여 도와야 하
고 庚丁이 제어되면 마땅하지 않다.

시	일	월	년	구분
丙	甲	戊	庚	천간
寅	寅	寅	申	지지

지지에 寅木이 세 개나 있어 甲木의 기세가 매우 왕성한 것으로서
丙火로써 해동을 하여 따뜻하게 하고
戊土와 庚金이 양기를 설기하여 음기를 생하고 있는 명조입니다.

그러나 왕성한 木火의 기세는 金水운의 기세로 흘러야
음양의 조화를 이루므로 최고의 국가고시인 과갑에 선발된
진사進士로서 고위직으로 발전할 수 있다고 합니다.

시	일	월	년	구분
庚	甲	戊	庚	천간
午	午	寅	申	지지

위 명조와 다른 것은 丙火가 없으나 지지에서 火국을 이루고
庚金이 두 개나 투출하여 음양의 조화를 이루므로
필시 귀인이 되는 명조라고 합니다.

그러나 역시 木火의 기세가 왕성한 것으로서
역시 金水운으로 흐르며 기세로써 서로 재촉하며 도와야 하며
운에서 丁火와 庚金이 제어되면 마땅치 않다고 합니다.

或支成金局 多透庚辛 此又不吉 號曰木被金傷 若無丙丁破金 必主殘
혹지성금국 다투경신 차우불길 호왈목피금상 약무병정파금 필주잔

疾 或支成火局 洩露太過 定主愚懦 常有啾唧災病纏身 終有暗疾 支成
질 혹지성화국 설로태과 정주우나 상유추즉재병전신 종유암질 지성

木局 得庚爲貴 無庚必凶 若非僧道 男主鰥孤 女主寡獨
목국 득경위귀 무경필흉 약비승도 남주환고 여주과독

지지에서 金국을 이루고 庚辛이 많이 투출하면 이 또한 불길한 것으로서 木이
金으로 인하여 상하였다고 한다. 丙丁이 없어 金을 파괴하지 못하면 반드시 잔
병을 앓는다. 지지에 火국을 이루어 설기가 태과하면 반드시 어리석고 나약하
며 항상 중얼거리고 재앙과 질병이 몸에 달라붙어 결국은 난치병이 된다. 지지
에 木국을 이루면 庚을 얻어야 귀하여지고 庚이 없으면 반드시 흉한 것으로서
승도가 아니면 남자는 홀아비이고 여자는 과부가 된다.

지지에서 金국을 이루고 庚辛金이 많이 투출하면 왕성한 기세로서
木을 상하게 하므로 목피금상木被金傷의 형상이 된다고 하며
이 또한 불길한 것이라고 합니다.

이때 丙丁火가 없어 왕성한 金의 기세를 파괴하지 못하면
甲木이 감당하지 못하고 상하므로 반드시 잔병을 앓는다고 합니다.

지지에서 火국을 이루면 왕성한 기세로서
甲木을 설기하는 것이 태과하면 메마르고 쇠약하여지므로
반드시 어리석고 나약하다고 하며 정신병자처럼 항상 중얼거리고
재앙과 질병이 몸에 달라붙어 결국은 난치병이 된다고 합니다.

지지에 木국을 이루면 기세가 왕성한 것으로서
庚金을 얻어서 제어하면 음양의 조화가 이루어지며 귀하다고 하며
庚金이 없어 제어하지 못하면 반드시 흉한 것으로서
수행을 하면서 살아가는 승도가 되거나
남자는 홀아비가 되고 여자는 과부가 된다고 합니다.

支成水局 戊透為貴 如無戊制 不但貧賤 且死無棺木 故書曰 甲木若無
지 성 수 국 무 투 위 귀 여 무 무 제 부 단 빈 천 차 사 무 관 목 고 서 왈 갑 목 약 무

根 全賴申子辰 干得財煞透 平步上青雲 凡三春甲木 用庚者土為 妻金
근 전 뢰 신 자 진 간 득 재 살 투 평 보 상 청 운 범 삼 춘 갑 목 용 경 자 토 위 처 금

為子 用丁者木為妻火為子 總之正二月甲木 有庚戊者上命 如有丁透
위 자 용 정 자 목 위 처 화 위 자 총 지 정 이 월 갑 목 유 경 무 자 상 명 여 유 정 투

大富大貴之命也
대 부 대 귀 지 명 야

지지에 水국을 이루면 戊가 투출해야 귀하고 戊의 제어가 없다면 빈천할 뿐만
아니라 죽어서도 관을 만들 나무조차 없게 된다. 고서에 이르길 甲木에게 뿌리
가 없으면 전적으로 申子辰에 의지하고 천간에 재살이 투출하여야 고위직에 쉽
게 오른다고 하였다. 일반적으로 봄철 甲木은 용신이 庚이면 土가 처이고 金이
자식이고 용신이 丁이면 木이 처이고 火가 자식이다. 총괄적으로 정이월 甲木
은 庚戊가 있으면 상격의 명이고 丁이 투출하면 크게 부귀한 명이다.

지지에서 水국을 이루면 기세가 왕성한 것으로서
戊土가 투출하여 제어하면 귀하게 된다고 하며
戊土가 제어하지 못하면 왕성한 水로 인하여
빈천할 뿐만 아니라 죽어서도 관을 만들 나무조차 없다고 합니다.

고서에 이르기를
甲木에게 뿌리가 없으면 전적으로 申子辰에 의지하고
천간에 재살이 투출하여야 고위직에 쉽게 오른다고 하였답니다.

申子辰 水국은 지지의 기세로서 甲木의 뿌리를 적셔준다고 하며
재살은 격국론의 용어로서 재성과 관살을 말하는 것으로서
甲木에게는 土가 재성이며 金이 관살이 된다고 합니다.

대개 봄철 甲木은
용신이 庚金이면 土가 처이고 金이 자식으로서 희신의 역할을 하며
용신이 丁火이면 木이 처이고 火가 자식으로서 희신의 역할을 합니다.

총괄적으로
寅월과 卯월의 甲木은 庚金과 戊土가 있으면 상격의 명이라고 하며
丁火가 투출하면 크게 부귀한 명이라고 합니다.

조화원약에서 발췌한 명조입니다.
궁통보감에는 예시로 든 명조가 거의 없으므로
조화원약에서 예시로 든 명조를 발췌하였습니다.
조화원약의 통변은 고대의 격국론을 적용한 것이 대부분으로서
궁통보감의 음양의 기세론의 통변 사례로서는 부적합하므로
단지 조화원약의 명조만 빌려와서 필자의 소견으로
음양의 기세론의 관점으로 통변하고 해설하였음을 밝히는 바입니다.

시	일	월	년	구분
乙	甲	甲	戊	천간
亥	辰	寅	寅	지지

甲乙木의 왕성한 기세로써 戊土를 소토하여
암장된 丙火를 이끌어내고 壬癸水도 암장되어 암암리에 재능을 발휘하므로
국가고시에 급제한 학자로서 효렴孝廉의 명조입니다.

시	일	월	년	구분
庚	甲	丙	甲	천간
午	寅	寅	申	지지

甲木의 기세가 왕성한데 庚金이 투출하여 제어하고 있으며
丙火가 투출하여 해동을 하고
壬水가 암장되어 암암리에 재능을 발휘하므로
국가고시에 급제한 학자로서 무재茂才의 명조입니다.

2) 卯월의 甲木

二月甲木 庚金得所 名陽刃駕煞 可云小貴 異途顯達 或主武職 但要財
이월갑목 경금득소 명양인가살 가운소귀 이도현달 혹주무직 단요재

資之 柱中逢財 英雄獨壓萬人 若見癸水 困了財煞 主爲光棍 重刃必定
자지 주중봉재 영웅독압만인 약견계수 곤료재살 주위광곤 중인필정

遭凶 性情凶暴 書曰 木旺宜火之光輝 秋闈可試 木向春生 處世安然有
조흉 성정흉폭 서왈 목왕의화지광휘 추위가시 목향춘생 처세안연유

壽 日主無依 却喜運行財地
수 일주무의 각희운행재지

이월 甲木이 庚金을 제자리에 얻으면 이른바 양인가살로서 작은 귀함이 있으며
다른 방면으로 현달한다. 무관의 직책이면 단지 재성의 도움을 요한다. 사주 중
에 재성을 만나면 영웅으로서 혼자서 만인을 제압한다. 癸水가 있어 재살이 곤
란하면 건달이고 양인이 중첩되면 반드시 흉한 액을 만나고 성정이 흉포하다.
고서에서 이르길 木이 왕성하면 마땅히 火가 빛나야 과거를 치를 수 있고 木이
봄에 태어나면 처세가 편안하고 장수한다고 하며 일주가 의지할 곳이 없으면
재운으로 흐르기를 바란다고 하였다.

입춘으로부터 두 번째의 달인 卯월에 甲木이 庚金을 제자리에 얻으면
격국론의 용어로서 양인가살陽刃駕煞이라고 하여
양인이 칠살을 타고 위엄을 나타내므로 작은 귀함은 누릴 수 있으며
무술이나 기예 등의 다른 방면에서 현저히 발달한다고 합니다.

무관의 직책을 가지려면 庚金에게 土의 도움이 필요하다고 하며
사주 중에 土를 만나면 庚金은 왕성한 기세를 얻게 되므로
영웅으로서 혼자서 만인을 제압한다고 합니다.

그러나 癸水가 있으면 土金의 기세를 설기하여
곤란하게 하므로 건달에 불과하다고 하며
격국론의 용어로서 양인이 중첩되면 겁재의 기세가 왕성한 것으로서
반드시 흉한 액을 만나고 성정이 흉포하다고 합니다.

고서에서 이르기를
木이 왕성하면 마땅히 火가 빛나야 과거를 치를 수 있고
木이 봄에 태어나면 처세가 편안하여지고 장수한다고 하며
일주가 의지할 곳이 없다면 재운으로 흐르기를 바란다고 하였답니다.

조화원약에서 발췌한 명조입니다.

시	일	월	년	구분
丁	甲	丁	甲	천간
卯	寅	卯	午	지지

甲木과 丁火만이 투출하여 순수하고 맑으므로 부자가 되었지만
庚金이 없어 귀하지 못한 명조입니다.

시	일	월	년	구분
庚	甲	丁	己	천간
午	戌	卯	未	지지

丁火가 투출하여 己土를 배양하고
庚金이 투출하여 왕성한 木의 기세를 제어하므로
최고의 국가고시인 과갑에 급제되어 영화를 누린 명조입니다.

시	일	월	년	구분
己	甲	乙	癸	천간
巳	子	卯	未	지지

癸水로써 甲乙木과 己土를 촉촉하게 적시어주며
丙火와 戊土 그리고 庚金이 암장되어 암암리에 재능을 발휘하므로
무관의 직책을 수행한 명조입니다.

3) 辰월의 甲木

三月甲木 木氣相竭 先取庚金 次用壬水 庚壬兩透 一榜堪圖 但要運用
삼월갑목 목기상갈 선취경금 차용임수 경임양투 일방감도 단요운용
相生 風水陰德 方許富貴 或見一二庚金 獨取壬水 壬透淸秀之人 才學
상생 풍수음덕 방허부귀 혹견일이경금 독취임수 임투청수지인 재학
必富
필부

삼월의 甲木은 木기가 고갈된 상태로서 먼저 庚金을 취하고 다음에 壬水를 쓴다. 庚壬이 모두 투출하면 과거에 급제하나 단지 운과 용신이 서로 상생하여야 하며 풍수음덕이 있어야 비로소 부귀하다. 하나 둘의 庚金이 있으면 壬水만을 취하는데 壬이 투출하면 뛰어난 인재로서 재주와 학식으로 반드시 부자가 된다.

입춘으로부터 세 번째의 달인 辰월의 甲木은
이미 木의 기세가 고갈된 상태로서 양기가 왕성하여진 것으로서
우선 庚金을 취하여 양기를 설기하고
다음으로 壬水로써 음양의 조화를 이룬다고 합니다.

庚金과 壬水가 모두 투출하면
음양의 조화가 이루어지므로 국가고시인 과거에 급제한다고 합니다.

다만 庚金과 壬水가 미약한 시기이므로
운과 용신이 상생하며 庚金과 壬水를 도와야하며
집안의 풍수음덕이 있어 조상과 부모의 도움을 받을 수 있어야
비로소 부귀할 수 있다고 합니다.

하나 둘의 庚金이 있어 무거운 기세를 가지고 있으면
壬水만을 취한다고 하며
壬水가 투출하면 음양의 조화가 이루어져
뛰어난 인재로서 재주와 학식으로 반드시 부자가 된다고 합니다.

或天干透出二丙 庚藏支下 此鈍斧無鋼 富貴難求 若有壬癸破火 堪作
혹 천 간 투 출 이 병　경 장 지 하　차 둔 부 무 강　부 귀 난 구　약 유 임 계 파 화　감 작

秀才 或柱中全無一水 戊己透干 支成土局 又作棄命從財 因人而致富
수 재　혹 주 중 전 무 일 수　무 기 투 간　지 성 토 국　우 작 기 명 종 재　인 인 이 치 부

貴 妻子有能
귀　처 자 유 능

천간에 두 개의 丙이 투출하고 庚이 암장되어 있으면 이것은 무딘 도끼로서 강
함이 없으므로 부귀를 구하기 어렵다. 壬癸가 있어 火를 파괴하면 수재는 한다.
사주에 水가 하나도 없는데 戊己가 투출하고 지지에 土국을 이루면 기명종재가
되는데 사람으로 인하여 부귀하고 처자도 유능하다.

천간에 두 개의 丙火가 투출하면 기세가 왕성한 것으로서
庚金이 지지에 암장되어 있으면
이것은 마치 무딘 도끼와 같아 강함이 없다고 하며
왕성한 기세를 감당하기 어려우므로 부귀를 구하기 어렵다고 합니다.

그러나 壬癸水가 있어 丙火를 파괴하면
庚金은 암암리에 재능을 발휘할 수 있으므로
지방고시에서 급제한 학자로서 수재秀才는 할 수 있다고 합니다.

사주에 水가 하나도 없어 甲木을 돕지 못하는데
戊己土가 투출하고 지지에 土국을 이루면 기세가 매우 왕성한 것으로
격국론의 용어로서 기명종재라고 하며
甲木은 왕성한 土의 기세를 감당하지 못하여 부득이 자신을 포기하고
왕성한 土재성의 기세에 복종하며 따른다고 합니다.

기명종재가 되면
대체로 사람의 인연으로 인하여 부귀하여진다고 하며
처자도 유능하다고 합니다.

或見戊己 及比劫多者 名爲雜氣奪財 此人勞碌到老 無馭內之權 女命
혹 견 무 기 급 비 겁 다 자 명 위 잡 기 탈 재 차 인 노 록 도 로 무 어 내 지 권 여 명

合此 女掌男權 賢能內助 若比劫重見 淫惡不堪 或支成金局 方可用
합 차 여 장 남 권 현 능 내 조 약 비 겁 중 견 음 악 불 감 혹 지 성 금 국 방 가 용

丁 不然 三月無用丁之法 惟有先庚後壬取用 書曰 甲乙生寅卯 庚辛
정 불 연 삼 월 무 용 정 지 법 유 유 선 경 후 임 취 용 서 왈 갑 을 생 인 묘 경 신

干上逢 離南推富貴 坎地却爲凶
간 상 봉 이 남 추 부 귀 감 지 각 위 흉

戊己가 있고 비겁이 많으면 이른바 잡기탈재로서 이 사람은 늙도록 고생하고
재산을 다스릴 권한도 없다. 여명이 이와 같으면 여성이 남성의 권리를 장악하
며 현숙한 내조는 가능하여도 비겁이 중첩되면 매우 음란하고 추악하다. 지지
에 金국을 이루면 비로소 丁을 쓸 수 있으며 그렇지 않으면 삼월에 丁을 쓰는
법은 없다. 오직 庚을 먼저 쓰고 壬을 나중에 쓴다. 고서에서 이르기를 甲乙이
寅卯생이면 庚辛을 천간에서 만나야 하고 남방운으로 나아가야 부귀하고 북방
운은 오히려 흉하다고 했다.

戊己土가 있는데 甲乙木비겁이 많다면
격국론의 용어로서 잡기탈재雜氣奪財라고 하며 잡기는 土재성입니다.
甲乙木비겁이 일간의 재산을 빼앗는다고 하는 것으로서
이 사람은 늙도록 고생하고 재산을 다스릴 권한조차도 없다고 합니다.

여성의 명조가 이와 같으면
여성이 남성의 권리를 장악하고 현숙한 내조는 가능하여도
甲乙木비겁이 중첩되면 매우 음란하고 추악하다고 합니다.

지지에 金국을 이루면 기세가 왕성한 것으로서
비로소 丁火로써 제어하여야 쓸 수 있다고 하며
이외에는 辰월에 丁火를 쓰는 법은 없다고 합니다.

辰월에는 오직 庚金을 먼저 쓰고 壬水를 나중에 쓴다고 합니다.

고서에서 이르기를
甲乙木이 寅卯월생이면 천간에서 庚辛金을 만나야 하고
남방 火운으로 나아가야 부귀하고
북방 水운에는 오히려 흉하다고 하였답니다.

조화원약에서 발췌한 명조입니다.

시	일	월	년	구분
丙	甲	庚	乙	천간
寅	申	辰	丑	지지

庚金과 乙木이 화합하여 丙火의 기세를 설기하고
壬癸水가 암장되어 암암리에 재능을 발휘하므로
부자로서 벼슬을 구하였지만 귀함은 작은 명조입니다.

시	일	월	년	구분
庚	甲	壬	辛	천간
午	辰	辰	未	지지

辰월에 양기가 매우 왕성한데 庚金이 설기하고
辛金이 壬水를 도와 음양의 조화를 이루므로
상서尚書의 지위에 오른 명조입니다.

시	일	월	년	구분
庚	甲	壬	丙	천간
午	子	辰	寅	지지

丙火가 기세가 왕성한데 壬水로써 丙火를 제어하고
庚金이 투출하여 도와 양기를 설기하며 음양의 조화를 이루므로
지방관서의 장인 태수太守에 오른 명조입니다.

시	일	월	년	구분
丁	甲	壬	丙	천간
卯	辰	辰	寅	지지

丙火의 기세를 壬水가 제어하는데 庚金이 없어 돕지 못하고
丁火가 투출하여 방해하므로 쓰임이 없어
보통사람에 불과한 명조입니다.

시	일	월	년	구분
戊	甲	甲	壬	천간
辰	寅	辰	午	지지

戊土가 투출하여 기세가 매우 왕성한데
비록 甲木이 투출하여 제어하지만
壬水의 기세가 미약하고 庚金도 없어 돕지 못하여
음양의 조화를 이루기 어려우므로
수행을 하면서 살아가는 승도의 명조입니다.

2. 여름의 甲木

1) 巳월의 甲木

四月甲木退氣 丙火司權 先癸後丁 庚金太多 甲反受病 若得壬水 方配
사 월 갑 목 퇴 기　병 화 사 권　선 계 후 정　경 금 태 다　갑 반 수 병　약 득 임 수　방 배

得中和 此人性好淸高 假裝富貴 卽蔭襲顯達 終日好作禍亂 善辨巧談
득 중 화　차 인 성 호 청 고　가 장 부 귀　즉 음 습 현 달　종 일 호 작 화 란　선 변 교 담

喜作詩文 此理最驗
희 작 시 문　차 리 최 험

사월은 甲木이 퇴기하고 丙火가 사령하여 권력을 잡으므로 癸를 먼저 쓰고 丁
을 나중에 쓴다. 庚金이 매우 많으면 甲에게 오히려 병이 되므로 壬水를 얻어야
비로소 배합으로 중화를 득하며 이 사람은 성격이 고결하지만 부귀한 척하고
조상의 음덕으로 현달하지만 종일 말썽을 일으키고 선하고 교묘한 말로써 시문
을 짓기 좋아하는 것으로서 그 이치가 모두 검증되었다.

입춘으로부터 네 번째의 달인 巳월은 甲木의 기세가 퇴기하고
丙火가 사령하여 권력을 잡으므로 기세가 왕성한 것으로서
우선 癸水로써 甲木을 촉촉이 적시어 기세를 보완하고
丁火는 나중에 쓴다고 합니다.

庚金이 매우 많다면 기세가 무겁고 왕성한 것으로서
기세가 쇠약한 甲木이 감당하지 못하므로 오히려 병이 된다고 하며
이때는 壬水로써 庚金을 설기하면 비로소 배합이 되며
음양의 조화를 이루는 중화를 득한다고 합니다.

이 사람은 庚金의 기세로 인하여
대체로 성격이 고결하지만 부귀한 척하고
조상의 음덕으로 현달하지만 종일 말썽을 일으킨다고 하며
선하고 교묘한 말로써 시문을 짓기 좋아한다고 합니다.
이러한 이치는 이미 수많은 사례로 모두 검증된 것이라고 합니다.

如一庚二丙 稍有富貴 金多火多 又為下格 或癸丁與庚齊透天干 此命
여 일 경 이 병 초 유 부 귀 금 다 화 다 우 위 하 격 혹 계 정 여 경 제 투 천 간 차 명

可言科甲 即風水淺薄 亦有選拔之才 癸水不出 雖有庚金丁火 不過富
가 언 과 갑 즉 풍 수 천 박 역 유 선 발 지 재 계 수 불 출 수 유 경 금 정 화 불 과 부

中取貴 異途官職而已 壬透可云一富 若全無點水 又無庚金丁火 一派
중 취 귀 이 도 관 직 이 이 임 투 가 운 일 부 약 전 무 점 수 우 무 경 금 정 화 일 파

丙戊 此無用之人也
병 무 차 무 용 지 인 야

하나의 庚과 두 개의 丙이 있으면 약간은 부귀하지만 金도 많고 火도 많으면 하
격이다. 癸丁과 함께 庚이 투출하면 이 명은 과갑은 하며 풍수가 천박해도 선발
의 인재이다. 癸水가 투출하지 않고 단지 庚金과 丁火가 있어도 부자로서 귀하
게 되는데 불과하고 다른 방법으로 관직을 하는데 그친다. 壬이 투출하면 일개
부자라고 할 수 있고 水가 전혀 없고 庚金과 丁火도 없는데 한 무리의 丙戊가 있
다면 이는 쓸모없는 사람이다.

하나의 庚金이 있으면 庚金의 기세가 맑은 것으로서
두 개의 丙火가 있어 기세가 무거워도 庚金의 설기로 인하여
음양의 조화를 이룰 수 있으므로 약간은 부귀할 수 있다고 합니다.

그러나 火도 많고 金도 많다면
火金의 기세가 매우 왕성한 것으로서
기세가 쇠약한 甲木이 감당하기 어려워 하격이라고 합니다.

癸水와 丁火 그리고 庚金이 함께 투출한다면
癸水로써 甲木을 적시어주고
丁火로써 庚金을 제어할 수 있으므로
최고의 국가고시인 과갑에 급제한다고 하며

설령 풍수가 천박하여 조상이나 부모의 도움이 없어도
지방고시에서 급제한 학자로서
중앙에 천거된 선발選拔의 인재라고 합니다.

癸水가 투출하지 않고 단지 丁火와 庚金이 있어도
丁火로써 庚金을 제어하여 부자로서 귀하게 되는데
단지 과거시험이 아닌 다른 방법으로 관직을 하는데 그친다고 합니다.

壬水가 투출하면 노력하여 일개 부자는 될 수 있다고 하며
水가 전혀 없고 庚金과 丁火도 없는데
한 무리의 丙火와 戊土가 있다면 조열한 火土의 기세를
甲木이 감당하기 어려워 쓸모없는 사람이라고 합니다.

조화원약에서 발췌한 명조입니다.

시	일	월	년	구분
乙	甲	乙	丁	천간
亥	寅	巳	卯	지지

甲乙木의 왕성한 기세를 丁火가 투출하여 설기하며
목화통명을 이루므로 총명하고
壬水가 암장되어 암암리에 재능을 발휘하므로
지방관서의 장으로서 명부明府에 오른 명조입니다.

시	일	월	년	구분
庚	甲	乙	丁	천간
午	辰	巳	卯	지지

甲乙木의 왕성한 기세를 丁火가 투출하여 설기하며
목화통명을 이루므로 총명하고
庚金이 투출하여 양기를 설기하고
癸水가 암장되어 암암리에 재능을 발휘하므로
최고의 국가고시인 과갑에 급제한 진사進士의 명조입니다.

시	일	월	년	구분
甲	甲	癸	丙	천간
子	戊	巳	午	지지

丙火의 기세가 왕성한데
癸水가 투출하여 丙火를 제어하며 음양의 조화를 이루고
甲木이 도와 크게 귀하게 된 명조입니다.

시	일	월	년	구분
丙	甲	癸	丙	천간
寅	子	巳	午	지지

丙火가 두 개 투출하여 기세가 매우 왕성한데
癸水의 뿌리가 깊어 음양의 조화를 이루어주므로
중앙관서의 차관급인 참정參政의 지위에 오른 명조입니다.

시	일	월	년	구분
丙	甲	癸	丙	천간
寅	寅	巳	午	지지

위 명조와 일지만 다르지만
癸水의 뿌리가 없어 쇠약하므로 쓸모가 없는 것으로서
음양의 조화를 이루지 못하므로 거지에 불과한 명조입니다.

2) 午未월의 甲木

五六月甲木 木性虛焦 一理共推 五月先癸後丁 庚金次之 六月三伏
오뉴월갑목 목성허초 일리공추 오월선계후정 경금차지 유월삼복

生寒 丁火退氣 先丁後庚 無癸亦可 或五月乏癸 用丁亦可 要運行北
생한 정화퇴기 선정후경 무계역가 혹오월핍계 용정역가 요운행북

地為佳
지 위 가

오월과 육월의 甲木은 木의 성정이 허하여 타버리므로 하나의 이치로 함께 추
리한다. 오월에는 먼저 癸를 쓰고 나중에 丁을 쓰며 庚은 다음으로 쓴다. 유월
삼복에는 한기가 생기고 丁火가 퇴기하므로 먼저 丁을 쓰고 나중에 庚을 쓰며
癸는 없어도 된다. 오월에 癸가 부족한데 丁을 쓰려면 반드시 북방운으로 가야
좋다.

입춘으로부터 다섯 번째의 午월과 여섯 번째의 未월은
火가 치열한 시기로서 木의 성정이 허하여 타버리는 것으로서
하나의 이치로 추리한다고 합니다.

午월에는 火의 기세가 치열하므로 우선 癸水를 써서
허약한 甲木을 촉촉하게 적시어 치열한 기세로부터 보호하고
나중에 丁火를 보완하고 난 후에 庚金을 쓴다고 합니다.

未월에는 삼복더위에 차가운 한기가 새로 만들어지며 생하는 시기로서
丁火가 점차 퇴기하므로 먼저 丁火로써 도와준다고 하며
이때는 庚金을 써도 되고 癸水는 없어도 된다고 합니다.

午월에는 癸水가 부족한데 丁火를 쓰고자 한다면
甲木이 치열한 기세를 감당하기 어려운 것으로서
반드시 북방 水운으로 가야
비로소 치열한 丁火를 효과적으로 쓸 수 있어 좋다고 합니다.

總之五六月用丁火 雖運行北地 不致於死 却不利運行火地 號曰木化
총지오뉴월용정화 수운행북지 불치어사 각불리운행화지 호왈목화

成灰必死 行西程又不吉 號曰傷官遇煞 不測災來 惟東方則 吉北方次之
성회필사 행서정우불길 호왈상관우살 불측재래 유동방즉 길북방차지

此五六月用丁之說也
차 오뉴월용정지설야

총괄적으로 오뉴월에 丁火를 쓰면 반드시 북방운으로 가야 죽음에 이르지 않
는다. 도리어 火운으로 흐르면 불리한데 木이 재가 되어 반드시 죽는다고 한다.
서방으로 흘러도 불길하니 상관이 칠살을 만난 것으로서 재앙이 오는 것을 예
측하지 못한다고 하며 오직 동방으로 흘러야 길하고 북방은 그 다음으로 길하
다. 이것이 오뉴월에 丁의 쓰임을 말한 것이다.

총괄적으로 午未월에 丁火를 쓰면 열기가 치열한 것으로서
기세가 쇠약한 甲木이 메마르고 타버리므로
오로지 북방 水운으로 가야 죽음에 이르지는 않는다고 합니다.

도리어 남방 火운으로 흐르면 불리하다고 하는 것으로서
치열한 열기로 인하여 甲木이 타서 재가 된다고 하는
목화성회木化成灰로서 반드시 죽는다고 합니다.

서방 金운으로 흘러도 불길하다고 하는데
격국론의 용어로서 상관우살傷官遇煞이라고 하여
상관이 칠살 운을 만난 것으로서
치열한 열기와 왕성한 기세의 金운이 격돌하므로 이로 인하여
甲木이 감당하지 못하여 재앙이 오는 것을 예측하지 못한다고 합니다.

그러므로 午未월에는 오로지 동방 木운으로 흘러야
甲木은 왕성한 기세로써 능히 감당할 수 있어 길하다고 하며
북방 水운은 火金의 기세가 모두 쇠약해지는 것으로서
甲木이 피해를 당하지 않으므로 그 다음으로 길하다고 합니다.
이것이 午未월에 丁火의 쓰임을 말하는 것이라고 합니다.

凡用神太多 不宜尅制 須洩之為妙 五六月甲木 木盛先庚 庚盛先丁
범용신태다 불의극제 수설지위묘 오뉴월갑목 목성선경 경성선정

五月癸庚兩透 為上上之格 六月庚丁兩透 亦為上上之格 用神既透
오월계경양투 위상상지격 유월경정양투 역위상상지격 용신기투

木火通明 自然大富大貴 或丁火太多 癸水亦多 反作平人
목화통명 자연대부대귀 혹정화태다 계수역다 반작평인

일반적으로 용신이 매우 많으면 극하고 제어하는 것은 마땅치 않으며 반드시
설기하는 것이 좋다. 오뉴월 甲木은 木이 왕성하면 庚을 먼저 쓰고 庚이 왕성하
면 丁을 먼저 쓴다. 오월에는 癸庚이 모두 투출하면 최상격이며 유월에는 庚丁
이 모두 투출하면 역시 최상격이다. 용신이 이미 투출하여 목화통명이 되면 자
연 크게 부귀하다. 丁火가 매우 많고 癸水도 많다면 오히려 평범한 사람이다.

일반적으로 용신이 매우 많으면 기세가 매우 왕성한 것으로서
왕성한 기세를 극하여 제어하려고 하면 오히려 반발하므로
마땅치 않다고 하며 반드시 설기하는 것이 좋다고 합니다.

午未월 甲木은 木의 기세가 왕성하면 庚金을 먼저 써서 제어하고
庚金의 기세가 왕성하면 丁火를 먼저 써서 제어한다고 합니다.

午월에 癸水와 庚金이 모두 투출하면
음양의 조화를 이룰 수 있으므로 최상의 상격이라고 합니다.

未월에 庚金과 丁火가 모두 투출하면
역시 음양의 조화를 이룰 수 있으므로 최상의 상격이라고 합니다.

丁火가 용신으로서 이미 투출하여 목화통명을 이루면
우수한 인재가 되므로 자연 크게 부귀하다고 합니다.

丁火가 매우 많고 癸水도 많다면 오히려 甲木이 감당하기 어려우므로
쓸모가 없어 평범한 사람에 불과하다고 합니다.

若柱中多金 名曰煞重身輕 先富後貧 運不相扶 非貧即夭 或庚多 有一
약 주 중 다 금 명 왈 살 중 신 경 선 부 후 빈 운 불 상 부 비 빈 즉 요 혹 경 다 유 일

二丙丁制伏 又有壬癸透干 泄金之氣 此又爲先貧後富
이 병 정 제 복 우 유 임 계 투 간 설 금 지 기 차 우 위 선 빈 후 부

사주 중에 金이 많으면 이른바 살중신경이라고 하여 부자가 되어도 나중에는
가난하고 운에서 돕지 않으면 가난하지 않으면 요절한다. 庚이 많으면 하나 둘
의 丙丁이 있어 제복하고 또 壬癸가 투출하여 金을 설기하면 가난하여도 부자
가 된다.

사주 중에 金이 많으면 기세가 무겁고 왕성한 것으로서
격국론의 용어로서 살중신경煞重身輕이라고 하여
칠살의 기세가 무거우므로
기세가 가벼운 일간이 감당하기 어렵다고 합니다.

처음에는 무겁고 왕성한 金의 기세를 활용하여
이로써 부자가 된다고 하여도
나중에는 金의 기세를 감당하지 못하므로 가난하게 된다고 합니다.

또한 운에서 甲木일간을 돕지 않으면
金의 무겁고 왕성한 기세를 감당하지 못하고
결국은 가난하지 않으면 요절한다고 합니다.

庚金이 많으면 기세가 무거운 것으로서
하나 둘의 丙丁火가 있어 庚金을 제어하고
또한 壬癸水도 함께 투출하여 庚金의 기세를 설기하여주면
음양의 조화를 이룰 수 있으므로
처음에는 가난하여도 나중에는 부자가 된다고 합니다.

或滿柱丙火 又加丁火 不見官煞 謂之傷官傷盡最為奇 反成淸貴 定主
혹만주병화 우가정화 불견관살 위지상관상진최위기 반성청귀 정주

才學過人 科甲有望 但歲運不宜見水 若柱中有壬水 運又逢水 必貧夭
재학과인 과갑유망 단세운불의견수 약주중유임수 운우봉수 필빈요

死 但凡木火傷官者 聰明智巧 却是人同心異 多見多疑 雖不生事害人
사 단범목화상관자 총명지교 각시인동심이 다견다의 수불생사해인

每抱忌妬之想 女命一理同推
매포기투지상 여명일리동추

사주에 丙火가 가득하고 丁火도 있는데 관살이 없으면 상관상진으로서 가장 기이하다고 하며 오히려 고결하고 반드시 재능과 학식이 넘치는 사람으로서 과갑을 바라본다. 단지 세운에 水가 있으면 마땅치 않다. 사주 중에 壬水가 있는데 운에서 또 水를 만나면 반드시 가난하거나 요절하여 죽는다. 일반적으로 木火상관은 총명하고 지혜로우나 단지 마음이 한결같지 않고 의심이 많으며 비록 살아가면서 사람을 해치는 일은 없으나 매사에 시기 질투하는 생각을 품으며 여명도 같은 이치로 추명한다.

사주에 丙火가 가득하고 丁火도 있으면 기세가 매우 왕성한데
金관살이 없다면 격국론의 용어로서 상관상진傷官傷盡이라고 하여
가장 기이한 격국이 된다고 하는 것으로서
오히려 고결하고 반드시 재능과 학식이 넘쳐나는 사람으로서
최고의 국가고시인 과갑에 급제할 수 있다고 합니다.

단지 세운에 水가 있으면 마땅치 않다고 하며
사주 중에 壬水가 있는데 운에서 또 水를 만나면 기세가 왕성하여
음양이 격돌하므로 반드시 가난하거나 요절하여 죽는다고 합니다.

일반적으로 木火상관은 총명하고 지혜롭다고 하지만
양기만 태과하고 음기가 불급한 것으로서
단지 마음이 한결같지 않고 의심이 많다고 하며 비록 살아가면서
사람을 해치는 일은 없지만 매사에 시기 질투하는 생각을 품는데
여성의 명조도 마찬가지로 같은 이치로 추명한다고 합니다.

或四柱多土 干上有乙木 切勿作棄命從財 時月兩透己土 名二土爭合
혹사주다토 간상유을목 절물작기명종재 시월양투기토 명이토쟁합

男主奔流 女主淫賤 見二甲則不爭矣 亦屬平庸之輩 或四柱有辰 干見
남주분류 여주음천 견이갑즉불쟁의 역속평용지배 혹사주유진 간견

二己二甲 此人名利雙全 大富大貴
이기이갑 차인명리쌍전 대부대귀

사주에 土가 많은데 천간에 乙木이 있다면 절대로 기명종재가 안 된다. 시와 월
에 己土가 모두 투출하면 이른바 두 개의 土가 쟁합하는 것으로서 남성은 분주
하고 여성은 음천하다. 두 개의 甲木이 있으면 쟁합하지 않아도 평범한 무리에
속한다. 사주에 辰이 있고 천간에 두 개의 己와 두 개의 甲이 있으면 이 사람은
부귀가 모두 완전하여 크게 부귀하다.

사주에 土가 많다면 기세가 무겁고 두터운 것인데
천간에 乙木이 있다면 甲木은 乙木의 도움을 받을 수 있으므로
격국론의 용어로서 기명종재棄命從財라고 하여
土의 기세에 복종하며 따르는 짓은 절대로 안 한다고 합니다.

시와 월에 己土가 모두 투출하여 있다면
甲木을 사이에 두고 己土가 화합하고자 경쟁하는 쟁합爭合으로서
남성은 두 여성 사이를 분주하게 돌아다닌다고 하고
여성도 역시 혼자서 두 남자를 상대하므로 음란하고 천하다고 합니다.

두 개의 甲木과 두 개의 己土가 있다면
서로 화합하므로 쟁합이 되지 않으나 서로 사랑에 열중하는 것으로서
할 일을 제대로 하지 않으므로 평범한 무리에 속한다고 합니다.

사주에 辰土가 있고 두 개의 甲木과 두 개의 己土가 있으면
서로 화합하여 진정한 화합격이 성립되는 것으로서
부귀가 모두 완전하여 크게 부귀하다고 합니다.

궁통보감에서는 辰土가 있으면 화합격化合格이 성립된다고 합니다.

若在六月 見辰支 名為逢時化合格 以癸水為妻 丁火為子 若二己一甲
약재유월 견진지 명위봉시화합격 이계수위처 정화위자 약이기일갑

爭合 取支中比劫為用 以甲為用者 壬癸為妻 甲乙為子 其餘用庚者土
쟁합 취지중비겁위용 이갑위용자 임계위처 갑을위자 기여용경자토

妻金子 用丁者木妻火子 女命以妻作夫 用作子 十干皆同
처금자 용정자목처화자 여명이처작부 용작자 십간개동

유월에 지지에 辰이 있다면 이른바 봉시화합격으로서 癸水가 처이고 丁火는 자식이 된다. 두개의 己와 하나의 甲이 쟁합하면 지지 중에 있는 비겁을 용신으로 취하는데 용신이 甲이면 壬癸가 처이고 甲乙이 자식이 된다. 그 외에는 용신이 庚이면 土가 처이고 金이 자식이고 용신이 丁이면 木이 처이고 火가 자식이다. 여명에서는 처를 남편으로 보고 용신을 자식으로 보는데 십간이 모두 같다.

未월은 土왕절로서 土의 기세가 왕성한 시기라고 합니다.
지지에 辰土가 있으면 甲木이 己土와 화합하여 화합격이 성립되는데
이른바 봉시화합격逢時化合格이라고 하여
화합격이 때를 만나 기세가 왕성한 것이라고 합니다.

이때는 未중 丁火를 용신으로 하여 자식이라고 하며
辰중 癸水를 처로 하여 희신의 역할을 한다고 합니다.

두 개의 己土와 하나의 甲木이 쟁합하면
지지 중에 있는 甲乙木비겁을 용신으로 취하는데
이때는 용신이 甲木이면 壬癸水가 처이고 甲乙木이 자식으로서
희신의 역할을 한다고 합니다.

그 외에는
용신이 庚金이면 土가 처이고 金이 자식으로서 희신의 역할을 하며
용신이 丁火이면 木이 처이고 火가 자식으로서 희신의 역할을 합니다.

여성의 명조에서는 처는 남편으로 보고 용신이 자식이 되는 것으로서
십간이 모두 이와 같이 본다고 합니다.

或是己土 不見戊土 乃為假從 其人一生縮首 反畏妻子 若無印綬 一生
혹 시 기 토 불 견 무 토 내 위 가 종 기 인 일 생 축 수 반 외 처 자 약 무 인 수 일 생

貧苦 六月尤可 五月決不可
빈 고 유 월 우 가 오 월 결 불 가

己土만 있고 戊土가 없으면 겨우 가종하는 것으로서 그 사람은 일생동안 머리
를 숙이고 오히려 처자도 두려워한다. 인수가 없다면 일생 가난하게 고생하는
데 유월에는 특히 가능하여도 오월에는 결코 불가하다.

己土만 있고 戊土가 없으면 겨우 가종假從한다고 합니다.
가종이 되면 복종하며 따르는 흉내만 내는 것으로서
그 사람은 무기력하여 일생동안 머리를 숙이고 다니며
오히려 처자의 눈치만 보며 두려워한다고 합니다.

가종하고 水가 없다면 己土가 메마르고 쓸모가 없어
일생동안 가난하게 고생하다고 하며
未월에는 음기가 생산되므로 특히 가능하다고 하지만
午월에는 왕성한 火로 인하여 결코 불가하다고 합니다.

조화원약에서 발췌한 명조입니다.

시	일	월	년	구분
甲	甲	丙	丁	천간
子	寅	午	巳	지지

木火의 양기의 기세가 매우 왕성하지만
癸水가 암장되어 암암리에 재능을 발휘하며
운이 동북 木水운으로 흐르며 오히려 목화통명을 이루어주므로
국가고시인 과거에 연달아 합격하고
중앙관서의 차관급인 시랑侍郞의 벼슬에 오른 명조입니다.

시	일	월	년	구분
辛	甲	甲	丙	천간
未	戌	午	寅	지지

지지에 火국을 이루고 丙火가 투출하여 매우 왕성한 기세를
甲木이 감당하지 못하고 메마른 것으로서
辛金이 투출하였으나 丁火가 암장되어 암암리에 제어하므로
음기를 돕지 못하므로
남편을 고생시키고 음란하고 천한 여성의 명조입니다.

시	일	월	년	구분
辛	甲	辛	甲	천간
未	子	未	辰	지지

甲木과 辛金만이 투출하여 순수하고 맑다고 하며
癸水가 암장되어 암암리에 재능을 발휘하므로
부귀한 명조입니다.

시	일	월	년	구분
戊	甲	癸	乙	천간
辰	子	未	巳	지지

癸水가 투출하여 甲乙木과 戊土를 촉촉하게 적시어주며
음양의 조화를 이루어주므로 부귀한 명조입니다.

시	일	월	년	구분
丙	甲	辛	甲	천간
寅	戊	未	申	지지

丙火가 투출하여 목화통명을 이루고
辛金이 투출하여 음기를 돕고 있으며
壬水와 庚金이 암장하여 암암리에 재능을 발휘하므로
중앙관서의 장관인 상서尙書에 오른 명조입니다.

시	일	월	년	구분
乙	甲	己	癸	천간
丑	子	未	巳	지지

癸水가 투출하였으나 己土가 제어하고
丁火가 암장되어 양기를 보완하여 음양의 조화를 이루므로
지방고시에 급제한 학자로서 생원生員의 명조입니다.

3. 가을의 甲木

三秋甲木 木性枯槁 金土乘旺 先丁後庚 丁庚兩全 將甲造為畵戟 七月
삼추갑목 목성고고 금토승왕 선정후경 정경양전 장갑조위화극 칠월
甲堪為戟 非丁火不能造庚 非庚不能造甲 丁庚兩透 科甲定然 庚祿居申
갑감위극 비정화불능조경 비경불능조갑 정경양투 과갑정연 경록거신
煞印相生 運行金水 身伴明君
살인상생 운행금수 신반명군

가을 甲木은 木의 성정이 시들고 金土가 왕성하여지므로 丁을 먼저 쓰고 庚을
나중에 쓴다. 丁庚이 전부 있으면 甲으로 창을 만든다. 칠월의 甲은 창을 만들
수 있지만 丁火가 아니면 庚을 만들 수 없고 庚이 아니면 甲으로 만들 수 없다.
丁庚이 모두 투출하면 과갑은 반드시 한다. 庚의 건록이 申에 있으므로 살인상
생으로서 金水운으로 행하면 몸소 명군을 섬긴다.

가을은 木의 성정이 시들고 金土의 기세가 왕성하여지는 시기로서
丁火를 먼저 써서 왕성한 金의 기세를 제어하고
庚金은 나중에 甲木을 다듬는데 쓴다고 합니다.

丁火와 庚金이 전부 있으면 甲木으로 긴 자루를 만들고
庚金으로 반달 모양의 칼이 달린 화극畵戟이란 창을 만든다고 합니다.

申월의 甲木은 창을 만들 수 있어도
丁火가 아니면 庚金을 단련하여 칼을 만들 수 없으며
庚金이 아니면 甲木을 다듬어 자루를 만들 수 없다고 합니다.

丁火와 庚金이 모두 투출하면 완전한 창을 만들 수 있으므로
최고의 국가고시인 과갑에 반드시 급제한다고 합니다.

申金은 庚金의 건록이면서 壬水의 장생지이므로
격국론의 용어로서 살인상생煞印相生이라고 하여 서로 상생하면서
甲木을 돕는다고 하며 서북방 金水운으로 행하면
壬水와 庚金의 기세가 왕성하여지므로 몸소 명군을 섬긴다고 합니다.

或庚透無丁 一富而已 主為人操心太重 不能坐享 或丁透庚藏 亦主青
혹 경 투 무 정　일 부 이 이　주 위 인 조 심 태 중　불 능 좌 향　혹 정 투 경 장　역 주 청

衿小富 或庚多無丁 殘疾之人 若為僧道 災厄可免 或四柱庚旺 支內水
금 소 부　혹 경 다 무 정　잔 질 지 인　약 위 승 도　재 액 가 면　혹 사 주 경 왕　지 내 수

多 不作棄命從煞 見土多可作從財而看
다　부 작 기 명 종 살　견 토 다 가 작 종 재 이 간

庚이 투출하고 丁이 없으면 일개 부자일 뿐이고 위인이 조심성이 너무 많아 앉
아서 누리지 못한다. 丁이 투출하고 庚이 암장되면 학자로서 작은 부가 있다.
庚이 많고 丁이 없으면 잔병이 있는 사람이고 승도이면 재액은 면할 수 있다.
사주에 庚이 왕성하고 지지 안에 水가 많아도 기명종살을 만들지 못하고 土가
많이 있으면 종재로 간명할 수 있다.

庚金이 투출하고 丁火가 없으면
귀하지는 못하여도 일개 부자는 될 수 있다고 하며
이 사람은 위인이 조심성이 너무 많아
편안하게 앉아서 부를 누리지 못한다고 합니다.

丁火가 투출하고 庚金이 암장되면
학자인 청금青衿으로서 작은 부는 누릴 수 있다고 합니다.

庚金이 많고 丁火가 없다면 왕성한 기세의 庚金을 제어하지 못하여
甲木이 감당을 하지 못하므로 잔병이 많은 사람이라고 하며
승도가 되어 수행을 하면 재액은 면할 수 있다고 합니다.

사주에 庚金의 기세가 왕성하여도
지지 안에 水가 많아 甲木을 적시어 도와준다면
격국론의 용어로서 기명종살棄命從煞은 만들지 않는다고 합니다.

土가 많아 기세가 왕성하다면 암장된 水가 甲木을 돕지 못하므로
격국론의 용어로서 종재격從財格으로 간명할 수 있다고 합니다.

庚多無癸 而壬水多 戊己亦多 此則專用一點丁火 方可制金以養群土
경 다 무 계 이 임 수 다 무 기 역 다 차 즉 전 용 일 점 정 화 방 가 제 금 이 양 군 토

此命大富 丁藏富小不顯 丁露定作富豪 得二丁 不坐死絕 必然富貴雙
차 명 대 부 정 장 부 소 불 현 정 로 정 작 부 호 득 이 정 불 좌 사 절 필 연 부 귀 쌍

全 即風水不及 亦可富中取貴 納粟奏名
전 즉 풍 수 불 급 역 가 부 중 취 귀 납 속 주 명

庚이 많고 癸가 없는데 壬水가 많고 戊己도 많으면 이런 경우에는 하나의 丁火
를 전용하면 비로소 金을 제어하고 土의 무리를 배양할 수 있어 큰 부자이다. 丁
이 암장되면 부가 작고 현달하지 못하며 丁이 드러나면 반드시 부호이다. 두
개의 丁을 얻어 사절되지 않으면 반드시 부귀가 모두 완전하며 풍수가 모자라
도 부자로서 귀한데 재물로써 벼슬을 한다.

庚金이 많고 癸水가 없는데 壬水가 많고
戊己土도 많으면 壬水의 왕성한 기세를 제어할 수 있으며

이러한 경우에 하나의 丁火를 전용하면 비로소 庚金을 제어하고
土의 무리를 배양하여 큰 부자가 된다고 합니다.

丁火가 암장되면 암암리에 재능만 발휘하는 것으로서
부가 작다고 하며 현달하지도 못한다고 합니다.

그러나 丁火가 드러나면 많은 庚金과 많은 戊己土를 활용하여
반드시 재물과 세력이 많은 부호가 된다고 합니다.

두 개의 丁火를 얻어 지지에서 사절되지 않으면 기세가 왕성하므로
많은 庚金을 제어하고 많은 戊己土를 배양할 수 있는 것으로서
반드시 부귀가 모두 완전하다고 하며

설령 풍수가 모자라 조상이나 집안의 도움이 부족하여도
부자로서 귀하게 되는데 단지 재물로써 벼슬을 구한다고 합니다.

或癸疊疊制伏丁火 雖滿腹文章 終難顯達 得運行火土 破癸 略可假就
혹계첩첩제복정화 수만복문장 종난현달 득운행화토 파계 약가가취

功名 歲運皆背 刀筆之徒 支成水局 戊己透干 制去癸水 存其丁火 又
공명 세운개배 도필지도 지성수국 무기투간 제거계수 존기정화 우

可云科甲 但此等命 主為人心奸巧詐 好訟爭非 因貪致禍 奸險之徒 決
가운과갑 단차등명 주위인심간교사 호송쟁비 인탐치화 간험지도 결

非安分之人也
비안분지인야

癸가 중첩되어 丁火를 제복하면 문장을 모두 알아도 결국 현달하기 어렵다. 火
土운에 癸를 파괴하면 약간은 공명을 취한다고 하여도 세운이 모두 돌아서면
도필하는 무리이다. 지지에 水국을 이루어도 戊己가 투출하여 癸水를 제거하고
丁火를 보존하면 과갑은 할 수 있다. 그러나 이러한 명은 사람의 마음이 간사하
며 교활하게 속이고 소송과 시비를 좋아하며 탐욕으로 인하여 화를 부르는 간
사하고 음험한 무리로서 결코 분수를 지키는 사람이 아니다.

癸水가 중첩되어 丁火를 제복하여 불꽃이 꺼지면
음양의 조화가 깨지는 것으로서
문장을 모두 알아도 결국 현달하기 어렵다고 합니다.

이때 火土운이 오면서 癸水를 파괴하여 丁火를 구하고
음양의 조화를 이루면 약간의 공명은 취할 수는 있다고 합니다.
그러나 세운이 모두 돌아서면 단지 재능만 발휘할 수 있으므로
단지 도필刀筆하며 글씨를 새기는 무리에 불과하다고 합니다.

지지에 水국을 이루어도 戊己土가 투출하여 癸水를 제거하고
丁火를 보존하면 음양의 조화를 이룰 수 있으므로
최고의 국가고시인 과갑에 급제할 수 있다고 합니다.

그러나 이러한 명은 사람의 마음이 간사하며 교활하게 속이고
소송과 시비를 좋아하며 탐욕으로 인하여 화를 부르는 간사하고
음험한 무리로서 결코 분수를 지키는 사람이 아니라고 합니다.

1) 申月의 甲木

七月甲木 丁火為尊 庚金次之 庚金不可少 火隔水不能鎔金 故丁火鎔
칠월갑목 정화위존 경금차지 경금불가소 화격수불능용금 고정화용

金 必賴甲木引助 方成洪爐 若有癸水阻隔 便滅丁火 壬水無礙 且能合
금 필뢰갑목인조 방성홍로 약유계수조격 편멸정화 임수무애 차능합

丁 但須見戊土 方可制水存火
정 단수견무토 방가제수존화

칠월 甲木은 丁火를 존중하고 庚金은 그 다음이나 庚金이 적어서는 안 된다. 火
를 水로 막으면 金을 녹일 수 없다. 丁火가 金을 녹이려면 반드시 甲木에 의지하
여 도움을 받아야 비로소 용광로가 된다. 癸水가 있어 가로막으면 丁火는 바로
꺼져도 壬水가 장애가 없는 것은 대개 丁과 능히 합하기 때문이다. 그러나 반드
시 戊土가 있어야 비로소 水를 제어하고 火를 보존할 수 있다.

입춘으로부터 일곱 번째의 달인 申월은 金의 기세가 왕성한 시기로서
丁火를 존중하여 쓴다고 하며
그 다음에 庚金을 쓰는데 庚金이 적어서는 안 된다고 합니다.

火의 기세를 水의 기세로 막으면 丁火가 쇠약하여지므로
왕성한 기세의 金을 녹일 수 없다고 합니다.

丁火로써 金을 녹이려면
반드시 甲木의 도움을 받아 불꽃을 왕성하게 유지하여야
비로소 용광로가 되어 庚金을 녹일 수 있다고 합니다.

癸水가 있어 가로막으면 丁火의 불꽃은 바로 꺼진다고 합니다.
그러나 壬水는 丁火와 능히 화합할 수 있으므로
불꽃이 바로 꺼지는 장애는 없다고 합니다.

그러나 반드시 戊土가 있어야 비로소 水의 기세를 제어하고
火의 기세를 보존할 수 있다고 합니다.

조화원약에서 발췌한 명조입니다.

시	일	월	년	구분
丁	甲	丙	丙	천간
卯	寅	申	午	지지

木火의 기세가 매우 왕성한 것으로서
가을에 왕성한 金의 기세를 제어하여 음양의 조화를 이루므로
중앙관서의 차관급으로서 시랑侍郞에 오른 명조입니다.

시	일	월	년	구분
乙	甲	甲	乙	천간
亥	子	申	未	지지

甲乙木만이 천간에 투출하여 순수하여 맑다고 하며
지지에 있는 金水의 음기와 음양의 조화를 이루므로
지방관서의 장관으로서 도렴都廉에 오른 명조입니다.

시	일	월	년	구분
丁	甲	壬	己	천간
卯	戌	申	亥	지지

壬水가 투출하여 기세가 왕성하지만 己土가 제어하고
丁火가 가을의 金을 제어하는데 장애가 되지 않으므로
국가고시에 급제한 학자로서 무재茂才의 명조입니다.

시	일	월	년	구분
丙	甲	庚	戊	천간
寅	寅	申	午	지지

庚金이 투출하여 왕성한데 戊土가 도우며
丙火가 투출하여 양기가 왕성하여 음양의 조화를 이루므로
지방관서의 장으로서 현령縣令에 오른 명조입니다.

2) 酉월의 甲木

입춘으로부터 여덟 번째의 달인 酉월은
木의 기세가 쉬는 휴수의 시기이고 金의 기세는 왕성한 시기로서
우선 丁火로써 金의 왕성한 기세를 제어하고
다음으로 丙火로써 양기를 보완하고
庚金은 그 다음으로 쓴다고 합니다.

하나의 丁火와 하나의 庚金이 있으면
쓰임이 있는 도구를 만들 수 있으므로
최고의 국가고시인 과갑에 급제하고 반드시 현달한다고 합니다.

그러나 癸水가 하나라도 투출하면 丁火의 불길이 약해지므로
과갑에 급제하는 것이 완전하지는 않다고 합니다.

丙火와 庚金이 모두 투출하면
丙火로써 庚金을 숙성시키므로 큰 부자가 된다고 하며
丁火가 없으면 庚金을 녹이기 어려워 귀함은 적다고 합니다.

丙火와 丁火가 없으면 왕성한 金의 기세를 활용하지 못하고
어려운 환경에서 살아가야 하는 것으로서
수행을 하여야 살 수 있는 승도의 명이라고 합니다.

丙透無癸 富貴雙全 有癸制丙 尋常之人 支成火局 可許假貴 戊己一透
병투무계 부귀쌍전 유계제병 심상지인 지성화국 가허가귀 무기일투

可作富翁 或支成金局 干露庚金 為木被金傷 必主殘疾 得丙丁破金 亦
가작부옹 혹지성금국 간로경금 위목피금상 필주잔질 득병정파금 역

主老來暗疾 或支成木局 干透比劫 反取庚金為先 次用丁火
주노래암질 혹지성목국 간투비겁 반취경금위선 차용정화

丙이 투출하고 癸가 없으면 부귀가 모두 완전하고 癸가 있어 丙을 제어하면 보통사람이다. 지지에 火국을 이루면 귀한 흉내는 낼 수 있으며 戊己가 하나라도 투출하면 늙은 부자는 될 수 있다. 지지에 金국을 이루고 천간에 庚金이 투출하면 木이 金에 의해 상하므로 반드시 잔병이 있으며 丙丁을 얻어 金을 파괴하여도 늙어서 숨은 질병이 있다. 지지에 木국을 이루고 천간에 비겁이 투출하면 오히려 庚金을 우선 취하고 다음으로 丁火를 쓴다.

丙火가 투출하였는데 癸水가 없으면
목화통명을 이룰 수 있으므로 부귀가 모두 완전하다고 하며
癸水로써 丙火를 제어하면 보통사람에 불과하다고 합니다.

지지에 火국을 이루면 왕성한 기세로써
왕성한 金의 기세를 제어하며 귀한 흉내는 낼 수 있다고 합니다.
이때 戊己土가 하나라도 투출하면 왕성한 기세를 조절할 수 있으므로
늙어서도 부자로서 지낼 수 있다고 합니다.

지지에 金국을 이루고 천간에 庚金이 투출하면
가을에 金의 기세가 매우 왕성하여 태과한 것으로서
木이 金에 의하여 상하므로 반드시 잔병으로 고생한다고 하며
丙丁火를 얻어서 金을 파괴하여도
늙어서도 숨은 질병으로 고생한다고 합니다.

지지에 木국을 이루고 천간에 甲乙木비겁이 투출하면
우선 庚金을 취하여 왕성한 木의 기세를 제어하고
다음으로 丁火로써 설기한다고 합니다.

조화원약에서 발췌한 명조입니다.

시	일	월	년	구분
丁	甲	乙	乙	천간
卯	子	酉	未	지지

丁火가 투출하여 木의 기세를 설기하고
金의 왕성한 기세를 제어하여 음양의 조화를 이루므로
지방관서의 장으로서 태수太守에 오른 명조입니다.

시	일	월	년	구분
丁	甲	乙	庚	천간
卯	子	酉	寅	지지

庚金과 乙木이 화합하여 기세가 왕성한데
丁火가 투출하여 목화통명을 이루며 음양의 조화를 이루므로
중앙관서의 고위직으로서 참정參政에 오른 명조입니다.

시	일	월	년	구분
甲	甲	乙	乙	천간
子	子	酉	巳	지지

甲乙木이 순수하고 맑으며
지지의 음기로써 도와 음양의 조화를 이루므로
주나라 제후로서 문공단文公端에 오른 명조입니다.

시	일	월	년	구분
丁	甲	丁	丙	천간
卯	寅	酉	戌	지지

木火의 기세가 왕성하여 金의 기세를 제어하고
음양의 조화를 이루므로
국가고시에 급제한 학자로서 효렴孝廉의 명조입니다.

3) 戌월의 甲木

九月甲木 木星凋零 獨愛丁火 壬癸滋扶 丁壬癸透 戊己亦透 此命配得
구 월 갑 목 목 성 조 령 독 애 정 화 임 계 자 부 정 임 계 투 무 기 역 투 차 명 배 득

中和 可許一榜 庚金得所 科甲定然 或見一二比肩 無庚金制之 平常人
중 화 가 허 일 방 경 금 득 소 과 갑 정 연 혹 견 일 이 비 견 무 경 금 제 지 평 상 인

也 倘運不得用 貧無立錐
야 당 운 부 득 용 빈 무 입 추

구월 甲木은 木성이 시들어 떨어지므로 오직 丁火만을 좋아하며 壬癸로 돕는다.
丁壬癸가 투출하고 戊己도 투출하면 이 명은 중화를 얻은 것으로서 한 번의 과
거에 급제한다. 庚金을 제자리에 얻으면 과갑은 반드시 한다. 한두 개의 비견이
있는데 庚金이 없어 제어하지 못하면 보통사람이고 혹시 운에서라도 얻어 쓰지
못하면 몹시 가난하다.

입춘으로부터 아홉 번째의 달인 戌월은
木이 단풍이 들고 잎이 시들어 메마르며 낙엽이 떨어지는 시기로서
오직 丁火만을 좋아한다고 하며 壬癸水로써 돕는다고 합니다.

丁火와 壬癸水로써 음양의 조화를 이루고
戊己土도 투출하면 음양의 태과불급을 적절하게 조절하여
중화를 얻은 것으로서 한 번의 과거에 급제한다고 합니다.

庚金을 제자리에 얻으면 기세가 왕성한 것으로서
최고의 국가고시인 과갑에 반드시 급제한다고 합니다.

한두 개의 甲木이 있어 기세가 무거운데
庚金이 없어 제어를 하지 못하면 보통사람에 불과하다고 하며
혹시 운에서조차 庚金을 얻어 쓰지 못하면
모든 것을 빼앗기므로 몹시 가난하여 설 자리도 없다고 합니다.

시	일	월	년	구분
甲	甲	甲	甲	천간
戌	辰	戌	辰	지지

이 명조는 현명한 임금인 명군明君을 몸소 가까이 모시고
부귀와 장수를 누린 명조라고 합니다.

천간에 甲木으로만 이루어진 순수한 천원일기天元一氣라고 하며
고대 격국론의 용어로서 일재일용一財一用이라고 하는 것으로서
하나의 재성으로만 용신을 쓴다고 하므로
오직 계절의 土를 용신으로 취한다고 합니다.

庚金과 丙火가 있으면 음양의 조화를 이루고자 노력하므로
지방고시에 급제한 학자로서 입반入泮은 하며
스스로 노력하여 자수성가한다고 합니다.

용신이 火이면 木이 처이고 火가 자식으로서 희신의 역할을 하며
자식은 효도하고 처는 현숙하다고 합니다.

或四柱木多 用丙用丁 皆不足異 專用庚金為妙 凡四季甲木 總不外乎
혹 사 주 목 다 용 병 용 정 개 부 족 이 전 용 경 금 위 묘 범 사 계 갑 목 총 불 외 호

庚金 譬如木為犁 能疏季土 非庚金為犁嘴 安能疏土 雖用丙丁 癸庚決
경 금 비 여 목 위 리 능 소 계 토 비 경 금 위 리 취 안 능 소 토 수 용 병 정 계 경 결

不可少也 九月却不取土妻庚子 當取水妻木子
불 가 소 야 구 월 각 불 취 토 처 경 자 당 취 수 처 목 자

사주에 木이 많으면 丙이나 丁을 쓰는 것은 특히 모두 부족하므로 오직 庚金을
쓰는 것이 좋다. 일반적으로 사계절의 甲木은 모두 庚金을 제외하지 않는다. 비
유하면 木은 쟁기로서 계절의 土를 소토할 수 있지만 庚金으로 만든 쟁기 날이
아니면 어찌 土를 소토할 수 있는가. 비록 丙丁을 써도 癸庚이 결코 적어서는
안 된다. 구월에는 오히려 土를 처로 庚金을 자식으로 취하지 않고 마땅히 水가
처이고 木을 자식으로 취한다.

사주에 木이 많으면 왕성한 기세이므로
丙火나 丁火로써 설기하는 것은 특히 모두 부족하다고 하므로
오직 庚金으로써 木의 왕성한 기세를 제어하는 것이 좋다고 합니다.

사계절 辰戌丑未월의 甲木은
모두 庚金을 제외하지 않는다고 합니다.
비유하면 木은 쟁기로서 계절의 土를 갈아엎는 소토 작용을 하는데
쟁기 날에 해당하는 庚金이 없으면 甲木은 소토하지 못한다고 합니다.

비록 丙丁火를 써서 설기하여도 음양의 조화를 이루기 위하여서는
癸水와 庚金의 기세가 결코 적어서는 안 된다고 합니다.

戌월에는 왕성한 土의 기세를 소토하여야 하므로
土를 처로 庚金을 자식으로 하여 희신으로 취하지 않는다고 하며
마땅히 木을 용신으로 하여
水가 처이고 木이 자식으로 희신의 역할을 한다고 합니다.

凡甲木 多見戊己 定作棄命從財而看 從財格 取火妻土子 或見一派
범갑목 다견무기 정작기명종재이간 종재격 취화처토자 혹견일파

丙丁傷金 不過假道斯文 有壬癸破了丙丁 技藝之流 無壬癸破火 支又
병정상금 불과가도사문 유임계파료병정 기예지류 무임계파화 지우

成火局 乃為枯朽之木 有庚亦何能為力 定作孤貧下賤之輩 男女一理
성화국 내위고후지목 유경역하능위력 정작고빈하천지배 남녀일리

일반적으로 甲木에게 戊己가 많으면 반드시 기명종재로 간명하는데 종재격은
火가 처이고 土를 자식으로 취한다. 한 무리의 丙丁이 있어 金이 상하면 학자행
세를 할 뿐이고 壬癸가 있어 丙丁이 파괴되면 기예를 하는 부류이다. 壬癸가 없
어 火를 파괴하지 못하는데 지지에도 火국을 이루면 마르고 썩은 나무이니 庚
이 있어도 어찌 능력이 되겠는가. 반드시 외롭고 가난하고 천한 무리이니 남녀
모두 동일한 이치이다.

일반적으로 甲木에게 戊己土가 많아 土의 기세가 왕성하면
왕성한 土의 기세에 복종하며 따라야 하므로
격국론의 용어로서 기명종재棄命從財로서 간명한다고 하며
戌월 종재격에는 火가 처이고 土를 자식으로 취한다고 합니다.

한 무리의 丙丁火가 있으면 기세가 왕성한 것으로서
왕성한 기세로 인하여 金이 상하면 학자행세를 할 뿐이라고 합니다.

이때 壬癸水가 있어 丙丁火를 파괴하면
재능이 있다고 하여 기예를 하는 부류이라고 합니다.

壬癸水가 없어 火의 왕성한 기세를 파괴하지 못하고 있는데
지지에서 火국을 이루면 기세가 매우 왕성하여 태과한 것으로서
甲木은 메마르고 썩은 나무와 같이 되므로
庚金이 있어 설기하여도 어찌 능력을 발휘할 수 있겠느냐고 합니다.

그러므로 반드시 외롭고 가난하고 천한 무리가 된다고 하며
이러한 이치는 남녀 모두 같은 이치로서 간명한다고 합니다.

戌월에 丙丁火가 투출하면 火의 기세가 미약하므로
격국론의 용어로서 가상관假傷官이라고 하는 것으로서
지지의 생을 얻으면 丙丁火의 기세가 왕성하여진다고 합니다.

이것은 甲乙木이 가을 생이면
원무가 귀하다는 설에 바로 부합된다고 합니다.

원무元武란 북방 현무玄武로서 水를 뜻하는 것으로서
水를 써서 火의 왕성한 기세를 제어하면
음양의 조화를 이루며 귀하게 된다고 합니다.

水가 용신으로서 金이 처이고 水가 자식으로서 희신의 역할을 합니다.

丁火와 戊土가 모두 많아 조열한데 이때 水가 전혀 없으면
격국론의 용어로서 상관생재격傷官生財格이라고 하며
丁火와 戊土가 상생하므로 역시 부귀할 수 있다고 합니다.

이때는 戊土가 용신으로서
火가 처이고 土가 자식으로서 희신의 역할을 한다고 합니다.

凡甲多庚透大貴 庚藏小貴 若柱中多庚 則又以丁為奇 富貴人也 如庚
범 갑 다 경 투 대 귀 경 장 소 귀 약 주 중 다 경 즉 우 이 정 위 기 부 귀 인 야 여 경

申年 丙戌月 甲申日 壬申時 此主功名顯達 有文學 若無庚丙年月 又
신 년 병 술 월 갑 신 일 임 신 시 차 주 공 명 현 달 유 문 학 약 무 경 병 년 월 우

無火星出干 雖曰好學 終困名場
무 화 성 출 간 수 왈 호 학 종 곤 명 장

일반적으로 甲이 많은데 庚이 투출하면 크게 귀하고 庚이 암장되면 귀함이 작
으며 사주에 庚이 많고 丁도 있으면 기이하니 부귀한 사람이다. 庚申년 丙戌월
甲申일 壬申시의 이 명주는 공명으로 현달하고 학문을 갖추었다. 庚丙이 년월에
없고 火도 투출하지 않았다면 비록 학문은 좋아하여도 마침내 과거에 나아가기
도 어렵다.

일반적으로 甲木이 많이 있으면 기세가 무거운 것으로서
庚金이 투출하여 제어하면 크게 귀하게 된다고 하며
庚金이 암장되면 암암리에 재능을 발휘하므로 귀함은 작다고 합니다.

사주에 庚金이 많고 丁火도 있으면 기이한 것으로서
많은 庚金을 녹일 수 있으므로 부귀한 사람이라고 합니다.

시	일	월	년	구분
壬	甲	丙	庚	천간
申	申	戌	申	지지

이 명조는 金水의 기세가 매우 왕성한데
丙火의 밝은 빛으로 온 세상을 환하게 비추어주므로
음양의 조화를 이룬 것으로서
공을 세워 이름을 떨치며 현달하고 학문도 갖추었다고 합니다.

그러나 庚金과 丙火가 년월에 없다면
壬水의 왕성한 기세로 인하여 음양의 조화를 이루지 못하므로
학문은 좋아하여도 마침내 과거에 나아가기도 어렵다고 합니다.

戌월 甲木은 丁火와 癸水를 전용하는데
戊土가 투출하면 丁火와 癸水로써 음양의 조화를 이루어
반드시 귀하다고 합니다.

시	일	월	년	구분
壬	甲	壬	戊	천간
申	子	戌	戌	지지

지지에 水국을 이루고 천간에 壬水가 투출하여 기세가 매우 왕성한데
戊土가 투출하여 제어하고 있으므로 중화를 얻었다고 하며
국가고시인 과거에 한 번에 급제하고 가계도 풍족하였다고 합니다.

이 명조는 壬水의 왕성한 기세를 제어하여 귀함을 얻었으므로
원무元武인 水가 귀하다는 설에 바로 부합된다고 합니다.

그러나 庚金과 丁火가 천간에 투출하지 못하여
음양의 조화를 이루지 못하므로
관직에는 나아가지 못하였다고 합니다.

조화원약에서 발췌한 명조입니다.

시	일	월	년	구분
庚	甲	庚	壬	천간
午	午	戌	午	지지

庚金이 투출하여 壬水를 도우며
지지에 양기가 가득하므로
음양의 조화를 이루어 일품의 벼슬을 한 명조입니다.

시	일	월	년	구분
戊	甲	丙	庚	천간
辰	戌	戌	戌	지지

戊土가 투출하여 기세가 매우 왕성한데
丙火와 庚金이 투출하여 음양의 조화를 도우므로
무관으로서 부자이며 장수한 명조입니다.

시	일	월	년	구분
甲	甲	甲	己	천간
子	子	戌	丑	지지

甲木이 己土와 화합하므로 소년시절에 가난하였으나
일시에서 癸水가 암장되어 암암리에 재능을 발휘하므로
만년에는 부자가 된 명조입니다.

시	일	월	년	구분
甲	甲	甲	己	천간
子	戌	戌	丑	지지

위 명조와 일지만 다른 것으로서 시지에서만 癸水가 암장되어
재능을 발휘하는 것이 미약하므로 부자가 되지 못하고
단지 먹고 살 수 있는 정도의 보통사람에 불과하다고 합니다.

4. 겨울의 甲木

1) 亥월의 甲木

十月甲木 庚丁為要 丙火次之 忌壬水泛身 須戊土制之 若庚丁兩透
시 월 갑 목 경 정 위 요 병 화 차 지 기 임 수 범 신 수 무 토 제 지 약 경 정 양 투
又加戊出干 名曰去濁留清 富貴之極 即乏丁火 亦稍有富貴 或甲多
우 가 무 출 간 명 왈 거 탁 류 청 부 귀 지 극 즉 핍 정 화 역 초 유 부 귀 혹 갑 다
制戊 庚金無根 平常人也 庚戊若透 雖出比劫 必定富而壽
제 무 경 금 무 근 평 상 인 야 경 무 약 투 수 출 비 겁 필 정 부 이 수
시월 甲木은 庚丁이 필요하며 丙火는 다음이다. 꺼리는 것은 壬水가 넘쳐 일간
이 떠다니므로 마땅히 戊土로써 제어한다. 庚丁이 모두 투출하고 戊도 투출하
면 이른바 거탁류청으로서 부귀가 지극하며 丁火가 부족하여도 약간의 부귀는
있다. 甲이 많아 戊를 제어하는데 庚金의 뿌리가 없다면 보통 사람이다. 庚戊가
투출하면 비록 비겁이 투출하여도 반드시 부자로서 장수한다.

입춘으로부터 열 번째의 달인 亥월에는 丁火와 庚金이 필요하고
丙火는 다음으로 쓰는데 꺼리는 것은 壬水의 왕성한 기세가 넘쳐
甲木일간이 물에 떠다니므로 마땅히 戊土로써 제어한다고 합니다.

庚金과 丁火가 모두 투출하고 戊土도 투출하여 壬水를 제어하면
이른바 거탁류청去濁留清으로서 부귀가 지극하다고 하며
이때 丁火가 부족하여도 약간의 부귀는 있다고 합니다.

甲木이 많아 왕성한 기세로써 戊土를 제어하면
壬水의 왕성한 기세를 제어할 수 없는데
庚金의 뿌리가 없다면 甲木의 기세를 제어하기 어려우므로
쓸모가 없어 결국 보통사람에 불과하다고 합니다.

庚金과 戊土가 투출하면 비록 甲乙木비겁이 투출하여도
庚金으로써 甲乙木을 제어하여 戊土를 보호할 수 있으므로
반드시 부자가 된다고 하며 더불어 장수한다고 합니다.

或多比劫 只一庚出干 坐祿逢生 乃為捨丁從庚 略富貴 或支見申亥
혹다비겁 지일경출간 좌록봉생 내위사정종경 약부귀 혹지견신해

戊己得所 以救庚丁 可許科甲 若單己透 其力弱小 不過貢監而已 用庚
무기득소 이구경정 가허과갑 약단기투 기력약소 불과공감이이 용경

土妻金子 用丁木妻火子
토처금자 용정목처화자

비겁이 많은데 단지 하나의 庚이 투출하여 록지에 있어 생을 만나면 丁을 버리
고 庚을 따라야 대략 부귀하다. 지지에 申亥가 있고 戊己를 제자리에 얻어 庚丁
을 구하면 과갑은 할 수 있다. 己가 단독으로 투출하면 힘이 약소하므로 공감에
불과할 뿐이다. 용신이 庚이면 土가 처이고 金이 자식이며 용신이 丁이면 木이
처이고 火가 자식이다.

甲乙木비겁이 많다면 기세가 무거운 것으로서
단지 하나의 庚金이 천간에 투출하고 申金록지에 있어 생조를 만나면
甲乙木의 기세가 무거워도 충분히 제어할 수 있는 능력이 있으므로
이때는 丁火를 버리고 庚金을 따라야 약간의 부귀라도 있다고 합니다.

지지에서 申亥가 있다면 壬水의 기세가 매우 왕성한 것으로서
이때는 戊己土가 제자리를 얻어 왕성한 기세로써
壬水를 제어하고 庚金과 丁火를 구하면
최고의 국가고시인 과갑에 급제할 수 있다고 합니다.

己土가 단독으로 투출하면
왕성한 기세의 壬水를 제어하는 힘이 약소하므로
庚金과 丁火를 제대로 구하기 어려운 것으로서
국가고시에 급제한 학자로서 공감貢監에 불과할 뿐이라고 합니다.

庚金이 용신이면 土가 처이고 金이 자식으로서 희신의 역할을 하고
丁火가 용신이면 木이 처이고 火가 자식으로서 희신의 역할을 합니다.

조화원약에서 발췌한 명조입니다.

시	일	월	년	구분
甲	甲	己	辛	천간
子	子	亥	巳	지지

己土가 투출하여 음기를 제어하고
戊土와 丙火가 암장되어 암암리에 재능을 발휘하므로
일품의 벼슬에 오른 명조입니다.

시	일	월	년	구분
壬	甲	己	辛	천간
申	辰	亥	丑	지지

壬水가 왕성한데 己土가 투출하여 제어하고
戊土와 庚金이 암장되어 암암리에 재능을 발휘하므로
은총을 받아 고위직에 올라 귀하게 된 명조입니다.

시	일	월	년	구분
丁	甲	己	辛	천간
卯	辰	亥	丑	지지

위 명조와 시만 다른 것으로서
丁火가 투출하여 목화통명을 이루고
戊土가 암장되어 암암리에 재능을 발휘하므로
과갑에 급제하지 않아도 고위직에 오른 명조입니다.

시	일	월	년	구분
丙	甲	辛	壬	천간
寅	戊	亥	辰	지지

辛金이 壬水를 도와 처음에는 가난하여도
丙火로써 음양의 조화를 이루므로 나중에는 부자가 된 명조입니다.

2) 子月의 甲木

十一月甲木 木性生寒 丁先庚後 丙火佐之 癸水司權 為火金之病 庚丁
십일월갑목 목성생한 정선경후 병화좌지 계수사권 위화금지병 경정

兩透 支見巳寅 科甲有准 風水不及 選拔有之 若癸透傷丁 無戊己輔救
양투 지견사인 과갑유준 풍수불급 선발유지 약계투상정 무무기보구

殘疾之人
잔질지인

십일월 甲木은 木의 성정이 차갑게 태어난 것으로서 丁을 먼저 쓰고 庚을 나중
에 쓰며 丙火로 보좌한다. 癸水가 사령하여 권력이 있으므로 火金의 병이 된다.
庚丁이 모두 투출하고 지지에 巳寅이 있으면 과갑을 하며 풍수가 불급하여도
선발은 된다. 癸가 투출하여 丁을 상하는데 戊己가 보좌하여 구하지 않으면 잔
병이 있는 사람이다.

입춘으로부터 열한 번째의 달인 子월은
추운 겨울에 木의 성정이 차갑게 태어난 것으로서
丁火를 먼저 써서 보완하고 庚金은 나중에 쓴다고 하며
丙火로써 따뜻하게 해동하며 보좌한다고 합니다.

子월은 癸水가 사령하여 권력이 있으므로 기세가 왕성한 것으로서
상대적으로 火金의 병이 된다고 합니다.

庚金과 丁火가 모두 투출하고 지지에 巳火와 寅木이 있어야
비로소 음양의 조화를 이룰 수 있는 것으로서
최고의 국가고시인 과갑에 급제한다고 하며
집안의 풍수가 모자라 조상이나 부모의 도움이 없어도
국가고시에 급제한 학자로서 선발選拔은 될 수 있다고 합니다.

癸水가 투출하면 丁火를 극하여 상하게 하는데
戊己土로써 癸水를 제어하고 丁火를 구하지 못하면
차가운 기세로 인하여 잔병을 앓는 사람이라고 합니다.

或壬水重出 丁火全無者 庸人也 得丙方妙 或支成水局 加以壬透 名為
혹임수중출 정화전무자 용인야 득병방묘 혹지성수국 가이임투 명위

水泛木浮 死無棺木 總之十一月甲木為寒枝 不比春木清茂 專取庚丁
수범목부 사무관목 총지십일월갑목위한지 불비춘목청무 전취경정

透壬無丙 不過刀筆 異途武職有驗 用庚土妻金子 用火木妻火子
투임무병 불과도필 이도무직유험 용경토처금자 용화목처화자

壬水가 중첩하여 투출하고 丁火가 전혀 없으면 보통사람이고 丙을 득하면 비로
소 좋다. 지지에 水국을 이루고 壬도 투출하면 이른바 수범목부로서 죽어서도
관이 없다. 총론하면 십일월 甲木은 추운 가지로서 봄의 푸르고 무성함과 비교
가 안 되므로 오로지 庚丁을 취한다. 壬이 투출하고 丙이 없으면 도필에 불과하
거나 다른 방면으로 무관을 하는 것으로 경험되었다. 용신이 庚이면 土가 처이
고 金이 자식이며 용신이 火이면 木이 처이고 火가 자식이다.

壬水가 중첩하여 투출하면 왕성한 기세로 인하여 더욱 추워지는데
丁火가 전혀 없으면 보통사람에 불과하며
丙火를 득하여 해동하면 비로소 좋다고 합니다.

지지에 水국을 이루고 壬水가 투출하면 기세가 왕성한 것으로서
이른바 수범목부水泛木浮로서 물에 떠다닌다고 하여
죽어서도 관조차 없다고 합니다.

총론하면 子월 甲木은 추운 가지로서 봄의 푸르고 무성함과
비교가 안 되므로 오로지 丁火로써 보충하고
庚金의 기세를 보완하여야 음양의 조화를 이룰 수 있다고 합니다.

壬水가 투출하고 丙火가 없으면
글씨를 새기는 도필에 불과하거나 무술이나 기예 등의 다른 방면에서
무관의 직책을 하는 것은 사주를 간명하며 경험하였다고 합니다.

庚金이 용신이면 土가 처이고 金이 자식으로서 희신의 역할을 하고
火가 용신이면 木이 처이고 火가 자식으로서 희신의 역할을 합니다.

조화원약에서 발췌한 명조입니다.

시	일	월	년	구분
甲	甲	戊	乙	천간
子	寅	子	亥	지지

戊土가 투출하여 음기의 기세를 제어하고
甲乙木이 투출하여 도와 음양의 조화를 이루므로
지방관서의 장으로서 부윤府尹에 오른 명조입니다.

시	일	월	년	구분
丁	甲	庚	丙	천간
卯	午	子	子	지지

丙丁火가 음기를 제어하고 庚金이 음기를 도와
음양의 조화를 이루어 왕후王侯의 지위에 오른 명조입니다.

시	일	월	년	구분
庚	甲	甲	癸	천간
午	申	子	丑	지지

癸水와 庚金의 기세가 왕성한데
암장된 己土와 丁火로써 암암리에 재능을 발휘하여 큰 부자가 되고
지방고시에 급제한 학자로서 생원生員의 명조입니다.

시	일	월	년	구분
辛	甲	庚	辛	천간
未	戌	子	丑	지지

庚辛金이 투출하여 순수하여 맑다고 하며
丁火가 암장되어 암암리에 재능을 발휘하므로
지방관서의 장으로서 부윤府尹에 오른 명조입니다.

시	일	월	년	구분
庚	甲	戊	乙	천간
午	辰	子	巳	지지

戊土가 음기를 제어하고 庚金이 양기를 설기하며
丙丁火가 암장되어 암암리에 재능을 발휘하므로
군대 지휘관에 오른 장군의 명조입니다.

시	일	월	년	구분
辛	甲	戊	乙	천간
未	辰	子	巳	지지

위 명조와 시만 다른 것으로서
辛金이 음기를 도우며 암장된 丁火가 미약하므로
군대에서 일반 무관에 불과한 명조입니다.

시	일	월	년	구분
壬	甲	戊	乙	천간
申	辰	子	巳	지지

위 명조와 시만 다른 것으로서
壬水가 투출하고 申중 庚金과 壬水가 상생하므로
장사하는 상인의 명조입니다.

시	일	월	년	구분
癸	甲	戊	乙	천간
酉	辰	子	巳	지지

위 명조와 시만 다른 것으로서
癸水가 투출하여 甲木을 생하여주므로
지방고시에 급제한 학자로서 생원生員의 명조입니다.

3) 丑월의 甲木

십이월 甲木은 기후가 춥고 얼어서 木의 성정이 극히 차가워 생하여 발전하는
형상이 없으니 庚을 먼저 써서 甲을 쪼개어야 丁火를 인화하고 비로소 목화통
명의 형상을 얻으므로 丁을 다음에 쓰는 것이다. 庚丁이 모두 투출하면 과갑으
로 은봉을 받으며 庚이 투출하고 丁이 암장되면 귀함이 작다. 丁이 투출하고 庚
이 암장되면 부귀가 작고 庚이 없으면 빈천하고 丁이 없으면 가난한 선비이다.

입춘으로부터 열두 번째의 달인 丑월은
소한小寒 대한大寒의 절기가 있는 달로서 가장 추운 시기이므로
木의 성정이 극히 차가워 생하여 발전하는 형상이 없다고 합니다.

그러므로 우선 庚金으로써 甲木을 쪼개어 장작을 만들어야
丁火의 불꽃을 인화하고 기세를 왕성하게 하여야
비로소 목화통명木火通明의 형상을 얻을 수 있으므로
丁火를 나중에 쓰는 것이라고 합니다.

庚金과 丁火가 모두 투출하면 음양의 조화가 이루어지며
최고의 국가고시인 과갑에 급제하고
고위직에 임명되는 은봉恩封을 받을 수 있다고 합니다.

庚金이 투출하고 丁火가 암장되면 귀함이 작다고 하고
丁火가 투출하고 庚金이 암장되면 부귀가 작으며
庚金이 없으면 쓰임이 없으므로 빈천하다고 하며
丁火가 없으면 역시 쓰임이 없으므로 가난한 선비라고 합니다.

或有丁透重重 亦是富貴中人 但須比肩 能發丁之燄 自有德業才能
혹 유 정 투 중 중 역 시 부 귀 중 인 단 수 비 견 능 발 정 지 염 자 유 덕 업 재 능

如無比肩 尋常之士 稍有衣食而已 或支多見水 即有比肩 亦屬平常
여 무 비 견 심 상 지 사 초 유 의 식 이 이 혹 지 다 견 수 즉 유 비 견 역 속 평 상

總之臘月甲木 雖有庚金 丁不可少 乏庚略可 乏丁無用 書云 甲木無根
총 지 랍 월 갑 목 수 유 경 금 정 불 가 소 핍 경 약 가 핍 정 무 용 서 운 갑 목 무 근

男女夭壽
남 녀 요 수

丁이 중첩하여 투출하면 부귀한 사람인데 다만 비견이 있어야만 丁의 불꽃이
발할 수 있으며 스스로 덕을 쌓는 재능이 있다. 비견이 없으면 보통의 선비로서
약간의 의식만 있을 뿐이다. 지지에 水가 많으면 비견이 있어도 보통사람이다.
총론하면 섣달 甲木은 비록 庚金이 있어도 丁이 적어서는 안 되며 庚이 부족하
여도 약간은 가능하나 丁이 부족하면 소용이 없다. 책에서 이르기를 甲木에게
뿌리가 없으면 남녀가 오래 살지 못한다고 하였다.

丁火가 중첩하여 투출하면 기세가 왕성한 것으로서
부귀한 사람이 된다고 하는데
다만 甲木비견이 있어야 丁火를 활발하게 만들 수 있으므로
스스로 덕을 쌓는 재능이 있다고 합니다.

甲木비견이 없다면 丁火를 유지하기 어려우므로
보통의 선비로서 약간의 의식만으로 먹고 살 뿐이라고 하며
지지에 水가 많다면 甲木비견이 있어도
丁火를 유지하기 어려우므로 보통사람에 불과하다고 합니다.

총론하면 섣달 丑월의 甲木은
비록 庚金이 있어도 丁火가 적어서는 안 된다고 하며
庚金이 부족하여도 약간의 부귀는 가능하지만
丁火가 부족하면 쓰임이 없으니 소용없다고 합니다.

고서에서 이르기를
甲木에게 뿌리가 없으면 남녀가 오래살지 못한다고 하였답니다.

조화원약에서 발췌한 명조입니다.

시	일	월	년	구분
甲	甲	丁	己	천간
子	辰	丑	丑	지지

丁火가 투출하였으나 지지에 水국을 이루어
기세를 유지하기 어려우므로 귀하지 못한 명조입니다.

시	일	월	년	구분
庚	甲	丁	己	천간
午	辰	丑	丑	지지

위 명조와 시만 다른 것으로서
午火에서 투출한 丁火가 왕성하고
庚金이 투출하여 큰 부귀를 이룬 명조입니다.

시	일	월	년	구분
癸	甲	丁	己	천간
酉	辰	丑	丑	지지

위 명조와 시만 다른 것으로서
丁火가 투출하였지만 癸水가 丁火의 불꽃을 꺼뜨려 쓰임이 없으므로
가난하고 천한 명조입니다.

시	일	월	년	구분
戊	甲	丁	己	천간
辰	辰	丑	丑	지지

위 명조와 시만 다른 것으로서
戊土가 투출하여 음기를 제어하여 가난하지는 않았으나
庚金이 없어 丁火의 쓰임이 없으므로 귀하지 않은 명조입니다.

시	일	월	년	구분
庚	甲	丁	己	천간
午	戊	丑	亥	지지

丁火가 왕성하고 庚金이 투출하여 쓰임이 있으므로
최고의 국가고시인 과갑에 급제한 명조입니다.

시	일	월	년	구분
乙	甲	癸	癸	천간
亥	午	丑	亥	지지

癸水가 중첩되어 기세가 왕성한데
이를 제어하지 못하므로 고독하고 가난하였지만
丁火가 암장되어 암암리에 재능을 발휘하므로
백세까지 장수한 명조입니다.

시	일	월	년	구분
戊	甲	辛	丙	천간
辰	戊	丑	午	지지

丙火와 辛金이 화합하여 음기를 돕지만
戊土의 왕성한 기세를 甲木이 감당하지 못하므로
고생하며 사는 하천한 명조입니다.

제 3 장
을 목
乙 木

1. 봄의 乙木

三春乙木 為芝蘭蒿草之物 丙癸不可離也 春乙見丙 卉木向陽 萬象回春
삼 춘 을 목 위 지 란 호 초 지 물 병 계 불 가 리 야 춘 을 견 병 훼 목 향 양 만 상 회 춘
須癸滋養根基 丙癸齊透天干 無化合制剋 自然登科及第 故書云 乙木
수 계 자 양 근 기 병 계 제 투 천 간 무 화 합 제 극 자 연 등 과 급 제 고 서 운 을 목
根荄種得深 只須陽地不宜陰 漂浮只怕多逢水 剋制何須苦用金
근 해 종 득 심 지 수 양 지 불 의 음 표 부 지 파 다 봉 수 극 제 하 수 고 용 금
봄의 乙木은 버섯이나 난과 쑥과 같은 초목의 물상으로서 丙癸와 떨어질 수 없
다. 봄의 乙이 丙을 보면 초목이 태양을 향하고 만물이 봄을 맞으니 오로지 癸
로 적시어 뿌리를 기른다. 丙癸가 모두 천간에 투출하여 화합과 제극이 없으면
자연 등과에 급제한다. 고서에서 이르기를 乙木이 풀뿌리를 깊게 내리려면 오
직 양지를 따르고 음지는 마땅치 않으며 水를 많이 만나면 떠다니므로 두려워
하는데 金으로써 극제하여 어찌 고통스럽게 하느냐고 하였다.

乙木은 버섯이나 난과 쑥과 같은 초목의 물상이므로
丙火의 태양을 향하고 癸水로써 촉촉하게 적시어주어야
생장할 수 있으므로 서로 떨어져서는 안 된다고 합니다.

봄에 乙木이 丙火를 보면 초목이 태양을 향한다고 하는
훼목향양卉木向陽으로서 만물이 봄을 맞는 것이라고 하며
오로지 癸水로써 뿌리를 적셔주어야 기를 수 있다고 합니다.

丙火와 癸水가 모두 천간에 투출하여
丙辛합이나 戊癸합 등으로 화합化合하고 제어나 극하는 것이 없으면
자연스럽게 국가고시인 과거에 급제한다고 합니다.

고서에서 이르기를
乙木이 풀뿌리를 깊게 내리려면 오직 햇볕이 가득한 양지를 따르고
음지는 마땅치 않다고 하며
水를 많이 만나면 떠다니므로 두려운 것인데
어찌 金으로써 극하고 제어하며 고통스럽게 하느냐고 하였답니다.

1) 寅월의 乙木

正月乙木 必須用丙 因天氣尤有餘寒 非丙不暖 雖有癸水 恐凝寒氣
정월을목 필수용병 인천기우유여한 비병불난 수유계수 공응한기

故以丙火爲先 癸水次之 丙癸兩透 科甲定然 或有丙無癸門戶闡揚
고이병화위선 계수차지 병계양투 과갑정연 혹유병무계문호천양

或丙多乏癸 名曰春旱 獨陽不長 濁富之人 或丙少癸多 又爲困丙 終爲
혹병다핍계 명왈춘한 독양불장 탁부지인 혹병소계다 우위곤병 종위

寒士 或癸己多見 爲溼土之木皆下格 用丙者木妻火子 用癸水見火
한사 혹계기다견 위습토지목개하격 용병자목처화자 용계수견화

多者金妻水子
다자금처수자

정월 乙木이 반드시 丙을 쓰는 것은 기후가 아직 추우므로 丙이 아니면 따뜻하
게 하지 못하고 비록 癸水가 있어도 추위로 얼어붙는 것을 두려워하므로 丙火
를 먼저 쓰고 癸水를 다음으로 쓴다. 丙癸가 모두 투출하면 과갑은 반드시 한
다. 丙이 있고 癸가 없어도 가문을 세상에 널리 알린다. 丙이 많고 癸가 부족하
면 이른바 봄 가뭄으로서 양기만으로는 오래가지 못하므로 탁한 부자이다. 丙
이 적고 癸가 많아도 丙이 곤란하여지므로 마침내 가난한 선비이다. 癸己가 많
이 있으면 습한 土에 있는 木이므로 모두 하격이다. 용신이 丙이면 木이 처이고
火가 자식이며 용신이 癸水인데 火가 많으면 金이 처이고 水가 자식이다.

입춘이 시작된 첫 번째의 달로서 정월인 寅월은
추운 겨울의 한기가 아직 남은 시기로서 기후가 아직 춥다고 하므로
반드시 丙火로써 우선 따뜻하게 해동을 한다고 하며
비록 癸水가 있어도 추위로 얼어붙는 것을 두려워하므로
반드시 丙火를 먼저 쓰고 癸水를 다음으로 쓴다고 합니다.

丙火와 癸水가 모두 투출하면 음양의 조화를 이루므로
반드시 최고의 국가고시인 과갑에 급제한다고 합니다.

丙火가 있고 癸水가 없어도 밝은 태양이 빛나므로
가문을 빛내어 세상에 널리 알릴 수 있다고 합니다.

丙火가 많고 癸水가 부족하면
이른바 봄 가뭄으로서 메마르므로
온기로써 부자가 된다고 하여도 먼지만 푸석한 탁한 부자라고 합니다.

丙火가 적고 癸水가 많으면 癸水의 기세가 왕성한 것으로서
丙火로 癸水의 왕성한 기세를 감당하지 못하므로
마침내 춥고 가난한 선비라고 합니다.

癸水와 己土가 많으면
癸水로써 己土를 습지로 만들어
乙木이 자랄 수 있는 환경이 아니므로 모두 하격이라고 합니다.

丙火가 용신이면 木이 처이고 火가 자식으로서 희신의 역할을 하고
癸水가 용신인데 火가 많으면 金이 처이고 水가 자식으로서 희신의 역할을
합니다.

조화원약에서 발췌한 명조입니다.

시	일	월	년	구분
丙	乙	壬	丁	천간
子		卯	寅	巳	지지

丁壬이 화합하여 돕고 丙火가 투출하여 해동을 하고
癸水가 암장되어 암암리에 재능을 발휘하여주므로
중앙관서의 장관급인 상서尙書의 지위에 오른 명조입니다.

시	일	월	년	구분
己	乙	甲	戊	천간
卯	亥	寅	子	지지

甲木이 투출하여 戊己土를 제어하여 돕고
壬癸水가 암장되어 암암리에 재능을 발휘하므로
궁궐의 대학사大學士로서 크게 부귀한 명조입니다.

시	일	월	년	구분
庚	乙	丙	甲	천간
辰	卯	寅	申	지지

지지에 방국을 이룬 甲木의 기세가 왕성한데 庚金이 제어하고
丙火로써 해동을 하며 癸水가 암장되어 암암리에 재능을 발휘하므로
감찰업무를 수행하는 어사禦史의 명조입니다.

시	일	월	년	구분
辛	乙	壬	丁	천간
巳	酉	寅	丑	지지

辛金이 매우 왕성한 기세이지만 丁壬이 화합하여 木의 기세를 도우며
丙火가 암장되어 암암리에 재능을 발휘하므로
국가고시인 과거에 장원급제한 명조입니다.

2) 卯월의 乙木

二月乙木 陽氣漸升 木不寒矣 以丙為君 癸為臣 丙癸兩透 不透庚金
이월을목 양기점승 목불한의 이병위군 계위신 병계양투 불투경금

大富大貴 或天干透庚 支下無辰 不能化金 得癸透養木亦為貴 若見水庫
대부대귀 혹천간투경 지하무진 불능화금 득계투양목역위귀 약견수고

則為假化 平常人也
즉위가화 평상인야

이월 乙木은 양기가 점차 상승하므로 木이 차갑지 않다. 丙이 임금이 되고 癸가
신하가 되니 丙癸가 모두 투출하고 庚金이 투출하지 않으면 크게 부귀하다. 천
간에 庚이 투출하고 지지에 辰이 없으면 金으로 화할 수 없으며 癸가 투출하여
木을 기르면 역시 귀하다. 水의 고가 있으면 가화하므로 보통 사람이다.

입춘으로부터 두 번째의 달인 卯월은
양기가 점차 상승하는 시기로서 木의 성정이 차갑지는 않다고 합니다.
그러므로 태양인 丙火를 임금으로 주로 모신다고 하며
癸水로서 신하로 활용한다고 합니다.

丙火와 癸水가 모두 투출하여 음양의 조화를 이루고
庚金이 투출하여 제어하지 않으면
성장할 수 있어 크게 부귀하다고 합니다.

庚金이 투출하고 지지에 辰土가 없으면 金으로 화합할 수 없으며
癸水가 투출하여 乙木을 기르면 역시 귀하게 된다고 합니다.

水의 창고인 辰土가 있으면 가화假化하므로 보통사람이라고 합니다.
궁통보감에서는 지지에 辰土가 있으면 乙木이 庚金과 화합하여
金으로 화化할 수 있다고 합니다.

그러나 卯월은 때를 만나지 못한 것으로서
화합하는 흉내만 내는 것으로 가화한다고 합니다.

二月乙木 專用丙癸 或支成木局 有癸透乃作貴命 更得丙洩木氣 上上
이월을목 전용병계 혹지성목국 유계투내작귀명 갱득병설목기 상상

之命 但須透癸 或水多困丙 多戊化癸 皆下格 用丙者木妻火子 用癸者
지명 단수투계 혹수다곤병 다무화계 개하격 용병자목처화자 용계자

金妻水子 亥卯未逢於甲乙 富貴無疑 木全寅卯辰方 功名有准 活木忌
금처수자 해묘미봉어갑을 부귀무의 목전인묘진방 공명유준 활목기

埋根之鐵 支下有庚辛 戕賊其根 木則朽矣
매근지철 지하유경신 장적기근 목즉후의

이월 乙木은 丙癸를 전용한다. 지지에 木국을 이루고 癸가 투출하면 귀명이 되고 丙을 득하여 木기를 설기하면 최상격이 되는데 다만 癸가 투출하여야 한다. 水가 많아 丙이 곤란하거나 戊가 많아 癸를 화하면 모두 하격이다. 용신이 丙이면 木이 처이고 火가 자식이며 용신이 癸이면 金이 처이고 水가 자식이다. 亥卯未가 甲乙을 만나면 부귀를 의심하지 않는다. 木에게 寅卯辰 방국이 완전하면 공명이 있다. 활목은 뿌리에 金이 있는 것을 꺼리니 지지 아래에 庚辛이 있으면 뿌리가 죽으므로 나무는 썩는다.

卯월의 乙木은 丙火와 癸水를 전용하여
음양의 조화를 이룬다고 합니다.

지지에 木국을 이루면 뿌리가 깊은 것으로서
癸水가 투출하여 적시어주면 귀한 명이 된다고 합니다.

丙火를 득하여 木의 기세를 설기하면 최상의 격이 되는데
다만 癸水가 투출하여야 음양의 조화를 이룬다고 합니다.

水가 많으면 왕성한 기세로 인하여 丙火가 곤란하다고 하며
戊土가 많아 癸水를 합화合化하면
癸水가 쓰임이 없어지므로 모두 하격이라고 합니다.

丙火가 용신이면 木이 처이고 火가 자식으로서 희신의 역할을 하고
癸水가 용신이면 金이 처이고 水가 자식으로서 희신의 역할을 합니다.

甲乙木이 亥卯未를 만나면 기세가 태왕한 것으로서
부귀를 의심하지 않는다고 하며
木에게 寅卯辰 방국이 완전하면 역시 기세가 왕성한 것으로서
공을 세워 이름을 떨치는 공명功名이 있다고 합니다.

살아있는 活木은 뿌리에 金이 있는 것을 꺼리는데
지지에 庚辛金이 있으면 뿌리가 잘리어 죽으므로
나무는 썩어버린다고 합니다.

조화원약에서 발췌한 명조입니다.

시	일	월	년	구분
己	乙	癸	壬	천간
卯	丑	卯	午	지지

壬癸水가 투출하여 자수성가하여 부자가 되었으나
丙火가 없어 귀하지는 않은 명조입니다.

시	일	월	년	구분
庚	乙	乙	癸	천간
辰	未	卯	卯	지지

癸水로써 적시어주고 월간의 乙木을 庚金이 투출하여 제어하므로
지방고시에 급제한 학자로서 수재秀才의 명조입니다.

시	일	월	년	구분
丙	乙	丁	甲	천간
子	未	卯	寅	지지

甲木의 기세가 왕성한데 丁火가 투출하여 설기하여주면서
丙火가 투출하여 밝게 빛나고 癸水가 암장되어 있으므로
군대를 지휘하는 총병總兵의 명조입니다.

시	일	월	년	구분
丙	乙	辛	丙	천간
子	卯	卯	子	지지

년월의 丙辛이 화합하고 시간에 丙火가 투출하여 밝게 빛나며
癸水가 암장되어 암암리에 재능을 발휘하므로
장군과 재상의 직위를 겸한 출장입상出將入相의 명조입니다.

시	일	월	년	구분
丁	乙	丁	己	천간
亥	丑	卯	未	지지

지지에 木국의 기세가 왕성한데 丁火와 己土가 투출하여 설기하고
癸水가 암장되어 암암리에 재능을 발휘하므로
과거에 연달아 급제한 명조입니다.

시	일	월	년	구분
戊	乙	乙	癸	천간
寅	卯	卯	亥	지지

木의 왕성한 기세로써 戊土를 소토하고 癸水로써 적시어주며
丙火가 암장되어 암암리에 재능을 발휘하므로
장수한 명조입니다.

시	일	월	년	구분
丙	乙	辛	丙	천간
戌	酉	卯	申	지지

년월의 丙辛이 화합하고
시간의 丙火는 있어도 서산에 지고 있는 태양이며
지지에 金국으로 인하여 뿌리가 상하므로 고독하고 가난한 명조입니다.

3) 辰월의 乙木

三月乙木 陽氣愈熾 先癸後丙 癸丙兩透 不見己庚 玉堂之客 見己庚者
삼 월 을 목 양 기 유 치 선 계 후 병 계 병 양 투 불 견 기 경 옥 당 지 객 견 기 경 자
平常之人 或一乙逢庚 不見己者 亦主小富貴 但不顯達
평 상 지 인 혹 일 을 봉 경 불 견 기 자 역 주 소 부 귀 단 불 현 달

삼월 乙木은 양기가 더욱 치열하므로 癸를 먼저 쓰고 丙을 나중에 쓴다. 癸丙
가 모두 투출하고 己庚이 없으면 궁궐의 고위직이고 己庚이 있으면 보통사람
이다. 하나의 乙이 庚을 만나고 己가 없으면 작은 부귀는 있어도 단지 현달하
지 못한다.

입춘으로부터 세 번째의 달인 辰월은
양기가 더욱 치열해지고 음기가 고갈되는 시기라고 합니다.

그러므로 우선 癸水로써 음기를 보충하여주고 난 후에
丙火로써 목화통명을 이룬다고 합니다.

癸水와 丙火가 모두 투출하여 음양의 조화를 이루는데
己土와 庚金이 없어 방해하지 않으면
궁궐의 고위직인 옥당지객玉堂之客으로서 부귀할 수 있다고 합니다.

그러나 己土와 庚金이 있다면
己土는 癸水를 제어하고 庚金은 乙木을 화합하고자 하므로
음양의 조화를 이루지 못하고 보통 사람에 불과하다고 합니다.

하나의 乙木이 庚金을 만나고 己土가 없으면
庚金으로써 乙木과 화합을 하여도
己土가 없으면 癸水를 제어하지 않으므로 작은 부귀는 있다고 하며

단지 庚金이 있어 乙木과 화합하고자 하므로
이로 인하여 현저하게 발달하지는 못한다고 합니다.

或多水見己 只恐高才不第 見戊堪發異途 或庚己混雜 丙癸全 則爲下格
혹 다 수 견 기 지 공 고 재 부 제 견 무 감 발 이 도 혹 경 기 혼 잡 병 계 전 즉 위 하 격

或見水局 丙戊高透 亦主科甲 或柱中全無丙戊 支合水局 此離鄕之命
혹 견 수 국 병 무 고 투 역 주 과 갑 혹 주 중 전 무 병 무 지 합 수 국 차 리 향 지 명

水가 많은데 己가 있으면 단지 두려워하는 것은 재주는 높아도 과거에 급제하
지 못하는 것으로서 戊가 있으면 다른 방면으로 발달할 수 있다. 庚己가 혼잡하
면 丙癸가 전부 있어도 하격이다. 水局을 이루고 丙戊가 높이 투출하면 과갑에
급제한다. 사주 중에 丙戊가 전혀 없고 지지에서 합하여 水局이 되면 이것은 고
향을 떠나는 명조이다.

水가 많으면 기세가 왕성한 것으로서
己土가 있으면 왕성한 기세를 효과적으로 제어하기 어려우므로
국가고시인 과거에 급제하지 못하는 것을 두려워한다고 하며

戊土가 있으면 왕성한 기세를 제어하므로 국가고시를 치르지 않아도
다른 방법으로 벼슬을 하여 발달할 수 있다고 합니다.

庚金과 己土가 혼잡하면 丙火와 癸水가 전부 있다고 하여도
庚金이 乙木을 합하고자 유혹하고
己土는 癸水를 제어하므로 모두 하격이라고 합니다.

지지에 水국을 이루고 丙火와 戊土가 높이 투출하면
戊土로써 지지의 水국의 왕성한 기세를 제어하고
丙火로써 음양의 조화를 이룰 수 있으므로
최고의 국가고시인 과갑에 급제한다고 합니다.

丙火와 戊土가 전혀 없는데
지지에서 합하여 水국을 이루면 乙木은 물위에 둥둥 떠다니므로
고향을 떠나 방랑하는 명조라고 합니다.

或見一派癸水 又有辛金 則作旺看 得一戊己制癸 亦可云小富貴 若一
혹 견 일 파 계 수 우 유 신 금 즉 작 왕 간 득 일 무 기 제 계 역 가 운 소 부 귀 약 일

派壬水 不特貧賤 而且夭折 有一戊己 方云有壽 但終為技術之人 又或
파 임 수 불 특 빈 천 이 차 요 절 유 일 무 기 방 운 유 수 단 종 위 기 술 지 인 우 혹

庚辰時月 名二庚爭合 乃貧賤之輩 如年干見丁破庚 可云從化 亦不失
경 진 시 월 명 이 경 쟁 합 내 빈 천 지 배 여 년 간 견 정 파 경 가 운 종 화 역 부 실

武職之權 用癸者金妻水子 癸多用丙者木妻火子
무 직 지 권 용 계 자 금 처 수 자 계 다 용 병 자 목 처 화 자

한 무리의 癸水가 있고 辛金도 있으면 왕성한 것으로 간명하는데 하나의 戊己
를 얻어 癸를 제어하면 작은 부귀는 가능하다고 한다. 한 무리의 壬水가 있으
면 빈천할 뿐만 아니라 요절하는데 하나의 戊己가 있으면 비로소 살 수는 있지
만 결국 기술을 하는 사람이다. 庚辰이 시와 월에 있으면 이른바 두 개의 庚이
쟁합하는 것으로서 빈천한 무리인데 년간에 丁이 있어 庚을 파괴하면 종화라고
할 수 있어 무관의 직책으로서 권세를 잃지는 않는다. 용신이 癸이면 金이 처이
고 水가 자식이며 癸가 많아 용신이 丙이면 木이 처이고 火가 자식이다.

한 무리의 癸水가 있고 辛金도 있으면 기세가 왕성하다고 간명하는데
이때 하나의 戊己土를 얻어 癸水의 왕성한 기세를 제어하면
작은 부귀는 가능하다고 합니다.

한 무리의 壬水가 있으면 기세가 왕성한 것으로서
기세를 감당하지 못하므로 빈천할 뿐만 아니라 요절한다고 하며
이때 하나의 戊己土가 있어 왕성한 기세를 제어하면 살 수는 있고
재능도 있어 결국 기술직의 일을 하는 사람이라고 합니다.

시와 월에 庚辰이 있으면 乙木을 사이에 두고 쟁합하는 것으로서
시기하고 질투하므로 빈천한 무리라고 합니다.
그러나 년간에 丁火가 있어 월간의 庚金을 파괴하고
시간의 庚金과 화합하면 종화從化가 가능하므로
무관의 직책으로 권세를 누린다고 합니다.

癸水가 용신이면 金가 처이고 水가 자식으로서 희신의 역할을 하고
癸水가 많아 丙火가 용신이면 木가 처이고 火가 자식으로서
희신 역할을 합니다.

조화원약에서 발췌한 명조입니다.

시	일	월	년	구분
甲	乙	甲	丁	천간
申	巳	辰	酉	지지

甲木이 돕고 丁火가 투출하여 목화통명을 이루고
丙火가 암장되어 암암리에 재능을 발휘하므로
국가고시에 급제한 학자로서 선발選拔의 명조입니다.

시	일	월	년	구분
丁	乙	庚	庚	천간
亥	酉	辰	午	지지

庚金이 중첩하여 투출하였으나 시간의 丁火가 투출하여 제어하므로
늙어서 부자가 된 명조입니다.

시	일	월	년	구분
丙	乙	戊	甲	천간
子	亥	辰	寅	지지

戊土의 기세가 왕성한데 甲木이 제어하고 있으며
丙火가 시간에 높이 투출하여 밝혀주므로
지방관서의 사법을 담당하는 안원按院에 오른 명조입니다.

2. 여름의 乙木

三夏乙木 木性枯焦 四月專尚癸水 五六月先丙後癸 夏至前仍用癸水
삼 하 을 목 목 성 고 초 사 월 전 상 계 수 오 뉴 월 선 병 후 계 하 지 전 잉 용 계 수
先得丙透 支下又有丙火 名曰木秀火明 得一癸透 科甲中人 或透二丙
선 득 병 투 지 하 우 유 병 화 명 왈 목 수 화 명 득 일 계 투 과 갑 중 인 혹 투 이 병
一癸 可許採芹
일 계 가 허 채 근

여름의 乙木은 木의 성정이 바싹 마르므로 사월에는 오로지 癸水를 존중한다.
오뉴월은 丙을 먼저 쓰고 癸를 나중에 쓰는데 하지 전에는 여전히 癸水를 쓴다.
丙이 먼저 투출하고 지지에도 丙火가 있으면 이른바 목수화명으로서 하나의 癸
를 얻으면 과갑을 하는 사람이다. 두 개의 丙과 하나의 癸가 투출하면 채근은
할 수 있다.

여름에는 火의 기세가 왕성하므로 木의 성정이 바싹 마른다고 하며
巳월에는 오로지 癸水를 존중하여
바싹 마른 木을 적시어준다고 합니다.

午未월에는 丙火를 먼저 써서 쇠약하여지는 양기를 보충하고
나중에 癸水를 쓴다고 합니다.
그러나 午월 하지 전에는 여전히 癸水를 존중하여 쓴다고 합니다.

丙火가 먼저 투출하고 지지에도 丙火가 암장되어 있으면
丙火가 매우 밝아지면서 木의 기세를 설기하므로
이른바 목수화명木秀火明으로서 木이 우수하고 火가 밝아진다고 하며
하나의 癸水를 얻어 촉촉하게 적시어주면
최고의 국가고시인 과갑에 급제하는 사람이라고 합니다.

두 개의 丙火와 하나의 癸水가 있다면
丙火의 기세가 무겁고 왕성하지만
하나의 癸水로써 적시어주는 노력을 하므로
지방고시에 급제한 학자로서 채근採芹은 한다고 합니다.

或一派癸水 有丁無丙 平常之人 或一癸透干 異途顯宦 難由科甲 癸
혹일파계수 유정무병 평상지인 혹일계투간 이도현환 난유과갑 계

居子辰 異路小職 或丙藏支下 癸透年干 己出月上 雖非科甲 異路功名
거자진 이로소직 혹병장지하 계투년간 기출월상 수비과갑 이로공명

又或重重癸水 或支藏癸水 由行伍出身得功名
우혹중중계수 혹지장계수 유행오출신득공명

한 무리의 癸水에 丁이 있고 丙은 없으면 보통사람이다. 하나의 癸가 투출하면
다른 방면으로 고위직을 하지만 과갑은 어렵다. 癸가 子辰에 있으면 다른 길로
작은 직책을 한다. 丙이 암장되고 癸가 년간에 투출하고 己가 월간에 투출하면
비록 과갑은 아니어도 다른 길로 공명을 이루고 또한 癸水가 중첩하거나 암장
된 癸水가 있어도 군인으로 공명을 이룬다.

한 무리의 癸水가 있다면 기세가 왕성한 것으로서
丁火가 있는데 丙火가 없으면 왕성한 기세를 감당하기 어려워
쓰임이 없으므로 보통사람에 불과하다고 합니다.

하나의 癸水가 투출하면 단비가 내려 재능을 발휘하므로
무술이나 기예 등의 다른 방면으로 고위직에 임명될 수 있지만
최고의 국가고시인 과갑에 급제하기는 어렵다고 합니다.

癸水가 子辰에 뿌리를 두고 있으면 기세가 왕성한 것으로서
과거에 급제하지 아니하여도
다른 방법으로 작은 직책은 수행할 수 있다고 합니다.

丙火가 암장되고 癸水가 년간에 투출하고 己土가 월간에 투출하면
癸水로써 己土를 적시고 암장된 丙火로 암암리에 재능을 발휘하므로
최고의 국가고시인 과갑에 급제하지는 못하여도
다른 방법으로 고위직의 벼슬을 하며 공명을 이룬다고 합니다.

또한 癸水가 중첩되거나 암장된 癸水가 있어도
재능이 있어 군인으로 공명을 이룬다고 합니다.

1) 巳월의 乙木

四月乙木 自有丙火 專取癸水為尊 四月乙木專用癸水 丙火酌用 雖以
사 월 을 목   자 유 병 화   전 취 계 수 위 존   사 월 을 목 전 용 계 수   병 화 작 용   수 이
庚辛佐癸 須辛透為清 癸透 庚辛又透 科甲定然 獨一點癸水 無金 是
경 신 좌 계   수 신 투 위 청   계 투   경 신 우 투   과 갑 정 연   독 일 점 계 수   무 금   시
水無根 雖出天干 不過秀才小富 須要大運相扶
수 무 근   수 출 천 간   불 과 수 재 소 부   수 요 대 운 상 부

사월 乙木은 자체로 丙火가 있는 것으로서 오로지 癸水를 존중하여 취하므로
사월 乙木은 癸水를 전용하고 丙火를 참작하여 쓴다. 비록 庚辛으로 癸를 도와
도 반드시 辛이 투출하여야 맑다. 癸가 투출하고 庚辛도 투출하면 과갑은 반드
시 한다. 하나의 癸水가 단독으로 있고 金이 없다면 水의 근원이 없는 것이니
비록 투출하여도 수재로서 작은 부자에 불과하니 반드시 대운이 도와야 한다.

입춘으로부터 네 번째의 달인 巳월은
巳중에 자체적으로 丙火가 암장되어 있는 것으로서
오로지 癸水를 존중하여 취한다고 합니다.
巳월 乙木은 癸水를 전용하고 丙火를 참작하여 쓴다고 합니다.

비록 庚辛金으로 癸水를 생하여 돕는다고 하여도
반드시 辛金이 투출하여 생하여야 癸水가 맑다고 합니다.
庚金은 乙木과 합하려고 하는 탐심으로 인하여 탁하기 때문입니다.

癸水가 투출하고 庚辛金도 투출하면
庚辛金이 癸水를 생하여 여름의 乙木을 촉촉하게 유지시켜주므로
최고의 국가고시인 과갑에 반드시 급제한다고 합니다.

하나의 癸水가 단독으로 있어도
金이 없다면 水를 생하는 근원이 없는 것으로서
비록 癸水가 투출하여도 지속적인 생을 받지 못하므로
지방고시에 급제한 학자인 수재秀才로서 작은 부자에 불과하고
반드시 대운에서 金水의 기세로써 돕는 것이 필요하다고 합니다.

土가 많으면 癸水가 감당하기 어려워 곤란하여지므로
쓸모가 없어 가난하고 천한 사람이라고 합니다.

丙火와 戊土가 너무 많아 기세가 태과한데
지지에 火局마저 이루면 火土의 기세가 매우 조열하여지므로
이로 인하여 눈 먼 소경이 된다고 합니다.

癸水가 용신이면 金이 처이고 水가 자식으로서 희신의 역할을 합니다.

巳火를 쌍녀雙女라고 부른다고 하며
乙木이 巳火를 만나면 암장된 庚金에 의하여 상하는데
辛金이 있으면 잘리므로 오래 살기 어렵다고 합니다.
이때 丙丁火를 만나 金을 제복하지 못하면
편안함이 오래가지 못하는 것을 어찌 알겠느냐고 합니다.

조화원약에서 발췌한 명조입니다.

시	일	월	년	구분
壬	乙	丁	戊	천간
午	丑	巳	午	지지

丁火의 기세가 왕성한데 戊土와 壬水가 투출하여 제어하고
癸水가 암장되어 군사령관인 태위太尉에 오른 명조입니다.

2) 午월의 乙木

입춘으로부터 다섯 번째의 달인 午월은
丁火가 사령하여 권력을 잡아 열기가 치열한 시기로서
벼농사에 가뭄이 들어 모두 타들어간다고 합니다.

午월에는 양기에 속하는 하지 이전의 상반월과
음기에 속하는 하지 이후의 하반월로 나누어 본다고 합니다.

상반월은 양기가 왕성한 시기로서
丁火가 매우 치열하여 가뭄으로 인하여 乙木이 타들어가므로
癸水를 거듭하여 쓰면서 가뭄을 해소한다고 합니다.

하반월은 양기인 삼복더위가 극에 달하는 시기로서
비로소 하나의 음기로써 한기를 생산하므로 음기에 속한다고 합니다.

그러므로 丙火와 癸水를 함께 쓰는데
丙火로써 쇠약하여지는 양기를 보충하고
癸水로써 메마른 乙木을 적셔준다고 합니다.

사주에 金水가 많으면 음기가 왕성한 것으로서
丙火를 우선 써서 음기를 제어하고 양기를 보충하며
나머지는 癸水를 우선 써서 가뭄을 해소한다고 합니다.

乙木重逢火位 名為氣散之文 支成火局 洩乙精神 須用癸滋 癸透有根
을목중봉화위 명위기산지문 지성화국 설을정신 수용계자 계투유근

富貴雙全 或庚辛年上 癸透時干 定許科甲 無癸者常人 若見丙透 支成
부귀쌍전 혹경신년상 계투시간 정허과갑 무계자상인 약견병투 지성

火局 陽焦木性 此人殘疾 無癸必夭 見壬可解 或火土太多 其人愚賤 或
화국 양초목성 차인잔질 무계필요 견임가해 혹화토태다 기인우천 혹

為僧道門下閒人
위승도문하한인

乙木이 火를 거듭 만나면 이른바 기가 흩어진다고 하며 지지에서 火국을 이루
면 乙의 정신이 설기되므로 오로지 癸로써 적셔주어야 한다. 癸가 투출하고 뿌
리가 있으면 부귀가 모두 완전하다. 庚辛이 년상에 있고 癸가 시간에 투출하면
반드시 과갑은 하고 癸가 없으면 보통사람이다. 丙이 투출하고 지지에서 火국
을 이루면 양기로써 木의 성정이 타버리니 이 사람은 잔병이 있고 癸가 없으면
반드시 요절하나 壬이 있으면 해소할 수 있다. 火土가 너무 많으면 그 사람은
어리석고 천하며 승도의 문하로서 할 일이 없는 사람이다.

乙木이 火를 거듭하여 만나면 설기가 태과하여지므로
이른바 기가 흩어지는 것으로서 기산지문氣散之文이라고 합니다.

지지에서 火국을 이루면 왕성한 기세로 인하여
乙木의 정신이 설기되므로 오로지 癸水로써 적시어주는데
이때 癸水가 투출하고 뿌리가 있으면 기세가 왕성한 것으로서
메마른 乙木을 적실 수 있으므로 부귀가 모두 완전하다고 합니다.

庚金과 辛金이 년간에 투출하고 癸水가 시간에 투출하면
庚辛金은 癸水를 생하는 수원으로써 끊임없이 생하여
乙木을 지속적으로 적실 수 있으므로
반드시 최고의 국가고시인 과갑에 급제할 수 있다고 합니다.

그러나 癸水가 없으면 乙木이 메말라 쓸모가 없어
보통사람에 불과하다고 합니다.

丙火가 투출하고 지지에서 火국을 이루면 치열한 열기가 되며
木의 성정이 타버리므로 이 사람은 잔병이 있다고 합니다.

癸水가 없으면 치열한 열기를 제어하지 못하고
乙木이 타버리므로 이로 인하여 반드시 요절한다고 하며
壬水가 있으면 열기를 해소하고 살 수 있다고 합니다.

火土가 너무 많으면 조열하여 메마른 것으로서 쓸모가 없으므로
그 사람은 어리석고 천하며
승도의 문하에서도 할 일이 없는 쓸모없는 사람이라고 합니다.

조화원약에서 발췌한 명조입니다.

시	일	월	년	구분
壬	乙	戊	戊	천간
午	巳	午	申	지지

지지에 火의 기세가 매우 왕성한데 壬水가 투출하였으나
戊土가 무겁게 투출하여 제어하므로
열기를 감당하지 못하고 잔병으로 고생하는 명조입니다.

시	일	월	년	구분
丙	乙	戊	癸	천간
戌	亥	午	未	지지

癸水와 戊土가 화합하여 시간의 丙火를 도와 밝게 빛나면서
壬水와 甲木이 암장되어 암암리에 재능을 발휘하므로
최고의 국가고시인 과갑에 급제한 진사進士의 명조입니다.

3) 未月의 乙木

六月乙木 木性且寒 柱多金水 丙火為尊 支成水局 乙得無傷 癸水透干
유월을목 목성차한 주다금수 병화위존 지성수국 을득무상 계수투간

大富大貴 無癸定作常人 運不行北 困苦一生 凡五六月乙木 氣退枯焦
대부대귀 무계정작상인 운불행북 곤고일생 범오뉴월을목 기퇴고초

用癸水切忌戊己雜亂 則為下格
용계수절기무기잡란 즉위하격

유월 乙木은 木의 성정이 더욱 차가우므로 사주에 金水가 많으면 丙火를 존중
한다. 지지에 水국을 이루고 乙이 상하게 하지 않고 癸水가 투출하면 큰 부귀를
누린다. 癸가 없으면 반드시 보통사람이 되고 운이 북으로 흐르지 않으면 가난
하고 고통스러운 일생이다. 일반적으로 오뉴월 乙木은 퇴기하고 메말라 癸水를
쓰는데 꺼리는 것은 戊己가 혼잡한 것으로서 하격이다.

입춘으로부터 여섯 번째의 달인 未월은
木의 성정이 더욱 차가워지는 시기로서
사주에 金水가 많으면 丙火를 존중하여 쓴다고 합니다.

지지에 水국을 이루면 기세가 왕성한 것으로써
왕성한 기세로 인하여 乙木이 상하게 하지 않아야 하고
癸水가 투출하여 乙木을 적시어주면
큰 부귀를 이룬다고 합니다.

그러나 癸水가 없으면 쓰임이 없어 반드시 보통사람이고
운도 북방 水운으로 흐르지 않으면
가난하고 고통스러운 일생을 산다고 합니다.

일반적으로 午未월 乙木은
木의 기세가 퇴기하며 메마르는 시기로서 癸水를 쓰는데
戊己土가 투출하여 癸水를 제어하면
혼잡한 것으로서 하격이 되므로 꺼린다고 합니다.

或甲木高透 制伏土神 名為去濁留清 可許俊秀 土多乏甲 秀氣脫空
혹 갑 목 고 투 제 복 토 신 명 위 거 탁 류 청 가 허 준 수 토 다 핍 갑 수 기 탈 공

庸人而已 或丙癸兩透 加以甲透制戊 選拔定然 若不見丙癸 只有丁火
용 신 이 이 혹 병 계 양 투 가 이 갑 투 제 무 선 발 정 연 약 불 견 병 계 지 유 정 화

亦屬常人 有壬 可充衣食
역 속 상 인 유 임 가 충 의 식

甲木이 높이 투출하여 土를 제복하면 이른바 거탁류청으로서 준수하며 土가 많
고 甲이 부족하면 우수한 기가 헛되고 쓸모가 없어 보통사람일 뿐이다. 丙癸가
모두 투출하고 甲도 투출하여 戊를 제어하면 선발은 반드시 한다. 丙癸가 없고
丁만 있으면 보통사람에 속하고 壬이 있으면 의식이 충분하다.

甲木이 높이 투출하여 戊己土를 제복하면
癸水를 안전하게 쓸 수 있으므로
이른바 거탁류청去濁留清으로서 탁한 것을 제거하고 맑아진다고 하며
재능이 뛰어난 준수한 인재가 된다고 합니다.

土가 많아 기세가 무겁고 왕성한데
甲木의 기세가 부족하여 소토하지 못하면
癸水를 안전하게 쓰기 어려운 것으로서
우수한 기가 헛되어 쓸모가 없으므로 보통사람일 뿐이라고 합니다.

丙火와 癸水가 투출하고
甲木도 투출하여 戊土를 제어하면 재능이 있으므로
국가고시에 급제한 학자로서 선발選拔은 반드시 한다고 합니다.

丙火와 癸水도 없는데 丁火만 있으면
乙木이 메말라 쓸모가 없으므로 보통사람에 속하다고 합니다.

그러나 壬水의 강물을 길어다 메마름을 해소하는 노력을 하면
먹고 살 수 있는 의식은 충분하다고 합니다.

사주에 壬癸水가 없고 甲乙木의 비겁이 투출하지 않으면
격국론의 용어로서 기명종재棄命從財라고 하며
무겁고 왕성한 土의 기세를 감당하지 못하고
자신을 포기하고 복종하고 따르는 것으로서 큰 부자가 될 수 있다고 합니다.

그러나 壬癸水가 없어 적시지 못하므로 귀함은 적다고 하며
단지 土재성을 따르며 복종하므로 현덕한 부인을 맞이할 수는 있다고 합니다.

종재격에는 火가 처이고 土가 자식으로서 희신의 역할을 합니다.
이 경우에 격국론의 종재격에서 土를 용신으로 하는 것과는
전혀 다른 개념으로 보아야 합니다.

궁통보감에서는 음양의 조화를 중시하므로
未월에 종재할 경우에는 양기를 보충하여주어야 하므로
火土를 희신으로 채용하는 개념으로 보아야 할 것입니다.

한 무리의 戊土가 투출하고 이를 제어하는 비견이 없으면
격국론의 용어로서 재다신약財多身弱이라고 하며
결국 부잣집에 있는 가난한 사람이며 부옥빈인富屋貧人이라고 합니다.

或丙辛化水 嫖賭破家 終非承受之兒 或一派乙木 不見丙癸 名為亂臣
혹병신화수 표도파가 종비승수지아 혹일파을목 불견병계 명위난신

無主 勞碌奔波 又加支多辛金 僧道之輩 或一派甲木 無癸無丙 又無庚
무주 노록분파 우가지다신금 승도지배 혹일파갑목 무계무병 우무경

金 此人一生虛浮 總不誠實 有庚制甲 乃有謀之人 但嗜酒貪花 多慾敗
금 차인일생허부 총불성실 유경제갑 내유모지인 단기주탐화 다욕패

德 不修品行 男女一理 總之夏月之乙木 專用癸水 丙火酌用 庚辛次之
덕 불수품행 남녀일리 총지하월지을목 전용계수 병화작용 경신차지

丙辛이 水로 화하면 주색과 도박으로 망하고 마침내 대를 잇지 못한다. 한 무리
의 乙木이 있는데 丙癸가 없으면 이른바 신하가 난리를 일으켜도 군주가 없는
것으로서 고생하며 방황하고 지지에 辛金도 많으면 승도의 무리이다. 한 무리
의 甲木이 있는데 丙癸가 없고 庚金도 없으면 이 사람은 일생동안 실속 없이 방
황하고 성실함이 전혀 없다. 庚이 있어 甲을 제어하면 지략이 있는 사람이지만
주색을 탐하며 욕심이 많고 덕을 버리고 품행을 닦지 않는 사람으로서 남녀 모
두 하나의 이치로 본다. 총론적으로 여름의 乙木은 癸水를 전용하고 丙火는 참
작하여 쓰며 庚辛은 그 다음으로 쓴다.

丙火가 辛金과 화합하여 水로 화하면
양기가 음기로 화하는 것으로서 음기가 왕성하여지므로
주색과 도박으로 망하고 마침내 대를 잇지도 못한다고 합니다.

한 무리의 乙木이 있는데 丙火와 癸水가 없으면
음양의 조화가 이루어지지 않는 것으로서
이른바 난신무주亂臣無主라고 하여
신하가 난리를 일으켜도 군주로서 역할을 제대로 하지 못하므로
고생하며 방황한다고 합니다.

더구나 지지에 辛金도 많으면 乙木의 뿌리가 상하므로
수행을 하면서 살아가는 승도의 무리가 된다고 합니다.

한 무리의 甲木이 있는데
丙火와 癸水가 없어 음양의 조화를 이루지 못하고
더구나 庚金도 없어 왕성한 甲木의 기세를 제어하지 못하면
이 사람은 일생동안 실속 없이 방황하고
성실함도 전혀 없다고 합니다.

이때 庚金이 있어 甲木을 제어하면 지략이 있는 사람이라고 하지만
이 사람은 주색을 탐하고 욕심이 많으며
덕을 버리고 품행을 닦지 않는 사람으로서
남녀 모두 하나의 이치로 간명한다고 합니다.

총론적으로 여름의 乙木은
오로지 癸水를 전용하고 丙火는 상황에 따라 참작하여 쓰며
庚金과 辛金은 그 다음으로 쓴다고 합니다.

조화원약에서 발췌한 명조입니다.

시	일	월	년	구분
庚	乙	丁	丁	천간
辰	巳	未	亥	지지

丁火가 중첩하여 투출하여 시간의 庚金을 제어하고
丙火와 壬癸水가 암장되어 암암리에 재능을 발휘하므로
군주의 비밀업무와 감찰업무를 수행하는 어사禦史의 명조입니다.

3. 가을의 乙木

1) 申월의 乙木

三秋乙木 金神司令 先丙後癸 惟九月專用癸水 恐丙暖戊土為病也
삼 추 을 목 금 신 사 령 선 병 후 계 유 구 월 전 용 계 수 공 병 난 무 토 위 병 야

七月乙木 庚金乘令 庚雖輸情於乙妹 怎奈干乙難合支金 柱見庚多
칠 월 을 목 경 금 승 령 경 수 수 정 어 을 매 즘 내 간 을 난 합 지 금 주 견 경 다

乙難受載 或丙透干 又加己出埋金 此格可云科甲 有己透 加丙 亦是上命
을 난 수 재 혹 병 투 간 우 가 기 출 매 금 차 격 가 운 과 갑 유 기 투 가 병 역 시 상 명

가을의 乙木은 金신이 사령한 것이니 丙을 우선 쓰고 癸를 나중에 쓴다. 다만
구월에 癸水를 전용하는 것은 丙의 따뜻함으로 戊土가 병들까 두렵기 때문이
다. 칠월 乙木은 庚金이 사령하고 庚이 乙누이에게 정을 보내지만 천간의 乙이
지지의 金과 합하기 어려우니 어찌하랴. 사주에 庚이 많으면 乙은 어려움을 당
한다. 丙이 투출하고 己도 투출하여 金을 덮어주면 이 격은 과갑을 할 수 있다.
己가 투출하고 丙도 투출하면 상격의 명이다.

가을은 金의 계절로서 金이 사령하여 기세가 왕성한 것으로서
우선 丙火를 쓰고 癸水는 나중에 쓴다고 하며
다만 戌월에 癸水를 전용하는 것은 丙火로 인하여
戊土가 메마르며 병들까 두렵기 때문이라고 합니다.

申월은 庚金이 사령하여 권력을 잡고 乙木에게 정을 보내지만
지지에 있는 庚金이 천간에 있는 乙木일간과 화합하기는 어려우므로
안타까운 마음만 가득하다고 합니다.

사주에 庚金이 많이 있으면
乙木을 서로 차지하려고 쟁합하므로 어려움을 당한다고 하며
丙火로써 제어하고 己土가 투출하여 흙으로 덮어주면
최고의 국가고시인 과갑에 급제하는 상격의 명이라고 합니다.

七月喜己土為用 或不見丙癸 己土必不可少 此則以火為妻土為子 或
칠 월 희 기 토 위 용 혹 불 견 병 계 기 토 필 불 가 소 차 즉 이 화 위 처 토 위 자 혹

癸透 丙藏 庚少 此不用己 可許貢拔 無丙 有癸透者 不失刀筆門戶
계 투 병 장 경 소 차 불 용 기 가 허 공 발 무 병 유 계 투 자 부 실 도 필 문 호

有支下庚多 癸又藏者 無丙己二神 平常人物
유 지 하 경 다 계 우 장 자 무 병 기 이 신 평 상 인 물

칠월은 己土를 쓰는 것을 좋아하고 丙癸가 없으면 己土가 결코 적어서는 안 되
며 이때는 火가 처이고 土가 자식이다. 癸가 투출하고 丙이 암장되고 庚이 적은
데 이때는 己를 쓰지 않아야 공감은 할 수 있다. 丙이 없고 癸가 투출하면 도필
의 가업을 잃지 않는다. 지지에 庚이 많고 癸도 암장되고 丙己도 없으면 보통사
람이다.

申월에는 庚金을 흙으로 덮어 乙木을 보호하여주므로
己土를 쓰는 것을 좋아한다고 하며
丙火와 癸水가 모두 없으면 음양의 조화를 이루기 어려우므로
이때는 己土가 결코 적어서는 안 된다고 합니다.

己土가 용신이면 火가 처이고 土가 자식으로서 희신의 역할을 합니다.

癸水가 투출하고 丙火가 암장되고 庚金도 적으면
이때는 오히려 己土가 없어야 癸水를 쓸 수 있는 것으로서
국가고시에 급제한 학자로서 공감貢監은 할 수 있다고 합니다.

丙火가 없고 癸水가 투출하면
왕성한 金의 기세를 설기하여
乙木을 적시어주는 재능이 있는 것으로서
글씨를 새기는 도필가로서 가업을 잃지는 않는다고 합니다.

지지에 庚金이 많고 癸水도 암장되었는데 丙火와 己土도 없으면
왕성한 庚金의 기세가 쓸모없으므로 보통사람에 불과하다고 합니다.

或生辰時 此為從化 反主富貴 凡化合格 皆以所生之神為用 化金者
혹생진시 차위종화 반주부귀 범화합격 개이소생지신위용 화금자

戊為用神 特忌丙丁煆煉破格 從化者以火為妻土為子 其餘以金為妻
무위용신 특기병정하련파격 종화자이화위처토위자 기여이금위처

妻必賢美 以水為子 子必剋肖 但忌刑沖 凡命皆然 不特此也 秋乙逢
처필현미 이수위자 자필극초 단기형충 범명개연 불특차야 추을봉

金 非貧即夭 秋生乙木忌根枯 根既枯槁 貧苦到老
금 비빈즉요 추생을목기근고 근기고고 빈고도노

辰시생이 종화하면 오히려 부귀하다. 일반적으로 화합격은 모두 생하는 용신을
쓴다. 金으로 화하면 戊가 용신이다. 특히 꺼리는 것은 丙丁으로 녹이면 파격이
되는 것이다. 종화격은 火가 처이고 土가 자식이다. 나머지는 金이 처로서 처가
현숙하고 아름답고 水가 자식으로서 자식이 반드시 잘 따른다. 단지 형충을 꺼
리는데 일반적인 명과 다르지 않다. 가을의 乙이 金을 만나면 가난하지 않으면
요절한다. 가을에 태어난 乙木은 뿌리가 마르는 것을 꺼리는데 뿌리가 이미 시
들고 마르면 늙어서도 가난으로 고생한다.

시	일	월	년	구분
庚	乙			천간
辰		申		지지

辰시생이면 庚辰시로서 乙庚합으로 화합하여 金의 기세에 종화하므로
이로 인하여 오히려 부귀하다고 합니다.

일반적으로 乙庚의 화합격은 모두 생하는 용신을 쓰는데
戊土를 용신으로 하여 화합격을 보호하기 위함이며
金을 丙丁火로 녹이면 파격이 되므로 특히 꺼린다고 합니다.

종화격이면 火가 처이고 土가 자식으로서 희신의 역할을 합니다.
나머지는 庚金의 왕성한 기세를 설기하여 乙木을 도우므로
金이 처이고 水가 자식으로서 희신의 역할을 한다고 하며
처가 현숙하고 아름다우며 자식은 반드시 잘 따른다고 합니다.
단지 형충을 꺼리는 것은 일반적인 명과 다르지 않다고 합니다.

가을은 金의 기세가 왕성한 계절이므로
乙木이 金을 만나면 그 기세를 감당하지 못하므로
가난하지 않으면 요절한다고 합니다.

가을에 태어난 乙木은 뿌리가 마르는 것을 꺼린다고 하며
뿌리가 이미 시들고 마르면 쓰임이 없으므로
늙어서도 가난으로 고생한다고 합니다.

조화원약에서 발췌한 명조입니다.

시	일	월	년	구분
丁	乙	甲	庚	천간
丑	卯	申	午	지지

庚金의 기세가 왕성하여 甲木이 제어되고
丁火가 투출하여 庚金을 제어하며 부자가 되었지만
丙火가 없고 甲木이 제어되어 의지할 곳이 없으므로
수행을 하며 고독하게 살아가는 승려의 명조입니다.

시	일	월	년	구분
戊	乙	庚	戊	천간
寅	丑	申	午	지지

庚金이 투출하여 기세가 왕성한데 戊土가 도와주고 있으며
丙火와 癸水가 암장되어 암암리에 재능을 발휘하므로
지방관서의 장인 지현知縣에 오른 명조입니다.

2) 酉월의 乙木

八月乙木 芝蘭禾稼均退 以丹桂為乙木 在白露之後 桂蕊未開 專用癸
팔월을목 지란화가균퇴 이단계위을목 재백로지후 계예미개 전용계
水以滋桂萼 若秋分後 桂花已開 却喜向陽 又宜用丙 癸水次之 丙癸兩
수이자계악 약추분후 계화이개 각희향양 우의용병 계수차지 병계양
透 科甲名臣 或支成金局 宜暗藏丁 無丁制金 恐木被金傷
투 과갑명신 혹지성금국 의암장정 무정제금 공목피금 상

팔월의 乙木은 버섯이나 난초와 벼가 모두 물러가고 단계가 乙木이다. 백로가
지나도 단계 꽃이 피지 않으면 癸水를 전용하여 꽃받침을 적셔준다. 추분이후
에는 단계 꽃이 이미 피어 도리어 햇볕을 좋아하니 마땅히 丙을 쓰고 癸水는 다
음으로 쓰는데 丙癸가 모두 투출하면 과갑으로 명신이 된다. 지지에 金국을 이
루면 마땅히 丁이 암장되어야 하는데 丁이 없으면 金을 제어하지 못하여 木이
金에게 상하는 것을 두려워한다.

입춘으로부터 여덟 번째의 달인 酉월에는
버섯이나 난초 그리고 벼는 시들어버리므로 모두 물러간다고 하며
이 시기에는 乙木을 월계수와 같은 단계丹桂에 비유하고 있습니다.

백로白露가 지나도 단계 꽃이 피지 않으면
癸水를 전용하여 꽃받침을 적셔주어야 꽃이 핀다고 하며
추분이후에는 단계 꽃이 이미 피어 태양을 바라보는 것을 좋아하므로
마땅히 丙火를 쓰고 다음으로 癸水를 쓴다고 합니다.

丙火와 癸水가 모두 투출하면
음양의 조화가 이루어지므로 최고의 국가고시인 과갑에 급제하고
이름난 신하로서 명신名臣이 된다고 합니다.

지지에 金국을 이루면 마땅히 丁火가 암장되어야
왕성한 金의 기세로부터 乙木의 뿌리를 안전하게 보호할 수 있지만
丁火가 없다면 金국을 제어하지 못하므로
乙木의 뿌리가 상하는 것을 두려워한다고 합니다.

若無水火 此人勞碌 或得癸水 為子得母 其人一生豐盈 或丙癸兩透
약 무 수 화 차 인 노 록 혹 득 계 수 위 자 득 모 기 인 일 생 풍 영 혹 병 계 양 투

戊土雜出 亦主異路功名 生秋分後 有丙無癸 亦略富貴 若有癸無丙
무 토 잡 출 역 주 이 로 공 명 생 추 분 후 유 병 무 계 역 략 부 귀 약 유 계 무 병

名利虛花 若四柱不見丙癸 下格 或癸在年月干 丙透時干 名為木火
명 리 허 화 약 사 주 불 견 병 계 하 격 혹 계 재 년 월 간 병 투 시 간 명 위 목 화

文星 定主上達 生於秋分後方佳
문 성 정 주 상 달 생 어 추 분 후 방 가

水火가 없으면 이 사람은 고생하고 癸水를 득하면 자식이 어미를 얻은 것이니
그 사람은 일생이 풍성하다. 丙癸가 모두 투출하고 戊土가 투출하여 혼잡하면
다른 길로 공명이 있다. 추분 이후에 태어나고 丙이 있고 癸가 없어도 약간은
부귀하다. 癸가 있고 丙이 없으면 부귀는 허망하고 사주에 丙癸가 없으면 하격
이다. 癸가 년간이나 월간에 있고 丙이 시간에 투출하면 이른바 木火문성이라
하며 반드시 높은 직위에 오르고 추분이후에 태어나면 더욱 좋다.

水火가 없다면 음양의 조화가 안 되어 고생을 하는데
癸水를 득하면 자식이 어미를 얻은 것이니
그 사람의 일생이 풍성하여진다고 합니다.

丙火와 癸水가 모두 투출하고
戊土가 투출하면 癸水와 화합하고자 하므로 혼잡하여진다고 하며
무술이나 기예 등 다른 방면으로 진출하여 공명을 얻는다고 합니다.

추분이후에 태어나면 이미 꽃을 피운 것이니
丙火의 태양을 비추면 癸水가 없어도 약간은 부귀하지만
癸水가 있고 丙火의 태양이 없으면 부귀는 허망하고
癸水도 없고 丙火도 없으면 쓸모가 없으므로 하격이라고 합니다.

癸水가 년간 혹은 월간에 있고 丙火가 시간에 투출하면
이른바 목화문성木火文星으로서 반드시 높은 직위에 오른다고 하며
추분 이후에 태어나면 더욱 좋다고 합니다.

或生上半月無癸 姑用壬水 不然 枯木無用 必作貧人 又四柱多見戊己
혹생상반월무계 고용임수 불연 고목무용 필작빈인 우사주다견무기

下格 用癸者金妻水子 用丙者木妻火子 用壬者金妻水子 甲乙遇強金
하격 용계자금처수자 용병자목처화자 용임자금처수자 갑을우강금

魂歸西土 青龍逢兌旺 且貧且賤 乙木生居酉 莫逢巳酉丑 富貴坎離宮
혼귀서토 청룡봉태왕 차빈차천 을목생거유 막봉사유축 부귀감리궁

貧窮申酉守 木逢金旺已傷 再遇金鄉 豈不損壽
빈궁신유수 목봉금왕이상 재우금향 기불손수

상반 월에 태어나고 癸가 없으면 대신 壬水를 쓰는데 그렇지 않으면 마른 나무
는 쓸모가 없으니 반드시 가난한 사람이다. 또한 사주에 戊己가 많아도 하격이
다. 용신이 癸면 金이 처이고 水가 자식이며 용신이 丙이면 木이 처이고 火가
자식이며 용신이 壬이면 金이 처이고 水가 자식이다. 甲乙이 강한 金을 만나면
저승으로 돌아가고 木이 왕성한 金을 만나면 매우 빈천하여진다. 乙木이 酉월
에 태어나고 巳酉丑을 만나서는 안 된다. 부귀는 水火궁에 있고 가난은 申酉를
지키고 있다. 木이 왕성한 金을 만나면 이미 상한 것인데 재차 金운을 만나면
어찌 수명이 줄지 않겠는가.

상반월에 태어나면 추분 이전으로서
癸水가 없다면 대신 壬水의 강물이라도 써야하는데
그렇지 않으면 마른 나무는 쓸모가 없어 반드시 가난한 사람이며
사주에 戊己土가 많아도 壬癸水를 제어하므로 하격이라고 합니다.

癸水가 용신이면 金이 처이고 水가 자식으로서 희신의 역할을 하며
丙火가 용신이면 木이 처이고 火가 자식으로서 희신의 역할을 하며
壬水가 용신이면 金이 처이고 水가 자식으로서 희신의 역할을 합니다.

甲乙木이 강한 金을 만나면 甲乙木은 잘리어 죽으므로
이른바 혼귀서토魂歸西土로서 저승으로 돌아간다고 하며

木이 왕성한 기세의 金을 만나면 역시 꼼짝을 하지 못하여
쓸모가 없으므로 매우 빈천하여진다고 합니다.
청룡青龍은 동방 木이고 태兌는 서방 金이라고 합니다.

乙木이 酉월에 태어나고
지지에서 巳酉丑 金국을 만나서는 안 된다고 하는데
왕성한 기세의 金에 의하여 乙木의 뿌리가 상하기 때문이라고 합니다.

부귀는 水火인 감리坎離궁에 있는 丙火와 癸水로써 만들어지고
申酉에서는 乙木의 뿌리가 잘려 쓸모가 없으므로
가난을 지킨다고 합니다.

木이 왕성한 기세의 金을 만나면 이미 상한 것인데
재차 金운을 만나면 살기 어려우므로 수명도 줄어든다고 합니다.

조화원약에서 발췌한 명조입니다.

시	일	월	년	구분
甲	乙	癸	己	천간
申	丑	酉	巳	지지

지지에 金국을 이루어 뿌리가 위험하지만 甲木에게 의지하는
등라계갑으로서 군대를 지휘하는 첨사僉士의 명조입니다.

시	일	월	년	구분
丁	乙	辛	癸	천간
亥	巳	酉	酉	지지

추분전에 태어난 명조로서 癸水와 辛金이 투출하여 적시고
丁火가 투출하고 丙火가 암장되어 고위직에 오른 명조입니다.

시	일	월	년	구분
甲	乙	乙	乙	천간
申	酉	酉	酉	지지

천간에 甲乙木이 순수하여 맑으며 지지에 金의 기세도 순수하므로
중앙관서의 장관급인 상서尚書에 오른 명조입니다.

3) 戌月의 乙木

九月乙木 根枯葉落 必賴癸水滋養 如見甲申時 名為藤蘿繫甲 可秋可
구 월 을 목 근 고 엽 락 필 뢰 계 수 자 양 여 견 갑 신 시 명 위 등 라 계 갑 가 추 가
冬 若見癸水 又遇辛金發水之源 定主科甲 或有癸無辛 常人 有辛無癸
동 약 견 계 수 우 우 신 금 발 수 지 원 정 주 과 갑 혹 유 계 무 신 상 인 유 신 무 계
貧賤 或四柱壬多 水難生乙 亦是尋常之輩
빈 천 혹 사 주 임 다 수 난 생 을 역 시 심 상 지 배

구월 乙木은 뿌리가 마르고 잎이 떨어지니 반드시 癸水에 의뢰하여 촉촉하게
적셔주어야 한다. 甲申시라면 이른바 등라계갑으로서 가을에도 좋고 겨울에도
좋다. 癸水가 있고 辛金 발수지원을 만나면 반드시 과갑은 한다. 癸가 있고 辛이
없으면 보통사람이고 辛이 있고 癸가 없으면 빈천하다. 사주에 壬이 많다면 水
가 乙을 생하기 어려우므로 보통사람의 부류이다.

입춘으로부터 아홉 번째의 달인 戌월의 乙木은 뿌리가 마르고
잎이 떨어지므로 반드시 癸水로써 적셔준다고 합니다.

甲申시라면 이른바 등라계갑藤蘿繫甲으로서 乙木은 甲木에게
의지하며 살아가므로 가을에도 좋고 겨울에도 좋다고 합니다.

癸水가 있고 癸水를 생하는 발수지원發水之源으로서 辛金을 만나면
반드시 최고의 국가고시인 과갑에 급제할 수 있다고 합니다.

癸水가 있고 辛金이 없으면 癸水의 수원이 끊어지므로
癸水를 충분히 공급하지 못하여 보통사람에 불과하지만
辛金이 있어도 癸水가 없으면 乙木을 적시지 못하므로
쓸모가 없어 가난하고 천박하여진다고 합니다.

사주에 壬水가 많다면 기세가 왕성하지만
壬水로는 乙木을 생하기 어려우므로
쓰임이 없어 보통사람에 불과하다고 합니다.

或支多戊土 又逢天干 作從財看 無比劫方妙 一逢比劫 富屋貧人 用癸
혹 지 다 무 토   우 봉 천 간   작 종 재 간   무 비 겁 방 묘   일 봉 비 겁   부 옥 빈 인   용 계

者金妻水子 但子女艱難 季土剋制故也
자 금 처 수 자   단 자 녀 간 난   계 토 극 제 고 야

지지에 戊土가 많거나 천간에서도 만나면 종재로 간명하는데 비겁이 없어야 비
로소 좋고 하나의 비겁을 만나면 부옥빈인이다. 용신이 癸이면 金이 처이고 水
가 자식이다. 단지 자녀가 몹시 힘들고 고생스러운 것은 계절의 土가 극하여 제
어하기 때문이다.

지지에 戊土가 많고 천간에서도 만나면
격국론의 용어로서 종재격從財格으로 간명하다고 하며
이때는 甲乙木비겁이 없어야 비로소 좋다고 합니다.

그러나 하나의 甲乙木비겁을 만나면
戊土의 왕성한 기세를 감당하지 못하는 것으로서
부잣집에 사는 가난한 사람으로서 부옥빈인富屋貧人이라고 합니다.

癸水가 용신이면 金이 처이고 水가 자식으로서 희신의 역할을 하는데
단지 계절의 土인 戊土가 용신인 癸水를 극하여 제어하기 때문에
자녀가 몹시 힘들고 고생스럽다고 합니다.

조화원약에서 발췌한 명조입니다.

시	일	월	년	구분
庚	乙	庚	壬	천간
辰	丑	戌	戌	지지

년간의 庚金은 壬水가 설기하여 쟁합을 해소하고
乙木은 시간의 庚金과 화합하여 庚金을 따르며
지지에 戊土와 丁火와 癸水가 암장되어 암암리에 재능을 발휘하므로
고위직에 오른 명조입니다.

시	일	월	년	구분
丙	乙	甲	甲	천간
子	酉	戌	寅	지지

甲木의 기세에 의지하는 등라계갑으로서
丙火가 투출하여 밝게 빛나고
癸水가 암장되어 암암리에 재능을 발휘하므로
최고의 국가고시인 과갑에 급제하고 명신이 된 명조입니다.

시	일	월	년	구분
癸	乙	戊	辛	천간
未	卯	戌	丑	지지

辛金이 년간에 투출하여 癸水를 지속적으로 생하여주며
戊土와 乙木을 적셔주므로
과거에 거듭 급제하고 상서尙書의 지위에 오른 명조입니다.

시	일	월	년	구분
庚	乙	丙	庚	천간
辰	亥	戌	辰	지지

辰시에 乙庚이 화합하지만 丙火가 투출하여 제어하므로
오히려 고생을 하면서 살아가는 명조입니다.

시	일	월	년	구분
丁	乙	丙	庚	천간
亥	丑	戌	申	지지

丙丁火가 투출하여 더욱 더 메마르게 하므로
비록 壬癸水가 암장되어 암암리에 재능을 발휘하여도
힘써 노력하면서 고생을 하여도 가난하게 사는 명조입니다.

4. 겨울의 乙木

1) 亥월의 乙木

十月乙木 木不受氣 而壬水司令 取丙為用 戊土次之 丙戊兩透 科甲定
시월을목 목불수기 이임수사령 취병위용 무토차지 병무양투 과갑정
然 有丙無戊 雖不科甲 亦入儒林 支多丙火 運入火鄉 亦主顯達
연 유병무무 수불과갑 역입유림 지다병화 운입화향 역주현달
시월의 乙木은 木이 기를 받지 못하고 壬水가 사령하므로 丙火를 취하여 쓰고
戊土는 그 다음으로 쓴다. 丙戊가 모두 투출하면 과갑은 반드시 한다. 丙이 있고
戊가 없으면 과갑은 안 되고 유학자이다. 지지에 丙火가 많고 운이 火향으로 들
어가면 현달한다.

입춘으로부터 열 번째의 달인 亥월은 양기가 쇠퇴하는 시기로서
木은 양기를 받지 못한다고 하며
壬水가 사령하여 권력을 잡으니 기세가 왕성하다고 합니다.

그러므로 우선 丙火로써 밝게 비추어주고
다음으로 戊土로써 壬水의 왕성한 기세를 제어하여야
음양의 조화를 이룰 수 있다고 합니다.

丙火와 戊土가 모두 투출하면 음양의 조화가 이루어지므로
최고의 국가고시인 과갑에 반드시 급제한다고 합니다.

丙火가 있고 戊土가 없으면
壬水의 왕성한 기세를 제어하지 못하므로
과갑에는 급제하지 못하고 유림의 학자로서 지낸다고 합니다.

지지에 丙火가 많은데 운이 남방 火운으로 향한다면
丙火가 기세가 왕성하여지며 음양의 조화를 이룰 수 있으므로
현저하게 발달한다고 합니다.

或水多無戊 乙性漂浮 流蕩之徒 若不見丙巳 妻子難全 或一點壬水
혹수다무무 을성표부 류탕지도 약불견병사 처자난전 혹일점임수

即多見戊土 亦為不妙 得甲制戊 可許能幹 但為人好生禍亂 構訟生非
즉다견무토 역위불묘 득갑제무 가허능간 단위인호생화란 구송생비

男女一理 支成木局 時值小陽 此又如春木同旺 若有癸出 須取戊為尊
남녀일리 지성목국 시치소양 차우여춘목동왕 약유계출 수취무위존

加以丙透 科甲之人 若無丙戊二字 自成自敗 終非承受之輩
가이병투 과갑지인 약무병무이자 자성자패 종비승수지배

水가 많고 戊가 없으면 乙의 성정은 표류하며 떠다니는 방탕한 무리이고 丙과
巳가 없으면 처자가 온전하기 어렵다. 하나의 壬水가 있는데 戊土가 많으면 좋
지 않은데 甲을 득하여 戊를 제어하면 재능이 있으나 위인이 말썽을 일으키기
를 좋아하고 남을 모함하여 송사시비를 일으키니 남녀가 하나의 이치이다. 지
지에 木局을 이루면 소양의 시절로서 마치 봄의 木처럼 왕성하며 癸가 투출하
면 반드시 戊를 존중하여 취하고 丙도 투출하면 과갑을 하는 사람이다. 丙戊 두
자가 없으면 스스로 성공하고 스스로 실패하므로 마침내 이어받지 못하는 무리
이다.

水가 많으면 기세가 왕성한 것으로서
戊土가 없으면 왕성한 기세를 제어하지 못하므로
乙木의 성정은 표류하며 떠다니는 방탕한 무리라고 합니다.

더구나 丙火와 巳火도 없으면 水의 왕성한 기세를 감당하지 못하므로
춥고 가난한 처지로서 처자를 온전하게 부양하기도 어렵다고 합니다.

하나의 壬水가 있는데 戊土가 많아 기세가 왕성하다면
壬水를 제어하는 것이 태과하므로 좋지 않다고 하는데

이때 甲木을 득하여 戊土를 제어하면
재능은 있으나 위인이 말썽을 일으키기를 좋아하고
남을 모함하여 송사시비를 일으킨다고 합니다.
이러한 간명은 남녀가 모두 같은 이치라고 합니다.

지지에 木국을 이루면 마치 봄과 같은 소양少陽의 시절로서
木의 기세가 왕성하여 양기가 상승하는 것으로서
癸水가 투출하면 반드시 戊土를 존중하여 제어하고
丙火도 투출하면 음양의 조화를 이루므로
최고의 국가고시인 과갑에 급제한다고 합니다.

丙火와 戊土가 모두 없으면 쓸모가 없으므로 성공과 실패를 스스로
반복하면서 마침내 가업도 이어받지 못하는 사람이라고 합니다.

조화원약에서 발췌한 명조입니다.

시	일	월	년	구분
丁	乙	乙	己	천간
亥	巳	亥	亥	지지

지지에 亥水의 기세가 왕성한데 丁火와 己土가 투출하고
丙火와 戊土가 암장되어 암암리에 재능을 발휘하므로
국가고시인 과거에 한 번에 급제하고 고위직에 임명된 명조입니다.

시	일	월	년	구분
丙	乙	癸	戊	천간
子	未	亥	子	지지

戊土와 癸水가 화합하고 丙火가 투출하여 밝게 빛나므로
황제의 비밀 업무와 검찰 업무를 수행하는 어사의 명조입니다.

시	일	월	년	구분
戊	乙	丁	乙	천간
寅	酉	亥	丑	지지

년간의 乙木이 도와 丁火가 밝게 빛나고 시간의 戊土가 도우며
丙火가 암장되어 암암리에 재능을 발휘하므로
남편은 지방고시에 급제한 학자로서 수재秀才이며 부자인 여성입니다.

시	일	월	년	구분
己	乙	乙	甲	천간
卯	亥	亥	戌	지지

왕성한 水의 기세를 甲乙木이 설기하고 己土가 제어하며
큰 부자가 되고 지방고시에 급제한 학자로서 수재秀才의 명조입니다.

시	일	월	년	구분
辛	乙	乙	甲	천간
巳	亥	亥	戌	지지

왕성한 水의 기세를 辛金이 투출하여 도우나 甲乙木이 설기하며
丙火와 戊土가 암장되어 암암리에 재능을 발휘하므로
국가고시에 급제한 학자로서 공생貢生이며 오복을 누린 명조입니다.

시	일	월	년	구분
戊	乙	乙	甲	천간
寅	亥	亥	申	지지

왕성한 水의 기세를 甲乙木이 설기하고 戊土가 제어하며
丙火가 암장되어 암암리에 재능을 발휘하므로
국가고시인 두 가지 과거에 모두 급제한 명조입니다.

시	일	월	년	구분
庚	乙	乙	甲	천간
辰	亥	亥	戌	지지

왕성한 水의 기세를 庚金이 도우나 甲乙木이 설기하며
戊土가 암장되어 암암리에 재능을 발휘하므로
지방고시에 급제한 학자로서 수재秀才의 명조입니다.

2) 子월의 乙木

十一月乙木 花木寒凍 一陽來復 喜用丙火解凍 則花木有向陽之意
십일월을목 화목한동 일양래복 희용병화해동 즉화목유향양지의
不宜用癸以凍花木 故專用丙火 有一二點丙火出干 無癸制者 可許科甲
불의용계이동화목 고전용병화 유일이점병화출간 무계제자 가허과갑
即丙藏支內 亦有選拔恩封 得此不貴 必因風水薄
즉병장지내 역유선발은봉 득차불귀 필인풍수박

십일월의 乙木은 꽃나무가 추위에 얼고 일양이 회복되는 시기로서 丙火로써 해
동하여 주기를 바라며 꽃나무가 태양을 향하는 뜻이 있다. 癸로써 꽃나무를 얼
게 하면 마땅하지 않으므로 丙火를 전용한다. 한두 개의 丙火가 투출하고 癸가
없어 제어하지 않으면 과갑을 할 수 있다. 丙이 암장되면 선발되어 벼슬을 하사
받으며 이 사람이 귀하지 않으면 반드시 풍수가 박하기 때문이다.

입춘으로부터 열한 번째의 달인 子월은
꽃나무인 乙木이 얼어붙고 동지에서 일양一陽이 회복되는 시기로서
丙火로써 해동하여주기를 바란다고 하며
꽃나무인 乙木이 丙火의 태양을 향하고자 하는 뜻이 있다고 합니다.

겨울에 癸水로써 꽃나무를 얼게 하면 마땅하지 않으므로
丙火를 전용하여 해동한다고 합니다.

한두 개의 丙火가 투출하여 해동을 하고 있는데
癸水가 없으면 해동을 제어하며 방해하지 않으므로
최고의 국가고시인 과갑에 급제할 수 있다고 합니다.

丙火가 암장되면 암암리에 해동하며 재능을 발휘하므로
과갑이 아니어도 국가고시에 급제한 학자로서 선발選拔이며
은총으로 벼슬을 하사받는다고 합니다.

만약에 이 사람이 귀하지 않다면 반드시 풍수가 박한 것으로서
조상이나 부모의 도움을 받지 못한 것이라고 합니다.

壬癸水가 투출하면 기세가 왕성한 것으로서
이때 戊土가 제어하면 능력이 있는 사람이라고 합니다.

丙火가 지지에 암장되어 암암리에 해동하며 재능을 발휘하면
지혜와 재능이 있는 준수한 사람이라고 합니다.

壬水가 투출하여 왕성한데 戊土가 없어 제어할 수 없으면
추위에 떨게 되므로 가난하고 천박한 사람이라고 합니다.

지지에 水국을 이루고 壬癸水가 투출하여 기세가 매우 왕성한데
丙丁火가 전혀 없어 해동을 하지 못하면
비록 戊土가 왕성한 水의 기세를 제어한다고 하여도
추위를 감당하기 어려우므로 늙어서도 가난하다고 합니다.

그러나 남방 火운으로 흐른다면 양기가 왕성한 운이 오는 것으로서
추위는 해소되어 약간의 의식衣食은 있다고 하며
풍족하지는 않지만 먹고는 살 수 있다고 합니다.

丁火有亦如無 丁乃燈燭之火 豈能解嚴寒之凍 設無丙丁 戊土多見 金
정화유역여무 정내등촉지화 기능해엄한지동 설무병정 무토다견 금

水奔流 下賤 或有戊己無火 亦屬常人 但不至下賤 或一派丁火 大奸大
수분류 하천 혹유무기무화 역속상인 단부지하천 혹일파정화 대간대

詐之徒 如無甲引丁 孤鰥到老 丁火見甲 必主麟趾振振 芝蘭繞膝
사지도 여무갑인정 고환도로 정화견갑 필주린지진진 지란요슬

丁火는 있어도 없는 것과 같으니 丁은 촛불과 같은 火로서 매서운 추위를 어찌
해동할 수 있겠는가. 丙丁이 없는데 戊土가 많이 있어도 金水가 세차게 흐르면
비천하다. 戊己가 있고 火가 없으면 보통사람이어도 비천하지는 않다. 한 무리
의 丁火가 있으면 크게 간사한 무리이다. 甲이 없어 丁을 인화하지 못하면 홀아
비로 늙는다. 丁火가 甲을 보면 반드시 많은 자손들이 크게 번성한다.

丁火는 촛불과 같은 작은 열기로서 매서운 추위를 해동할 수 없으니
丁火는 있어도 없는 것과 같다고 합니다.

丙丁火가 없어 해동을 하지 못하면
戊土가 많이 있어도 金水의 기세가 세차게 흐르면
황폐하기 쉬우므로 비천하다고 합니다.

戊己土가 있고 火가 없으면 보통사람이라고 하여도
황폐하게 되지 않으므로 비천하지는 않다고 합니다.

한 무리의 丁火가 있다면 여러 개의 촛불로써
해동할 수 있는 기회만 엿보는 간사한 무리가 된다고 합니다.

甲木이 없어 丁火의 불꽃을 인화하지 못하면
화촉을 밝히지 못하므로 홀아비로 늙는다고 합니다.

丁火가 甲木을 보면 화촉을 지속적으로 밝혀주므로
반드시 자손을 매우 많이 얻는다고 하며
자손들이 크게 번성한다고 합니다.

或成水局 壬癸兩透 則木浮矣 不特貧賤 而且夭折 得一戊救方可 冬月
혹 성 수 국 임 계 양 투 즉 목 부 의 불 특 빈 천 이 차 요 절 득 일 무 구 방 가 동 월

之木 雖取戊制水 不可作用 專取丙火則可 用火者木妻火子 用土者火
지 목 수 취 무 제 수 불 가 작 용 전 취 병 화 즉 가 용 화 자 목 처 화 자 용 토 자 화

妻土子 乙木生於冬至之後 坐下木局 得丙透干者 富貴之造 即丁出干
처 토 자 을 목 생 어 동 지 지 후 좌 하 목 국 득 병 투 간 자 부 귀 지 조 즉 정 출 간

亦有衣祿 須忌癸制丁 乙木生於冬月 己土透干 又有丙透 大富貴之造
역 유 의 록 수 기 계 제 정 을 목 생 어 동 월 기 토 투 간 우 유 병 투 대 부 귀 지 조

水局을 이루고 壬癸가 모두 투출하면 木이 물에 뜨므로 빈천할 뿐만 아니라 요
절하는데 하나의 戊가 구하면 비로소 살 수 있다. 겨울의 木은 비록 戊를 취하
여 水를 제어하여도 쓸 수 없으며 오로지 丙火를 취하여야 가능하다. 용신이 火
이면 木이 처이고 火가 자식이며 용신이 土이면 火가 처이고 土가 자식이다. 乙
木이 동지 이후에 태어나고 앉은 자리가 木국이며 丙이 투출하면 부귀한 명조
이다. 丁이 투출하면 벼슬은 하는데 반드시 癸가 丁을 제어하는 것을 꺼린다.
乙木이 겨울에 태어나 己土가 투출하고 丙도 투출하면 큰 부귀를 이루는 명조
이다.

水국을 이루고 壬癸水가 모두 투출하면 기세가 매우 왕성한 것으로서
乙木은 기세가 왕성한 물위에 둥둥 떠다니므로 가난하고 천하여지고
객지로 떠돌아다니다가 요절하게 된다고 합니다.
이때 戊土가 제어하고 구하면 비로소 살 수 있다고 합니다.

겨울의 木은 비록 戊土를 얻어 기세가 왕성한 水를 제어하여도
추위로 인하여 쓸 수 없다고 하며
오로지 丙火로써 해동을 하여야 쓰임이 가능하다고 합니다.

火가 용신이면 木이 처이고 火가 자식으로서 희신의 역할을 하며
土가 용신이면 火가 처이고 土가 자식으로서 희신의 역할을 합니다.

乙木이 동지 이후에 태어나면 양기가 태동하는 시기로서
지지에 木국도 이루면 기세가 왕성하여지는데
丙火도 투출하여
겨울의 왕성한 한기를 해동하여주면 부귀한 명조라고 합니다.

丁火가 투출하면 촛불로 주위를 밝힐 수 있으므로
벼슬은 할 수 있다고 하며
이때 癸水가 丁火를 제어하여 불꽃을 꺼뜨리면
벼슬도 허망하게 되므로 꺼린다고 합니다.

乙木이 겨울에 태어나
己土가 투출하여 癸水를 제어하고
丙火로써 해동하여주면 큰 부귀를 이루는 명조라고 합니다.

조화원약에서 발췌한 명조입니다.

시	일	월	년	구분
丙	乙	戊	庚	천간
子	巳	子	申	지지

庚金으로 더욱 차가운데 戊土가 金水의 기세를 제어하고
丙火로써 해동하여 음양의 조화를 이루므로
궁궐의 학자로서 사림詞林에 오른 명조입니다.

시	일	월	년	구분
乙	乙	戊	庚	천간
酉	巳	子	申	지지

위 명조와 시만 다른 것으로서 乙木이 투출하여 돕고
丙火가 암장되어 암암리에 재능을 발휘하므로
지방관서의 장관인 지주知州에 오른 명조입니다.

시	일	월	년	구분
丙	乙	庚	辛	천간
戊	卯	子	亥	지지

金水의 기세가 왕성한데 丙火가 밝게 비추어주므로
국가의 경계를 수비하는 지휘관의 명조입니다.

시	일	월	년	구분
丙	乙	壬	丁	천간
子	未	子	未	지지

壬水와 丁火가 화합하고
丙火가 투출하여 밝은 빛을 온 세상에 비추어주며
음양의 조화를 이루고 있는 원元나라 황제로서 순제順帝의 명조입니다.

3) 丑월의 乙木

十二月乙木 木寒宜丙 有寒谷回春之象 得一丙透 無癸出破格 不特科
십 이 월 을 목 목 한 의 병 유 한 곡 회 춘 지 상 득 일 병 투 무 계 출 파 격 불 특 과
甲 定主名臣顯宦 丙火藏支 食餼而已 干支無丙 一介寒儒 或四柱多己
갑 정 주 명 신 현 환 병 화 장 지 식 희 이 이 간 지 무 병 일 개 한 유 혹 사 주 다 기
不逢比劫 乃爲從財 富比王侯 若見比劫 貧無立錐 雖或一派戊己 見甲
불 봉 비 겁 내 위 종 재 부 비 왕 후 약 견 비 겁 빈 무 립 추 수 혹 일 파 무 기 견 갑
頗有衣祿 專以丙火爲用 方妙
파 유 의 록 전 이 병 화 위 용 방 묘

십이월의 乙木은 木이 차가우므로 丙이 마땅한 것으로서 추운 계곡에 봄이 돌
아오는 상이 된다. 하나의 丙이 투출하고 癸가 투출하지 않아 파격이 안 되면
과갑뿐만 아니라 반드시 명신으로서 높은 벼슬을 한다. 丙火가 암장되면 먹고
살뿐이고 간지에 丙이 없으면 일개 가난한 선비이다. 사주에 己가 많고 비겁을
만나지 않으면 종재로서 왕후에 버금가는 부자이지만 비겁이 있으면 가난하여
설자리도 없다. 한 무리의 戊己에게 甲이 있으면 약간의 벼슬은 하지만 오로지
丙火를 써야 비로소 좋다.

입춘으로부터 열두 번째의 달인 丑월은
대한大寒 소한小寒의 혹한의 추위로 木이 차가우므로
오로지 丙火로써 해동하는 것이 마땅한 것으로서
추운 계곡에 봄이 돌아오는 회춘回春의 상이 된다고 합니다.

하나의 丙火가 투출하고 癸水가 투출하지 않아 파격이 되지 않으면
반드시 최고의 국가고시인 과갑에 급제할 뿐만 아니라
이름난 명신으로서 고위직의 벼슬을 한다고 합니다.

丙火가 암장되면
乙木의 뿌리가 따뜻하므로 단지 먹고 살 뿐이라고 하며

간지에 丙火가 모두 없다면 해동을 하지 못하므로
추위로 인하여 일개 가난한 선비에 불과하다고 합니다.

사주에 己土가 많고 甲乙木비겁을 만나지 않으면
격국론의 용어로서 종재격從財格이라고 하며 왕성한 土의 기세에
복종하며 따르므로 왕후와 버금가는 부자가 된다고 합니다.

그러나 甲乙木비겁이 있으면
왕성한 土의 기세를 감당하기 어려우므로
가난하여 설 자리도 없다고 합니다.

한 무리의 戊己土가 있어 기세가 두터운데
甲木이 있어 소토하면 약간의 벼슬은 할 수 있지만
혹한의 추위에는 丙火로써 해동하여 주어야 비로소 좋다고 합니다.

조화원약에서 발췌한 명조입니다.

시	일	월	년	구분
辛	乙	癸	壬	천간
巳	卯	丑	午	지지

壬癸水와 辛金이 투출하여 기세가 매우 왕성한데
丙火와 戊土가 암장되어 암암리에 재능을 발휘하므로
한 번의 과거에 급제하고
지방관서의 장인 부윤府尹에 오른 명조입니다.

시	일	월	년	구분
辛	乙	癸	壬	천간
巳	酉	丑	午	지지

壬癸水와 辛金이 투출하여 기세가 매우 왕성한데
丙火와 戊土가 암장되어 암암리에 재능을 발휘하지만
乙木의 뿌리가 없어 단지 벼슬을 하는 일개 부자의 명조입니다.

시	일	월	년	구분
丙	乙	癸	丁	천간
子	卯	丑	酉	지지

癸水가 丁火를 제어하여 불꽃을 꺼뜨리지만
丙火가 투출하여 어두움을 밝게 비추어주므로
감찰기관으로서 사헌부 도헌都憲에 오른 명조입니다.

시	일	월	년	구분
丙	乙	己	庚	천간
子	丑	丑	子	지지

庚金이 투출하고 차가운데 己土가 덮어 보호하여주며
丙火가 투출하여 어두움을 밝게 비추어주므로
국가의 중요정책을 의결하는 평장平章에 오른 명조입니다.

시	일	월	년	구분
庚	乙	己	庚	천간
辰	巳	丑	子	지지

庚金이 투출하고 차가운데 己土가 덮어 보호하여주지만
시간에 庚金이 투출하여 화합을 하고자 하므로
암장된 丙火가 쓸모가 없어 가난하고 요절한 명조입니다.

시	일	월	년	구분
辛	乙	辛	辛	천간
巳	亥	丑	卯	지지

辛金이 세 개나 투출하여 순수하고 맑은 것으로서
丙火와 戊土가 암장되어 암암리에 재능을 발휘하므로
중앙관서의 장관급인 상서尚書에 오른 명조입니다.

시	일	월	년	구분
辛	乙	丁	甲	천간
巳	酉	丑	寅	지지

甲木이 투출하여 丁火를 인화하여 밝게 빛나게 하고
지지에 金국을 이루고 辛金이 투출하여 매우 맑으며
丙火와 戊土가 암장되어 암암리에 재능을 발휘하므로
지방고시에 급제한 학자로서 거인擧人의 명조입니다.

窮通寶鑑

제 4 장

병 丙 화 火

1. 봄의 丙火

三春丙火秉象至威 陽回大地 侮雪欺霜 專用壬水為扶陽 名曰天和地潤
삼춘병화병상지위 양회대지 모설기상 전용임수위부양 명왈천화지윤

既濟功成 正月用壬 庚辛為佐 二月專用壬水 三月土重晦光 取甲佐之
기제공성 정월용임 경신위좌 이월전용임수 삼월토중회광 취갑좌지

為妙 癸丙春生 不晴不雨之天 丙日春生 時月出癸 雲霧迷濛 不顯不達
위묘 계병춘생 불청불우지천 병일춘생 시월출계 운무미몽 불현부달

非若壬水輔丙也
비약임수보병야

봄철의 丙火는 위엄이 지극한 형상을 지니고 양기가 대지로 돌아와 눈과 서리
를 업신여기므로 壬水를 전용하면 양기를 도와 이른바 천화지윤으로서 기제의
공을 이룬다. 정월에는 壬을 쓰고 庚辛으로 보좌한다. 이월에는 壬水를 전용한
다. 삼월에 土가 중첩되면 빛이 어두워지므로 甲을 취하여 보좌해야 좋다. 癸丙
이 봄에 태어나면 하늘이 맑지도 않고 비가 오지도 않는 것으로서 丙일간이 봄
에 태어나고 시와 월에 癸가 투출하면 구름과 안개 속을 헤매는 것과 같아 현달
하지 못하는데 壬水가 丙을 돕는 것과는 다르다.

봄철의 丙火는 위엄이 지극한 형상을 지니고 양기가 대지로 돌아와
눈과 서리를 녹이므로 壬水를 전용하면 양기를 도와
이른바 천화지윤天和地潤으로서 기제既濟의 공을 이룬다고 합니다.

정월인 寅월에는 壬水를 쓰는데 庚辛金으로 생하여 보좌하고
이월인 卯월에는 오직 壬水만을 전용하며
삼월인 辰월에는 土가 중첩되어 빛이 어두워지므로 甲木을 취하여
왕성한 土를 소토하면서 보좌하여야 좋다고 합니다.

癸水와 丙火가 봄에 함께 태어나면 구름이 낀 것과 같아
하늘이 맑지도 않고 비가 오지도 않는 것으로서
丙火일간이 봄에 태어나고 시와 월에 癸水가 투출하면
구름과 안개 속을 헤매는 것과 같아 현달하기 어렵다고 하며
壬水로써 丙火를 돕는 것과는 다르다고 합니다.

1) 寅월의 丙火

正月丙火 三陽開泰 火氣漸炎 取壬為尊 庚金佐之 壬庚兩透 科甲定然
정 월 병 화 삼 양 개 태 화 기 점 염 취 임 위 존 경 금 좌 지 임 경 양 투 과 갑 정 연
即壬透庚藏 亦有異途顯達 若一庚高透 支藏一二丙火 納粟奏名 主為
즉 임 투 경 장 역 유 이 도 현 달 약 일 경 고 투 지 장 일 이 병 화 납 속 주 명 주 위
人慷慨英雄 有才邁眾
인 강 개 영 웅 유 재 매 중

정월 丙火는 삼양이 크게 열리니 火기가 점차 뜨거워져 壬을 존중하고 庚金으로 보좌한다. 壬庚이 모두 투출하면 과갑은 반드시 한다. 壬이 투출하고 庚이 암장되면 다른 방면으로 현달한다. 하나의 庚이 높이 투출하고 한두 개의 丙火가 암장되면 재물로써 벼슬을 구하며 위인이 강개한 영웅으로서 무리에서 뛰어난 재능이 있다.

입춘이 시작되는 첫 번째의 달인 정월正月은 寅월로서
봄이 시작되므로 태양太陽으로서 삼양三陽의 양기가 크게 열리며
火가 점차 뜨거워지는 시기라고 합니다.

그러므로 壬水를 존중하여 쓰고
庚金으로 壬水를 보좌하여야
음양의 조화로서 기제의 공을 이룰 수 있다고 합니다.

壬水와 庚金이 모두 투출하면 음양의 조화를 이룰 수 있으므로
최고의 국가고시인 과갑에 반드시 급제한다고 합니다.

壬水가 투출하고 庚金이 암장되면
암암리에 양기를 설기하고 음기를 생하고자하는 재능이 있으므로
무술이나 기예 등의 다른 방면으로 현저히 발달한다고 합니다.

하나의 庚金이 높이 투출하고 한두 개의 丙火가 암장되면
庚金으로써 재물을 만들어 벼슬을 구한다고 하며
위인이 강개한 영웅으로서 무리에서 뛰어난 재능이 있다고 합니다.

한 무리의 庚辛金이 혼잡하면 丙火는 辛金과 탐합을 하느라
할 일을 제대로 하지 않으므로 보통사람에 불과하다고 합니다.

월간과 시간에 庚金이 모두 투출하고 辛金이 없다면
丙火는 양쪽의 庚金을 제어하므로 반드시 고결하다고 합니다.

辛년 辛시이라면 丙火를 사이에 두고 서로 합하고자 탐합貪合하므로
서로 시기하며 질투하며 주색에 빠진 무리이라고 하며
여성의 명조도 같은 이치로 간명한다고 합니다.

丙火가 적고 壬水가 많은데 戊土의 제어가 없다면
격국론의 용어로서 살중신경煞重身輕이라고 하며
壬水의 왕성한 기세를 丙火가 감당하기 어려운 것으로서
이 사람은 미소 뒤에 칼을 감춘 것과 같은 것으로서
겉으로는 온화하게 보이며 무뢰한처럼 보이지 않는다고 합니다.

하나의 戊土로써 壬水를 제어하면 오히려 부귀하다고 하며
마땅히 한두 개의 丙火가 있어 도우면 비로소 좋다고 합니다.

或一片戊土 甲不出干 終非大器 且恐孤貧 正月之丙 忌戊晦光 或支成
혹 일 편 무 토 갑 불 출 간 종 비 대 기 차 공 고 빈 정 월 지 병 기 무 회 광 혹 지 성
火局 專取壬水爲貴 無壬癸亦姑用 若壬癸俱無 取戊以洩火氣 但屬平
화 국 전 취 임 수 위 귀 무 임 계 역 고 용 약 임 계 구 무 취 무 이 설 화 기 단 속 평
人 或支成火局 又作炎上而推 但不逢時耳 若不見東南歲運 反致孤貧
인 혹 지 성 화 국 우 작 염 상 이 추 단 불 봉 시 이 약 불 견 동 남 세 운 반 치 고 빈

전부 戊土인데 甲이 투출하지 않으면 결국 큰 그릇이 아니므로 외롭고 가난함
을 더욱 두려워한다. 정월의 丙은 戊가 빛을 어둡게 하는 것을 꺼린다. 지지에
火국을 이루면 오로지 壬水를 취하여야 귀하고 壬이 없으면 癸라도 대신 써야
한다. 壬癸가 전혀 없으면 戊를 취하여 火기를 설기하여도 단지 보통사람에 속
한다. 지지에 火국을 이루면 염상격으로 추명하는데 단지 때를 만나지 못한 것
으로서 동남 세운을 만나지 못하면 오히려 고독하고 가난하다.

사주가 전부 戊土인데 甲木이 투출하지 않아 소토를 하지 못하면
결국 큰 그릇이 아니므로 외롭고 가난함을 더욱 두려워한다고 하며
寅월의 丙火는 떠오르는 태양인데 戊土의 높은 산에 가려지며
빛이 묻히어 어둡게 되는 것을 꺼린다고 합니다.

지지에 火국을 이루면 기세가 매우 왕성하여지므로
오로지 壬水를 취하여 음양의 조화를 이루어야 귀하다고 하며
壬水가 없으면 癸水라도 대신 써야한다고 합니다.

壬癸水가 전혀 없으면 戊土를 취하여
지지에 있는 왕성한 火국의 기세를 설기한다고 하여도
단지 보통사람에 속한다고 합니다.

지지에 火국을 이루면 기세가 왕성하여 염상격炎上格으로 추명하는데
寅월에는 단지 때를 만나지 못한 것으로서
동남 火의 세운을 만나지 못하면 오히려 고독하고 가난하다고 합니다.

或四柱有甲木 得庚金暗制 可作秀才 無壬用癸者 略富貴 且官煞亦
혹사주유갑목 득경금암제 가작수재 무임용계자 약부귀 차관살역

要旺相有根 丙火無壬 多主貧賤 屢徵屢驗 或火多無水 一至水鄉必死
요왕상유근 병화무임 다주빈천 루징루험 혹화다무수 일지수향필사

不然 定有災咎 惟五月丙火 合炎上格 則不喜水破格 用癸無根 定主目
불연 정유재구 유오월병화 합염상격 즉불희수파격 용계무근 정주목

疾 用壬者金妻水子 用庚者土妻金子
질 용임자금처수자 용경자토처금자

사주에 甲木이 있는데 庚金을 득하여 암암리에 제어하면 수재가 될 수 있다. 壬이 없어 癸를 쓴다면 약간은 부귀하고 다만 관살이 왕상하려면 뿌리가 있어야 한다. 丙火에 壬이 없으면 대부분 빈천하다는 것은 누차에 걸쳐 증명된 것이다. 火가 많고 水가 없는데 水운에 이르면 반드시 죽지 않으면 반드시 재앙이 따른다. 오월의 丙火는 염상격에 적합한데 水로 파격이 되는 것을 바라지 않는다. 뿌리 없는 癸를 쓰면 반드시 눈병이 생긴다. 용신이 壬이면 金이 처이고 水가 자식이며 용신이 庚이면 土가 처이고 金이 자식이다.

사주에 甲木이 있으면 寅월에 왕성한 기세를 가진 것으로서
庚金을 득하여 암암리에 제어하면
지방고시에 급제한 학자로서 수재秀才는 될 수 있다고 합니다.

壬水가 없어 癸水를 쓴다면 약간은 부귀하다고 하며
다만 壬癸水관살의 기세가 왕성하려면
지지에 뿌리가 있어야 한다고 합니다.

丙火에 壬水가 없으면 음양의 조화를 이루지 못하므로
대부분 빈천하다고 하는 것은
누차에 걸친 경험으로 증명되었다고 합니다.

火가 많고 水가 없는데
북방 水운에 이르면 왕성한 열기가 반발하여 오히려 위험한 것으로서
반드시 죽지 않으면 반드시 재앙이 따른다고 합니다.

午월의 丙火는 火의 기세가 매우 왕성한 것으로서
염상격炎上格에 적합하다고 하며
水로써 파격이 되는 것을 바라지 않는다고 합니다.

이때 뿌리 없는 癸水를 쓴다면
오히려 염상격의 열기를 감당하지 못하고
癸水가 말라버리므로 눈병이 생긴다고 합니다.

壬水가 용신이면 金이 처이고 水가 자식으로서 희신의 역할을 하고
庚金이 용신이면 土가 처이고 金이 자식으로서 희신의 역할을 합니다.

조화원약에서 발췌한 명조입니다.

시	일	월	년	구분
庚	丙	庚	丙	천간
寅	午	寅	午	지지

丙午와 庚寅으로만 이루어져 순수하고 맑다고 하며
庚金으로써 寅월의 왕성한 木의 기세를 제어하므로
지방관서의 사법장관 안찰사按察使에 오른 명조입니다.

시	일	월	년	구분
壬	丙	戊	庚	천간
辰	寅	寅	寅	지지

戊土가 도와 庚金으로써 왕성한 木의 기세를 제어하여
壬水가 투출하여 음양의 조화를 이루므로
과거 시험을 주관하는 주시主試에 오른 명조입니다.

시	일	월	년	구분
戊	丙	戊	庚	천간
子	辰	寅	寅	지지

戊土가 도와 庚金으로써 왕성한 木의 기세를 제어하여
국가고시인 과거에 장원급제하고
시간의 戊土는 癸水가 암장되어 재능을 발휘하여주므로
큰 부자가 된 명조입니다.

시	일	월	년	구분
戊	丙	壬	丁	천간
子	子	寅	酉	지지

壬水와 丁火가 화합하여 도와주어 어두움을 밝게 비추어주므로
지방고시에 급제한 학자로서 수재秀才로서 부자가 되었으나
나중에는 戊土가 水의 기세를 제어하며 방해하므로
결국 고독하고 가난하게 된 명조입니다.

시	일	월	년	구분
戊	丙	壬	丁	천간
戌	子	寅	酉	지지

壬水와 丁火가 화합하여 도우므로 부자가 되었으나
결국 戊土에 의하여 丙火의 빛이 가려지므로
이로 인하여 도를 닦는 흉내를 내고 다니는 사람의 명조입니다.

시	일	월	년	구분
己	丙	壬	丁	천간
亥	子	寅	酉	지지

壬水와 丁火가 화합하여 도와주어 어두움을 밝게 비추어주고
己土가 투출하고 壬癸水가 암장되어 암암리에 재능을 발휘하므로
지방관서의 장인 지주知州에 오르고 자식이 모두 귀하게 된 명조입니다.

시	일	월	년	구분
辛	丙	戊	乙	천간
卯	申	寅	未	지지

戊土가 투출하여 빛이 가려지고 있으며
辛金이 투출하지만 丙火를 탐합하므로 쓸모가 없어 고독하고 가난한 명조
입니다.

시	일	월	년	구분
丁	丙	庚	辛	천간
酉	子	寅	亥	지지

庚辛金이 투출하였지만 丁火가 제어하며 음양의 조화를 이루어
국가고시인 과거에 장원급제한 명조입니다.

시	일	월	년	구분
乙	丙	丙	己	천간
未	午	寅	未	지지

丙火와 乙木이 투출하여 木火의 기세가 매우 왕성한데
己土가 투출하여 설기하여 주므로
지방고시에서 선발된 수재秀才로서 큰 부자가 된 명조입니다.

2) 卯월의 丙火

二月丙火 陽氣舒升 專用壬水 壬透天干 不見丁化 加以庚辛己亦透
이월병화 양기서승 전용임수 임투천간 불견정화 가이경신기역투

壬水有根 定主科甲 或無壬水 己土姑用 主有才學 雖不成名 必衣食
임수유근 정주과갑 혹무임수 기토고용 주유재학 수불성명 필의식

充足 或一派壬水 見一戊制 雖不科甲 亦有恩庇
충족 혹일파임수 견일무제 수불과갑 역유은비

이월의 丙火는 양기가 펼쳐지며 상승하므로 壬水를 전용한다. 壬이 투출하여 丁과 화하지 않고 庚辛己도 투출하고 壬水의 뿌리도 있으면 반드시 과갑은 한다. 壬水가 없어서 己土를 대신 쓰면 학문의 재능이 있으며 비록 이름은 떨치지 못하여도 반드시 의식은 충족하다. 한 무리의 壬水가 있는데 하나의 戊가 제어하면 비록 과갑은 못하여도 은총을 받아 벼슬을 하사받는다.

입춘으로부터 두 번째의 달인 卯월에는 양기가 펼쳐지며 상승하므로
오직 壬水를 전용하여야 음양의 조화를 이룬다고 합니다.

壬水가 투출하면 丁火와 화합하지 않아야
庚辛金과 己土가 투출하여 음양의 조화를 이룰 수 있으며
또한 壬水의 뿌리도 있으면 왕성한 기세로써
최고의 국가고시인 과갑에 반드시 급제한다고 합니다.

壬水가 없어 己土를 대신 쓰면
卯월의 상승하는 양기를 己土로써 설기할 수 있으므로
학문에 대한 재능이 있다고 하며 비록 이름을 떨치지는 못하여도
반드시 먹고 살 수 있는 의식은 충분하다고 합니다.

한 무리의 壬水가 있어 기세가 왕성한데
하나의 戊土로써 壬水를 제어하면
비록 최고의 국가고시인 과갑에 급제하지 못하여도
은총을 받아 벼슬은 하사받을 수 있다고 합니다.

戊土가 투출한 것이 없고 辰戌丑未에 戊土가 암장되어 있어도
辰중 癸水와 탐합하여 火의 기세로 화합化合하면
왕성한 壬水를 제어할 수 없으므로
평범한 벼슬에 그친다고 합니다.

지지 전체에 戊土가 하나도 없으면
壬水의 왕성한 기세를 제어하지 못하여 강물이 넘치는 것으로서
이 사람은 분주하게 돌아다닌다고 하며

金도 많아 水를 생하면
더욱 더 차가워지므로 쓰임이 없는 하천한 명조라고 합니다.

한 무리의 戊土가 있어 기세가 왕성하여도
음양의 조화를 위하여 壬水가 필요하므로 쓴다고 합니다.

이때는 동방 木운으로 壬水가 원활하게 흐르기를 바라고
土가 있으면 壬水가 제어를 당하므로 좋지 않으며
남방 火운으로 흐르면
壬水가 감당하지 못하므로 불리하다고 합니다.

或丙子日 辛卯時 乃從化格 但不逢時 貪財壞印 難招祖業 若得一二
혹병자일 신묘시 내종화격 단불봉시 탐재괴인 난초조업 약득일이

重丁火破辛 壬水得位 亦主富貴 雖不科甲 亦有異途 名傳郡邑 合此
중정화파신 임수득위 역주부귀 수불과갑 역유이도 명전군읍 합차

格 主妻妾多子 或月時見二辛卯 日乃丙子 名為爭合 年不透丁制辛
격 주처첩다자 혹월시견이신묘 일내병자 명위쟁합 년불투정제신

此人昏迷酒色 年透丁火反吉 或支成木局 反因奸得財 因酒得名 凡用
차인혼미주색 년투정화반길 혹지성목국 반인간득재 인주득명 범용

壬者金妻水子
임자금처수자

丙子일 辛卯시가 종화격일지라도 단지 때를 만나지 못한 것으로서 탐재괴인이
되므로 조상의 유업을 물려받기 어렵다. 한두 개의 중첩된 丁火가 辛을 파괴하
고 壬水를 제 자리에서 득하면 부귀하고 비록 과갑은 아니어도 다른 길로 지방
에서 이름을 떨치며 이러한 격에 부합하면 처첩과 자식이 많다. 월과 시에 두
개의 辛卯가 있고 丙子일이라면 이른바 쟁합으로서 년간에 丁이 투출하지 않아
辛을 제어 못하면 이 사람은 주색으로 혼미하고 년간에 丁火가 투출하면 오히
려 길하다. 지지에 木국을 이루면 오히려 간사하게 재물을 얻고 술로 명성을 얻
는다. 壬을 쓰면 金이 처이고 水가 자식이다.

丙子일 辛卯시가 丙辛합으로 종화격從化格을 이루어도
봄철인 卯월에는 때를 만나지 못한 것으로서
오히려 격국론의 용어로서 탐재괴인貪財壞印의 형상이 된다고 하며
辛金재성을 탐하느라 木인성을 파괴하는 결과를 가져오게 되므로
조상의 유업을 물려받기도 어렵다고 합니다.

한두 개의 중첩된 丁火로써 辛金을 파괴하고
壬水를 제 자리에서 득하면 음양의 조화를 이루므로
부귀하다고 하며 비록 과갑에 급제하지 못하여도
다른 방법으로 벼슬을 받아 지방에서 이름을 떨칠 수 있다고 합니다.
또한 이러한 격에 부합되면 처첩과 자식이 많다고 합니다.

시	일	월	년	구분
辛	丙	辛		천간
卯	子	卯		지지

丙子일주를 사이에 두고 월과 시에 모두 辛卯가 있다면
이른바 쟁합爭合이라고 하여 두 개의 辛金이 丙火를 사이에 두고
서로 경쟁하며 싸운다고 합니다.

이때 년간에 丁火가 투출하지 않아 辛金을 제어하지 못하면
쟁합을 해소하지 못하므로
이 사람은 주색을 탐하여 혼미하게 산다고 하며
년간에 丁火가 투출하여 辛金을 제어하면
쟁합을 해소할 수 있어 오히려 길하다고 합니다.

지지에 木국을 이루면 기세가 왕성한 것으로서
丙火는 木의 기세에 기대어 오히려 간사하게 재물을 얻는다고 하며
술을 잘 마시는 자로서 명성을 얻는다고 합니다.

壬水가 용신이면 金이 처이고 水가 자식으로서 희신의 역할을 합니다.

조화원약에서 발췌한 명조입니다.

시	일	월	년	구분
己	丙	丁	己	천간
亥	申	卯	亥	지지

丁火와 己土가 투출하여 조열하지만
壬水와 庚金이 암장되어 암암리에 재능을 발휘하므로
무과에 급제한 무관의 명조입니다.

3) 辰월의 丙火

三月丙火 氣漸炎升 用壬水 或成土局 取甲為輔 壬不可離 壬甲兩透
삼 월 병 화 기 점 염 승 용 임 수 혹 성 토 국 취 갑 위 보 임 불 가 리 임 갑 양 투

科甲定宜 惟忌庚出制甲 則秀才而已 無甲用庚 助壬水洩土氣
과 갑 정 의 유 기 경 출 제 갑 즉 수 재 이 이 무 갑 용 경 조 임 수 설 토 기

삼월 丙火는 기가 점차 불타며 상승하므로 壬水를 쓴다. 土국을 이루면 甲을 취
하여 돕고 壬과 떨어져서는 안 된다. 壬甲이 모두 투출하면 과갑은 반드시 하지
만 꺼리는 것은 庚이 투출하여 甲을 제어하는 것으로서 수재에 그친다. 甲이 없
어 庚을 쓰면 壬水를 도와 土기를 설기한다.

입춘으로부터 세 번째의 달인 辰월에는
양기가 점차 불타오르며 상승하는 시기로서
壬水를 써야 불타오르는 양기를 제어하고
음양의 조화를 이룰 수 있다고 합니다.

辰월에 土국을 이루면 기세가 매우 왕성한 것으로서
甲木을 취하여 왕성한 土의 기세를 제어하여 돕고
壬水를 보호하여야 하므로 서로 떨어져서는 안 된다고 합니다.

壬水와 甲木이 모두 투출하면
음양의 조화를 이루므로
최고의 국가고시인 과갑에 반드시 급제한다고 합니다.

그러나 꺼리는 것은 庚金이 투출하여 甲木을 제어하는 것으로서
甲木이 제어되면 壬水도 왕성한 土의 기세에 의하여 제어되므로
지방고시에 급제한 학자로서 수재秀才에 그친다고 합니다.

甲木이 없어 庚金을 쓰면
왕성한 土의 기세를 설기하여 壬水를 돕는다고 합니다.

壬透甲藏 富大貴小 有甲無壬 勞碌濁富 壬藏無甲 一介寒儒 壬甲兩無
임투갑장 부대귀소 유갑무임 노록탁부 임장무갑 일개한유 임갑양무

愚賤之輩 乙丁雜亂 定必屬凡夫 用壬者金妻水子 用甲者水妻木子
우천지배 을정잡란 정필속범부 용임자금처수자 용갑자수처목자

壬이 투출하고 甲이 암장되면 부는 크나 귀는 작으며 甲이 있고 壬이 없다면 고생을 많이 하고 탁한 부자이다. 壬이 암장되고 甲이 없다면 일개 가난한 선비이다. 壬甲이 모두 없으면 어리석고 천한 무리이다. 乙丁이 혼잡하면 반드시 보통사람에 속한다. 용신이 壬이면 金이 처이고 水가 자식이며 용신이 甲이면 水가 처이고 木이 자식이다.

壬水가 투출하고 甲木이 암장되면
암장된 甲木으로써 암암리에 재능을 발휘하여 큰 부자는 되어도
壬水를 제대로 보호하지 못하므로 귀함은 작다고 합니다.

甲木이 있고 壬水가 없다면
甲木으로써 왕성한 土의 기세를 제어하는 재능이 있으므로
고생하면서 노력한 만큼 부자는 될 수 있으나
壬水가 없어 음양의 조화를 이룰 수 없으니 탁한 부자라고 합니다.

壬水가 암장되고 甲木이 없다면
암장된 壬水로써 암암리에 재능을 발휘하여 공부는 하지만
甲木이 없어 土의 기세를 제어하지 못하므로 가난한 선비라고 하며
壬水와 甲木이 모두 없다면 쓰임이 없으므로
어리석고 천한 무리라고 합니다.

乙木과 丁火가 혼잡하면 제대로 쓰이지 못하므로
반드시 보통사람에 불과하다고 합니다.

壬水가 용신이면 金이 처이고 水가 자식으로서 희신의 역할을 하고
甲木이 용신이면 水가 처이고 木이 자식으로서 희신의 역할을 합니다.

조화원약에서 발췌한 명조입니다.

시	일	월	년	구분
壬	丙	丙	癸	천간
辰	午	辰	丑	지지

丙火가 투출하여 기세가 왕성하지만
壬癸水가 투출하여 음양의 조화를 이루고
지방관서의 장인 태수太守에 오른 명조입니다.

시	일	월	년	구분
癸	丙	壬	辛	천간
巳	戌	辰	卯	지지

지지에 양기의 기세가 왕성한데
壬癸水가 투출하고 辛金이 도와 음양의 조화를 이루므로
지방고시에 급제한 학자로서 명경明經의 명조입니다.

2. 여름의 丙火

三夏丙火 陽威性烈 專用壬水 若亥宮壬水無力 回剋洩氣故也 仍用
삼 하 병 화 양 위 성 렬 전 용 임 수 약 해 궁 임 수 무 력 회 극 설 기 고 야 잉 용

申宮長生之水 方云富貴 四月專用壬水 金爲佐 五月亦專用壬 四五
신 궁 장 생 지 수 방 운 부 귀 사 월 전 용 임 수 금 위 좌 오 월 역 전 용 임 사 오

月壬透者富貴 丁多 兼看癸水 六月用壬 但借庚金爲佐
월 임 투 자 부 귀 정 다 겸 간 계 수 유 월 용 임 단 차 경 금 위 좌

여름의 丙火는 양기가 위엄이 있고 성정이 치열하니 壬水를 전용한다. 亥궁 壬
水는 무력하여 회극되고 설기되므로 申궁의 장생인 水를 써야 비로소 부귀하
다. 사월은 壬水를 전용하고 金으로 보좌하며 오월도 壬을 전용한다. 사오월에
壬이 투출하면 부귀하고 丁이 많으면 癸水를 함께 살펴본다. 유월에 壬을 쓰는
데 단지 庚金을 차용하여 보좌한다.

여름의 丙火는 양기가 위엄을 떨치고 성정이 매우 치열하므로
壬水를 전용하여 음양의 조화를 이룬다고 합니다.

亥중 壬水는 자체로 戊土와 甲木이 함께 있어
戊土로 회극되고 甲木으로 설기되므로 무력하여 쓰기 어렵다고 하며
申金은 壬水의 장생으로서 자체로 庚金이 壬水를 생하므로
壬水를 써야 비로소 부귀하다고 합니다.

巳월은 壬水를 전용하고 金으로써 생하여 보좌하며
午월에도 壬水를 전용한다고 합니다.

巳午월에 壬水가 투출하면 부귀하여진다고 하며
丁火가 많으면 壬水를 합화하고자 하므로
癸水를 함께 살펴 丁火를 제어한다고 합니다.

未월에도 壬水를 쓰는데
庚金을 차용하여 壬水를 생하여 보좌한다고 합니다.

陽刃合煞 威權萬里 丁火羊刃太旺 正謂羊刃倒戈 無頭之鬼 丙火用壬
양 인 합 살　위 권 만 리　정 화 양 인 태 왕　정 위 양 인 도 과　무 두 지 귀　병 화 용 임

生旺坐實方好 忌壬水太多 名煞重身輕
생 왕 좌 실 방 호　기 임 수 태 다　명 살 중 신 경

양인합살은 위엄과 권리가 만 리에 까지 이르나 丁火양인이 태왕하면 양인이
칼을 거꾸로 잡은 것으로서 머리 없는 귀신이 된다. 丙火가 壬을 쓰면 생왕하고
지지가 견실하여야 비로소 좋으며 壬水가 너무 많으면 꺼리는데 이른바 살중신
경이 되기 때문이다.

격국론의 용어로서 양인합살陽刃合煞이란
칠살로써 양인을 화합하여 활용하는 것으로서
위엄과 권리가 만 리에 까지 이른다고 합니다.

그러나 양인의 기세가 매우 왕성하여 태왕하다면
양인이 칼을 거꾸로 잡은 것으로서 오히려 일간을 위협하므로
일간은 머리 없는 귀신이 되어 쓸모가 없어진다고 합니다.

격국론에서 양인羊刃은 일간의 겁재로서 양인陽刃이라고도 하며
일간의 권리나 재물을 모조리 빼앗는 적군이나 강도와 같다고 하며
칠살은 군대나 경찰로서의 역할을 담당하는 것으로서
양인을 제어하는 가장 효과적인 수단이 된다고 합니다.

여름의 丙火에게 양인이 있으면 기세가 매우 왕성한 것으로서
반드시 壬水를 써서 제어하는데
壬水는 생왕하고 지지가 견실하여야 비로소 좋다고 합니다.

그러나 壬水가 너무 많으면 꺼린다고 하는데
이는 격국론의 용어로서 살중신경煞重身輕이라고 하여
칠살의 기세가 무겁고 일간의 기세가 가볍다고 하는 것으로서
壬水의 왕성한 기세로 인하여 丙火가 손상되기 때문입니다.

1) 巳월의 丙火

四月丙火 建祿於巳 火勢炎炎 宜專用壬水 解炎威之力 成既濟之功
사월병화 건록어사 화세염염 의전용임수 해염위지력 성기제지공

如無壬水 孤陽失輔 難透淸光 得庚發水源 方爲有根之水 壬庚兩透
여무임수 고양실보 난투청광 득경발수원 방위유근지수 임경양투

不見戊土 號曰湖水汪洋 廣映太陽 光輝顯著 文明之象 人格合此
불견무토 호왈호수왕양 광영태양 광휘현저 문명지상 인격합차

不但科甲崢嶸 必有恩諡封榮 若不驗 必暗損陰德
부단과갑쟁영 필유은익봉영 약불험 필암손음덕

사월의 丙火는 건록이 巳로서 火의 세력이 뜨겁게 타오르므로 마땅히 壬水를
전용하여 열기의 위력을 해소시켜야 기제의 공을 이룬다. 壬水가 없다면 양이
고립되고 도움이 사라진 것으로서 맑은 빛을 비추기 어렵다. 庚을 득하면 발수
의 근원으로서 비로소 水의 뿌리가 된다. 壬庚이 모두 투출하고 戊土가 없으면
이른바 호수왕양으로서 태양이 널리 비추어 빛나듯이 학문이 밝게 빛나는 상에
부합되는 격이므로 과갑에 급제하고 반드시 고위직에 임명된다. 그렇지 않다면
반드시 음덕이 암암리에 손상된 것이다.

입춘으로부터 네 번째의 달인 巳월은
丙火의 건록의 달로서 火의 기세가 매우 왕성하여 뜨겁게 타오르므로
마땅히 壬水를 전용하여 뜨거운 열기의 위력을 해소시켜야
음양의 조화로써 기제既濟의 공을 이룰 수 있다고 합니다.

壬水가 없다면 양기가 고립된 것으로서
음기의 도움이 사라져 맑고 환한 빛을 비추기 어렵다고 하며
庚金을 득하면 壬水의 뿌리로서 발수의 근원이 된다고 합니다.

壬水와 庚金이 모두 투출하고 戊土가 없으면
이른바 호수왕양湖水汪洋으로서 호수에 태양이 널리 비추어 빛나듯이
학문이 밝게 빛나는 상에 부합되는 격이므로
최고의 국가고시인 과갑에 급제하고 반드시 고위직에 임명되지만
그렇지 않다면 반드시 음덕이 암암리에 손상된 것이라고 합니다.

或無壬水 癸亦姑用 見庚透癸 不富必貴 但心性乖僻 巧謀善辯 或壬癸
혹무임수 계역고용 견경투계 불부필귀 단심성괴벽 교모선변 혹임계
俱無 愚頑之輩 火炎無制 僧道之流 不然 須防夭折
구무 우완지배 화염무제 승도지류 불연 수방요절

壬水가 없다면 癸水라도 대신 써야 한다. 庚이 있고 癸가 투출하면 부자가 아니면
반드시 귀하게 된다. 단지 심성이 비뚤고 교묘한 말을 잘한다. 壬癸가 모두 없
으면 어리석고 고집스러운 무리이다. 火의 불꽃을 제어하지 못하면 승도의 무
리인데 그렇지 않으면 반드시 요절할 것에 대비하여야 한다.

壬水가 없다면 癸水라도 대신 써야 합니다.
巳월의 丙火는 왕성하게 타오르는 열기로서
壬水로써 해소하여야 하지만
壬水가 없다면 癸水라도 대신 써야 한다고 합니다.

庚金이 있고 癸水가 투출하면
庚金으로써 癸水를 생하여 타오르는 열기를 해소하므로
부자가 아니면 반드시 귀하게 된다고 합니다.

단지 壬水대신에 癸水를 써야하므로
심성이 삐뚤어지고 교묘한 말로써 사람들을 현혹시킨다고 합니다.

壬水와 癸水가 모두 없다면
巳월의 왕성하고 타오르는 열기를 제어하지 못하므로
소통이 안 되어 어리석고 고집스러운 무리라고 합니다.

또한 火의 왕성한 불꽃을 제어하지 못하면
뜨거운 열기로 인하여 살기 어려운 환경이 되므로
수행을 하며 살아가는 승도의 무리이고
그렇지 않으면 뜨거운 열기로 인하여 반드시 요절할 것이므로
이에 대비하여 살 수 있는 방도를 마련하여야 된다고 합니다.

或一派庚金 不見比劫 有富無貴 或丙午日干 四柱多壬 不見戊制 名曰
혹 일 파 경 금　불 견 비 겁　유 부 무 귀　혹 병 오 일 간　사 주 다 임　불 견 무 제　명 왈

陰刑煞重光棍之流 或支成水局 加之重重壬透 一無制伏 盜賊之命 如
음 형 살 중 광 곤 지 류　혹 지 성 수 국　가 지 중 중 임 투　일 무 제 복　도 적 지 명　여

見己土 下賤鄙夫 用壬者金妻水子
견 기 토　하 천 비 부　용 임 자 금 처 수 자

한 무리의 庚金이 있는데 비겁이 없으면 부자로서 귀함은 없다. 丙午일간 사주
에 壬이 많은데 戊가 제어하지 못하면 이른바 음형살중으로서 건달의 부류이
다. 지지에 水국을 이루고 壬도 중첩하여 투출하는데 제복하는 것이 하나도 없
다면 도적의 명이다. 己土가 있으면 천하고 더러운 무리이다. 용신이 壬이면 金
이 처이고 水가 자식이다.

한 무리의 庚金이 있으면 기세가 왕성한 것으로서
음기를 생하여 부자는 될 수 있어도
丙丁火의 비겁이 없어 도움을 받지 못하면
왕성한 庚金의 기세를 감당하지 못하므로 귀하지 않다고 합니다.

丙午일간 사주에 壬水가 많은데 戊土가 제어하지 못하면
壬水의 왕성한 기세로 인하여 고통을 받으므로
격국론의 용어로서 음형살중陰刑煞重이라고 하며
몽둥이를 미친 듯이 휘두르는 건달의 부류에 불과하다고 합니다.

지지에 水국을 이루고 壬水도 중첩하여 투출하면
기세가 매우 왕성한 것으로서 이를 제복하는 것이 하나도 없다면
丙火를 빼앗으므로 도적의 명이라고 합니다.

己土가 있으면 壬水를 탁하게 하므로
천하고 더러운 무리가 된다고 합니다.

壬水가 용신이면 金이 처이고 水가 자식으로서 희신의 역할을 합니다.

조화원약에서 발췌한 명조입니다.

시	일	월	년	구분
甲	丙	辛	乙	천간
午	午	巳	未	지지

지지에 火의 기세가 매우 왕성하고
甲乙木이 火의 기세를 도와 열기가 태왕한 염상격으로서
군을 통솔하는 최고의 장관인 태위太尉에 오른 명조입니다.

시	일	월	년	구분
丙	丙	辛	庚	천간
申	寅	巳	子	지지

庚辛金이 투출하고 壬水가 암장되어 암암리에 재능을 발휘하므로
국가고시인 과거에 장원급제한 회원會元의 명조입니다.

시	일	월	년	구분
壬	丙	辛	庚	천간
辰	申	巳	辰	지지

壬水가 투출하고 庚辛金이 도와 음양의 조화를 이루므로
국가고시인 과거에 장원급제한 명조입니다.

시	일	월	년	구분
戊	丙	乙	丁	천간
子	子	巳	巳	지지

乙木과 丁火가 투출하여 열기가 왕성하지만
戊土가 투출하여 설기하고
지지에서 癸水가 암장되어 암암리에 재능을 발휘하므로
지방고을의 수령을 지낸 명조입니다.

2) 午月의 丙火

五月丙火愈炎 得壬庚高透 方為上命 或一壬無庚 亦主貢監 猶防戊己
오월병화유염 득임경고투 방위상명 혹일임무경 역주공감 유방무기

出干 丁壬化合 則為平人 即不透庚壬 或有申宮長生之水 濟之 坐祿之
출 간 정임화합 즉위평인 즉불투경임 혹유신궁장생지수 제지 좌록지

金 至妙 必入詞林 又怕戊己雜亂 則為異路
금 지묘 필입사림 우파무기잡란 즉위이로

오월 丙火는 열기가 더욱 뜨거우므로 壬庚이 높이 투출한 것을 득하면 비로소 상격의 명이다. 하나의 壬이 있고 庚이 없다면 공감은 하지만 戊己가 투출하지 않아야 하며 丁壬이 화합하면 보통사람이다. 庚壬이 투출하지 않으면 申宮에 장생하는 水가 구제하는데 金의 록지에 앉아 있는 것이 지극히 묘하므로 반드시 사림에 들어간다. 또한 戊己土가 혼잡한 것을 두려워하고 다른 길로 간다.

입춘으로부터 다섯 번째의 달인 午월은 열기가 더욱 뜨거우므로
壬水와 庚金이 높이 투출하여 왕성한 기세로써
음양의 조화를 이루면 비로소 상격의 명이라고 합니다.

하나의 壬水가 있는데 庚金이 없어 壬水를 돕지 못하여도
국가고시에서 선발된 학자로서 공감貢監은 한다고 합니다.

하지만 戊己土가 투출하여 壬水를 제어하면 안 된다고 하며
丁火와 壬水가 화합하면 보통사람에 불과하다고 합니다.

壬水와 庚金이 투출하지 않아도
申金에서 장생하는 암장된 壬水로써 구제할 수 있다고 하며
壬水가 金의 록지인 申金에 앉아 있는 것은 지극히 묘한 것으로서
학자들의 연구기관인 사림詞林에 들어간다고 합니다.

戊己土가 혼잡하여 壬水를 제어하는 것을 두려워한다고 하며
학문을 하지 못하고 무술이나 기예 등 다른 길로 나아간다고 합니다.

或成火局 不見滴水者 乃僧道鰥獨之命 即有一二癸水 多遇火土 用之
혹성화국 불견적수자 내승도환독지명 즉유일이계수 다우화토 용지

無力 瞽目之人 得戊己透洩火氣 亦主刑剋孤寡 行北運多凶 何也 所謂
무력 고목지인 득무기투설화기 역주형극고과 행북운다흉 하야 소위

燥烈水激反凶
조 열 수 격 반 흉

火국을 이루고 한 방울의 물도 없으면 승도나 홀아비로서 고독한 명이다. 한두
개의 癸水가 있어도 火土를 많이 만나면 쓰임이 무력하여지고 눈먼 사람이다.
戊己가 투출하여 火기를 설기하면 고통을 받고 고독하며 북운에 흉함이 많다고
하는 것은 소위 조열수격으로서 오히려 흉하기 때문이다.

지지에 火국을 이루면 기세가 매우 왕성하여 열기가 뜨거운 것으로서
이때 한 방울의 물도 없다면 뜨거운 열기를 식혀주지 못하므로
수행을 하면서 살아가는 승도가 되거나
홀아비로서 고독하게 사는 명이 된다고 합니다.

한두 개의 癸水가 있어도 火土를 많이 만나면
뜨거운 열기로 인하여 메마른 흙을 만나는 것으로서
한두 방울의 癸水로서는 감당하기 어려우므로
열기를 해소하지 못하여 눈먼 소경이 된다고 합니다.

戊己土가 투출하여 뜨거운 열기를 설기하면
오히려 戊己土가 메말라 쓸모없는 흙이 되므로
이로 인하여 고통을 받고 고독하다고 합니다.

또한 북방 水운으로 가면 흉하다고 하는데
이는 소위 조열수격燥烈水激이라고 하여
메마른 火土가 북방의 水운을 만나면
오히려 격렬하게 반응을 하는 것으로서
이로 인하여 흉하여지기 때문이라고 합니다.

或成炎上格 柱運不見庚辛 多見甲乙者 反主大富貴 然亦不可見水運
혹 성 염 상 격 주 운 불 견 경 신 다 견 갑 을 자 반 주 대 부 귀 연 역 불 가 견 수 운

或有庚癸透者 衣祿充足 支火輕者 無目疾 支見水者 異途 或成土局
혹 유 경 계 투 자 의 록 충 족 지 화 경 자 무 목 질 지 견 수 자 이 도 혹 성 토 국

又為洩太過 得壬滋甲出干 土被制 而火得生扶 此必富貴壽考之格也
우 위 설 태 과 득 임 자 갑 출 간 토 피 제 이 화 득 생 부 차 필 부 귀 수 고 지 격 야

염상격을 이루는데 사주와 운에 庚辛이 없고 甲乙이 많이 있으면 오히려 크게
부귀할 것이나 水운을 만나면 안 된다. 庚癸가 투출하면 벼슬로 충족한다. 지지
에 火가 가벼우면 눈병은 없고 지지에 水가 있으면 다른 길로 간다. 土局을 이
루고 설기도 태과하면 壬을 득하여 투출한 甲을 도와 土를 제어하고 火를 생하
여 도우면 반드시 부귀 장수하는 격이다.

왕성한 火의 기세로만 이루어져 뜨거운 염상격은
사주와 운에 庚辛金이 없고 甲乙木이 많이 있어 火를 생하면
기세가 더욱 왕성하여지므로 오히려 크게 부귀하다고 합니다.
그러나 북방 水운을 만나면 조열수격이 되므로 흉하다고 합니다.

庚金과 癸水가 투출하면
庚金의 생을 받은 癸水로써 열기를 해소하여주지만
壬水처럼 음양의 조화를 이루기 어려우므로
벼슬을 하는 것으로도 충분히 만족하여야 한다고 합니다.

지지에 火의 기세가 가벼우면
열기가 치열하지 않은 것으로서 눈병은 없을 것이라고 하며
지지에 水가 있으면 암암리에 재능을 발휘하므로
무술이나 기예 등의 다른 방면으로 나아간다고 합니다.

土국을 이루어 왕성한 기세로써 火의 설기가 태과하다면
甲木으로써 왕성한 기세의 土를 제어하는데
壬水를 득하여 투출한 甲木을 도와 土를 제어하고
火를 생하여 도우면 반드시 부귀하고 장수한다고 합니다.

조화원약에서 발췌한 명조입니다.

시	일	월	년	구분
己	丙	壬	庚	천간
亥	戌	午	寅	지지

壬水가 투출하고 庚金이 도와 열기를 해소하여 음양의 조화를 이루고
己土가 투출하여 열기를 설기하므로 크게 귀하게 된 명조입니다.

시	일	월	년	구분
甲	丙	戊	戊	천간
午	辰	午	申	지지

戊土가 두 개나 투출하여 기세가 무겁지만
甲木이 투출하여 戊土를 제어하고
壬水와 庚金이 암장되어 암암리에 재능을 발휘하므로
한 번의 과거에 급제하고
지방관서의 장인 부윤府尹의 지위에 오른 명조입니다.

시	일	월	년	구분
己	丙	戊	戊	천간
丑	午	午	戌	지지

戊己土가 많이 투출하여 기세가 두텁고 무거운데
치열한 열기로 인하여 오히려 메말라 쓸모가 없고
비록 癸水가 암장되어도 이를 해소하기 어려우므로
쓸모가 없어 노비에 불과한 명조입니다.

3) 未월의 丙火

六月丙火退氣 三伏生寒 壬水為用 取庚輔佐 庚壬兩透 貼身相生 可云
유월병화퇴기 삼복생한 임수위용 취경보좌 경임양투 첩신상생 가운

科甲名宦 若無庚有壬 不見戊出 小富小貴 見戊制壬 則為鄕賢而已
과갑명환 약무경유임 불견무출 소부소귀 견무제임 즉위향현이이

或己土出干混雜 此必庸夫俗子
혹기토출간혼잡 차필용부속자

유월 丙火는 퇴기하며 삼복에 한기를 생하는 시기로서 壬水를 쓰고 庚으로 보
좌한다. 庚壬이 함께 투출하고 일간 가까이에서 상생하면 과갑으로 이름난 관
리가 된다고 한다. 庚이 없고 壬이 있으며 戊가 투출하지 않으면 작은 부귀가
있으나 戊가 있어 壬을 제어하면 지방의 학자일 뿐이다. 己土가 투출하여 혼잡
하면 반드시 평범하고 속된 사람이다.

입춘으로부터 여섯 번째의 달인 未월은
양기가 퇴기하며 삼복더위에 차가운 한기를 생산하는 시기로서
壬水를 쓰고 庚金으로써 보좌한다고 합니다.

庚金과 壬水가 함께 투출하고
丙火일간 가까이에서 庚金과 壬水가 서로 상생하여 음양의 조화를 이루면
최고의 국가고시인 과갑에 급제하고 이름난 관리가 된다고 합니다.

庚金이 없고 壬水가 있는데
戊土가 투출하지 않으면 壬水를 제어하지 않으므로 작은 부귀는 있다고 하며
戊土가 있어 壬水를 제어하면
지방에서 학생들을 가르치는 학자로서 향현鄕賢일 뿐이라고 합니다.

己土가 투출하여 혼잡하여지면
壬水가 탁하여지므로 반드시 평범하고 속된 사람이라고 합니다.

或壬水淺 己土出干 其人貧困 無壬下格 賤而且頑 男女一理 或天干
혹임수천 기토출간 기인빈곤 무임하격 천이차완 남녀일리 혹천간

一派丙火 陽極生陰 干支兩見庚壬 登科及第 總之 六月丙火用壬 不同
일파병화 양극생음 간지양견경임 등과급제 총지 유월병화용임 부동

餘月用壬 喜運行西北 六月用壬 喜運行東南
여월용임 희운행서북 유월용임 희운행동남

壬水가 쇠약한데 己土가 투출하면 그 사람은 빈곤하고 壬이 없으면 하격으로서
천하고 완고하니 남녀 모두 하나의 이치이다. 천간에 한 무리의 丙火가 있으면
양이 극에 이르러 음을 생하는 것으로서 庚壬이 간지에 모두 있으면 과거에 급
제한다. 총론적으로 유월 丙火가 壬을 쓰는데 나머지 월이 壬을 쓰면서 서북 운
을 반기는 것과 유월에 壬을 쓰면서 동남 운을 반기는 것은 같지 않다.

壬水가 쇠약한데 己土가 투출하면 탁하여지므로
그 사람은 빈곤하다고 하며
壬水가 없으면 음양의 조화를 이루지 못하므로 하격으로서
천하고 완고한 사람이니 남녀 모두 같은 이치로 간명한다고 합니다.

천간에 한 무리의 丙火가 있으면
양기가 극에 이르러 음기를 생산하는 양극생음陽極生陰이라고 하며
庚金과 壬水가 모두 천간과 지지에 있으면 음양의 조화를 이루어
국가고시인 과거에 급제한다고 합니다.

총론적으로
未월 丙火가 壬水를 쓰는데
巳午월이 壬水를 쓰면서 서북방 金水운을 반기는 것은
왕성한 양기를 제어하며 음양의 조화를 이루기 위한 것이지만

未월에 壬水를 쓰면서
동남 木火운을 반기는 것과 같지 않다고 하는데
이는 未월에는 양기가 쇠퇴하므로
양기를 보완하기 위하여 동남 木火운을 반기는 것이라고 합니다.

조화원약에서 발췌한 명조입니다.

시	일	월	년	구분
壬	丙	丁	壬	천간
辰	寅	未	寅	지지

丁火와 壬水가 화합하여 치열한 열기를 도우나
시간에 壬水가 투출하여 음양의 조화를 이루므로
중앙관서의 재상인 관로閣老에 오른 명조입니다.

시	일	월	년	구분
己	丙	己	戊	천간
亥	午	未	午	지지

戊己土가 투출하여 火土의 기세가 매우 조열하므로
어릴 때 가난으로 고생하였으나
壬水와 甲木이 암장되어 암암리에 재능을 발휘하므로
천금의 부자가 된 명조입니다.

시	일	월	년	구분
丁	丙	丁	壬	천간
酉	申	未	寅	지지

丁火와 壬水가 화합하여 열기가 더욱 치열한데
시간에 丁火로 인하여 열기를 제어하지 못하고 걸인이 된 명조입니다.

시	일	월	년	구분
癸	丙	辛	己	천간
巳	午	未	巳	지지

己土가 투출하여 조열한데
癸水와 辛金의 기세가 미약하여 열기를 해소하기 어려우므로
힘들게 노력하여도 어렵게 사는 노비에 불과한 명조입니다.

3. 가을의 丙火

1) 申월의 丙火

七月丙火 太陽轉西 陽氣衰矣 日近西山 見土皆晦 惟日照湖海 暮夜光
칠 월 병 화 태 양 전 서 양 기 쇠 의 일 근 서 산 견 토 개 회 유 일 조 호 해 모 야 광
天 故仍用壬水 輔映光輝 如壬多 取戊制方妙 有壬透干 又見戊土出干
천 고 잉 용 임 수 보 영 광 휘 여 임 다 취 무 제 방 묘 유 임 투 간 우 견 무 토 출 간
可云科甲 如戊藏支內 不過生員
가 운 과 갑 여 무 장 지 내 불 과 생 원

칠월의 丙火는 태양이 서쪽으로 돌아가 양기가 쇠약하다. 태양이 서산에 가까워 土가 있으면 전부 어두워져 오직 태양으로 호수와 바다를 비추어 밤하늘을 밝혀야 하므로 壬水로써 빛나게 한다. 壬이 많으면 戊를 취하여 제어하면 비로소 좋다. 壬이 투출하고 戊土도 투출하면 과갑을 할 수 있고 戊가 암장되면 생원에 불과하다.

입춘으로부터 일곱 번째의 달인 申월은
태양이 서쪽으로 기울며 양기가 쇠약하여지는 때로서
태양이 서산에 가까워 土가 있으면 온 세상이 어두워진다고 합니다.

그러므로 오직 丙火의 태양빛을 壬水의 호수와 바다에 반사시켜
밤하늘을 밝게 밝히는데 쓴다고 합니다.

壬水가 많으면 기세가 왕성한 것으로서
丙火의 퇴기하는 기세가 감당하기 어려우므로
戊土로써 壬水를 제어하면 비로소 좋다고 합니다.

壬水가 투출하고 戊土도 투출하면
戊土로써 壬水를 제어하여 음양의 조화를 이루므로
최고의 국가고시인 과갑에 급제한다고 합니다.

戊土가 암장되면 암암리에 재능을 발휘하는 것으로서
지방고시에 급제한 학자로서 생원生員에 불과하다고 합니다.

多壬無戊 平常人也 或戊多壬少 亦屬常人 或多壬 一戊出制 所謂衆煞
다임무무 평상인야 혹무다임소 역속상인 혹다임 일무출제 소위중살

猖狂 一仁可化 必主顯達 有權職 一派辛金 又為棄命從財 奇特之造
창광 일인가화 필주현달 유권직 일파신금 우위기명종재 기특지조

雖不科甲 亦得恩榮 但多依親戚而為 進身之階 從財者以水妻木子
수불과갑 역득은영 단다의친척이위 진신지계 종재자이수처목자

壬이 많고 戊가 없으면 보통사람이다. 戊가 많은데 壬이 적어도 보통사람이다.
壬이 많은데 하나의 戊가 투출하여 제어하면 소위 칠살의 무리가 미쳐 날뛰는
것으로서 하나의 木으로 인화할 수 있으면 반드시 현달하여 권세 있는 직책에
있다. 한 무리의 辛金이 있고 또한 기명종재하면 기묘하고 특이한 명조로서 비
록 과갑이 아니어도 은총을 받아 영화롭다. 단지 친척에 많이 의지하여야 고위
직에 오른다. 종재격이면 水가 처이고 木이 자식이다.

壬水가 많으면 기세가 왕성한 것으로서
戊土가 없어 이를 제어하지 못하면 보통사람에 불과하다고 합니다.

戊土가 많으면 두텁고 왕성한 기세로서
壬水가 적어도 쓰임이 없으므로 보통사람이라고 합니다.

壬水가 많은데 하나의 戊土가 투출하여 제어하면
壬水의 왕성한 기세를 하나의 戊土가 감당하기 어려운 것으로서
격국론의 용어로서 중살창광衆煞猖狂이라고 하여
壬水칠살의 무리가 미쳐 날뛴다고 하는 것으로서
戊土제방을 무너뜨리고 넘치므로 모든 것을 휩쓸어버린다고 합니다.

이때는 어질 인仁의 성정인 하나의 木으로써 戊土를 제어하고
미쳐 날뛰는 壬水를 달래며 인화하고 다스려 쓸 수 있으면
반드시 현달하여 권세가 있는 직책을 수행한다고 합니다.

한 무리의 辛金이 있다면 가을에 기세가 왕성한 것으로서
격국론의 용어로서 기명종재棄命從財라고 하며
丙火일간은 자신을 포기하고 왕성한 辛金의 기세에
복종하고 따르므로 기묘하고 특이한 명조가 된다고 합니다.

종재격이 되면 비록 최고의 국가고시인 과갑에 급제하지 못하여도
황제의 은총을 받아 고위직에 임명되어 영화를 누릴 수 있지만
단지 친척의 도움을 많이 받아야 고위직에 오를 수 있다고 합니다.

종재격이면 水가 처이고 木이 자식으로서 희신의 역할을 합니다.

일반적으로 격국론의 관점으로 보면
종재격에서는 재성이 용신이 되는 것이 당연합니다.

그러나 기세론의 관점으로 보면 음양의 조화를 중시하므로
金의 왕성한 기세를 水木으로 설기하여 양기를 보완하는 것으로서
木이 자식으로서 용신으로 채용하는 것입니다.

조화원약에서 발췌한 명조입니다.

시	일	월	년	구분
庚	丙	甲	乙	천간
寅	申	申	未	지지

甲乙木이 투출하여 丙火의 기세를 도와주고 있으며
庚金이 투출하고 壬水가 암장되어 암암리에 재능을 발휘하므로
중앙관서의 차관급인 참정參政에 오른 명조라고 합니다.

2) 酉월의 丙火

八月丙火 日近黃昏 丙火之餘光 存於湖海 仍用壬水輔映 四柱多丙
팔 월 병 화 일 근 황 혼 병 화 지 여 광 존 어 호 해 잉 용 임 수 보 영 사 주 다 병

一壬高透爲奇 定主登科及第 富貴雙全 一壬藏支 亦主秀才 或戊多困水
일 임 고 투 위 기 정 주 등 과 급 제 부 귀 쌍 전 일 임 장 지 역 주 수 재 혹 무 다 곤 수

則假作斯文 若無壬水 癸亦可用 但功名不久
즉 가 작 사 문 약 무 임 수 계 역 가 용 단 공 명 불 구

팔월 丙火는 태양이 황혼에 가까운 것으로서 丙火의 남은 빛이 호수와 바다에
존재하므로 거듭하여 壬水로써 비추도록 돕는다. 사주에 丙이 많고 하나의 壬
이 높이 투출하면 좋은 것으로서 반드시 과거에 급제하고 부귀가 모두 완전하
다. 하나의 壬이 암장되어도 수재이다. 戊가 많아 水가 곤란하면 가짜 선비행세
를 한다. 壬水가 없으면 癸를 쓸 수 있으나 단지 공명은 오래가지 않는다.

입춘으로부터 여덟 번째의 달인 酉월은 가을이 깊어가는 시기이므로
마치 저녁에 태양이 지는 황혼에 가깝다고 하는 것으로서
丙火의 태양의 남은 빛을 壬水의 바다와 호수 물에 비추어
세상을 환하게 밝힐 수 있도록 돕는다고 합니다.

사주에 丙火가 많은데 하나의 壬水가 높이 투출하면
음양의 조화를 이룰 수 있으므로 좋다고 하는 것으로서
반드시 국가고시인 과거에 급제하고 부귀가 모두 완전하다고 합니다.

하나의 壬水가 암장되어도 암암리에 재능을 발휘하여
지방고시에 급제한 학자로서 수재秀才는 한다고 합니다.

戊土가 많으면 무겁고 두터운 것으로서 壬水의 제어가 태과하여
곤란하여지므로 가짜 선비행세를 한다고 합니다.

壬水가 없으면 癸水를 대신 쓸 수 있으나
단지 공명이 오래가지는 않는다고 합니다.

或見辛透 不能從化 貧苦到老 或見一丁制辛 為人奸詐 不識高低 女命
혹 견 신 투　불 능 종 화　빈 고 도 로　혹 견 일 정 제 신　위 인 간 사　불 식 고 저　여 명

合此 長舌淫賤 或成金局 無辛出干 此非從財 乃朱門餓莩 如辛出干 不
합 차　장 설 음 천　혹 성 금 국　무 신 출 간　차 비 종 재　내 주 문 아 표　여 신 출 간　불

見比劫 此從財格 反主富貴 親戚提拔 妻賢內助 用水者金妻水子 從財
견 비 겁　차 종 재 격　반 주 부 귀　친 척 제 발　처 현 내 조　용 수 자 금 처 수 자　종 재

者水妻木子
자 수 처 목 자

辛이 투출하여 종화할 수 없다면 노년에도 가난으로 고생한다. 하나의 丁이 辛
을 제어하면 간사한 인물이며 위아래를 알지 못한다. 여명도 이와 같이 부합하
면 말이 길고 음란하며 천하다. 金국을 이루고 辛이 투출하지 않으면 종재가 아
닌 것으로서 부귀한 집에서 굶주린다. 辛이 투출하고 비겁이 없으면 종재격인
데 오히려 부귀하고 친척들이 이끌어주며 현명한 처의 내조를 받는다. 용신이
水이면 金水가 처자이며 종재격은 水木이 처자이다.

辛金이 투출하면 가을에 기세가 왕성한 것으로서
丙火와 화합하여 종화從化할 수 없으면
金의 기세를 감당하기 어려워 노년에도 가난으로 고생한다고 합니다.

이때 하나의 丁火가 투출하여 辛金을 제어하면
丙火는 丁火의 도움으로 왕성한 기세의 辛金을 제어하는 것으로서
간사한 인물이 되고 위아래를 구분하지 못하는 사람이라고 하며
여성이 이와 같다면 말이 길고 음란하며 천하다고 합니다.

지지에 金국을 이루고 辛金이 투출하지 않으면
격국론의 용어로서 종재격이 아닌 것으로서 부귀한 집에서 굶주리지만
辛金이 투출하고 비겁이 없으면 종재격으로서 오히려 부귀하고
친척들이 이끌어주며 현명한 처의 내조를 받는다고 합니다.

水가 용신이면 金이 처이고 水가 자식으로서 희신의 역할을 하고
종재격이면 水가 처이고 木이 자식으로서 희신을 역할을 합니다.

조화원약에서 발췌한 명조입니다.

시	일	월	년	구분
甲	丙	丁	丙	천간
午	午	酉	子	지지

木火의 기세가 왕성하지만
가을에 癸水가 암장되어 암암리에 재능을 발휘하며 도우므로
장군과 재상을 겸한 명조입니다.

시	일	월	년	구분
丁	丙	丁	丙	천간
酉	辰	酉	寅	지지

丙丁火의 양기가 순수하여 세상을 밝게 비추므로
중앙관서의 장관급인 상서尚書의 지위에 오른 명조입니다.

시	일	월	년	구분
戊	丙	癸	己	천간
子	子	酉	卯	지지

壬水가 없으나 뿌리 깊은 癸水를 쓰고 있어
일시적으로 공을 세운 무관으로서 참융參戎의 명조입니다.

시	일	월	년	구분
乙	丙	丁	丙	천간
未	戌	酉	申	지지

천간에 乙木이 있고 丙丁火의 기세가 순수하며
지지에 申酉戌 방국을 이루어 음양의 조화를 이루므로
큰 부자로서 지방고시에 급제한 학자인 수재秀才의 명조입니다.

3) 戌月의 丙火

九月丙火 火氣愈退 所忌土晦光火 必須先用甲木 次取壬水 甲壬兩透
구월병화 화기유퇴 소기토회광화 필수선용갑목 차취임수 갑임양투
富貴非凡 若無壬水 得癸透干 亦可 雖不科甲 異路功名 壬癸藏支 貢監
부귀비범 약무임수 득계투간 역가 수불과갑 이로공명 임계장지 공감
而已 甲藏壬透 無庚破甲 可許秀才
이이 갑장임투 무경파갑 가허수재

구월 丙火는 火기가 더욱 물러가므로 土가 火를 어둡게 하는 것을 꺼리니 반드
시 甲木을 우선 쓰고 다음으로 壬水를 취한다. 甲壬이 모두 투출하면 부귀하고
비범하다. 壬水가 없으면 癸가 투출하여도 가능하고 비록 과갑은 아니어도 다
른 길로 공명이 있다. 壬癸가 암장하면 공감일 뿐이다. 甲이 암장되고 壬이 투
출하고 庚이 없어 甲을 파괴하지 않으면 수재는 가능하다.

입춘으로부터 아홉 번째의 달인 戌월은
火의 기세가 더욱 물러가므로 土가 火를 어둡게 하는 것을 꺼리니
반드시 甲木으로써 우선 두터운 土를 소토하여 丙火의 빛을 보호하고
다음으로 壬水를 쓴다고 합니다.

甲木과 壬水가 모두 투출하면
음양의 조화를 이룰 수 있으므로 부귀하고 비범하다고 합니다.

壬水가 없으면 癸水가 투출하여도 가능한데
단지 최고의 국가고시인 과갑에 급제하지 못하여도
다른 방법으로 고위직에 임명되고 공을 세워 이름을 떨친다고 합니다.

壬水와 癸水가 암장되면 암암리에 재능을 발휘하는 것으로서
국가고시에 급제한 학자로서 공감貢監일 뿐이라고 합니다.

甲木이 암장되고 壬水가 투출하고
庚金이 없어 甲木을 파괴하지 않으면
지방고시에 급제한 학자로서 수재秀才는 가능하다고 합니다.

或庚戌困了水木 定是庸才 無甲壬癸者 下格 或一派火土 雖不太旺
혹경무곤료수목 정시용재 무갑임계자 하격 혹일파화토 수불태왕

亦自燥矣 如不離鄉過繼 亦主奔流 加以無庚辛壬癸出干 必為夭命
역자조의 여불리향과계 역주분류 가이무경신임계출간 필위요명

或支成火局 炎上失時 若運入南方 一貧徹骨 用甲者水妻木子 用壬
혹지성화국 염상실시 약운입남방 일빈철골 용갑자수처목자 용임

者金妻水子
자금처수자

庚戌가 水木을 곤란하게 하면 반드시 평범한 인재이다. 甲壬癸가 없으면 하격
이다. 한 무리의 火土가 있으면 비록 태왕하지 않아도 스스로 메마르니 고향을
떠나 양자로 가지 않으면 분주하게 떠돌고 庚辛壬癸도 투출하지 않으면 반드시
요절하는 명이다. 지지에 火국을 이루어도 염상이 때를 잃는 것으로서 남방운
으로 들어가면 가난하여 뼈만 앙상하다. 용신이 甲이면 水가 처이고 木이 자식
이며 용신이 壬이면 金이 처이고 水가 자식이다.

庚金과 戊土가 木과 水를 제어하여 곤란하게 하면
음양의 조화를 이루지 못하므로 평범한 인재에 불과하다고 하며
甲木과 壬癸水가 모두 없으면 역시 쓸모가 없어 하격이라고 합니다.

한 무리의 火土가 있으면 비록 열기가 치열하지 않다고 하여도
스스로 메마르는 것으로서 쓰임이 없는 것이므로
고향을 떠나 양자로 가거나 분주하게 떠돌아다닌다고 합니다.
더구나 庚辛金과 壬癸水도 투출하지 않으면
메마르고 조열한 火土로 인하여 반드시 요절하는 명조라고 합니다.

지지에 火국을 이루어도 염상격炎上格이 때를 잃은 것으로서
남방 火운으로 간다면 오히려 더욱 조열하게 되어 쓰임이 없으므로
가난하고 뼈만 앙상하게 남는다고 합니다.

甲木이 용신이면 水가 처이고 木이 자식으로서 희신의 역할을 하고
壬水가 용신이면 金이 처이고 水가 자식으로서 희신의 역할을 합니다.

조화원약에서 발췌한 명조입니다.

시	일	월	년	구분
戊	丙	甲	己	천간
子	子	戌	亥	지지

甲木과 己土가 화합하고 戊土가 투출하였지만
甲木과 壬癸水가 암장되어 암암리에 재능을 발휘하므로
국가고시에 급제한 학자로서 효렴孝廉의 명조입니다.

시	일	월	년	구분
庚	丙	甲	己	천간
寅	寅	戌	酉	지지

甲木과 己土가 화합하고 庚金이 투출하였으나
水가 전혀 없어 쓸모가 없으므로 고독하고 가난한 명조입니다.

시	일	월	년	구분
戊	丙	戊	丙	천간
戌	午	戌	申	지지

丙火와 戊土의 기세가 왕성하여 처음에는 가난하였지만
壬水와 庚金이 암장되어 암암리에 재능을 발휘하므로
나중에는 부자가 된 명조입니다.

시	일	월	년	구분
壬	丙	丙	庚	천간
辰	寅	戌	戌	지지

庚金이 丙火의 기세를 설기하고
壬水가 투출하여 음양의 조화를 이루어주며
戊土와 甲木이 암장되어 암암리에 재능을 발휘하므로
국가고시에 급제한 학자로서 공사貢士의 명조입니다.

4. 겨울의 丙火

1) 亥월의 丙火

十月丙火 太陽失令 得見甲戊庚出干 可云科甲 主為人性好淸高 斯文
시 월 병 화 태 양 실 령 득 견 갑 무 경 출 간 가 운 과 갑 주 위 인 성 호 청 고 사 문

領袖 如辛透見辰 名化合逢時 主大貴 或壬多無甲 乃作棄命從煞 即不
령 수 여 신 투 견 진 명 화 합 봉 시 주 대 귀 혹 임 다 무 갑 내 작 기 명 종 살 즉 불

科甲 亦是宦僚 或壬多有甲無戊 却非從煞 宜用己土混壬 總之 十月丙
과 갑 역 시 환 료 혹 임 다 유 갑 무 무 각 비 종 살 의 용 기 토 혼 임 총 지 시 월 병

火 木旺宜庚 水旺宜戊 火旺用壬 隨宜酌用可也
화 목 왕 의 경 수 왕 의 무 화 왕 용 임 수 의 작 용 가 야

시월 丙火는 태양이 실령하여 甲戊庚이 투출하여야 과갑이 가능하며 위인의 성
정이 고결함을 좋아하는 학자로서 지도자이다. 辛이 투출하고 辰이 있으면 이
른바 화합격이 때를 만난 것으로서 크게 귀하다. 壬이 많고 甲이 없으면 기명종
살로서 과갑이 아니어도 벼슬은 한다. 壬이 많고 甲이 있는데 戊가 없다면 오히
려 종살이 아니므로 마땅히 己土를 써서 壬을 혼탁하게 한다. 총론하면 시월 丙
火는 木이 왕성하면 庚을 쓰고 水가 왕성하면 戊를 쓰고 火가 왕성하면 壬을 쓰
니 마땅히 참작하여 쓸 수 있다.

입춘으로부터 열 번째의 달인 亥월은
태양이 수평선 아래로 가라앉은 것으로서 온기가 쇠약하여
권한을 행사할 수 없으므로 월령을 잃어 실령失令하였다고 합니다.

甲木과 戊土와 庚金이 모두 투출하면
음양의 조화를 이룰 수 있으므로
최고의 국가고시인 과갑에 급제하는 것이 가능하고
위인의 성정이 고결하여 학자로서 지도자라고 합니다.

辛金이 투출하고 辰土가 있으면 丙辛이 화합하여 화합격을 이루고
亥월의 때를 만난 것으로서 크게 귀하다고 합니다.

壬水가 많고 甲木이 없으면
격국론의 용어로서 기명종살棄命從煞이라고 하며
丙火는 자신을 포기하고 壬水칠살의 왕성한 기세에 복종하며 따르므로
종살한다고 하는 것으로서
최고의 국가고시인 과갑에 급제하지 못하여도
고위직의 벼슬은 할 수 있다고 합니다.

壬水가 많고 甲木이 있는데 戊土가 없으면
甲木이 丙火를 도와주므로
오히려 壬水를 따르며 종살하지 않는다고 합니다.
이때는 己土를 써서 壬水를 혼탁하게 만들어
甲木의 설기를 도와주는 것이 마땅하다고 합니다.

총론하면 亥월 丙火는
木의 기세가 왕성하면 庚金으로써 제어하고
水의 음기가 왕성하면 戊土를 써서 제어하고
火의 양기가 왕성하면 壬水를 써서 제어하는 것이니
상황에 따라 마땅히 참작하여 쓸 수 있다고 합니다.

조화원약에서 발췌한 명조입니다.

시	일	월	년	구분
壬	丙	己	辛	천간
辰	子	亥	巳	지지

己土가 辛金을 돕고 壬水의 기세가 왕성한데
戊土가 암장되어 암암리에 재능을 발휘하므로
큰 부귀와 수명을 누리고 자식도 귀하게 된 명조입니다.

시	일	월	년	구분
庚	丙	乙	甲	천간
寅	戌	亥	申	지지

甲乙木의 기세를 庚金이 제어하고
戊土가 암장되어 암암리에 재능을 발휘하므로
국가고시에 급제한 학자로서 름사廩使의 명조입니다.

시	일	월	년	구분
戊	丙	辛	壬	천간
子	戌	亥	辰	지지

壬水가 투출하고 辛金이 도와 기세가 왕성한데
戊土가 투출하여 제어하므로
국가고시에 급제한 학자로서 효렴孝廉의 명조입니다.

시	일	월	년	구분
壬	丙	辛	壬	천간
辰	午	亥	辰	지지

壬水가 년시에 투출하고 辛金이 도와 기세가 매우 왕성한데
암장된 戊土가 암암리에 재능을 발휘하므로
황제의 자문기구로서 한림翰林의 대학자 명조입니다.

2) 子月의 丙火

十一月丙火 冬至一陽生 弱中復強 壬水為最 戊土佐之 壬戊兩透 科甲
십일월병화 동지일양생 약중복강 임수위최 무토좌지 임무양투 과갑

可許 無戊見己 異路功名 或無壬水 有癸出干 得金滋無傷 又有丙透以
가 허 무무견기 이로공명 혹무임수 유계출간 득금자무상 우유병투이

解凍 可許衣衿
해동 가허의금

십일월의 丙火는 동지에서 일양이 나오는 시기로서 약한 중에 강함이 회복되므로 壬水가 최선이고 戊土로 보좌한다. 壬戊가 모두 투출하면 과갑을 할 수 있고 戊가 없고 己가 있으면 다른 길로 공명을 이룬다. 壬水가 없고 癸가 투출하면 金이 도와야 상함이 없고 丙도 투출하여 해동하면 벼슬은 할 수 있다.

입춘으로부터 열한 번째의 달인 子월은
동지에서 하나의 양기가 새로 태동하며 나오는 시기로서
쇠약하여진 양기가 회복되며 강하여진다고 합니다.

그러므로 壬水를 쓰는 것이 최선이라고 하며
戊土로써 보좌하여야
丙火와 壬水를 적절하게 조절하면서
음양의 조화를 이룰 수 있다고 합니다.

壬水와 戊土가 모두 투출하면 음양의 조화를 이룰 수 있으므로
최고의 국가고시인 과갑에 급제할 수 있다고 하며
戊土가 없어 己土를 대신 쓴다면 壬水를 탁하게 하므로
과거가 아닌 다른 방법으로 벼슬을 하며 공명을 이룬다고 합니다.

壬水가 없고 癸水가 투출하면
金이 생하며 도와야 癸水의 기세가 상하지 않는다고 하며
丙火도 투출하여 해동하면 벼슬은 할 수 있다고 합니다.

或一派壬 則專用戊土 此人雖不成名 文章邁衆 但名利虛浮 何也 因
혹일파임 즉전용무토 차인수불성명 문장매중 단명리허부 하야 인

戊晦光 又須甲木為藥也 或無壬水 癸亦可用 但不甚顯 或四柱多壬無
무 회 광 우 수 갑 목 위 약 야 혹 무 임 수 계 역 가 용 단 불 심 현 혹 사 주 다 임 무

甲 乃作棄命從煞 亦有雲路 或水多 有甲無戊 却非從煞 宜用己土濁壬
갑 내 작 기 명 종 살 역 유 운 로 혹 수 다 유 갑 무 무 각 비 종 살 의 용 기 토 탁 임

十一月丙火 與十月頗同
십 일 월 병 화 여 시 월 파 동

한 무리의 壬이 있어 戊土를 전용하면 이 사람은 비록 공명을 이루지 못하여도
무리에서 문장이 뛰어나고 단지 부귀는 허공에 뜬 것과 같으니 이는 戊가 빛을
어둡게 한 것으로서 甲이 약이다. 壬水가 없으면 癸를 쓸 수 있으나 단지 뛰어
나게 현달하지 못한다. 사주에 壬이 많고 甲이 없으면 기명종살로서 벼슬길이
순조롭다. 水가 많고 甲이 있고 戊가 없다면 오히려 종살이 아니므로 마땅히 己
土로써 壬을 탁하게 한다. 십일월 丙火는 시월과 비슷하다.

한 무리의 壬水가 있다면 기세가 왕성한 것으로서
戊土를 전용하여 壬水를 제어하면
이 사람은 비록 공명을 이루지 못하여도
무리에서 문장이 뛰어난 사람이라고 합니다.

단지 부귀는 허공에 뜬 것과 같이 허망한 것으로서
이는 戊土가 丙火의 빛을 어둡게 하여 병으로 작용한 것이니
마땅히 甲木을 약으로 써서 제어한다고 합니다.

壬水가 없으면 癸水를 쓸 수도 있으나
단지 壬水보다는 미약하므로 뛰어나게 현달하지 못한다고 합니다.

사주에 壬水가 많은데 甲木이 없으면
격국론의 용어로서 기명종살棄命從煞이라고 하며
丙火는 자신을 포기하고 壬水칠살을 복종하며 따르는 것으로서
오히려 벼슬길이 순조롭다고 합니다.

水가 많은데 甲木이 있고 戊土가 없다면
丙火는 甲木의 도움을 받으므로 오히려 종살을 하지 않으려고 하므로
이때는 마땅히 己土로써 壬水를 탁하게 하여
甲木을 돕는다고 합니다.

子월의 丙火의 용신은 亥월의 용신과 비슷하다고 합니다.

조화원약에서 발췌한 명조입니다.

시	일	월	년	구분
庚	丙	庚	辛	천간
寅	寅	子	亥	지지

庚辛金이 투출하여 음기를 돕고 있으며
甲木과 丙火가 암장되어 암암리에 재능을 발휘하므로
감찰업무를 수행하는 포정布政의 명조입니다.

시	일	월	년	구분
癸	丙	庚	辛	천간
巳	子	子	酉	지지

庚辛金과 癸水가 투출하여 기세가 왕성하며
丙火와 戊土가 암장되어 암암리에 재능을 발휘하므로
작은 부자의 명조입니다.

시	일	월	년	구분
戊	丙	壬	丁	천간
子	戊	子	巳	지지

壬水와 丁火가 화합하고
戊土가 투출하여 丙火의 빛을 어둡게 하므로
가난과 질병으로 고생하는 명조입니다.

3) 丑월의 丙火

十二月丙火 氣進二陽 侮雪欺霜 喜壬為用 己土司令 土多又不可少甲
십이월병화 기진이양 모설기상 희임위용 기토사령 토다우불가소갑

壬甲兩透 科甲堪宜 甲藏則秀才而已 或無甲得一壬透 富中取貴
임갑양투 과갑감의 갑장즉수재이이 혹무갑득일임투 부중취귀

십이월 丙火는 두 개의 양기가 나오는 시기로서 눈과 서리를 업신여기므로 壬을 쓰는 것을 반긴다. 己土가 사령하고 土가 많으면 甲도 적어서는 안 된다. 壬甲이 모두 투출하면 과갑은 당연하고 甲이 암장되면 수재에 그친다. 甲이 없고 하나의 壬이 투출하면 부자로서 귀함를 취한다.

입춘으로부터 열두 번째의 달인 丑월은
두 개의 양기가 나오는 시기로서
양기가 왕성하여지면서 눈과 서리를 업신여기며 녹인다고 하므로
壬水를 쓰는 것을 반긴다고 합니다.

子월에는 일양오음一陽五陰으로서 양기가 한 개 나오고
丑월에는 이양사음二陽四陰으로서 양기가 두 개 나온다고 합니다.

丑월은 己土가 사령하여 권력을 잡고 있어 土의 기세가 왕성하므로
이를 제어하는 甲木도 적어서는 안 된다고 합니다.

壬水와 甲木이 모두 투출하면
壬水로써 기세를 보충하고 甲木으로써 왕성한 土를 제어하므로
최고의 국가고시인 과갑은 당연히 급제한다고 하며

甲木이 암장되면 암암리에 재능을 발휘하므로
지방고시에 급제한 학자로서 수재秀才에 그친다고 합니다.

甲木이 없고 하나의 壬水가 투출하면
음양의 조화를 이루어 부자가 되고 귀하게 된다고 합니다.

如見一派己土 不見甲乙 名為假傷官 聰明性傲 名利虛浮 或一派癸水
여 견 일 파 기 토 불 견 갑 을 명 위 가 상 관 총 명 성 오 명 리 허 부 혹 일 파 계 수

得己出干 必自主創基業 若制伏太過 又取辛金作用 得見癸透 此人即
득 기 출 간 필 자 주 창 기 업 약 제 복 태 과 우 취 신 금 작 용 득 견 계 투 차 인 즉

不成名 必淸雅文墨士
불 성 명 필 청 아 문 묵 사

한 무리의 己土가 있고 甲乙이 없으면 이른바 가상관으로서 총명하나 거만하고
부귀는 허망하다. 한 무리의 癸水가 있고 己가 투출하면 반드시 스스로 가업의
기틀을 만든다. 제복이 태과하면 辛金을 써야 한다. 癸가 투출하면 이 사람은
공명을 이루지 못하여도 반드시 맑고 우아한 글을 쓰는 선비이다.

한 무리의 己土가 있고 甲乙木이 없으면
격국론의 용어로서 가상관假傷官이라고 하며
차가운 겨울에 휴수된 土이므로 상관격의 흉내만 내는 것으로서
이 사람은 위인이 총명하지만 甲乙木의 제어가 없어 거만하다고 하며
부귀는 허공에 떠있는 구름과 같이 허망하다고 합니다.

한 무리의 癸水가 있고 己土가 투출하면
己土로써 옥토를 만들 수 있으므로 반드시 자수성가하여
스스로 가업의 기틀을 다지며 창업한다고 합니다.

癸水가 己土의 왕성한 기세에 의하여 제복이 태과하면
辛金으로써 癸水를 생하며 돕는다고 합니다.

癸水가 투출하면 壬水처럼 쓰이지 못하므로
공명을 이루지 못한다고 하여도
반드시 맑고 우아한 글을 쓰는 선비라고 합니다.

조화원약에서 발췌한 명조입니다.

시	일	월	년	구분
壬	丙	乙	癸	천간
辰	午	丑	卯	지지

癸水로써 乙木을 적시고 壬水로써 음양의 조화를 이루므로
장군의 지위인 통령統領에 오른 명조입니다.

시	일	월	년	구분
庚	丙	己	乙	천간
寅	寅	丑	丑	지지

己土가 투출하여 왕성한데 乙木이 투출하여 제어하며
庚金이 투출하여 木의 기세를 제어하므로
감찰업무를 수행하는 안찰按察의 명조입니다.

시	일	월	년	구분
己	丙	己	乙	천간
丑	寅	丑	酉	지지

己土가 두 개나 투출하여 기세가 왕성한 것으로서
乙木이 투출하고 甲木이 암장되어 암암리에 재능을 발휘하므로
국가고시인 과거에 장원급제한 인재의 명조입니다.

시	일	월	년	구분
庚	丙	丁	己	천간
寅	午	丑	丑	지지

丁火가 투출하였으나 己土가 설기하고
庚金이 투출하고 甲木이 암장되어 암암리에 재능을 발휘하므로
한 번의 과거에 급제한 명조입니다.

시	일	월	년	구분
庚	丙	丁	己	천간
寅	戌	丑	巳	지지

丁火가 투출하였으나 己土가 설기하고
庚金이 투출하고 甲木이 암장되어 암암리에 재능을 발휘하므로
한 번의 과거에 급제한 명조입니다.

시	일	월	년	구분
癸	丙	己	乙	천간
巳	申	丑	巳	지지

癸水가 투출하여 己土를 옥토로 만들어주고
戊土와 丙火가 암장되어 암암리에 재능을 발휘하므로
자수성가하여 부자가 된 명조입니다.

窮通寶鑑

제 5 장
정화
丁火

1. 봄의 丁火

1) 寅월의 丁火

正月丁火 甲木當權 乃爲母旺 非庚不能劈甲 何以引丁 姑用庚金 或一
정 월 정 화　갑 목 당 권　내 위 모 왕　비 경 불 능 벽 갑　하 이 인 정　고 용 경 금　혹 일
派甲木 無庚制之 非貧卽夭 或只一甲木 多見乙木者 必離鄕之客
파 갑 목　무 경 제 지　비 빈 즉 요　혹 지 일 갑 목　다 견 을 목 자　필 리 향 지 객
焉問妻兒
언 문 처 아
정월의 丁火는 甲木이 권력을 담당하여 모친이 왕성하므로 庚이 아니면 벽갑
이 불능하니 어찌 丁을 인화하겠는가. 부득이 庚金을 쓰는 것이다. 한 무리의
甲木이 있는데 庚이 없어 제어하지 못하면 가난하거나 요절한다. 하나의 甲木
이 있고 乙木이 많이 있다면 반드시 고향을 떠난 객이므로 처자식을 어찌 물
을 것인가.

정월은 입춘이 시작되는 달로서 寅월이며 甲木이 사령하여
권력을 담당하므로 丁火의 모친인 甲木의 기세가 왕성한 것으로서
庚金이 아니면 甲木을 쪼개는 것이 불가능하니
어찌 丁火의 불꽃을 생하여 인화할 수 있겠느냐고 합니다.

그러므로 부득이 庚金을 쓰는 것이라고 합니다.

한 무리의 甲木이 있다면 寅월에 기세가 매우 왕성한 것으로서
庚金이 없어 왕성한 기세의 甲木을 제어하지 못하면
오히려 丁火의 불꽃이 꺼지므로 가난하거나 요절한다고 합니다.

하나의 甲木이 있는데 乙木이 많이 있다면
乙木으로 인하여 기세가 혼잡하고 탁하여 쓰임이 없어지므로
반드시 고향을 떠나서 객지로 떠돌아다닌다고 하며
처자식의 안부조차 묻기 어렵다고 합니다.

或見甲乙 生庚子時 又主妻早子早 且可採芹 得壬化木 弱極復生 合此
혹견갑을 생경자시 우주처조자조 차가채근 득임화목 약극복생 합차

必主大貴 但此化合 反以不見庚破格為妙 或有庚金壬癸 得己土出干制
필주대귀 단차화합 반이불견경파격위묘 혹유경금임계 득기토출간제

之 此命不由科甲 亦有異途
지 차명불유과갑 역유이도

甲乙이 있는데 庚子시에 태어나면 처자식을 일찍 보며 채근은 할 수 있다. 壬을
얻어 木으로 화하면 약함이 극에 이르러 다시 태어나는 것이니 여기에 부합하
면 반드시 크게 귀하게 되는데 단지 이러한 화합격은 오히려 庚이 없어 파격이
되지 않아야 좋다. 庚金과 壬癸가 있으며 己土가 투출하여 제어하면 이 명은 과
갑은 할 수 없고 다른 방면으로 나아간다.

甲乙木이 있는데 庚子시에 태어나면
庚金으로써 甲乙木의 왕성한 기세를 제어할 수 있으므로
자식궁에 있는 庚金의 덕으로써 처자식을 일찍 본다고 하며
지방고시에 급제한 학자로서 채근採芹은 할 수 있다고 합니다.

壬水를 얻어 丁壬으로 화합하면
寅월에 화합격이 때를 만나 木으로 화합한 것으로서
丁火의 약한 기세가 극에 이르러 木으로 다시 태어나는 것이니
여기에 부합되면 반드시 크게 귀하다고 합니다.

단지 木으로 화합격이 되면
오히려 庚金으로 인하여 파격이 되지 않아야 좋다고 합니다.

庚金과 壬癸水가 있어 金水의 기세가 왕성한데
己土가 투출하면 이들을 제어하기에는 다소 어려우므로
이 명은 최고의 국가고시인 과갑에 급제하기는 어렵다고 하며
다른 방법으로 벼슬을 하거나
무술이나 기예 등의 다른 방면으로 나아간다고 합니다.

或一派壬癸 不得寅時 又無庚金 必主窮困 或丁年 壬月 丁日 壬時 男主
혹 일 파 임 계 부 득 인 시 우 무 경 금 필 주 궁 곤 혹 정 년 임 월 정 일 임 시 남 주

大貴 女則不宜 此格以土為妻金為子 但子女艱難 女命合此 淫賤刑夫剋
대 귀 여 즉 불 의 차 격 이 토 위 처 금 위 자 단 자 녀 간 난 여 명 합 차 음 천 형 부 극

子 或支火局 無滴水解 僧道之命 見甲出略可 總不可無水 水多亦不宜
자 혹 지 화 국 무 적 수 해 승 도 지 명 견 갑 출 략 가 총 불 가 무 수 수 다 역 불 의

한 무리의 壬癸가 있는데 寅時를 얻지 못하고 庚金도 없다면 반드시 곤궁하다.
丁년 壬월 丁일 壬시라면 남명은 크게 귀하지만 여명은 마땅하지 않으며 이 격
은 土가 처이고 金이 자식이다. 단지 자녀가 어렵고 여명이 이에 합당하면 음천
하고 남편과 자식을 고통스럽게 한다. 지지에 火국을 이루고 해갈하는 水가 한
방울도 없다면 승도의 명이고 甲이 투출하면 약간은 가능하지만 총괄적으로 水
가 없으면 불가하고 水가 많아도 역시 마땅하지 않다.

한 무리의 壬癸水의 왕성한 기세가 있는데
寅시를 얻지 못하고 庚金도 없다면
丁火의 불꽃이 미약하여 왕성한 기세를 감당하기 어려우므로
반드시 가난으로 고생한다고 합니다.

시	일	월	년	구분
壬	丁	壬	丁	천간
寅		寅		지지

이 명조는 寅월 寅시로서 년월과 일시에서 이중으로 화합하므로
양기가 왕성하여지고 음기가 쇠약하여지는 것으로서
남성은 양기가 왕성하여지므로 크게 귀하다고 하지만
여성은 음기가 쇠약하여지므로 오히려 마땅하지 않다고 합니다.

이 명은 庚金을 용신으로 하여 왕성한 木을 제어하므로
土가 처이고 金이 자식으로서 희신의 역할을 한다고 합니다.

남성은 두 합으로 인하여 양기가 왕성하여 여색을 밝힌다고 하며
이로 인하여 자녀를 두기 어렵다고 합니다.

여성의 경우에는 두 합으로 인하여 양기가 왕성하므로
음탕하고 천하다고 하며
남편과 자식을 다스리려고 하므로
이로 인하여 남편과 자식을 고통스럽게 만든다고 합니다.

지지에 火국을 이루면 기세가 왕성한 것으로서
왕성하여 치열한 열기를 해갈하는 水가 한 방울도 없다면
음양의 조화를 이룰 수 없으므로
수행을 하면서 살아가는 승도의 명이라고 합니다.

그러나 甲木이 투출하면
丁火의 불꽃을 지속적으로 밝혀 쓰임이 있으므로
약간은 가능하다고 합니다.

그러나 총괄적으로 水가 없으면 가능하지 않다고 하며
水가 많아도 火를 꺼뜨릴 수 있으므로 역시 마땅치 않다고 합니다.

조화원약에서 발췌한 명조입니다.

시	일	월	년	구분
辛	丁	丙	甲	천간
亥	巳	寅	午	지지

丙火가 투출하고 甲木이 도와 기세가 매우 왕성한데
辛金이 투출하여 음기를 생하며 도우며 음양의 조화를 이루므로
궁궐의 내시로서 태감太監에 오른 명조입니다.

시	일	월	년	구분
壬	丁	戊	庚	천간
寅	未	寅	辰	지지

寅월 寅시에 丁壬합으로 화합격이 성립되고
년간의 庚金을 戊土로 덮어 구제하여주므로
지방고시에 급제한 학자로서 상생相生의 명조입니다.

시	일	월	년	구분
戊	丁	壬	壬	천간
申	卯	寅	戌	지지

두 개의 壬水가 투출하여 쟁합하고
戊土가 申金에 앉아 효과적으로 제어하지 못하므로 오히려 흉한 명조입니다.

시	일	월	년	구분
癸	丁	庚	辛	천간
卯	酉	寅	卯	지지

庚辛金이 투출하여 木의 기세를 제어하고
癸水를 도와 丁火가 감당을 하지 못하므로 여성으로서 가난하고 천한 명조
입니다.

2) 卯월의 丁火

二月丁火 溼乙傷丁 先庚後甲 非庚不能去乙 非甲不能引丁 庚甲兩透
이 월 정 화 습 을 상 정 선 경 후 갑 비 경 불 능 거 을 비 갑 불 능 인 정 경 갑 양 투
科甲定然 庚透甲藏 亦有生貢 甲透庚藏 異路功名
과 갑 정 연 경 투 갑 장 역 유 생 공 갑 투 경 장 이 로 공 명

이월 丁火는 습한 乙이 丁을 상하게 하므로 庚을 우선 쓰고 甲을 나중에 쓴다.
庚이 아니면 乙을 제거할 수 없고 甲이 아니면 丁을 인화할 수 없다. 庚甲이 모
두 투출하면 과갑은 반드시 하고 庚이 투출하고 甲이 암장되면 생공이며 甲이
투출하고 庚이 암장되면 다른 방면으로 공명을 이룬다.

입춘으로부터 두 번째의 달인 卯월에는
乙木이 습기를 품은 초목의 기세가 왕성한 시기로서
습기를 품은 乙木은 오히려 丁火의 불꽃을 상하게 하므로
庚金을 우선 쓰고 甲木을 나중에 쓴다고 합니다.

庚金이 아니면 乙木을 제거할 수 없고
甲木이 아니면 丁火를 인화하여 불꽃을 유지할 수 없다고 합니다.

庚金과 甲木이 모두 투출하면
丁火의 불꽃을 유지할 수 있으므로
최고의 국가고시인 과갑에 반드시 급제한다고 합니다.

庚金이 투출하여 乙木을 제거하고
암장된 甲木으로써 암암리에 재능을 발휘하면
지방고시에 급제한 학자로서 생공生貢이라고 합니다.

甲木이 투출하여 丁火를 인화하고
암장된 庚金으로써 乙木을 암암리에 제거하고 재능을 발휘하면
무술이나 기예 등의 다른 방면으로 공명을 이룬다고 합니다.

庚金과 乙木이 함께 투출하면
庚金은 반드시 乙木과 정을 통하고자 합을 탐하므로
탐합貪合을 면하지 못한다고 합니다.

더구나 金水운으로 간다면 음기가 왕성하여지므로
丁火의 기세가 더욱 쇠약하여 쓸모가 없어
가난이 뼈 속에 사무친다고 합니다.

庚金이 투출하고 乙木이 암장되면
천간에 있는 庚金이 암장된 乙木을 탐합하기 어렵다고 합니다.

오히려 암장된 乙木은 저장된 잔가지와 풀로서 마른 상태이므로
암암리에 丁火를 인화하여 재능을 발휘할 수 있다고 하며
이때는 乙木을 쓰는 것도 해가 없다고 합니다.

또한 木火운으로 들어서면 양기가 왕성하여지는 것으로서
丁火가 왕성하여지므로 자연 부귀하여진다고 합니다.

乙木이 용신이면 水가 처이고 木이 자식으로서 희신의 역할을 합니다.

若盡是乙木 不見一甲 此人富貴不久 因貪致禍 弄巧反拙 且不能承受
약진시을목 불견일갑 차인부귀불구 인탐치화 농교반출 차불능승수

先人之業 或支成木局 有庚透 主淸貴 不見庚者 常人 二月乙木司權 必
선인지업 혹지성목국 유경투 주청귀 불견경자 상인 이월을목사권 필

須有庚 有乙無庚 主貧苦無依 用庚者土妻金子
수유경 유을무경 주빈고무의 용경자토처금자

모두 乙木만 있고 하나의 甲도 없으면 이 사람의 부귀는 오래가지 못하고 탐욕
으로 인하여 화가 미치며 잔재주로 오히려 어리석어 선친의 가업을 잇지도 못
한다. 지지에 木국을 이루고 庚이 투출하면 고결하며 庚이 없으면 보통사람이
다. 이월에는 乙木이 사령하므로 반드시 庚이 있어야 하는데 乙이 있고 庚이 없
다면 가난하고 의지할 곳이 없다. 용신이 庚이면 土가 처이고 金이 자식이다.

모두 乙木만 있고 甲木이 하나도 없으면
甲木의 장작이 없고 乙木의 젖은 잔가지와 풀만 있는 것으로서
부귀가 오래 가지 못한다고 합니다.

오히려 불길을 유지하고자 하는 탐욕으로 인하여 화가 미치고
잔재주만 부리므로 오히려 어리석은 것으로서
선친의 가업도 이어가지 못한다고 합니다.

지지에 木국을 이루면 기세가 왕성한 것으로서
庚金이 투출하여 제어를 하면 고결한 인품을 가지고 있다고 하며
庚金이 없으면 왕성한 木의 기세를 감당하기 어려우므로
보통사람에 불과하다고 합니다.

卯월에는 乙木이 사령하여 권력을 잡고 있으므로
반드시 庚金으로써 제어를 해주어야 丁火의 불꽃을 유지하는데
乙木이 있고 庚金이 없다면 습기 있는 乙木은 쓰임이 없으므로
가난하고 의지할 곳 없는 신세가 된다고 합니다.

庚金이 용신이면 土가 처이고 金이 자식으로서 희신의 역할을 합니다.

得印旺煞高 大富大貴 或一派水 無一戊制 主貧苦無依 或乙少癸多
득 인 왕 살 고　대 부 대 귀　혹 일 파 수　무 일 무 제　주 빈 고 무 의　혹 을 소 계 다

有戊出制 反吉 用土者火妻土子
유 무 출 제　반 길　용 토 자 화 처 토 자

인성을 득하여 왕성한데 칠살이 높이 투출하면 부귀가 크다. 한 무리의 水가 있
는데 戊의 제어가 전혀 없다면 가난하고 의지할 곳이 없다. 乙이 적고 癸가 많
은데 戊가 투출하여 제어하면 오히려 길하다. 용신이 土이면 火가 처이고 土가
자식이다.

격국론의 용어로서 인왕살고印旺煞高라고 하여
木인성이 봄에 기세가 왕성한데
癸水칠살이 높이 투출하여 촉촉하게 적시어주면
음양의 조화를 이루므로 크게 부귀하여진다고 합니다.

한 무리의 水가 있으면 기세가 왕성한 것으로서
戊土의 제어가 전혀 없다면
丁火는 왕성한 음기를 감당하지 못하고 꺼지므로
이로 인하여 가난하고 의지할 곳이 없다고 합니다.

乙木이 적고 癸水가 많으면
습기에 젖은 乙木은 丁火의 불꽃을 유지하기 어렵지만
戊土가 투출하여 癸水를 제어하면
어느 정도 쓰임이 있으므로 오히려 길하다고 합니다.

土가 용신이면 火가 처이고 土가 자식으로서 희신의 역할을 합니다.

조화원약에서 발췌한 명조입니다.

시	일	월	년	구분
丁	丁	乙	戊	천간
未	巳	卯	子	지지

乙木의 기세가 왕성한데 戊土가 습기를 제거하여주고
丁火가 시간에서 도와 불꽃을 유지하며 밝게 빛나고 있으므로
중앙관서의 장관으로서 상서尚書의 지위에 이른 명조입니다.

시	일	월	년	구분
丁	丁	乙	戊	천간
未	卯	卯	子	지지

乙木의 기세가 왕성한데 戊土가 습기를 제거하여주고
丁火가 시간에서 불꽃을 유지하며 밝게 빛나고 있으므로
궁궐의 대학자로서 각로閣老의 지위에 오른 명조입니다.

시	일	월	년	구분
庚	丁	癸	丁	천간
子	卯	卯	卯	지지

지지에 木의 기세가 왕성하고 丁火가 투출하였으나
庚金이 투출하여 제어하고 癸水를 도와 음양의 조화를 이루므로
국가고시인 과거에 차석으로 급제한 방안榜眼의 명조입니다.

시	일	월	년	구분
甲	丁	己	庚	천간
辰	丑	卯	辰	지지

甲木과 己土로써 水의 기세를 제어하고 설기하며
庚金으로써 甲木을 벽갑하여 丁火를 인화하므로
중앙관서의 장관인 상서尚書의 지위에 오른 명조입니다.

3) 辰월의 丁火

三月丁火 戊土司令 洩弱丁氣 先用甲木引丁制土 次看庚金 庚甲兩透
삼 월 정 화　무 토 사 령　설 약 정 기　선 용 갑 목 인 정 제 토　차 간 경 금　경 갑 양 투
定主科甲 或一藏一透 終非白丁 或支成木局 取庚為先 得庚透丁癸不
정 주 과 갑　혹 일 장 일 투　종 비 백 정　혹 지 성 목 국　취 경 위 선　득 경 투 정 계 불
透 亦有異路功名
투　역 유 이 로 공 명

삼월 丁火는 戊土가 사령하여 丁의 기세가 설기되어 약하므로 甲木을 먼저 써
서 丁을 인화하고 土를 제어한 다음에 庚金을 살펴본다. 甲庚이 모두 투출하면
반드시 과갑은 하며 하나가 암장되고 하나가 투출하면 마침내 백정은 아니다.
지지에 木국을 이루면 庚을 취하는 것이 우선이며 庚이 투출하고 丁癸가 투출
하지 않으면 다른 길로 공명을 이룬다.

입춘으로부터 세 번째의 달인 辰월은 戊土가 사령한 것으로서
丁火의 열기가 설기되어 쇠약하여지므로
우선 甲木으로써 丁火를 인화하여 도운 다음에
戊土의 기세를 제어하고 다음으로 庚金을 살펴서 쓴다고 합니다.

甲木과 庚金이 모두 투출한다면 음양의 조화를 이루고
반드시 최고의 국가고시인 과갑에 급제한다고 합니다.

甲木이 암장되고 庚金이 투출하거나
庚金이 암장되고 甲木이 투출하면
암장된 것을 암암리에 쓸 수밖에 없으므로 부귀하기는 어려워도
마침내 가장 천한 계급인 백정까지 내려가지는 않는다고 합니다.

지지에 木국을 이루면 기세가 왕성한 것으로서
庚金으로써 제어를 하는 것이 우선이라고 하며
庚金이 투출하고 丁火와 癸水가 투출하지 않으면 재능이 있어
무술이나 기예 등의 다른 방면으로 공명을 이룬다고 합니다.

或支成水局 加以壬透 名煞重身輕 必夭折天年 或遭凶死 或戊己兩透
혹 지 성 수 국 가 이 임 투 명 살 중 신 경 필 요 절 천 년 혹 조 흉 사 혹 무 기 양 투
廊廟之客 若一甲破 定是常人 用甲者水妻木子 用金者土妻金子
낭 묘 지 객 약 일 갑 파 정 시 상 인 용 갑 자 수 처 목 자 용 금 자 토 처 금 자
지지에 水국을 이루고 壬이 투출하면 이른바 살중신경으로서 반드시 요절하거
나 흉함을 만나 죽는다. 戊己가 모두 투출하면 조정의 관리이지만 하나의 甲이
파괴하면 반드시 보통사람이다. 용신이 甲이면 水가 처이고 木이 자식이며 용
신이 金이면 土가 처이고 金이 자식이다.

지지에 水국을 이루고 壬水가 투출하면 한기가 매우 왕성하여
격국론의 용어로서 살중신경煞重身輕이라고 하며
壬水칠살이 무겁고 丁火일간이 가벼운 것으로서
壬水를 감당하기 어려워 丁火의 불꽃이 꺼지므로
반드시 요절하거나 흉함을 만나 죽는다고 합니다.

戊己土가 모두 투출하여 왕성한 한기를 제어하면
丁火의 불꽃을 유지하며 조정의 관리로서 지낼 수 있지만
하나의 甲木이 있어 戊己土를 파괴하면
왕성한 한기를 제어하지 못하므로 보통사람이라고 합니다.

甲木이 용신이면 水가 처이고 木이 자식으로서 희신의 역할을 하고
庚金이 용신이면 土가 처이고 金이 자식으로서 희신의 역할을 합니다.

조화원약에서 발췌한 명조입니다.

시	일	월	년	구분
甲	丁	壬	辛	천간
辰	酉	辰	未	지지

辛金과 壬水가 투출하여 왕성한 기세로써 약간의 부자는 되었지만
甲木이 戊土를 제어하고 壬水를 보호하므로 고독하였다고 합니다.

2. 여름의 丁火

1) 巳월의 丁火

四月丁火乘旺 雖取甲引丁 必用庚劈甲 伐甲 方云木火通明 甲多又取
사 월 정 화 승 왕 수 취 갑 인 정 필 용 경 벽 갑 벌 갑 방 운 목 화 통 명 갑 다 우 취

庚為先 但四柱忌見癸水 癸水一見 洩金 溼甲 傷丁 故以癸為病 或癸水
경 위 선 단 사 주 기 견 계 수 계 수 일 견 설 금 습 갑 상 정 고 이 계 위 병 혹 계 수

藏支 壬水出干制丙 不奪丁光 自是雁塔題名 玉堂清貴
장 지 임 수 출 간 제 병 불 탈 정 광 자 시 안 탑 제 명 옥 당 청 귀

사월 丁火는 승왕하여도 오직 甲을 취하여 丁을 인화하는데 반드시 庚으로써
甲을 쪼개고 甲을 벌목하면 비로소 목화통명이라고 한다. 甲이 많으면 庚을 우
선 취한다. 단지 사주에서 癸水가 있는 것을 꺼리는데 癸水가 하나라도 있으면
金을 설기하고 甲을 습하게 하여 丁을 상하게 하므로 癸가 병이다. 癸水가 암장
되고 壬水가 투출하여 丙을 제어하면 丁의 빛은 빼앗기지 않으므로 오히려 과
거에 급제하고 옥당으로서 고결하다.

입춘으로부터 네 번째의 달인 巳월에는
양기가 왕성한 기세가 타오르며 승왕乘旺하는 시기라고 하여도
오직 甲木을 취하여 丁火의 불꽃을 인화하는데 반드시 庚金으로써
甲木을 쪼개고 벌목하면 비로소 목화통명木火通明이라고 합니다.

甲木이 많으면 庚金을 우선 취하여 제어하는데
단지 사주에서 癸水가 있는 것을 꺼린다고 합니다.
癸水가 하나라도 있으면 庚金을 설기하고 甲木을 습하게 하여
丁火의 불꽃을 상하게 하므로 癸水가 병이 된다고 합니다.

癸水가 암장되고 壬水가 투출하여 丙火를 제어하면
丁火의 불꽃은 丙火의 태양에게 빛을 빼앗기지 않으므로
오히려 국가고시인 과거에 급제하고
궁궐의 학자인 옥당玉堂으로서 고결한 인물이 된다고 합니다.

或有庚無甲 戊透天干 此為傷官生財 又取戊為用 必主富貴 戊土出干
혹 유 경 무 갑 무 투 천 간 차 위 상 관 생 재 우 취 무 위 용 필 주 부 귀 무 토 출 간

不見甲乙 又不見水 是傷官傷盡 八字清高 但不大貴 亦不大富 見水多
불 견 갑 을 우 불 견 수 시 상 관 상 진 팔 자 청 고 단 불 대 귀 역 불 대 부 견 수 다

木多 定是常人 或四柱多丙 不見壬癸 奪了丁光 此人貧苦
목 다 정 시 상 인 혹 사 주 다 병 불 견 임 계 탈 료 정 광 차 인 빈 고

庚이 있고 甲이 없는데 戊가 투출하면 상관생재로서 戊를 용신으로 취하면 반
드시 부귀해진다. 戊土가 투출하고 甲乙도 없으며 水도 없으면 상관상진으로서
팔자가 고결하지만 단지 부귀는 크지 않다. 水와 木이 많으면 반드시 보통사람
이다. 사주에 丙이 많은데 壬癸가 없으면 丁의 빛이 빼앗기므로 이 사람은 가난
으로 고통스러워한다.

庚金이 있고 甲木이 없는데 戊土가 투출하면
격국론의 용어로서 상관생재傷官生財라고 하며
이때는 戊土를 용신으로 취하여
庚金을 생하면 반드시 부귀하여진다고 합니다.

戊土가 투출하고 甲乙木이 없는데 水도 없으면
격국론의 용어로서 상관상진傷官傷盡이라고 하며
상관의 기세가 매우 왕성하고 관살이 없어야 성립되는 격국으로서
주로 팔자가 고결한 인품을 가지고 있지만
음양의 조화가 이루어지지 않으므로 단지 부귀는 크지 않다고 합니다.

水와 木이 많으면 오히려 丁火의 불꽃을 유지하기 어려운 것으로서
반드시 보통사람에 불과하다고 합니다.

사주에 丙火가 많은데 壬癸水가 없으면
丙火는 태양과 같은 밝은 빛이고 丁火는 촛불과 같은 빛이므로
丙火의 빛에 의하여 丁火의 빛이 빼앗겨 쓸모가 없는 것으로서
이 사람은 가난으로 고통스러워한다고 합니다.

或丁年 巳月 丁巳日 丙午時 一丙不奪二丁 即不顯達 亦名播四鄰 故書
혹 정 년 사 월 정 사 일 병 오 시 일 병 불 탈 이 정 즉 불 현 달 역 명 파 사 린 고 서

曰 丁火陰柔一燭燈 太陽相見奪光明 柱中若見甲木透 定許身安福自臨
왈 정 화 음 유 일 촉 등 태 양 상 견 탈 광 명 주 중 약 견 갑 목 투 정 허 신 안 복 자 림

丁년 巳월 丁巳일 丙午시는 하나의 丙이 두 개의 丁을 빼앗지 못하므로 현달하
지 못하여도 이름을 사방에 떨친다. 책에서 말하기를 丁火는 음유하여 하나의
촛불과 같아 태양을 마주 보면 빛을 빼앗기지만 사주 중에 甲木이 투출하면 반
드시 몸이 편안하고 복이 저절로 임한다고 한다.

시	일	월	년	구분
丙	丁		丁	천간
午	巳	巳		지지

이 명조는 丙火가 있어도 두 개의 丁火의 빛을 모두 빼앗지 못하므로
비록 현저하게 발달하여 고위직에 오르지는 못하여도
丙火의 태양이 밝게 빛나므로 사방에 이름을 떨칠 수 있다고 합니다.

고서에서 말하기를
丁火는 음화陰火로서 유약하므로 음유하다고 하며
하나의 촛불과 같아
丙火의 태양의 밝은 빛을 마주 보면 빛을 빼앗긴다고 합니다.

그러나 사주 중에 甲木이 투출하여 丁火를 생하여주면
불꽃이 꺼지지 않고 오래도록 유지될 수 있으므로
반드시 몸이 편안하고 복이 저절로 임한다고 합니다.

조화원약에서 발췌한 명조입니다.

시	일	월	년	구분
乙	丁	己	甲	천간
巳	丑	巳	午	지지

甲木과 己土가 화합하고 乙木이 투출하였으나
丙火와 癸水가 암장되어 암암리에 재능을 발휘하므로
총명한 문인으로서 궁궐의 학자인 사림詞林의 명조입니다.

시	일	월	년	구분
乙	丁	癸	辛	천간
巳	巳	巳	酉	지지

癸水와 辛金이 투출하여 음양의 조화를 이루고
丙火가 암장되어 암암리에 재능을 발휘하므로
황제의 비밀스런 업무를 수행하는 어사禦史의 명조입니다.

시	일	월	년	구분
乙	丁	辛	庚	천간
巳	未	巳	辰	지지

庚辛金이 투출하여 음양의 조화를 이루고
丙火와 戊土가 암장되어 암암리에 재능을 발휘하므로
제후로서 국공國公의 지위에 올라 부귀를 누린 명조입니다.

2) 午월의 丁火

五月丁火 時歸建祿 不宜亂用甲木 遇年透隔位之壬 不貪丁合者 忠而
오 월 정 화　시 귀 건 록　불 의 란 용 갑 목　우 년 투 격 위 지 임　불 탐 정 합 자　충 이
且厚 或支成火局 干見火出 得庚壬兩透者 科甲定然 土透制壬 常人
차 후　혹 지 성 화 국　간 견 화 출　득 경 임 량 투 자　과 갑 정 연　토 투 제 임　상 인
오월의 丁火는 건록의 시기이므로 甲木을 마구 쓰는 것은 마땅하지 않다. 년에
투출하여 떨어져 있는 壬을 만나 丁과 합하려고 탐하지 않으면 충성스럽고 후
덕하다. 지지에 火국을 이루고 천간에 火가 투출하고 庚壬이 모두 투출하면 과
갑은 반드시 한다. 土가 투출하여 壬을 제어하면 보통사람이다.

입춘으로부터 다섯 번째 달인 午월은
丁火의 건록의 시기이므로 丁火가 매우 왕성한 것으로서
이때 甲木을 마구 써서 丁火를 생한다면
丁火는 치열하게 되므로 마땅하지 않다고 합니다.

년간에 투출하여 떨어져있는 壬水를 만나
丁火와의 합을 탐하지 않으면
壬水로써 치열한 열기를 조절하여 음양의 조화를 이룰 수 있으므로
오히려 壬水는 丁火를 위하여 일을 하는 것으로서
충성스럽고 후덕하다고 합니다.

지지에 火국을 이루고
천간에 丙丁火가 투출하면 기세가 매우 왕성한 것으로서
이때 庚金과 壬水가 모두 투출하여 상생하면
치열한 열기를 제어하여 음양의 조화를 이루고
최고의 국가고시인 과갑에 반드시 급제하다고 합니다.

그러나 土가 투출하여 壬水를 제어하면
음양의 조화를 이루지 못하므로 보통사람에 불과하다고 합니다.

即壬藏支中 亦非白丁 但要運行西北 方可發達 得一癸透 名獨煞當權
즉 임 장 지 중   역 비 백 정   단 요 운 행 서 북   방 가 발 달   득 일 계 투   명 독 살 당 권

出人頭地 若見寅辰亥卯字 化木生火 平常人物 豐衣足食 中年富但刑
출 인 두 지   약 견 인 진 해 묘 자   화 목 생 화   평 상 인 물   풍 의 족 식   중 년 부 단 형

剋子息 勞而無功
극 자 식   노 이 무 공

壬이 암장되어 지지에 있으면 백정은 아니며 단지 운이 서북으로 흘러야 비로
소 발달할 수 있다. 하나의 癸가 투출하면 이른바 독살당권으로서 남보다 뛰어
난 인물이다. 寅辰亥卯가 있으면 木이 화하여 火를 생하므로 보통사람이며 의식
이 풍족하고 중년에 부자가 되나 단지 자식이 고통을 당하며 노력하여도 공이
없다.

壬水가 암장되어 지지에 있으면 암암리에 재능을 발휘하여
음양의 조화를 이룰 수 있으므로
적어도 천민의 최하 계급인 백정은 아니라고 하며
단지 金水 서북 운으로 흘러야 기세가 왕성하여지므로
비로소 발달할 수 있다고 합니다.

하나의 癸水가 투출하면
격국론의 용어로서 독살당권獨煞當權이라고 하여
칠살이 독단적으로 권력을 행사하는 것으로서
남보다 뛰어난 인물이라고 합니다.

지지에 寅辰亥卯가 있으면
木의 왕성한 기세로써 火를 생하여 열기를 치열하게 하므로
음양의 조화를 이루지 못하여 보통사람에 불과하지만
재물을 생산할 수 있으므로 의식이 풍부하고
중년에 부자가 된다고 합니다.

단지 치열한 열기로 인하여 자식이 고통을 당하며
음양의 조화를 이루지 못하므로 노력하여도 공이 없다고 합니다.

或丙午月 丁未日 辛亥時 亥中有壬制丙 不致貧苦 若丙午時 則滴水難
혹 병 오 월 정 미 일 신 해 시 해중유임제병 불 치 빈 고 약 병 오 시 즉 적 수 난
救炎火 必主僧道 若年支見子 雖不科甲 亦有衣衿
구 염 화 필 주 승 도 약 년 지 견 자 수 불 과 갑 역 유 의 금
丙午월 丁未일 辛亥시라면 亥중 壬이 丙을 제어하므로 가난의 고통에 이르지는
않는다. 丙午시라면 한 방울의 물로는 타오르는 불꽃을 구제하기 어려우니 반
드시 승도이다. 년지에 子가 있으면 비록 과갑은 아니어도 벼슬은 할 수 있다.

시	일	월	년	구분
辛	丁	丙		천간
亥	未	午		지지

丙火가 투출하여 기세가 치열하여지는 것으로서
亥중 壬水가 암장되어 암암리에 재능을 발휘하여
丙火를 제어하고 치열한 기세를 어느 정도 해소하므로
가난의 고통에 이르지는 않는다고 합니다.

시	일	월	년	구분
丙	丁	丙		천간
午	未	午		지지

丙午시라면 火가 더욱 왕성하여 치열한 염상격으로서
한 방울의 물로는 타오르는 불꽃을 구제하기 어려우므로
반드시 수행을 하면서 살아가는 승도가 된다고 합니다.

시	일	월	년	구분
丙	丁	丙		천간
午	未	午	子	지지

그러나 년지에 子水가 있으면 염상격의 치열한 열기를
암암리에 해소하는 재능을 발휘할 수 있으므로
비록 과갑에 선발되지 않는다고 하여도 벼슬은 할 수 있다고 합니다.

若干支無火局 有水透干 須用甲木 又要庚劈甲方明 木火通明 主大富
약간지무화국 유수투간 수용갑목 우요경벽갑방명 목화통명 주대부

貴 或木少火多 焚其木性 不能光透九霄 榮華不久 或生月是祿 支皆
귀 혹목소화다 분기목성 불능광투구소 영화불구 혹생월시록 지개

生旺合局 加以火出 無滴水解炎 乃身旺無依 孤貧之格 女必爲尼 即
생왕합국 가이화출 무적수해염 내신왕무의 고빈지격 여필위니 즉

運北地 反主凶危 用壬者金妻水子 用甲者水妻木子
운북지 반주흉위 용임자금처수자 용갑자수처목자

간지에 火국이 없는데 水가 투출하면 반드시 甲木을 쓰고 또한 庚으로 甲을 쪼
개어야 비로소 밝아지며 목화통명을 이루어 크게 부귀하여진다. 木이 적고 火
가 많다면 木의 성정이 타버려 빛이 하늘 높이 투영하지 못하므로 영화가 오래
가지 않는다. 생월이 록이고 지지가 모두 생왕한 합국이며 火도 투출하면 한 방
울의 물로는 열기를 해소할 수 없으니 비록 신왕하여도 의지할 데가 없어 고독
하고 가난한 격이며 여명은 반드시 비구니이고 운이 북방으로 흐르면 오히려
흉하다. 용신이 壬이면 金이 처이고 水가 자식이며 용신이 甲이면 水가 처이고
木이 자식이다.

간지에 火국이 없다면 기세가 쇠약한 것으로서
천간에 水가 투출하면 반드시 甲木으로써 설기하여 도와야 합니다.
또한 甲木은 庚金으로써 쪼개어 벽갑하여 丁火를 인화하여야
비로소 밝아지면서 목화통명을 이루어 크게 부귀하여진다고 합니다.

木이 적고 火가 많으면
木의 성정이 쇠약하여 火의 왕성한 기세에 의하여 타버리므로
이로 인하여 丁火의 불꽃을 오래 유지하지 못하므로 빛이 하늘 높이
투영하지 못하는 것으로서 영화가 오래가지 않는다고 합니다.

생월이 午火록지이고 지지가 생왕한 합국이며
火도 투출하면 매우 치열한 염상격으로서
한 방울의 물로는 치열한 열기를 해소할 수 없다고 합니다.

그러므로 염상격으로 인하여 丁火가 신왕하다고 하여도
치열한 열기로 인하여 모두 타버리므로
오히려 의지할 곳이 없어 고독하고 가난한 격이라고 합니다.

특히 여성은 음기로서 치열한 열기를 견디지 못하므로
반드시 수행을 하면서 살아가는 비구니가 된다고 합니다.

또한 북방 水운으로 흐르면 치열한 열기가 반발하여
격렬하게 반응하므로 오히려 흉하다고 합니다.

壬水가 용신이면 金이 처이고 水가 자식으로서 희신의 역할을 하고
甲木이 용신이면 水이 처이고 木이 자식으로서 희신의 역할을 합니다.

조화원약에서 발췌한 명조입니다.

시	일	월	년	구분
戊	丁	壬	庚	천간
申	亥	午	午	지지

庚金과 壬水가 투출하여 열기를 해소하여 주고
戊土가 열기를 설기하여 음기를 도와 음양의 조화를 이루어주므로
오래 살았다고 하는 명조입니다.

시	일	월	년	구분
甲	丁	甲	辛	천간
辰	未	午	巳	지지

지지에 火국을 이루고 甲木이 투출하여 열기가 매우 치열한데
辛金이 투출하고 戊土가 암장되어 암암리에 재능을 발휘하므로
군사를 지휘하는 총병總兵의 지위에 오른 명조입니다.

시	일	월	년	구분
甲	丁	戊	癸	천간
辰	丑	午	卯	지지

戊土와 癸水가 화합하고
甲木이 도와 열기가 치열한 염상격을 이루고
戊土와 癸水가 암장되어 암암리에 재능을 발휘하므로
중앙관서의 장관인 상서尙書의 지위에 오른 명조입니다.

시	일	월	년	구분
癸	丁	甲	丙	천간
卯	酉	午	子	지지

木火의 기세가 매우 왕성하여 치열한데
癸水가 높이 투출하여 음양의 조화를 이루므로
크게 부귀한 충신의 명조입니다.

시	일	월	년	구분
乙	丁	甲	丙	천간
巳	丑	午	寅	지지

木火의 기세가 매우 왕성하여 치열한데
癸水가 암장되어 암암리에 재능을 발휘하므로
크게 부귀한 명신의 명조입니다.

3) 未月의 丁火

六月之丁 陰柔退氣 但值三伏生寒 丁弱極矣 專取甲木 壬水次之 若得
유월지정 음유퇴기 단치삼복생한 정약극의 전취갑목 임수차지 약득
甲出天干 支成木局 見亥中之壬 為木神有根 接引丁火 必然科甲 即不
갑출천간 지성목국 견해중지임 위목신유근 접인정화 필연과갑 즉불
見木局 支見壬水 雖不大貴 亦有凌雲之氣 無庚不妙
견목국 지견임수 수불대귀 역유능운지기 무경불묘
유월의 丁은 음유한 기세가 물러나고 삼복에 한기를 만드는 시기로서 丁의 쇠
약함이 극에 달하므로 甲木을 전용하고 다음에 壬水를 쓴다. 甲이 천간에 투출
하고 지지에 木국을 이루면 亥중 壬이 있고 木의 뿌리가 있는 것으로서 丁火를
인화하므로 반드시 과갑을 한다. 木국이 없어도 지지에 壬水가 있다면 비록 크
게 귀하지 않아도 뛰어난 기세가 있지만 庚이 없으면 좋지 않다.

입춘으로부터 여섯 번째의 달인 未월은 丁火의 음유한 기세가 물러나고
삼복더위에 차가운 한기를 만들어 내기 시작하는 시기로서
丁火가 쇠약하여지는 것이 극에 달하므로
甲木을 전용하여 丁火를 왕성하게 하고
다음에 壬水로써 음양의 조화를 이룬다고 합니다.

甲木이 천간에 투출하고 지지에 亥卯未 木국을 이루면
木의 기세가 왕성한 것으로서
특히 亥중에는 壬水가 있고 甲木의 뿌리가 암장되어
丁火를 인화하여 왕성한 열기를 만들 수 있으므로
반드시 최고의 국가고시인 과갑에 급제한다고 합니다.

木국을 이루지 못하여도 지지에 壬水가 암장되어 있으면
암암리에 재능을 발휘하여 음양의 조화를 이룰 수 있으므로
비록 크게 귀하게 되지는 못하여도 뛰어난 기세가 있다고 하며
단지 庚金이 없으면 壬水를 도우지 못하므로 좋지 않다고 합니다.

或支成木局 見水透干 則濕木性 不能引丁 必為常人 有甲透 亦有才能
혹지성목국 견수투간 즉습목성 불능인정 필위상인 유갑투 역유재능

有庚透 方無刑傷 若無甲木 假名假利 雖能生財 固執懦夫 或年月日時
유경투 방무형상 약무갑목 가명가리 수능생재 고집나부 혹년월일시

皆一派丁未之類 此為純陰 終無大用 用甲者水妻木子
개 일 파 정 미 지 류 차 위 순 음 종 무 대 용 용 갑 자 수 처 목 자

지지에 木국을 이루고 水가 투출하면 木의 성정이 습해져 丁을 인화할 수 없으
므로 반드시 보통사람이다. 甲이 투출하면 재능이 있고 庚이 투출하면 비로소
고통이 없다. 甲木이 없으면 부귀한 척하며 비록 생재를 할 수 있어도 고집스럽
고 나약한 사람이다. 년월일시가 모두 丁未라면 이것은 순수한 음이므로 마침
내 크게 쓰이지 못한다. 용신이 甲이면 水가 처이고 木이 자식이다.

지지에 木국을 이루고 壬癸水가 투출하면
木의 성정이 습하여 丁火를 인화할 수 없는 것으로서
쓰임이 없으므로 반드시 보통사람에 불과하다고 합니다.

甲木이 투출하면 丁火를 인화할 수 있으므로 재능이 있다고 하며
庚金이 투출하면 甲木을 쪼개어 벽갑하여 인화할 수 있으므로
丁火의 불꽃이 꺼지는 고통은 비로소 없다고 합니다.

甲木이 없으면 丁火를 인화할 수 없으므로 부귀한 척 가장하고
비록 未월의 왕성한 土의 기세로써 庚金재성을 생하여도
甲木이 없으면 쓰임이 없는 것으로서
고집스럽고 나약한 사람이라고 합니다.

연월일시가 모두 丁未라면
사주팔자가 음화陰火로만 구성되어 순수하고 맑다고 하지만
유약하고 퇴기하는 기운만 가득하므로
마침내 크게 쓰이지 못한다고 합니다.

甲木이 용신이면 水가 처이고 木이 자식으로서 희신의 역할을 합니다.

조화원약에서 발췌한 명조입니다.

시	일	월	년	구분
丙	丁	丁	丁	천간
午	未	未	卯	지지

천간에 丙丁火가 가득하고 지지에 열기가 왕성한 염상격으로서
국가고시인 무과武科에 급제하고 진사進士가 된 명조입니다.

시	일	월	년	구분
癸	丁	癸	庚	천간
卯	未	未	寅	지지

지지에 木국이 형성되었는데 癸水가 투출하여 습목을 만들고 있어
丁火를 인화하지 못하므로 쓰임이 없는 보통사람의 명조입니다.

시	일	월	년	구분
甲	丁	癸	乙	천간
辰	卯	未	亥	지지

甲木이 투출하여 왕성한 기세로써
丁火를 인화하여 열기를 왕성하게 하여주며 귀하게 되었지만
庚金이 없어 甲木을 쪼개지 못하고
癸水가 투출하여 습목을 만들고 있으므로
오히려 많은 고통으로 인하여 고생한 명조입니다.

3. 가을의 丁火

三秋丁火 退氣柔弱 專用甲木 金雖乘旺司權 無傷丁之理 仍取庚劈甲
삼추정화 퇴기유약 전용갑목 금수승왕사권 무상정지리 잉취경벽갑

為引火之物 或借丙暖金晒木 不慮丙奪丁火 凡兩丙夾丁者 夏月忌之
위인화지물 혹차병난금쇄목 불려병탈정화 범양병협정자 하월기지

餘月不忌 但此格少年困苦刑剋 中年富貴 必要地支見水制丙 方妙
여월불기 단차격소년곤고형극 중년부귀 필요지지견수제병 방묘

가을 丁火는 퇴기하여 유약하므로 甲木을 전용한다. 金이 비록 왕성하고 사령
하여 권력이 있어도 丁을 상하게 하는 이치는 없다. 그러므로 庚을 취하여 甲을
쪼개어 인화하는 것이다. 丙을 차용하여 金을 따뜻하게 하고 木을 햇볕으로 말
리도록 하면 丙이 丁火를 빼앗는 것을 염려하지 않는다. 일반적으로 두 개의 丙
사이에 丁이 끼이면 여름에는 꺼려하여도 나머지 월에는 꺼리지 않는다. 단지
이러한 격은 소년에 고통스러워도 중년에는 부귀한데 반드시 지지에 水가 있어
丙을 제어하여야 비로소 좋다.

가을에는 丁火의 기세가 퇴기하여 유약해지는 시기로서
甲木을 전용하여 丁火를 도와주는데
金의 기세가 비록 가을에 왕성하고 사령하여 권력이 있어도
丁火를 상하게 하는 이치가 없다고 하므로
庚金으로써 甲木을 쪼개어 丁火를 인화한다고 합니다.

丙火를 차용하여 金을 따뜻하게 하고
甲木을 햇볕으로 말려 丁火를 인화하면
丙火의 태양이 丁火의 빛을 빼앗는 것을 염려하지 않는다고 합니다.

일반적으로 두 개의 丙火사이에 丁火가 끼이면
여름에는 丙火로 인하여 丁火의 빛이 빼앗기므로 꺼린다고 하지만
나머지 월에서는 오히려 丁火를 도우므로 꺼리지 않는다고 합니다.

단지 이러한 격은 소년시절에는 고통스러워도 중년에는 부귀한데
지지에 水가 있어 丙火를 제어하여야 비로소 좋다고 합니다.

1) 申酉월의 丁火

三秋甲庚丙並用 仍分優劣 何也 七月甲丙 申中有庚 八月甲丙庚皆用
삼 추 갑 경 병 병 용 잉 분 우 열 하 야 칠 월 갑 병 신 중 유 경 팔 월 갑 병 경 개 용
七八月或無甲木 乙亦可用 為枯草引燈 却不離丙晒也 九月專用甲庚
칠 팔 월 혹 무 갑 목 을 역 가 용 위 고 초 인 등 각 불 리 병 쇄 야 구 월 전 용 갑 경
大抵甲不離庚 乙不離丙 其理極明 或見甲庚丙皆透 必主科甲 無甲用
대 저 갑 불 리 경 을 불 리 병 기 리 극 명 혹 견 갑 경 병 개 투 필 주 과 갑 무 갑 용
乙者 富貴皆小 且富而不貴者多
을 자 부 귀 개 소 차 부 이 불 귀 자 다
가을에는 甲庚丙을 함께 쓰는데 우열을 어찌 가려야 하는가. 칠월에는 甲丙과
申중 庚을 쓰고 팔월에는 甲丙庚을 모두 쓴다. 칠팔월에는 甲木이 없어도 乙을
쓸 수 있으나 풀을 말려 불을 붙여야 하므로 丙과 멀어지면 햇볕에 말리지 못하
며 구월에는 甲庚을 전용한다. 대개 甲은 庚과 멀어지면 안 되고 乙은 丙과 떨
어지면 안 되는 것은 그 이치가 극히 분명하다. 甲庚丙이 모두 투출하면 반드시
과갑은 하고 甲이 없어 乙을 쓰면 부귀는 모두 작으며 부자가 되어도 귀하지 못
한 자가 많다.

가을에는 甲木과 庚金과 丙火를 함께 써도 우열을 가린다고 합니다.
申월에는 甲木과 丙火 그리고 申중 庚金을 쓰며
酉월에는 甲木과 丙火 그리고 庚金을 모두 쓰고
戌월에는 甲木과 庚金을 전용한다고 합니다.

申酉월에는 甲木이 없어도 乙木을 쓸 수 있으나 단지 풀을 말려 불을
붙여야 하므로 丙火와 떨어지면 햇볕에 말리지 못한다고 합니다.

대개 甲木은 庚金으로써 쪼개어 써야 하므로 떨어져서는 안 되고
乙木은 丙火의 햇볕으로써 말려서 써야 하므로 역시 떨어져서는
안 된다고 하는 것은 그 이치가 극히 분명하다고 합니다.

甲木과 庚金과 丙火가 모두 투출하면 반드시 과갑은 한다고 하며
甲木이 없어 乙木을 대신 쓰면 丁火의 불꽃이 미약한 것으로서
부귀가 작다고 하며 부자가 되어도 귀하지 못한 자가 많다고 합니다.

或一重壬水 又多見癸水 必以戊土為制 自然富貴光輝 或一派庚金
혹일중임수 우다견계수 필이무토위제 자연부귀광휘 혹일파경금
名財多身弱 主富屋貧人 妻多主事 或壬多洩庚 丁壬化煞 反成富貴
명재다신약 주부옥빈인 처다주사 혹임다설경 정임화살 반성부귀
若庚多無壬 奔流下賤
약경다무임 분류하천

壬水가 중첩되고 癸水도 많으면 반드시 戊土로 제어해야 자연 부귀가 빛난다. 한 무리의 庚金이 있으면 이른바 재다신약으로서 부잣집에서 가난하게 사는 사람이며 처가 주관하는 일이 많다. 壬이 많아 庚을 설기하는데 丁壬으로 화살하면 오히려 부귀를 이룬다. 庚이 많고 壬이 없다면 분주하게 돌아다니는 하천한 명이다.

壬水가 중첩되고 癸水도 많으면
반드시 戊土로써 제어해 주어야 음양의 조화를 이룰 수 있으므로
자연 부귀가 빛난다고 합니다.

한 무리의 庚金이 있으면 기세가 왕성한 것으로서
격국론의 용어로서 재다신약財多身弱이라고 하며
일간이 쇠약하여 왕성한 재성을 감당하지 못한다고 하므로
부잣집에 사는 가난한 사람이라고 하며
재성인 처가 왕성하므로 집안의 일을 주관하는 일이 많다고 합니다.

壬水가 많아 庚金을 설기하면 기세가 더욱 왕성하여지는데
丁火가 壬水와 화합하면 격국론의 용어로서 화살化煞이라고 하며
壬水의 칠살을 木으로 화하여 양기로 전환하여 쓸 수 있으므로
음양의 조화를 이루어 오히려 부귀를 이룬다고 합니다.

庚金은 많은데 壬水가 없다면
庚金의 왕성한 기세를 설기하여 음기로 만들어 활용하지 못하므로
분주하게 돌아다녀도 성과가 없으니 쓸모가 없어
하천한 명이 된다고 합니다.

酉월에 한 무리의 辛金이 있으면 기세가 매우 왕성한 것으로서
庚金도 보이지 않고 丙丁火의 비겁도 없으면
격국론의 용어로서 기명종재棄命從財라고 하며
일간이 자신을 포기하고 재성의 기세에 복종하고 따른다고 합니다.

기명종재하게 되면 丁火는 辛金의 왕성한 기세에 복종하고 따르게 되는데
부자로서 귀하게 된다고 하며
비록 최고의 국가고시인 과갑에 급제하지 못하여도
다른 방법으로 벼슬을 하여 이름을 떨칠 수 있다고 합니다.

종재격이 되면 水가 처로서 丁火일간을 극하지 않고
甲乙木의 편정이 있어도 木이 자식이며 고통을 주지 않는다고 합니다.

격국론에서 종재격에 재성을 용신으로 채용하는 것과 달리
궁통보감에서는 음양의 조화를 이루기 위한 용신을 채용하게 됩니다.

종재격의 경우에
왕성한 金의 기세를 水의 음기로 설기하여 木의 양기를 생하면서
음양의 조화를 이루는 것으로서
木을 용신으로 하는 것이며 水가 처이고 木이 자식으로서
희신의 역할을 한다고 합니다.

조화원약에서 발췌한 명조입니다.

시	일	월	년	구분
丙	丁	丙	辛	천간
午	丑	申	亥	지지

辛金이 丙火와 화합하고 시간에 丙火가 투출하여 도우므로
지방고시에 급제한 학자로서 수재秀才의 명조입니다.

시	일	월	년	구분
丙	丁	丙	辛	천간
午	酉	申	亥	지지

辛金이 丙火와 화합하고 시간에 丙火가 투출하여 도우므로
부귀한 명조입니다.

시	일	월	년	구분
丙	丁	甲	庚	천간
午	酉	申	辰	지지

甲木과 丙火 그리고 庚金이 모두 투출하여
중앙관서의 장관인 상서尙書의 지위에 오른 명조입니다.

시	일	월	년	구분
戊	丁	辛	癸	천간
申	巳	酉	巳	지지

辛金이 癸水를 돕고
戊土가 양기를 설기하여 음기를 도우므로
쓸모가 없어 고독하고 가난한 명조입니다.

시	일	월	년	구분
癸	丁	丁	丙	천간
卯	丑	酉	寅	지지

丙丁火가 투출하여 돕지만 癸水가 투출하여 습목을 만들어
이로 인하여 잔병으로 고생하는 명조입니다.

시	일	월	년	구분
庚	丁	己	壬	천간
戌	亥	酉	午	지지

壬水가 투출하였으나 己土가 제어하고 있으며
庚金이 투출하고 甲木이 암장되어 암암리에 재능을 발휘하므로
귀하게 된 명조입니다.

시	일	월	년	구분
辛	丁	己	丁	천간
亥	丑	酉	未	지지

丁火와 己土가 투출하여 조열하지만
辛金이 투출하여 음기를 도와 음양의 조화를 이루어주므로
지방관서의 장인 태수太守에 오른 명조입니다.

시	일	월	년	구분
壬	丁	丁	丙	천간
寅	亥	酉	戌	지지

丙丁火가 투출하여 돕지만 壬水의 기세가 왕성하므로
고독하고 가난한 명조입니다.

2) 戌월의 丁火

或九月一派戊土 洩丁火之氣 不見甲木 為傷官傷盡 非尋常可比 或甲
혹 구 월 일 파 무 토　설 정 화 지 기　불 견 갑 목　위 상 관 상 진　비 심 상 가 비　혹 갑
木透出 為文書清貴 秋闈可奪 用甲者 庚不可少 水妻木子
목 투 출　위 문 서 청 귀　추 위 가 탈　용 갑 자　경 불 가 소　수 처 목 자
구월에 한 무리의 戊土가 있어 丁火의 기를 설기하는데 甲木이 없으면 상관상
진으로서 평범한 것과 비교할 수 없다. 甲木이 투출하면 문장이 고결하고 과
거에 급제할 수 있다. 甲을 쓰면 庚이 적어서는 안 되고 水가 처이고 木이 자식
이다.

戌월의 土왕절에
戊土가 한 무리 있으면 매우 왕성한 기세로서
丁火가 설기되어 쇠약하여진다고 합니다.

이때 甲木이 없어 소토를 하지 못하여 丁火를 구하지 않으면
격국론의 용어로서 상관상진傷官傷盡이라고 하여
평범한 것과 비교할 수 없이 뛰어난 인재가 된다고 합니다.

甲木이 투출하면 戊土의 왕성한 기세를 제어하고
丁火를 생하여 목화통명을 이루므로
문장이 고결하고 국가고시인 과거에 급제할 수 있다고 합니다.

甲木을 쓰면 庚金으로써 甲木을 쪼개어 인화하여야 하므로
庚金도 적어서는 안 된다고 합니다.

甲木이 용신이면 水가 처이고 木이 자식으로서 희신의 역할을 합니다.

조화원약에서 발췌한 명조입니다.

시	일	월	년	구분
壬	丁	丙	庚	천간
寅	未	戌	午	지지

지지에 火국을 이루고 丙火가 투출하여 기세가 매우 왕성한데
庚金과 壬水가 투출하여 음양의 조화를 이루므로
고결한 인품으로서 궁궐의 학자인 옥당玉堂에 오른 명조입니다.

시	일	월	년	구분
丙	丁	甲	己	천간
午	卯	戌	亥	지지

甲木과 己土가 화합하고 丙火가 투출하여 도와주고
壬水가 암장되어 암암리에 재능을 발휘하므로
여성으로서 큰 부자가 된 명조입니다.

시	일	월	년	구분
丙	丁	甲	甲	천간
午	未	戌	午	지지

甲木과 丙火가 투출하여 기세가 매우 왕성한 염상격으로서
황실의 스승으로서 시강侍講에 오른 명조입니다.

시	일	월	년	구분
甲	丁	丙	庚	천간
辰	亥	戌	寅	지지

庚金과 甲木 그리고 丙火가 투출하여 음양의 조화를 이루므로
여성으로서 부귀하게 사는 명조입니다.

4. 겨울의 丁火

三冬丁火微寒 專用庚甲 甲乃庚之良友 凡用甲木 庚不可少 無庚無甲
삼 동 정 화 미 한 전 용 경 갑 갑 내 경 지 양 우 범 용 갑 목 경 불 가 소 무 경 무 갑
何能引丁 難云木火通明 冬丁有甲 不怕水多金多 可稱上格 甲庚兩透
하 능 인 정 난 운 목 화 통 명 동 정 유 갑 불 파 수 다 금 다 가 칭 상 격 갑 경 양 투
科甲分明 見己則否 己多合甲 則爲常人
과 갑 분 명 견 기 즉 부 기 다 합 갑 즉 위 상 인

겨울의 丁火는 미약하고 추우므로 庚甲을 전용한다. 甲에게 庚은 좋은 친구로서
대개 甲木을 쓰면 庚이 적어서는 안 된다. 庚이 없고 甲이 없다면 어찌 丁을 인
화할 수 있으며 목화통명도 어렵다고 한다. 겨울 丁에게 甲이 있으면 水와 金이
많아도 두려워하지 않으며 상격이라 할 수 있다. 甲庚이 모두 투출하면 과갑이
분명하고 己가 있으면 그렇지 않은데 己가 많아 甲을 합하면 보통사람이다.

겨울은 丁火가 미약하고 추운 시기로서
甲木과 庚金을 전용하여 열기를 도운다고 합니다.

甲木에게 庚金은 좋은 친구로서
대개 甲木을 쓰면 庚金이 적어서는 안 된다고 합니다.

庚金이 없고 甲木도 없으면 어찌 丁火를 인화할 수 있겠으며
목화통명도 어렵다고 합니다.

겨울의 丁火에게 甲木이 있으면 丁火의 기세가 왕성하여지므로
水와 金의 음기가 많아도 두려워하지 않는다고 하며
오히려 음양의 조화를 이루므로 상격이라고 할 수 있다고 합니다.

甲木과 庚金이 모두 투출하면 음양의 조화를 이루므로
최고의 국가고시인 과갑에 급제하는 것은 분명하다고 합니다.
그러나 己土가 있으면 그러하지 않다고 하는데
己土가 많으면 甲木과 화합하므로 보통사람에 불과하다고 합니다.

或一丙奪丁 必賴支內水救 若有支金發水之源 官拜烏台有准 全無癸
혹일병탈정 필뢰지내수구 약유지금발수지원 관배오대유준 전무계
水制丙 無用之徒 或有金無水 貧寒之士 有水無金 又主清高 或時月
수제병 무용지도 혹유금무수 빈한지사 유수무금 우주청고 혹시월
二壬爭合 取戊破之 有戊稍有富貴 無戊常人 設戊藏得所 不失衣衿
이임쟁합 취무파지 유무초유부귀 무무상인 설무장득소 부실의금
하나의 丙이 丁을 빼앗으면 반드시 지지에 있는 水의 구함에 의지하여야한다.
지지에 金이 있어 水의 근원이 된다면 오대의 벼슬을 한다. 癸水가 전혀 없어
丙을 제어하지 못하면 쓸모가 없는 무리이다. 金이 있고 水가 없으면 가난한 선
비이며 水가 있고 金이 없으면 고결한 사람이다. 시와 월에서 두 개의 壬이 쟁
합하면 戊를 취하여 파괴해야 한다. 戊가 있으면 약간의 부귀라도 있으나 戊가
없다면 보통사람이고 戊가 암장되면 벼슬을 잃지는 않는다.

하나의 丙火가 丁火의 빛을 빼앗으면
반드시 지지에 있는 水에 의지하여 구하여주기를 바란다고 합니다.

지지에 金이 있으면 水를 생하는 근원이 되어
丁火를 구하여주므로
검찰업무를 수행하는 오대烏台의 벼슬을 할 수 있다고 합니다.

癸水가 전혀 없어 丙火를 제어하지 못하면
丁火의 빛을 빼앗으므로 쓸모가 없는 무리라고 하며
金이 있고 水가 없으면 丙火를 제어하지 못하여 가난한 선비이며
水가 있고 金이 없으면 丙火를 제어하므로 고결한 사람이라고 합니다.

시와 월에 두 개의 壬水가 있어 丁火와 서로 합하려고 쟁합하면
戊土를 취하여 壬水를 파괴한다고 합니다.

戊土가 있으면 壬水를 제어하여 약간의 부귀라도 있으나
戊土가 없으면 쟁합을 해소하지 못하므로 보통사람이라고 하며
戊土가 암장되면 벼슬을 잃지는 않는다고 합니다.

或二丙奪丁 得年干有癸 支下帶合 金水得所 亦必顯達 納粟奏名 必驗
혹 이 병 탈 정 득 년 간 유 계 지 하 대 합 금 수 득 소 역 필 현 달 납 속 주 명 필 험

或仲冬水多癸旺 全無比印 此作棄命從煞 亦有異途功名 見丁比 出干
혹 중 동 수 다 계 왕 전 무 비 인 차 작 기 명 종 살 역 유 이 도 공 명 견 정 비 출 간

難合格局 常人 且主骨肉浮雲 六親流水 戊出破癸 頗有兄弟妻兒
난 합 격 국 상 인 차 주 골 육 부 운 육 친 류 수 무 출 파 계 파 유 형 제 처 아

두 개의 丙이 丁을 빼앗는데 년간에 癸가 있고 지지에서 합을 하고 있는 金水가
있다면 반드시 현달하는데 재물로써 벼슬을 하는 것을 반드시 경험하였다. 한
겨울에 水가 많고 癸가 왕성한데 비겁과 인수가 전혀 없다면 이것은 기명종살
로서 다른 방면으로 공명이 있다. 丁비견이 투출하면 격국에 적합하기 어려우
므로 보통사람이며 골육이 뜬구름 같고 육친은 흐르는 물과 같다. 戊가 투출하
여 癸를 파하면 형제와 처자는 매우 괜찮다.

두 개의 丙火가 하나의 丁火의 빛을 빼앗는데
년간에 癸水가 있고 지지에서 金水가 합을 하여 음양의 조화를 이루면
반드시 현저하게 발달하는데 재물로써 벼슬을 하는 것은
이미 많은 간명으로 경험하였다고 합니다.

한겨울에 水가 많고 癸水가 왕성한데
丁火를 돕는 木火의 비겁과 인수가 전혀 없다면
격국론의 용어로서 기명종살棄命從煞이라고 하며
자신을 포기하고 왕성한 칠살에 복종하고 따르는 것으로서
무술이나 기예 등의 방면에서 공을 세워 이름을 떨친다고 합니다.

丁火의 비견이 투출하면 일간은 비견에게 의지하므로
기명종살의 격국에는 적합하기 어려우므로 보통사람에 불과하며
골육과 육친은 뜬구름이나 흐르는 물과 같이
자신의 곁에 남아있지 않다고 합니다.

그러나 戊土가 투출하여 癸水의 왕성한 기세를 파괴하면
형제와 처자는 괜찮다고 합니다.

此格用戊火妻土子 用甲水妻木子 或四柱多丙丁 又用癸制火 用癸者
차 격 용 무 화 처 토 자 용 갑 수 처 목 자 혹 사 주 다 병 정 우 용 계 제 화 용 계 자
金妻水子 三冬丁火 甲木為尊 庚金佐之 癸戊權宜酌用可也
금 처 수 자 삼 동 정 화 갑 목 위 존 경 금 좌 지 계 무 권 의 작 용 가 야
이 격국은 용신이 戊이면 火土가 처자이고 용신이 甲이면 水木이 처자이다. 사
주에 丙丁이 많다면 癸를 써서 火를 제어하는데 癸를 쓰면 金水가 처자이다. 겨
울의 丁火는 甲木을 존중하고 庚金으로 보좌하며 癸戊는 권세에 따라 마땅히 참
작하여 운용할 수 있다.

격국론의 용어로서 기명종살의 격국에서 戊土가 용신이면
火가 처이고 土가 자식으로서 희신의 역할을 한다고 합니다.

이 경우에도 戊土를 용신으로 쓰는 것은 음양의 조화를 위한 것으로
음기가 왕성한 겨울에 火土의 희신을 쓰는 것입니다.

甲木이 용신이면 水가 처이고 木이 자식으로서 희신의 역할을 합니다.

사주에 丙丁火가 많다면 겨울에 양기가 왕성한 것으로서
마땅히 癸水를 써서 왕성한 양기를 제어해야 합니다.
癸水가 용신이면 金이 처이고 水가 자식으로서 희신의 역할을 합니다.

겨울의 丁火는 甲木을 존중하고 庚金으로 보좌하며
癸水와 戊土는 상황에 따라
마땅히 참작하여 운용할 수 있다고 합니다.

조화원약에서 발췌한 명조입니다.

시	일	월	년	구분
辛	丁	癸	癸	천간
亥	亥	亥	亥	지지

癸水의 기세가 매우 왕성하므로 丁火가 복종하고 따르는 것으로서
중앙관서의 차관급의 지위에 오른 시랑侍郞의 명조입니다.

시	일	월	년	구분
庚	丁	丁	乙	천간
戌	未	亥	卯	지지

지지에 木국을 이루고 乙木의 기세가 왕성한데
庚金이 투출하여 제어하고 음양의 조화를 이루므로
국가고시인 과거에 장원급제한 명조입니다.

시	일	월	년	구분
辛	丁	辛	壬	천간
亥	巳	亥	寅	지지

金水의 기세가 왕성한데
甲木과 丙火가 암장되어 암암리에 재능을 발휘하여
큰 부자가 된 명조입니다.

시	일	월	년	구분
癸	丁	丁	庚	천간
卯	卯	亥	戌	지지

지지에 木의 기세가 왕성한데 庚金이 투출하여 제어하고
癸水로써 음양의 조화를 이루므로
국가고시인 과거에 장원급제한 회원會元의 명조입니다.

시	일	월	년	구분
丁	丁	癸	癸	천간
未	卯	亥	丑	지지

癸水와 丁火가 순수하고 맑으며
지지에 木국을 이루고 丁火를 도와 음양의 조화를 이루므로
큰 공을 세우고 하사받은 봉군封君의 명조입니다.

시	일	월	년	구분
丙	丁	庚	丙	천간
午	卯	子	戌	지지

두 개의 丙火가 丁火의 빛을 빼앗는데
이를 제어할 癸水가 없으므로
보통사람으로서 건달에 불과한 명조입니다.

시	일	월	년	구분
辛	丁	戊	庚	천간
亥	酉	子	申	지지

金水의 음기가 왕성한데 戊土가 제어하고
甲木이 암장되어 암암리에 재능을 발휘하므로
지방고시에 급제한 학자로서 수재秀才의 명조입니다.

시	일	월	년	구분
甲	丁	乙	戊	천간
辰	未	丑	子	지지

戊土가 투출하여 지지에 있는 습기를 제어하며
甲乙木으로써 丁火를 인화하여 도울 수 있으므로
황제의 명으로 암행감찰업무를 수행하는 어사禦史의 명조입니다.

시	일	월	년	구분
甲	丁	辛	辛	천간
辰	卯	丑	卯	지지

辛金이 중첩하여 투출하여 부자가 되었지만
甲木의 기세가 왕성한데 庚金이 없어 丁火가 감당하지 못하므로
수행을 하며 살아가는 승려의 명조입니다.

시	일	월	년	구분
壬	丁	己	乙	천간
寅	亥	丑	卯	지지

乙木과 己土가 왕성한 기세로 투출하여 부자가 되었으나
壬水가 투출하여 丁火의 불꽃을 유지하지 못하고 꺼지므로
요절한 명조입니다.

시	일	월	년	구분
甲	丁	己	庚	천간
辰	酉	丑	午	지지

己土가 투출하여 庚金을 돕고
甲木이 투출하여 丁火를 도와 음양의 조화를 이루므로
장원급제한 명조입니다.

시	일	월	년	구분
癸	丁	己	庚	천간
卯	酉	丑	午	지지

己土가 투출하여 癸水를 제어하고 庚金을 도와
음양의 조화를 이루므로
군사를 통솔하는 대장군 원사元帥의 명조입니다.

시	일	월	년	구분
庚	丁	辛	丙	천간
戌	巳	丑	戌	지지

丙火가 辛金과 화합하고 庚金이 투출하여 도우며
丙火가 암장되어 암암리에 재능을 발휘하므로
무과에 급제하고 국가를 수비하는 장군의 명조입니다.

시	일	월	년	구분
乙	丁	癸	壬	천간
巳	巳	丑	辰	지지

壬癸水가 투출하여 기세가 왕성하고
丙火와 戊土가 암장되어 암암리에 재능을 발휘하지만
甲木이 없고 乙木이 투출하여 불꽃을 유지하려는 욕심만 가득하므로
부자인 척하는 건달에 불과한 명조입니다.

窮通寶鑑

제 6 장

무 토
戊 土

1. 봄의 戊土

三春戊土 無丙照暖 戊土不生 無甲疏劈 戊土不靈 無癸滋潤 萬物不長
삼 춘 무 토　무 병 조 난　무 토 불 생　무 갑 소 벽　무 토 불 령　무 계 자 윤　만 물 불 장

正二月先丙後甲 癸又次之 三月先甲後丙 癸又次之 因戊土司權故也
정 이 월 선 병 후 갑　계 우 차 지　삼 월 선 갑 후 병　계 우 차 지　인 무 토 사 권 고 야

有甲丙癸 三者齊透 必主一品當朝 或二透一藏 亦登金榜 二藏一透
유 갑 병 계　삼 자 제 투　필 주 일 품 당 조　혹 이 투 일 장　역 등 금 방　이 장 일 투

也可異途
야 가 이 도

봄의 戊土는 丙이 없어 따뜻하게 비추어 주지 않으면 戊土는 생하지 못하고 甲
이 없어 소토하지 않으면 戊土는 쓸모가 없으며 癸가 없어 적시지 못하면 만물
이 자라지 못한다. 정이월에는 丙을 먼저 쓰고 甲을 나중에 쓰며 癸도 다음에
쓴다. 삼월에는 甲을 먼저 쓰고 丙을 나중에 쓰며 癸도 다음에 쓰는 것은 戊土
가 사령하였기 때문이다. 甲丙癸 세 개가 모두 투출하면 반드시 일품의 벼슬을
한다. 두 개가 투출하고 하나가 암장되면 과거에 급제하고 두 개가 암장되고 하
나가 투출하면 다른 방면으로 나아간다.

봄의 戊土는 차가운 한기가 아직 물러나지 않은 시기로서
丙火로써 따뜻하게 비추어 주지 않으면 戊土는 만물을 생하지 못하고
甲木이 없으면 흙을 파헤칠 수 없어 戊土는 쓸모가 없다고 하고
癸水가 없어 戊土를 적시지 못하면 만물이 자라지 못한다고 합니다.

정이월인 寅卯月에는 우선 丙火를 쓰고 甲木과 癸水를 나중에 쓰며
삼월인 辰月에는 우선 甲木으로써 戊土를 소토하고 다음으로
丙火와 癸水를 쓰는 것은 戊土가 사령하였기 때문이라고 합니다.

甲木과 丙火와 癸水가 모두 투출하면 음양의 조화를 이루므로
반드시 최고의 직위인 일품의 고위직 벼슬을 한다고 하며
두 개가 투출하고 하나가 암장되면 국가고시인 과거에 급제하고
두 개가 암장되고 하나가 투출하면
무술이나 기예 등의 방면으로 나아간다고 합니다.

1) 寅卯월의 戊土

正二月即有甲癸 若無丙除寒 如萬物生而不長 故無丙者 富貴艱辛
정 이 월 즉 유 갑 계 약 무 병 제 한 여 만 물 생 이 불 장 고 무 병 자 부 귀 간 신

或有丙無甲癸者 名曰春旱 如萬物生而多厄 無甲癸者 一生勤苦 勞
혹 유 병 무 갑 계 자 명 왈 춘 한 여 만 물 생 이 다 액 무 갑 계 자 일 생 근 고 노

而無功 或一派丙火 有甲欠癸 先泰後否
이 무 공 혹 일 파 병 화 유 갑 흠 계 선 태 후 부

정이월에 甲癸가 있는데 丙이 없어 한기를 제거하지 못하면 만물이 생장하지
못하므로 丙이 없으면 부귀는 힘들고 고생스러운 것이다. 丙이 있고 甲癸가 없
으면 이른바 봄 가뭄으로서 만물이 생장하는데 재액이 많으므로 甲癸가 없으면
일생동안 부지런히 노력하여도 공이 없다. 한 무리의 丙火가 있고 甲이 있는데
癸가 부족하면 처음에는 좋아도 나중에는 안 좋다.

입춘으로부터 정월인 寅월과 두 번째의 달인 卯월에는
아직 차가운 한기가 가시지 않은 시기로서
丙火로써 한기를 제거하지 못하면 만물이 생장하지 못하므로
丙火가 없으면 부귀는 힘들고 고생스러운 것이라고 합니다.

丙火는 있어도 甲木이 없어 戊土를 소토하지 못하고
癸水가 없어 戊土를 적시지 못하면
이른바 봄 가뭄으로서 만물이 생장하는데 재액이 많다고 합니다.

그러므로 甲木과 癸水가 없으면
일생동안 부지런히 노력하여도 공이 없다고 합니다.

한 무리의 丙火가 있으면 기세가 왕성한 것으로서
甲木이 있어 소토를 하여도 癸水가 부족하면
처음에는 만물이 생장할 수 있어 좋다고 합니다.
그러나 결국 癸水가 고갈되면 戊土는 메마르므로
만물이 생장하지 못하여 나중에는 안 좋다고 합니다.

或支成火局 不見壬癸 僧道孤貧 癸透者貴 壬透者富 用水者 要審水
혹지성화국 불견임계 승도고빈 계투자귀 임투자부 용수자 요심수

之多少 或一派甲木 無丙者 常人 得一庚透方妙 或支成水局 甲又出干
지다소 혹일파갑목 무병자 상인 득일경투방묘 혹지성수국 갑우출간

又有庚透 富貴雙全
우유경투 부귀쌍전

지지에 火국을 이루고 壬癸가 없으면 승도로서 외롭고 가난하며 癸가 투출하면
귀하고 壬이 투출하면 부자이다. 용신이 水이면 水의 많고 적음을 살펴야 한다.
한 무리의 甲木이 있고 丙이 없으면 보통사람이며 하나의 庚이 투출하면 비로
소 좋아진다. 지지에 水국을 이루고 甲도 투출하고 庚도 투출하면 부귀가 모두
완전하다.

지지에 火국을 이루고 있으면 기세가 왕성한 것으로서
壬癸水가 없으면 왕성한 기세를 해소하지 못하므로
수행을 하면서 살아가는 승도로서 외롭고 가난하다고 합니다.

癸水가 투출하면 하늘에서 비가 내린 것으로서 귀하다고 하며
壬水가 투출하면 강물을 길러 가꾸는 노력으로 부자가 된다고 합니다.
용신이 水이면 水의 많고 적음을 살펴야 한다고 합니다.

한 무리의 甲木이 있고 丙火가 없으면
甲木의 왕성한 기세가 발전하지 못하여 쓸모없는 것으로서
보통사람에 불과하다고 합니다.
이때 하나의 庚金이 투출하여
왕성한 기세의 甲木을 제어하면 비로소 좋아진다고 합니다.

지지에 水국을 이루면 기세가 왕성한 것으로서
甲木도 투출하여 왕성한 기세로써 水의 기세를 설기하고
庚金도 투출하여 甲木의 기세를 제어하여주면
음양의 조화를 이루며 만물의 생장이 순조로우므로
부귀가 모두 완전하다고 합니다.

或無庚金 又無比印 難作從煞 定主遭凶 不然 必為盜賊 若日下坐午
혹무경금 우무비인 난작종살 정주조흉 불연 필위도적 약일하좌오

不得善終 或一派乙木 為官煞會党 即有庚透 却難制乙 此人內奸外直
부득선종 혹일파을목 위관살회당 즉유경투 각난제을 차인내간외직

口是心非 加一甲在內 無庚 必懶惰自甘 好食無厭 或丙多甲多 宜以癸
구시심비 가일갑재내 무경 필나타자감 호식무염 혹병다갑다 의이계

庚參用
경 참 용

庚金이 없고 비겁과 인성도 없고 종살도 어려우면 반드시 흉함을 만나지 않으
면 반드시 도적이 되며 일지가 午이면 좋은 결과를 얻지 못한다. 한 무리의 乙
木이 있으면 관살이 모이는 것으로서 庚이 투출하여도 乙을 제어하기 어려우니
이 사람은 속으로 간사하고 겉으로는 바른 척하며 말과 마음이 다르다. 더구나
甲이 하나 있고 庚이 없으면 반드시 게으르고 자만하고 먹기를 좋아하며 염치
가 없다. 丙과 甲이 많으면 癸庚을 참작하여 써야 마땅하다.

庚金이 없고 土의 비겁과 火의 인성도 없으며
격국론의 용어로서 종살從煞도 어려우면
왕성한 木의 기세를 감당하지 못하는 것으로서
이로 인하여 반드시 흉함을 만나거나 반드시 도적이 된다고 합니다.

일지에 午火가 있으면 戊土가 메마르는 것으로서
만물이 생장하지 못하므로 좋은 결과를 얻지 못한다고 합니다.

한 무리의 乙木이 있으면 관살이 모인 것으로서
庚金이 투출하여도 乙木과 화합하고자 하며 제어하지 못하므로
이 사람은 속으로 간사하고 겉으로는 바른 척하며
말과 마음이 다르다고 합니다.

더구나 甲木이 하나 있고 庚金이 없으면
甲木에게 乙木의 무리가 달라붙어도 이를 제어하지 못하므로
반드시 게으르고 자만하며 먹기를 좋아하고 염치도 없다고 합니다.

丙火와 甲木의 양기가 많으면 癸水와 庚金의 음기로써
상황에 따라 참작하며 써야 마땅하다고 합니다.

조화원약에서 발췌한 명조입니다.

시	일	월	년	구분
庚	戊	庚	丙	천간
申	辰	寅	寅	지지

丙火가 투출하여 밝게 빛나고 庚金이 투출하여 木의 기세를 제어하며
壬水가 암장되어 재능을 발휘하므로 장군의 지위에 오른 명조입니다.

시	일	월	년	구분
甲	戊	庚	辛	천간
寅	寅	寅	巳	지지

甲木의 기세가 매우 왕성하고 庚金이 투출하여 제어하지만
水가 없어 가난하고 천한 명조입니다.

시	일	월	년	구분
丙	戊	壬	丁	천간
辰	辰	寅	巳	지지

壬水와 丁火가 화합하고 丙火가 투출하였는데
음기가 미약하여 감당하지 못하므로 요절한 명조입니다.

시	일	월	년	구분
丁	戊	甲	戊	천간
巳	寅	寅	申	지지

甲木이 투출하여 소토하고 丁火가 투출하였으나
壬水와 庚金이 암장되어 암암리에 재능을 발휘하므로
국가고시에 급제한 학자로서 공생貢生의 명조입니다.

시	일	월	년	구분
庚	戊	辛	丙	천간
申	辰	卯	辰	지지

丙火와 辛金이 화합하고
庚金이 투출하여 왕성한 木의 기세를 제어하며
壬水가 암장되어 암암리에 재능을 발휘하므로
지방고시에 급제한 학자로서 수재秀才의 명조입니다.

시	일	월	년	구분
丙	戊	乙	癸	천간
辰	寅	卯	未	지지

丙火와 癸水가 모두 투출하여 음양의 조화를 이루므로
고위직으로서 낭중郎中의 벼슬에 오른 명조입니다.

시	일	월	년	구분
壬	戊	乙	癸	천간
子	寅	卯	未	지지

壬癸水가 투출하여 기세가 왕성하며
丙火가 암장되어 암암리에 재능을 발휘하므로
국가고시인 과거에 급제한 명조입니다.

시	일	월	년	구분
壬	戊	癸	丁	천간
子	寅	卯	卯	지지

丁火가 투출하였으나 壬癸水로써 제어하며 음양의 조화를 이루므로
남편과 자식이 모두 귀하게 된 여명의 명조입니다.

2) 辰월의 戊土

三月戊土司令 不見丙甲癸者 愚而且賤 甲癸透者 科甲 丙癸透者 生員
삼 월 무 토 사 령 불 견 병 갑 계 자 우 이 차 천 갑 계 투 자 과 갑 병 계 투 자 생 원

甲癸俱藏者 只可云富 有癸異途顯達
갑 계 구 장 자 지 가 운 부 유 계 이 도 현 달

삼월은 戊土가 사령하였으니 丙甲癸가 없으면 어리석고 천하다. 甲癸가 투출하
면 과갑을 하고 丙癸가 투출하면 생원이다. 甲癸가 모두 암장되면 단지 부자가
될 수 있을 뿐이다. 癸가 있으면 다른 방면으로 현달한다.

입춘으로부터 세 번째의 달인 辰월은
戊土가 사령하여 기세가 왕성한 것으로서
丙火와 甲木 그리고 癸水가 없으면
戊土의 왕성한 기세가 쓰임이 없으므로 어리석고 천하다고 합니다.

甲木과 癸水가 투출하면
甲木으로써 소토하며 癸水로써 촉촉이 적실 수 있으므로
음양의 조화를 이루어 최고의 국가고시인 과갑에 급제한다고 합니다.

丙火와 癸水가 투출하면
丙火와 癸水로써 음양의 조화를 이룰 수 있지만
단지 甲木이 없어 소토가 안 되므로
지방고시에 급제한 학자로서 생원生員이라고 합니다.

甲木과 癸水가 모두 암장되면
甲木과 癸水로써 암암리에 재능을 발휘할 수 있지만
단지 부자가 될 수 있을 뿐이라고 합니다.

癸水가 있으면 戊土를 촉촉하게 적시어주는 재능이 있으므로
무술이나 기예 등 다른 방면에서 현저하게 발달한다고 합니다.

若丙多無癸 旱田無水 不能種苗 舊穀已沒 新穀未登 此先富後貧之造
약 병 다 무 계　한 전 무 수　불 능 종 묘　구 곡 이 몰　신 곡 미 등　차 선 부 후 빈 지 조

或火多有壬透者 先貧後富 癸透先賤後榮 壬藏不過食足 癸藏不過名
혹 화 다 유 임 투 자　선 빈 후 부　계 투 선 천 후 영　임 장 불 과 식 족　계 장 불 과 명

傳 即此亦須運美
전　즉 차 역 수 운 미

丙이 많고 癸가 없다면 마른 밭에 물이 없어 씨를 뿌리지 못하므로 오래된 곡식
은 바닥이 나고 새로운 곡식은 여물지 않으니 처음에는 부자이어도 나중에는
가난한 명조이다. 火가 많고 壬이 투출하면 처음에는 가난하여도 나중에는 부
자이다. 癸가 투출하면 처음에는 천하지만 나중에는 영화롭다. 壬이 암장되면
음식만 풍족한데 불과하고 癸가 암장되면 이름만 전하는데 불과한데 이들 역시
운이 좋아야 한다.

丙火가 많고 癸水가 없다면
丙火가 왕성한데 이를 해소할 癸水가 없으면
戊土의 마른 밭에 물이 없어 씨를 뿌리지 못하는 것과 마찬가지로서
작년에 수확한 곡식은 바닥이 나는데 새로운 곡식은 여물지 않으므로
처음에는 부유하게 지내도 나중에는 가난한 명조라고 합니다.

火가 많으면 왕성한 기세로 인하여 메마르므로 처음에는 가난하여도
壬水가 투출하면 강물을 길러서 메마름을 해소하는 노력을 하므로
나중에는 부자가 된다고 합니다.

그러나 癸水가 투출하면 하늘에서 단비가 내리는 것이므로
처음에는 메마른 상태로서 천하게 된다고 하여도
나중에는 비가 와서 적셔주므로 영화롭다고 합니다.

壬水가 암장되면 부를 이루므로 음식만 풍족하다고 하며
癸水가 암장되면 귀를 이루므로 이름만 전하는데 불과하다고 합니다.
그러나 이들도 역시 운이 좋아야 된다고 합니다.

或支成火局 得癸透者 富貴天然 壬透富貴辛苦 何也 癸乃天上甘霖
혹 지 성 화 국 득 계 투 자 부 귀 천 연 임 투 부 귀 신 고 하 야 계 내 천 상 감 림

壬乃江河波浪 所以有勞逸之殊 支成木局 又甲乙出干 此名官煞會党
임 내 강 하 파 랑 소 이 유 노 일 지 수 지 성 목 국 우 갑 을 출 간 차 명 관 살 회 당

官煞無去留之義 得一庚透 掃除官煞 亦主富貴 無庚乃淺薄之人 宜用
관 살 무 거 류 지 의 득 일 경 투 소 제 관 살 역 주 부 귀 무 경 내 천 박 지 인 의 용

火洩木氣
화 설 목 기

지지에 火국을 이루고 癸가 투출하면 부귀는 타고난 것이고 壬이 투출하면 부
귀에 고통이 따르니 어찌된 것인가. 癸는 천상의 감로수이고 壬은 강물의 물결
로서 노력하는 것과 안일한 것의 차이가 있는 것이다. 지지에 木국을 이루고 甲
乙이 투출하면 이른바 관살이 모인 것으로서 관살을 제거하거나 남기고자 하는
뜻이 없다면 하나의 庚을 득하여 관살을 깨끗이 제거하면 부귀하다. 庚이 없으
면 천박한 사람이니 마땅히 火로써 木기를 설기한다.

지지에 火국을 이루면 기세가 왕성한 것으로서
癸水가 투출하면 타고난 복이라고 하는데
癸水는 하늘에서 내리는 비이므로 천상의 감로수로서
메마른 밭을 안일하게 적실 수 있기 때문이라고 합니다.

壬水가 투출하면 고통이 따른다고 하는데
壬水는 강물로서 메마른 밭에 힘들게 물을 길러야 하므로
안일한 것과 노력하는 것의 차이라고 합니다.

지지에 木국을 이루고 甲乙木이 투출하면
격국론의 용어로서 관살회당官煞會党이라고 하며
관살이 모여 작당을 하므로 제거하거나 남기고자 하는 뜻이 없으면
하나의 庚金을 얻어 관살을 깨끗이 제거하면 부귀하다고 합니다.

그러나 庚金이 없으면 왕성한 木의 기세를 제거하지 못하므로 천박한
사람이 되니 마땅히 火로써 왕성한 기세의 木을 설기한다고 합니다.

有一命 丁未 癸卯 戊寅 乙卯 癸丁透干 加以戊癸化火 將甲木暗焚
유일명 정미 계묘 무인 을묘 계정투간 가이무계화화 장갑목암분

反得武科探花 或木多無比印透 作從煞而論 亦富貴 或有比印 專看癸透
반득무과탐화 혹목다무비인투 작종살이론 역부귀 혹유비인 전간계투

取癸而成貴格 無癸 無火 無金 名為土木自戰 主腹中疾病 憂愁艱苦
취계이성귀격 무계 무화 무금 명위토목자전 주복중질병 우수간고

用甲者水妻木子 用丙者木妻火子
용갑자수처목자 용병자목처화자

하나의 명조로서 丁未 癸卯 戊寅 乙卯는 癸丁이 투출하고 戊癸가 火로 화하고
또한 甲木을 암암리에 태워버리니 오히려 무과에 급제하였다. 木이 많은데 비
겁과 인성이 투출한 것이 없으면 종살로서 논하며 부귀하다. 비겁과 인성이 있
으면 오로지 癸가 투출한 것을 살펴 癸를 취하면 귀격을 이룬다. 癸가 없고 火
도 없고 金도 없다면 이른바 土木끼리 싸우는 것으로서 뱃속에 질병이 있고 우
울증으로 고생한다. 용신이 甲이면 水가 처이고 木이 자식이며 용신이 丙이면
木이 처이고 火가 자식이다.

시	일	월	년	구분
乙	戊	癸	丁	천간
卯	寅	卯	未	지지

지지에 木의 기세가 왕성한데 乙木이 투출한 것으로서
庚金이 없어 제어를 하지 못하지만
마침 월간에 癸水가 투출하여 戊土와 화합하여 火로 화하고
丁火로써 암장된 甲木을 암암리에 태워 설기하므로
오히려 무과에 급제하였다고 합니다.

木이 많은데 戊土를 돕는 戊己土비겁과 丙丁火인성이 없으면
격국론의 용어로서 종살從煞이라고 하며
戊土는 木의 왕성한 기세에 복종하므로 오히려 부귀하다고 합니다.

土비겁과 火인성이 있다면 오로지 癸水가 있는 것을 살펴
癸水를 취하면 음양의 조화를 이루며 귀격을 이룬다고 합니다.

癸水가 없고 火와 金도 없다면
土木끼리 서로 싸우는 것으로서 뱃속에 질병이 있다고 하며
정신적으로 우울증으로 고생한다고 합니다.

甲木이 용신이면 水가 처이고 木이 자식으로서 희신의 역할을 하고
丙火가 용신이면 木이 처이고 火가 자식으로서 희신의 역할을 합니다.

조화원약에서 발췌한 명조입니다.

시	일	월	년	구분
甲	戊	戊	己	천간
寅	寅	辰	未	지지

戊己土가 투출하여 왕성한데 甲木이 투출하여 소토하고
丙火가 암장되어 암암리에 재능을 발휘하므로
국가고시에 장원급제한 탐화探花의 명조입니다.

시	일	월	년	구분
丙	戊	戊	甲	천간
辰	申	辰	午	지지

甲木이 투출하여 戊土를 소토하고
丙火가 투출하여 밝은 양기를 온 누리에 비추며
일지에 庚金과 壬水가 암장되어 암암리에 재능을 발휘하며
음양의 조화를 이루고 있는
청나라 강희康熙 황제의 명조입니다.

2. 여름의 戊土

1) 巳월의 戊土

四月戊土 陽氣發升 寒氣內藏 外實內虛 不畏火炎 無陽氣相催 萬物不長
사월무토 양기발승 한기내장 외실내허 불외화염 무양기상최 만물불장
故先用甲疏劈 次取丙癸爲佐 丙透甲出 廊廟之才 丙癸俱透 科甲之士
고선용갑소벽 차취병계위좌 병투갑출 낭묘지재 병계구투 과갑지사
即透一位 支藏得所 終非白丁
즉투일위 지장득소 종비백정

사월의 戊土는 양기가 발전하여 상승하고 한기가 내장되어 외부는 실하고 내부는 허하므로 화염을 두려워하지 않는다. 양기가 서로 재촉하며 따르지 않으면 만물이 성장하지 못하므로 먼저 甲으로써 소토하여 파헤치고 다음으로 丙癸를 취하여 보좌한다. 丙甲이 투출하면 조정의 인재이고 丙癸가 모두 투출하면 과갑의 선비이며 하나만 투출하거나 암장되어도 마침내 백정은 아니다.

입춘으로부터 네 번째의 달인 巳월은
양기가 발전하여 상승하는 시기이지만 내부에 한기를 감추고 있으므로
외부는 양기로 실하고 내부는 음기로 허하므로
뜨거운 화염의 열기를 두려워하지 않는다고 합니다.

양기가 서로 재촉하며 따르지 않으면 만물이 성장을 하지 못하므로
먼저 甲木으로써 戊土의 흙을 소토하고 파헤쳐 소벽疏劈하고 난 후에
丙火와 癸水로써 음양의 조화를 이룬다고 합니다.

丙火와 甲木이 투출하면 甲木으로 소토하고
丙火로써 세상을 밝히므로 조정의 인재라고 합니다.

丙火와 癸水가 모두 투출하면 음양의 조화가 이루어지므로
최고의 국가고시인 과갑에 급제한 선비라고 하며
丙火와 甲木 그리고 癸水 중에 하나만 투출하여도
적어도 천한 백정의 신분은 아니라고 합니다.

若一派丙火 爲火炎土燥 僧道之流 得一癸透壬藏 功名有准 或支藏癸水
약일파병화 위화염토조 승도지류 득일계투임장 공명유준 혹지장계수

衣食充足 但骨肉多刑 化合成局無破 富貴非輕 或支成金局 干出癸水
의식충족 단골육다형 화합성국무파 부귀비경 혹지성금국 간출계수

此爲奇格 正是土潤金生 即不爲桃浪之客 定有異路恩榮 此用癸水金
차위기격 정시토윤금생 즉불위도랑지객 정유이로은영 차용계수금

妻水子
처수자

한 무리의 丙火가 있으면 화염토조로서 승도의 부류이다. 하나의 癸가 투출하
고 壬이 암장되면 공명이 있다. 癸水가 암장되면 의식은 충족하지만 단지 골육
에게 고통이 많다. 화합하여 격국을 이루고 파격이 아니면 부귀가 가볍지 않다.
지지에 金국을 이루고 癸水가 투출하면 기이한 격국으로서 바로 윤택한 土가
金을 생하는 것이므로 과거에 급제하지 않아도 반드시 다른 길로 은영이 있다.
용신이 癸水이면 金이 처이고 水가 자식이다.

한 무리의 丙火가 있으면 왕성한 기세로 인하여 戊土가 메마르므로
이를 화염토조火炎土燥라고 하며 살아갈 수 있는 환경이 아니므로
수행을 하면서 살아가는 스님이나 도사의 부류이라고 합니다.

하나의 癸水가 투출하고 壬水가 암장되면
하늘에서 비가 내리어 메마른 戊土를 촉촉하게 적시어주고
암장된 壬水로써 암암리에 열기를 식히는 재능을 발휘하므로
공을 세우고 이름을 떨칠 수 있다고 합니다.

癸水가 암장되면 빗물을 저장하여
戊土의 메마름을 적시어주므로 의식은 충족하지만
단지 저장된 빗물을 나누어주기 어려우므로
골육인 친척들과 갈등으로 고통이 많다고 합니다.

戊土가 癸水와 화합하여 화합격化合格을 이루고
파격이 되지 않으면 부귀가 가볍지 않다고 합니다.

지지에 金국을 이루면 기세가 왕성한 것으로서
癸水가 투출하면 기이한 격국이 된다고 하며
癸水로써 戊土를 적신 윤택한 土로써 金을 생한다고 하므로
국가고시인 과거에 급제하지 않아도
황제의 은총을 받아 고위직의 벼슬을 하며 영화를 누린다고 합니다.

癸水가 용신이면 金이 처이고 水가 자식으로서 희신의 역할을 합니다.

조화원약에서 발췌한 명조입니다.

시	일	월	년	구분
丙	戊	癸	辛	천간
辰	午	巳	亥	지지

辛金이 투출하여 癸水를 생하여 돕고
丙火가 투출하여 밝은 빛을 비추어 음양의 조화를 이루므로
궁궐의 학자로서 옥당玉堂에 오른 명조입니다.

시	일	월	년	구분
丁	戊	丁	癸	천간
巳	午	巳	巳	지지

丁火가 두 개나 투출하여 열기가 치열한 염상격이나
癸水의 뿌리가 없어 큰 도움이 안 되므로
지방고시에 급제한 학자로서 수재秀才에 머문 명조입니다.

2) 午월의 戊土

입춘으로부터 다섯 번째의 달인 午월은
여름의 뜨거운 열기가 한창이므로 우선 壬水를 먼저 살피고
다음으로 甲木을 취하며 丙火는 상황에 따라 참작하여 쓰고
癸水는 열기를 식히는데 쓰기에는 힘이 미약하다고 합니다.

壬水와 甲木이 모두 투출하면
이른바 군신경회君臣慶會라고 하여 임금과 신하가 연회를 즐기므로
당연히 국가고시인 과거에 장원급제하고 고위직에 올라 현달하며
辛金도 년간에 투출하여 壬水를 도우면 일품의 벼슬을 한다고 합니다.

시	일	월	년	구분
壬	戊	甲	辛	천간
子	寅	午	未	지지

壬水와 甲木이 투출하고 지지의 왕성한 양기와 음양의 조화를 이루어
장군과 재상의 지위에 올라 사방에 이름을 떨친 명조라고 합니다.

若支成火局 即透癸水 不能大濟 是一杯水難濟薪火也 人命合此 即好
약 지 성 화 국 즉 투 계 수 불 능 대 제 시 일 배 수 난 제 신 화 야 인 명 합 차 즉 호

學不倦 亦不能成名 且主目疾 若得壬水出干 則非此比 又或土木重重
학 불 권 역 불 능 성 명 차 주 목 질 약 득 임 수 출 간 즉 비 차 비 우 혹 토 목 중 중

全無滴水 僧道孤貧之輩 用壬者金妻水子
전 무 적 수 승 도 고 빈 지 배 용 임 자 금 처 수 자

지지에 火국을 이루고 癸水가 투출하면 큰 도움이 안 되는데 이는 한 잔의 물이
장작불에는 소용이 없는 것으로서 사람의 명이 이와 같으면 학문을 좋아하며
싫증을 내지 않지만 공명을 이루지 못하고 눈병을 앓는다. 壬水가 투출하면 이
와 같지 않다. 土木이 중첩하였는데 水가 한 방울도 없으면 승도로서 고독하고
가난한 무리이다. 용신이 壬이면 金이 처이고 水가 자식이다.

지지에 火국을 이루면 양기가 매우 왕성한 것으로서
癸水가 투출하여도 큰 도움이 안 된다고 하는데
이는 한 잔의 물이 장작불을 끌 수 없어 소용없는 것과 같으므로
사람의 명이 이와 같다면 학문을 좋아하며 싫증을 내지 않지만
공명을 이루기는 어렵고 눈병을 앓는다고 합니다.
그러나 壬水가 투출하면 이와 같지 않다고 합니다.

土와 木이 중첩하였는데 水가 한 방울도 없으면 조열하여 메마르므로
수행을 하면서 살아가는 승도로서 고독하고 가난하다고 합니다.

壬水가 용신이면 金이 처이고 水가 자식으로서 희신의 역할을 합니다.

조화원약에서 발췌한 명조입니다.

시	일	월	년	구분
丙	戊	丙	丁	천간
辰	寅	午	丑	지지

丙丁火가 왕성하여 매우 조열한데 암장된 癸水로써 해갈이 안 되므로
잔병으로 고생하고 눈도 먼 보통사람의 명조라고 합니다.

3) 未월의 戊土

六月戊土 遇夏乾枯 先看癸水 次用丙火甲木 癸丙兩透 科甲中人 或有
유월무토 우하건고 선간계수 차용병화갑목 계병양투 과갑중인 혹유
癸無丙 見甲可許秀才 無甲略富 或有丙無癸 假道斯文 衣食頗足
계무병 견갑가허수재 무갑약부 혹유병무계 가도사문 의식파족

유월 戊土는 여름을 만나 메마르므로 먼저 癸水를 살피고 난 후에 丙火와 甲木
을 쓴다. 癸丙이 모두 투출하면 과갑을 하는 사람이다. 癸가 있고 丙이 없는데
甲이 있으면 수재는 할 수 있고 甲이 없으면 약간은 부자이다. 丙이 있고 癸가
없으면 도를 닦으며 글을 짓는 흉내를 내지만 의식은 상당히 충족한 편이다.

입춘으로부터 여섯 번째의 달인 未월은
여름의 혹서의 시기를 만나 메마르다고 하므로
우선 癸水를 살피고 난 후에 丙火와 甲木을 쓴다고 합니다.

癸水와 丙火가 모두 투출하면 음양의 조화를 이루어주므로
최고의 국가고시인 과갑에 급제하는 인재라고 합니다.

癸水가 있고 丙火가 없어도 甲木이 있으면
癸水로써 적시고 甲木으로써 소토하여 음양의 조화를 이루어
지방고시에 급제한 학자로서 수재秀才는 할 수 있다고 합니다.

甲木이 없어도 癸水만으로도 戊土를 적시어주면
약간의 부자는 될 수 있다고 합니다.

丙火가 있고 癸水가 없으면
음양의 조화를 이루지 못하므로
도를 닦으며 글을 짓는 흉내를 내지만
먹고 살 수 있는 의식은 상당히 충족한 편이라고 합니다.

或癸透辛出 以刀筆之才 可謀異路 無癸丙者 常人 若又無甲 下賤之輩
혹계투신출 이도필지재 가모이로 무계병자 상인 약우무갑 하천지배

或土多得一甲出 不見庚辛 爲人作事軒昂 性情謹愼 即不顯揚 亦文章
혹토다득일갑출 불견경신 위인작사헌앙 성정근신 즉불현양 역문장

驚世 用癸者金妻水子 用丙者木妻火子 用甲者水妻木子
경세 용계자금처수자 용병자목처화자 용갑자수처목자

癸와 辛이 투출하면 글씨를 새기는 재주가 있어 다른 길을 도모할 수 있다. 癸
丙이 없으면 보통사람이고 甲도 없으면 하천한 무리이다. 土가 많은데 하나의
甲이 투출하고 庚辛이 없으면 위인이 위풍당당하게 일을 하고 성정은 신중하며
명성이 드러나지 않아도 문장으로 세상을 놀라게 한다. 용신이 癸이면 金이 처
이고 水가 자식이며 용신이 丙이면 木이 처이고 火가 자식이고 용신이 甲이면
水가 처이고 木이 자식이다.

癸水와 辛金이 투출하면
辛金으로써 癸水를 생하고 戊土를 충분히 적시어주므로
재능이 있다고 하는 것으로서 글씨를 새기는 도필刀筆의 재주로써
기술이나 예능 등의 다른 길을 도모할 수 있다고 합니다.

癸水와 丙火가 모두 없으면
음양의 조화가 이루어지지 않아 쓸모가 없어 보통사람에 불과하고
甲木도 없으면 戊土를 소토하지 못하므로 하천한 무리라고 합니다.

土가 많은데 하나의 甲木이 투출하고 庚辛金이 없으면
하나의 甲木이 높이 투출하여 왕성한 기세의 戊土를 소토하므로
이 사람은 위풍당당하게 일을 처리하고 성정은 신중하며
명성이 드러나지 않아도 문장으로 세상을 놀라게 한다고 합니다.

癸水가 용신이면 金이 처이고 水가 자식으로서 희신의 역할을 하고
丙火가 용신이면 木이 처이고 火가 자식으로서 희신의 역할을 하고
甲木이 용신이면 水가 처이고 木이 자식으로서 희신의 역할을 합니다.

조화원약에서 발췌한 명조입니다.

시	일	월	년	구분
癸	戊	己	戊	천간
丑	辰	未	戌	지지

戊己土가 투출하여 기세가 왕성한데
癸水가 투출하여 메마른 흙을 촉촉하게 적시어 주므로
수행을 하여 도를 이루고 진실한 삶을 사는 사람의 명조입니다.

시	일	월	년	구분
辛	戊	己	戊	천간
酉	午	未	申	지지

戊己土가 투출하여 기세가 왕성한데
辛金이 투출하고 암장된 壬水로써 암암리에 재능을 발휘하므로
음양의 조화를 이루어 어린 나이에 장원급제한 명조입니다.

시	일	월	년	구분
癸	戊	辛	己	천간
丑	子	未	巳	지지

己土가 투출하여 매우 조열한 것으로서
癸水가 투출하고 辛金이 도와 해갈을 하여 주며
丙火가 암장되어 암암리에 재능을 발휘하므로 부자가 된 명조입니다.

시	일	월	년	구분
丁	戊	癸	庚	천간
巳	子	未	子	지지

丁火가 투출하여 열기가 왕성하나
癸水가 투출하고 庚金이 도와 음양의 조화를 이루므로
지방관서의 장으로서 지주知州에 오른 명조입니다.

3. 가을의 戊土

1) 申월의 戊土

七月戊土 陽氣漸入 寒氣漸出 先丙後癸 甲木次之 丙癸甲透者 富貴極品
칠월무토 양기점입 한기점출 선병후계 갑목차지 병계갑투자 부귀극품
癸藏丙透 不僅秀才 丙甲兩透 癸水會局藏辰 亦不失富貴
계장병투 불근수재 병갑양투 계수회국장진 역부실부귀
칠월 戊土는 양기가 점차 들어가고 한기가 점차 나오는 때이므로 丙을 우선 쓰
고 癸를 나중에 쓰며 甲木은 그 다음으로 쓴다. 丙癸甲이 투출하면 부귀가 극품
에 이른다. 癸가 암장되고 丙이 투출하면 수재에 머물지 않는다. 丙甲이 모두
투출하고 癸水가 회국하여 辰에 암장되면 부귀를 잃지는 않는다.

입춘으로부터 일곱 번째의 달인 申월은
양기가 점차 들어가고 한기가 점차 나오는 때로서
丙火로써 양기를 보충하고 癸水로써 촉촉하게 적시며
다음으로 甲木으로써 소토를 한다고 합니다.

丙火와 癸水와 甲木이 모두 투출하면
음양의 조화를 이루므로 부귀가 최고의 극품에 이른다고 합니다.

癸水가 암장되고 丙火가 투출하면
丙火로써 양기를 보충하고
암장된 癸水로써 암암리에 음양의 조화를 이루는 재능을 발휘하므로
지방고시에 급제한 학자로서 수재秀才로만 머물지 않고
고위직에 진출할 수 있다고 합니다.

丙火와 甲木이 모두 투출하여 양기가 왕성한데
지지에서 申子辰 회국을 이루면 辰土에 癸水가 암장되어
암암리에 음양의 조화를 이루는 재능을 발휘하므로
부귀를 잃지는 않는다고 합니다.

丙火가 없고 癸水와 甲木이 투출하면
丙火가 없어 기세를 보충하지 못하지만
癸水로써 戊土를 촉촉하게 적시고 甲木으로써 소토할 수 있으므로
이 사람의 성품은 맑고 우아하며 천금의 부자라고 합니다.

癸水와 甲木이 없으면 쓸모가 없으므로 보통사람에 불과하고
丙火가 있으면 기세를 보충할 수 있으므로
처가 현숙하고 자식이 효도한다고 하며
丙火와 甲木 그리고 癸水가 모두 없으면
역시 쓸모가 없으므로 천박한 하류의 명이라고 합니다.

지지에 水국을 이루어도 자신을 포기하고 水재성의 왕성한 기세에
복종하며 따르는 기명종재棄命從財는 하지 않는다고 합니다.
戊土는 왕성한 水의 기세를 제어하려고 하므로
이때는 마땅히 甲木을 취하여 왕성한 水를 설기하여 돕는다고 합니다.

甲木이 투출하면 음양의 조화를 이루어 약간의 부귀는 있다고 합니다.

용신과 처자는 전월과 동일하다고 합니다.

조화원약에서 발췌한 명조입니다.

시	일	월	년	구분
甲	戊	戊	壬	천간
寅	辰	申	寅	지지

壬水가 투출하여 왕성한데 戊土가 제어하고
甲木이 투출하여 戊土를 소토하며 음양의 조화를 이루므로
지방관서의 장인 무원撫院에 오른 명조입니다.

시	일	월	년	구분
戊	戊	戊	壬	천간
午	辰	申	寅	지지

壬水가 투출하여 왕성한데 戊土가 제어하고
甲木과 癸水가 암장되어 암암리에 재능을 발휘하여
지방관서의 장인 태수太守에 오른 명조입니다.

시	일	월	년	구분
丙	戊	丙	辛	천간
辰	子	申	酉	지지

丙辛이 화합하고 지지에 水국을 이루어 기세가 왕성한데
丙火가 투출하여 밝게 빛나고 있으므로
황제의 스승으로서 천사天師의 명조입니다.

시	일	월	년	구분
壬	戊	壬	己	천간
子	申	申	酉	지지

金水의 기세가 매우 왕성한데
己土가 투출하여 壬水를 탁하게 하여 부자가 되었으나
음양의 조화를 이루지 못하여 귀하지 못한 명조입니다.

시	일	월	년	구분
癸	戊	甲	庚	천간
丑	寅	申	寅	지지

庚金으로써 甲木을 제어하여 처음에는 가난하였으나
甲木으로써 소토하고 나중에는 부자가 되었으며
癸水가 투출하고 丙火가 암장되어 암암리에 재능을 발휘하므로
지방고시에 급제한 학자로서 수재秀才의 명조입니다.

시	일	월	년	구분
丁	戊	甲	庚	천간
巳	寅	申	寅	지지

위 명조와 시만 다른 여성의 명조로서
庚金으로써 甲木을 쪼개어 丁火가 치열하므로
남편이 감당하지 못하고 죽은 명조입니다.

시	일	월	년	구분
丙	戊	壬	甲	천간
辰	子	申	午	지지

지지에 水국을 이루고 壬水가 투출하여 기세가 왕성한데
甲木이 투출하여 설기하고
丙火가 투출하여 밝게 빛나므로
중앙관서의 고위직으로서 대학자인 한림翰林의 명조입니다.

2) 酉月의 戊土

八月戊土 金洩身寒 賴丙照暖 喜水滋潤 先丙後癸 不必木疏 丙癸兩透
팔월무토 금설신한 뢰병조난 희수자윤 선병후계 불필목소 병계양투
科甲中人 丙透癸藏 可許入泮 癸透丙藏 納資得官 若丙藏又無癸 即多
과갑중인 병투계장 가허입반 계투병장 납자득관 약병장우무계 즉다
不透 此皆常人 丙癸全無 奔流之客
불투 차개상인 병계전무 분류지객

팔월 戊土는 金이 설기하여 몸이 차가우므로 丙에 의지하여 따뜻하게 하고 水
로써 적셔주는 것을 기뻐하므로 丙을 먼저 쓰고 癸를 나중에 쓰는데 木의 소토
는 필요하지 않다. 丙癸가 모두 투출하면 과갑을 하고 丙이 투출하고 癸가 암장
되면 입반은 하며 癸가 투출하고 丙이 암장되면 재물로써 벼슬을 한다. 丙이 암
장되고 癸가 없거나 많아도 투출하지 않으면 모두 보통사람이다. 丙癸가 전혀
없으면 떠도는 사람이다.

입춘으로부터 여덟 번째의 달인 酉월은
왕성한 기세의 金이 양기를 설기하여 戊土의 몸이 차가워지므로
먼저 丙火에 의지하여 戊土를 따뜻하게 한 다음에
癸水로써 적셔주는 것을 기뻐한다고 하며
甲木의 소토는 필요하지 않다고 합니다.

丙火와 癸水가 모두 투출하면 음양의 조화를 이루므로
최고의 국가고시인 과갑에 급제한다고 합니다.

丙火가 투출하고 癸水가 암장되면 丙火로써 따뜻하게 하므로
지방고시에 급제한 학자로서 입반入泮은 할 수 있다고 하며
癸水가 투출하고 丙火가 암장되면 癸水로써 戊土를 적시어
부자가 될 수 있으므로 재물로써 관직을 살 수 있다고 합니다.

丙火가 암장되고 癸水가 없거나 많아도 투출하지 않으면
암암리에 쓰이는 것이므로 모두 보통사람이 된다고 하며
丙火와 癸水가 전혀 없으면 방랑하면서 떠도는 사람이라고 합니다.

或四柱皆辛 無丙丁 此名傷官格 為人淸秀 卽不能拾芥 亦可武庠 一見
혹사주개신 무병정 차명상관격 위인청수 즉불능습개 역가무상 일견
癸水 富而且貴 或支成水局 壬癸出干 此名財多身弱 愚懦無能 若天干
계수 부이차귀 혹지성수국 임계출간 차명재다신약 우나무능 약천간
有比劫 分散財神 頗言衣食 用神妻子同前 秋土生金極弱 須丙火丁火
유비겁 분산재신 파언의식 용신처자동전 추토생금극약 수병화정화
出干方妙
출간방묘

사주가 모두 辛이고 丙丁이 없다면 이른바 상관격으로서 위인이 뛰어나게 우
수하여도 학자는 어렵고 무관은 할 수 있다. 하나의 癸水가 있으면 부자로서 귀
하다. 지지에 水국을 이루고 壬癸가 투출하면 이른바 재다신약으로서 어리석고
나태하며 무능하고 천간에 비겁이 있어 재성을 분산시키면 의식은 상당하다.
용신과 처자는 전월과 같다. 가을 土는 金을 생하느라 극히 약해지므로 반드시
丙火와 丁火가 투출하여야 비로소 좋아진다.

사주가 모두 辛金이고 丙丁火의 양기가 없다면
격국론의 용어로서 상관격傷官格이라고 하며
위인이 뛰어나게 우수하다고 하여도 학자는 어렵고
무과에 급제한 무관으로서 무상武庠은 할 수 있다고 합니다.
하나의 癸水가 있으면
왕성한 辛金의 생을 받아 부자로서 귀하게 된다고 합니다.

지지에 水국을 이루고 壬癸水가 투출하면 기세가 왕성한 것으로서
격국론의 용어로서 재다신약財多身弱이라고 하며
음기를 감당하지 못하므로 어리석고 나태하며 무능하다고 합니다.
천간에 戊己土의 비겁이 도와 水재성의 왕성한 기세를 분산시키면
먹고 살 수 있는 의식은 상당히 있다고 합니다.

용신과 처자는 전월과 동일하다고 하며
가을 土는 왕성한 기세의 金을 생하느라 양기가 극히 쇠약하여지므로
반드시 丙火와 丁火가 투출하여 도와주어야 비로소 좋다고 합니다.

조화원약에서 발췌한 명조입니다.

시	일	월	년	구분
壬	戊	辛	戊	천간
子	子	酉	子	지지

辛金이 투출하고 壬水가 투출하여 기세가 매우 왕성한데
戊土가 감당하지 못하여 어렵게 사는 명조입니다.

시	일	월	년	구분
辛	戊	辛	戊	천간
酉	申	酉	子	지지

戊土와 辛金만이 천간에 투출하여 순수하고 맑다고 하는 것으로서
장군의 지위인 총병總兵에 오른 명조입니다.

3) 戌월의 戊土

구월 戊土는 권력을 담당하여 丙을 전용할 수 없으므로 먼저 甲木을 살피고 다음에 癸水를 취하지만 다만 화합을 꺼려한다. 金이 있으면 우선 癸水를 쓰고 나중에 丙火를 취하는데 지지와 천간의 배합을 이루어 土를 생하여야 반드시 순조롭게 발전한다. 丙이 없고 癸가 있는데 甲이 투출하지 못하면 벼슬을 하는 작은 부자이다. 癸丙이 없고 甲이 있으면 의식이 있을 뿐이다.

입춘으로부터 아홉 번째의 달인 戌월은
戊土가 권력을 담당하여 土의 기세가 매우 왕성하므로
丙火를 전용하여 도울 수 없다고 하며
먼저 甲木으로써 戊土의 기세를 제어하고 癸水로써 적셔주는데
다만 戊土와 癸水가 화합하는 것을 꺼린다고 합니다.

金이 있으면 우선 癸水를 생하게 하여 쓴다고 하며
나중에 丙火를 취하는데
지지와 천간에서 배합을 이루어야 비로소 土를 생할 수 있으므로
반드시 순조롭게 발전한다고 합니다.

丙火가 없고 癸水가 있는데 甲木이 투출하지 못하면
癸水로써 촉촉하게 적시어도 음양의 조화를 이루지 못하므로
단지 벼슬을 하는 작은 부자에 불과하다고 합니다.

癸水와 丙火가 없고 甲木이 있으면
甲木으로써 戊土를 소토하지만 음양의 조화를 이루지 못하므로
단지 먹고 살 수 있는 의식만 겨우 있을 뿐이라고 합니다.

若癸甲全無 雖有丙火 亦屬平常 或為僧道 或支成水局 壬癸透干 用戊
약 계 갑 전 무 수 유 병 화 역 속 평 상 혹 위 승 도 혹 지 성 수 국 임 계 투 간 용 무
止流 有比透反主富 支成火局 名土燥 不發 得金水兩透 此人清高 略
지 류 유 비 투 반 주 부 지 성 화 국 명 토 조 불 발 득 금 수 양 투 차 인 청 고 약
可富貴 無水 一生困苦 妻子同前
가 부 귀 무 수 일 생 곤 고 처 자 동 전

癸甲이 전혀 없으면 비록 丙火가 있어도 보통사람에 속하거나 승도이다. 지지
에 水국을 이루고 壬癸가 투출하면 戊로써 흐름을 막아야 하며 비견이 투출하
면 오히려 부자이다. 지지가 火국을 이루면 土가 마르므로 발전하지 못한다. 金
水가 모두 투출하면 이 사람은 고결하고 약간은 부귀할 수 있지만 水가 없으면
일생동안 고생한다. 처자는 전월과 동일하다.

癸水와 甲木이 전혀 없으면
비록 丙火가 있어도 쓰임이 없는 것으로서
보통사람에 속하거나 수행을 하면서 살아가는 승도라고 합니다.

지지에 水국을 이루고 壬癸水가 투출하면 기세가 왕성한 것으로서
戊土로써 왕성한 기세의 흐름을 막아야 하는데
戊土의 비견이 투출하여 도우면 오히려 부자라고 합니다.

지지에 火국을 이루면 기세가 왕성한 것으로서
戊土가 메마르므로 발전하지 못한다고 합니다.

金水가 모두 투출하면 왕성한 양기를 제어하여
음양의 조화를 이루므로
이 사람은 고결하고 약간은 부귀할 수 있다고 하며
水가 없으면 왕성한 양기로 인하여
일생동안 고생만 한다고 합니다.

용신과 처자는 전월과 동일하다고 합니다.

조화원약에서 발췌한 명조입니다.

시	일	월	년	구분
丙	戊	甲	己	천간
辰	辰	戌	酉	지지

甲木과 己土가 화합하고 丙火가 밝게 빛나면서
癸水가 암장되어 암암리에 재능을 발휘하므로
두 가지 과거에 모두 급제한 명조입니다.

시	일	월	년	구분
癸	戊	庚	丁	천간
丑	戌	戌	亥	지지

丁火가 庚金을 제어하고 癸水로써 촉촉하게 적시어주며
甲木이 암장되어 암암리에 재능을 발휘하며 큰 부자가 되고
국가고시에 급제한 학자로서 공사貢士의 명조입니다.

시	일	월	년	구분
乙	戊	庚	丁	천간
卯	寅	戌	酉	지지

丁火가 庚金을 제어하고 乙木의 기세가 왕성하며
甲木이 암장되어 암암리에 재능을 발휘하며
자수성가로써 큰 부자가 된 명조입니다.

시	일	월	년	구분
壬	戊	戊	丙	천간
子	寅	戌	戌	지지

壬水와 丙火가 투출하여 음양의 조화를 이루어주므로
국가고시에 급제한 학자로서 공생貢生의 명조입니다.

시	일	월	년	구분
己	戊	戊	丙	천간
未	辰	戌	子	지지

丙火가 투출하여 밝게 빛나며 戊己土의 기세가 왕성한데
癸水가 암장되어 암암리에 재능을 발휘하므로
궁궐의 대학자로서 소보少保에 오른 명조입니다.

시	일	월	년	구분
癸	戊	丙	庚	천간
丑	子	戌	寅	지지

庚金이 음기를 도우나 丙火로써 제어하고
癸水로써 적시어 음양의 조화를 이루므로
중앙관서의 차관급인 시랑侍郞에 오른 명조입니다.

시	일	월	년	구분
己	戊	壬	癸	천간
未	戌	戌	酉	지지

壬癸水가 왕성한데
己土로써 제어하기 어려우므로 고독하였으나
戊土의 기세가 왕성하므로 오래 산 명조입니다.

4. 겨울의 戊土

1) 亥월의 戊土

十月戊土 時值小陽 陽氣略出 先用甲木 次取丙火 非甲 土不靈 非丙
시월무토 시치소양 양기약출 선용갑목 차취병화 비갑 토불령 비병
土不暖 安能生發萬物 甲丙兩出 富貴中人 或甲得長生 遇支藏得地之
토불난 안능생발만물 갑병양출 부귀중인 혹갑득장생 우지장득지지
水 一丙高透 亦主身貴揚名
수 일병고투 역주신귀양명
시월 戊土는 소양의 시기로서 양기가 약간 나오므로 甲木을 우선 쓰고 다음에
丙火를 쓴다. 甲이 없으면 土는 쓸모가 없으며 丙이 아니면 土를 따뜻하게 하지
못하므로 어찌 만물이 살아가며 발전할 수 있겠는가. 甲丙이 모두 투출하면 부
귀한 사람이고 甲이 장생을 얻고 지지에 암장된 水를 득하고 하나의 丙이 높이
투출하면 귀한 몸으로서 이름을 떨친다.

입춘으로부터 열 번째의 달인 亥월은
甲木이 장생하는 소양의 시기로서 양기가 약간 나오는 시기이므로
甲木을 우선 쓰고 난 후에 丙火를 쓴다고 합니다.

甲木이 없으면 土를 소토하지 못하므로 쓸모가 없다고 하며
丙火가 없으면 겨울 土를 따뜻하게 하지 못하므로
어찌 만물이 살아가면서 발전할 수 있겠느냐고 합니다.

甲木과 丙火가 모두 투출하면
음양의 조화가 이루어지므로 부귀한 사람이라고 합니다.

甲木이 亥중에서 장생을 얻고 지지에 암장된 水의 음기를 득하면
암장된 甲木이 암암리에 戊土를 소토하면서 재능을 발휘하고
하나의 丙火가 높이 투출하면
밝은 태양의 빛이 온 누리를 비추는 것으로서
귀한 몸으로서 이름을 떨친다고 합니다.

지지에 庚金이 있으면
甲木의 소토를 암암리에 제어하며 방해하므로
지방고시에 급제한 학자로서 입반入泮일 뿐이라고 합니다.

庚金이 없고 甲木이 암장되었는데
丙火가 높이 투출하면 음양의 조화를 이루므로
최고의 국가고시인 과갑에 급제할 수 있다고 합니다.

庚金이 있고 丁火가 투출하면
丁火로써 庚金을 제어하여 甲木을 구하는 재능이 있으므로
무술이나 기예 등의 다른 방면으로 공명을 이루거나
전리典吏로서 하급관리라고 합니다.

庚金과 丁火가 투출하지 않고 甲木과 丙火가 암장되면
암암리에 재능을 발휘할 수 있어 부귀하다고 합니다.

壬水가 투출하였는데 戊土를 득하여
丙火를 구하면 부자로서 귀하다고 하며
丙火와 甲木이 모두 없으면 쓸모가 없으므로 반드시 승도라고 합니다.

조화원약에서 발췌한 명조입니다.

시	일	월	년	구분
庚	戊	辛	壬	천간
申	寅	亥	申	지지

壬水와 庚辛金이 투출하여 기세가 왕성한데
丙火와 甲木이 암장되어 암암리에 재능을 발휘하므로
지방관서의 장인 부윤府尹에 오른 명조입니다.

시	일	월	년	구분
乙	戊	辛	壬	천간
卯	辰	亥	申	지지

壬水와 辛金이 투출하여 기세가 왕성한데
乙木의 왕성한 기세로써 음양의 조화를 이루므로
충직하고 후덕한 사람의 명조입니다.

시	일	월	년	구분
壬	戊	乙	己	천간
戌	子	亥	亥	지지

乙木이 己土를 제어하고 壬水가 왕성한데
戊土가 암장되어 암암리에 재능을 발휘하므로
발전하여 부자가 된 명조입니다.

시	일	월	년	구분
丙	戊	乙	己	천간
辰	戌	亥	酉	지지

乙木이 己土를 제어하고
丙火가 투출하여 밝게 빛나므로
국가고시인 과거에 두 번이나 급제한 명조입니다.

시	일	월	년	구분
丙	戊	丁	乙	천간
辰	戌	亥	卯	지지

乙木이 왕성하여 丁火의 불꽃을 밝게 하고
丙火가 투출하여 밝게 빛나므로
국가고시인 과거에 두 번이나 급제한 명조입니다.

시	일	월	년	구분
戊	戊	癸	癸	천간
午	辰	亥	卯	지지

戊土와 癸水만 투출하여 맑고 순수하고 기세가 왕성한 것으로
丁火가 암장되어 암암리에 재능을 발휘하므로
지방관서의 장인 부윤府尹에 오른 명조입니다.

2) 子丑월 戊土

십일월과 십이월은 혹독한 추위로 얼었으므로 丙火를 전용하고 甲木으로 보좌한다. 丙甲이 모두 투출하면 과거에 급제한 사람이다. 丙이 투출하고 甲이 암장되면 채근으로서 먹고는 살고 丙이 암장되고 甲이 투출하면 하급관리이다. 丙이 있고 甲이 없으면 권세 있는 부자이고 甲이 있고 丙이 없으면 청빈하고 丙甲이 모두 없으면 하류의 명조이다.

입춘으로부터 열한 번째의 달인 子월과 열두 번째의 달인 丑월은
혹독한 추위로 얼었으므로
丙火를 전용하여 해동하고 甲木으로 보좌하여 돕는다고 합니다.

丙火와 甲木이 모두 투출하면 음양의 조화를 이루어
과거에 급제하여 영화로운 부귀를 누리는
도랑지인桃浪之人이라고 합니다.

丙火가 투출하고 甲木이 암장되면
지방고시에 급제한 학자인 채근採芹으로서 먹고는 산다고 하며
丙火가 암장되고 甲木이 투출하면 하급관리에 불과하다고 합니다.

丙火가 있고 甲木이 없으면 권세가 있는 부자로서 호부豪富라고 하며
甲木이 있고 丙火이 없으면 청빈淸貧한 사람이라고 합니다.

丙火와 甲木이 모두 없으면 쓸모가 없으므로
하류로서 천민의 명조라고 합니다.

或一派丙火 加以丙透 運値火土 弱中復強 又一壬透 主清高榮祿 乏壬
혹 일 파 병 화 가 이 병 투 운 치 화 토 약 중 복 강 우 일 임 투 주 청 고 영 록 핍 임

僧道孤寒 或一派水土寒滯 不見一丙 得一癸透月時 亦不失儒雅風流
승 도 고 한 혹 일 파 수 토 한 체 불 견 일 병 득 일 계 투 월 시 역 부 실 유 아 풍 류

한 무리의 丙火가 있는데 더하여 丙이 투출하고 운에서 火土를 만나면 약한 중
에 강한 것이 회복되는데 하나의 壬도 투출하면 고결하고 영화로우며 壬이 부
족하면 승도로서 빈한하다. 한 무리의 水土로 한기가 정체되고 하나의 丙이 없
는데 하나의 癸가 월시에 투출하면 우아한 선비로서 풍류를 잃지는 않는다.

한 무리의 丙火가 있는데
더하여 丙火가 투출하면 기세가 매우 왕성한 것으로서
운에서 火土를 만나면
겨울에 추위로 약하여진 양기가 다시 강하게 회복된다고 합니다.

이때 하나의 壬水가 투출하여 음양의 조화를 이루면
이 사람은 고결하고 영화로운 복을 누린다고 합니다.

그러나 壬水가 부족하면 강하게 회복된 양기로 인하여
메말라 쓰임이 없으므로
수행을 하면서 살아가는 승도로서 고독하고 빈한하다고 합니다.

한 무리의 水土가 있다면
겨울에 차가운 한기가 정체되어 있는 것으로서
하나의 丙火도 없어 왕성한 음기를 제어하지 못하고 있는데

하나의 癸水가 월간이나 시간에 투출하면
일간의 戊土는 癸水와 화합하고자 하는 뜨거운 마음이 가득하므로
우아한 선비로서 풍류를 잃지는 않는다고 합니다.

或一派壬水 不見比劫 可作從財而論 即有比劫 得甲出干 又主富貴
혹일파임수 불견비겁 가작종재이론 즉유비겁 득갑출천 우주부귀
若寒土無丙 雖有甲木 亦是內虛外實之人 或二癸透月時 名為爭合
약한토무병 수유갑목 역시내허외실지인 혹이계투월시 명위쟁합
終屬勞碌之人 得一己出干制癸 反為忠義之士 捨己從人而論 年月透
종속노록지인 득일기출간제계 반위충의지사 사기종인이론 년월투
辛金者 又屬土金傷官 異路功名可許 以金為妻水為子
신금자 우속토금상관 이로공명가허 이금위처수위자

한 무리의 壬水가 있는데 비겁이 없으면 종재로서 논하고 비겁이 있고 甲이 투
출하면 부귀하다. 차가운 土에 丙이 없으면 비록 甲木이 있어도 속은 비고 겉은
실속 있는 사람이다. 두 개의 癸가 월시에 투출하면 이른바 쟁합으로서 마침내
고생하는 사람에 속한다. 하나의 己가 투출하여 癸를 제어하면 오히려 충의지
사로서 자신을 버리고 사람들을 따른다고 한다. 년월에 辛金이 투출하면 土金
상관에 속하며 다른 길로 공명을 이루고 金이 처이고 水가 자식이다.

한 무리의 壬水가 있는데 戊己土의 비겁이 없으면
격국론의 용어로서 종재從財로서 논한다고 하며
戊己土의 비겁이 있고 甲木이 투출하여 소토하면 부귀하다고 합니다.
단지 차가운 土에 丙火가 없으면 해동을 하지 못하므로
속은 비어 있어도 겉은 실속 있는 것처럼 보이는 사람이라고 합니다.

두 개의 癸水가 월간과 시간에 투출하면
일간의 戊土는 癸水와 서로 화합을 하고자 쟁합爭合하며 경쟁하므로
마침내 늙도록 고생만 하는 사람에 속한다고 합니다.
그러나 己土가 투출하여 癸水를 제어하여 준다면
오히려 충의지사로서 자신을 버리고 다른 사람들을 따른다고 합니다.

년월에 辛金이 투출하면
격국론의 용어로서 토금상관土金傷官에 속한다고 하며
무술이나 기예 등의 다른 길에서 공명을 이룬다고 합니다.
이 경우에는 金이 처이고 水가 자식으로서 희신의 역할을 합니다.

조화원약에서 발췌한 명조입니다.

시	일	월	년	구분
庚	戊	丙	己	천간
申	戌	子	亥	지지

丙火가 투출하여 해동을 하고
庚金이 투출하여 음양의 조화를 이루므로
중앙관서의 차관급인 시랑侍郎에 오른 명조입니다.

시	일	월	년	구분
壬	戊	壬	壬	천간
子	子	子	子	지지

壬水의 기세가 순수하고 왕성하므로
궁궐의 학자로서 한림학사翰林學士에 오른 명조입니다.

시	일	월	년	구분
壬	戊	乙	癸	천간
子	申	丑	卯	지지

壬癸水가 투출하여 기세가 매우 왕성한데
乙木이 투출하여 음양의 조화를 이루며
크게 귀하게 된 명조입니다.

시	일	월	년	구분
癸	戊	乙	癸	천간
丑	申	丑	卯	지지

癸水가 투출하여 기세가 왕성한데
乙木이 투출하여 설기하고 음양의 조화를 이루므로
고위직을 지낸 명조입니다.

시	일	월	년	구분
丙	戊	丁	己	천간
辰	子	丑	未	지지

丙丁火가 투출하여 해동하여주므로
지방고시에 급제한 학자로서 수재秀才이며 부자가 된 명조입니다.

시	일	월	년	구분
甲	戊	癸	壬	천간
寅	寅	丑	午	지지

壬癸水가 투출하여 기세가 왕성한데
甲木이 투출하여 음양의 조화를 이루므로
한 번의 과거에 급제한 학자의 명조입니다.

窮通寶鑑

제 7 장
기토
ㄹㅗ

1. 봄의 己土

1) 寅월의 己土

正月己土 田園猶凍 蓋因臘氣未除 餘寒未退 故丙爲尊 得丙照暖 萬物
정 월 기 토 전 원 유 동 개 인 랍 기 미 제 여 한 미 퇴 고 병 위 존 득 병 조 난 만 물
自生 忌見壬水 反爲己病 何也 壬乃江湖之水 湖水一發 則田園洗蕩
자 생 기 견 임 수 반 위 기 병 하 야 임 내 강 호 지 수 호 수 일 발 즉 전 원 세 탕
變爲沙土 而根苗盡沒矣 須戊作堤 以保園圃
변 위 사 토 이 근 묘 진 몰 의 수 무 작 제 이 보 원 포

정월 己土는 전원이 여전히 얼어있고 대개 섣달의 기후가 아직 제거되지 않고
한기가 물러나지 않은 시기이므로 丙을 존중하는데 丙을 득하여 따뜻하게 하
여야 만물이 스스로 생한다. 꺼리는 것은 壬水가 있으면 오히려 己의 병이 되는
것은 어떤 경우인가. 壬은 강과 호수의 물로서 호수가 한 번 발하면 전원을 휩
쓸어 모래로 변하여 뿌리와 싹이 매몰되기 때문이며 반드시 戊로써 제방을 쌓
아 농장을 보호해야 한다.

입춘이 시작되는 정월인 寅월은
논과 밭의 전원이 여전히 얼어있다고 하며
대개 섣달인 丑월의 추운 기후가 아직 제거되지 않고
한기가 물러나지 않은 시기이므로 丙火를 존중하여 쓴다고 합니다.

丙火를 득하여 따뜻하게 해동하여주면
만물이 스스로 생하여 뿌리를 내리고 싹을 내놓는다고 합니다.

꺼리는 것은 壬水가 있으면
오히려 己土의 병이 된다고 하는데 어떠한 경우인가.

壬水는 강과 호수의 물로서 한 번 넘치면
己土의 전원과 농장은 물에 휩쓸려 순식간에 모래로 변하여
뿌리와 싹이 매몰되기 때문이라고 하며
반드시 戊土로써 제방을 쌓아 농장을 보호해야 한다고 합니다.

壬多要見戊制 有戊出干者 定主玉堂金馬 若乏戊制 必屬平常 或一派
임 다 요 견 무 제 유 무 출 간 자 정 주 옥 당 금 마 약 핍 무 제 필 속 평 상 혹 일 파
甲木 有庚出干 加以癸丙齊透 配得中和 亦名利雙全 即丙生寅月 庚透
갑 목 유 경 출 간 가 이 계 병 제 투 배 득 중 화 역 명 리 쌍 전 즉 병 생 인 월 경 투
天干 亦有俊秀 若甲多無庚 殘疾廢人 宜用丁洩
천 간 역 유 준 수 약 갑 다 무 경 잔 질 폐 인 의 용 정 설

壬이 많으면 戊로 제어하는 것이 필요한데 戊가 투출하면 반드시 궁궐의 고위
직이지만 戊의 제어함이 부족하면 반드시 보통사람에 속한다. 한 무리의 甲木
이 있는데 庚이 투출하고 癸丙도 나란히 투출하여 중화를 득하면 부귀가 완전
하다. 丙이 寅월에 생하므로 庚이 투출하면 준수하다. 甲이 많은데 庚이 없으면
질병으로 폐인이 되므로 마땅히 丁으로써 설기한다.

壬水가 많으면 戊土로 제어하는 것이 필요하다고 하며
戊土가 투출하면 반드시 궁궐의 고위직을 할 수 있지만
戊土의 제어함이 부족하면 반드시 보통사람에 속한다고 합니다.

한 무리의 甲木이 있으면 기세가 왕성한 것으로서
庚金이 투출하여 甲木을 제어하여야 음양의 조화를 이룰 수 있으며
더불어 癸水와 丙火가 투출하여 음양의 조화로써 중화를 이루면
명리쌍전名利雙全으로서 부귀가 모두 완전하다고 합니다.

丙火는 寅월에 장생하므로 왕성하여지는 것으로서
庚金이 투출하면 양기를 설기하므로 준수한 인물이라고 합니다.

甲木이 많으면 기세가 매우 왕성한 것으로서
庚金이 없어 甲木을 제어하지 못하면
己土가 감당하기 어려우므로 질병으로 폐인이 된다고 합니다.

이때는 丁火로써 甲木의 왕성한 기세를 설기하여
己土를 도와 구하여주면 질병으로부터 己土를 구할 수 있다고 합니다.

或一派火 即不見水無碍 何也 正月己土寒溼 必丙燥暖 反主厚祿 加一
혹일파화 즉불견수무애 하야 정월기토한습 필병조난 반주후록 가일
癸透 科甲自然 戊透 反作常人 或一派戊土 有甲出制 又主榮顯 如見
계투 과갑자연 무투 반작상인 혹일파무토 유갑출제 우주영현 여견
乙出 雖多不能疏土 且乙多者 奸詐小人 用丙者木妻火子
을출 수다불능소토 차을다자 간사소인 용병자목처화자

한 무리의 火가 있으면 水가 없어도 장애가 없다고 하는 것은 정월 己土는 한습
하므로 반드시 丙으로써 말리고 따뜻하게 하면 오히려 복이 두텁기 때문이며
더하여 하나의 癸도 투출하면 과갑은 당연하고 戊가 투출하면 오히려 보통사람
이다. 한 무리의 戊土가 있는데 甲이 투출하여 제어하면 영화롭게 현달한다. 乙
이 투출하면 비록 많아도 소토할 수 없으므로 乙이 많으면 간사한 소인이다. 용
신이 丙이면 木이 처이고 火가 자식이다.

한 무리의 火가 있으면 기세가 왕성한 것으로서
水가 없어도 장애가 없다고 하는 것은
寅월의 己土는 차갑고 습하므로 반드시 丙火로써 말리고
따뜻하게 하면 오히려 복이 두텁기 때문이라고 합니다.

더하여 하나의 癸水도 투출하면 음양의 조화를 이루게 되므로
최고의 국가고시인 과갑에 급제하는 것은 당연하다고 하며
戊土가 투출하면 癸水와 화합하므로 쓸모가 없어
오히려 보통사람에 불과하다고 합니다.

한 무리의 戊土가 있으면 기세가 왕성한 것으로서
甲木이 투출하여 제어하면 영화롭게 현달하여 귀하게 된다고 합니다.

乙木이 투출하면 왕성한 기세의 戊土를 소토할 수 없으므로
오히려 기회만 엿보는 간사한 소인이라고 합니다.

丙火가 용신이면 木이 처이고 火가 자식으로서 희신의 역할을 합니다.

조화원약에서 발췌한 명조입니다.

시	일	월	년	구분
甲	己	戊	庚	천간
子	酉	寅	午	지지

戊土가 투출하여 甲木으로써 소토를 하는데
년간에 庚金이 투출하여 방해하므로 처음에는 가난하였다고 하며
나중에 甲木으로서 소토할 수 있으므로 부자가 된 명조입니다.

시	일	월	년	구분
丁	己	戊	庚	천간
卯	酉	寅	申	지지

庚金과 丁火가 투출하여 음양의 조화를 이루므로
국가고시에 급제한 학자로서 공원貢元의 명조입니다.

2) 卯월의 己土

二月己土 陽氣漸升 雖禾稼未成 萬物出土 田園未展 先取甲木疏之忌
이월기토 양기점승 수화가미성 만물출토 전원미전 선취갑목소지기
合 次取癸水潤之 甲癸出干 定主科甲 加以一丙出透 勢壓百僚 一見壬
합 차취계수윤지 갑계출간 정주과갑 가이일병출투 세압백료 일견임
水 微末官職 或見庚制甲 壬水出干 比劫重重 此必俗子 丙透猶有小富
수 미말관직 혹견경제갑 임수출간 비겁중중 차필속자 병투유유소부
丙藏衣祿無虧
병장의록무휴

이월 己土는 양기가 점차 상승하여도 단지 벼는 성장이 잘 안 되며 만물이 흙에
서 나와도 전원에 펼치지 못하므로 甲木을 먼저 취하여 소토하고 합은 꺼리며
癸水로써 적셔준다. 甲癸가 투출하면 반드시 과갑은 하고 하나의 丙도 투출하
면 권세로 문무백관을 제압하고 하나의 壬水가 있으면 말단관직이다. 庚이 있
어 甲을 제어하고 壬水가 투출하고 비겁이 중첩되면 이 사람은 반드시 보통 사
람이다. 丙이 투출하면 작은 부자이고 丙이 암장되면 벼슬 복이 부족하지 않다.

입춘으로부터 두 번째의 달인 卯월은
양기가 점차 상승하여도 벼가 성장할 시기가 아니라고 하며
만물이 땅속에서 나와도 전원에 뿌리와 줄기를 펼치지 못하므로
우선 甲木으로써 소토하고 癸水로써 적셔준다고 합니다.

단지 甲木과의 합을 꺼린다고 합니다.
甲木과 癸水가 투출하면 음양의 조화가 이루어진 것으로서
반드시 최고의 국가고시인 과갑에 급제한다고 하고
하나의 丙火도 투출하면
온 세상을 환하게 비추므로 문무백관을 제압하는 권세가 있으며
하나의 壬水가 있어 丙火를 제어하면 말단관직에 머문다고 합니다.

庚金이 있어 甲木을 제어하고 壬水가 투출하여 丙火를 제어하고
戊己土도 중첩되면 쓸모가 없으므로 보통사람이라고 하며
丙火가 투출하면 작은 부자는 될 수 있고
丙火가 암장되어도 벼슬 복이 부족하지는 않다고 합니다.

或支成木局 庚透富貴 若柱多乙木 乙又屈庚 庚必輸情於乙 不能掃邪
혹지성목국 경투부귀 약주다을목 을우굴경 경필수정어을 불능소사
於正 此必狡詐之徒 運入東南 恐有不測 當用丁洩之 有丁者 小人而已
어정 차필교사지도 운입동남 공유불측 당용정설지 유정자 소인이이
不致無良 無比印 從煞者貴 若柱中無甲丙癸者 皆下格 妻子用神同前
불치무량 무비인 종살자귀 약주중무갑병계자 개하격 처자용신동전

지지에서 木국을 이루고 庚이 투출하면 부귀하고 사주에 乙木이 많아도 乙은
庚에게 굴복하고 庚은 반드시 乙에게 정을 주어 사사로움을 버리고 바르게 할
수 없으니 이 사람은 반드시 교활하고 간사한 무리이다. 운이 동남으로 들어서
면 두려움을 예측하지 못하므로 당연히 丁으로써 설기한다. 丁이 있으면 소인
일 뿐이지만 양심이 없지는 않으며 비겁과 인성이 없어 종살하면 귀하다. 사주
에 甲丙癸가 없으면 모두 하격이다. 처자와 용신은 전월과 같다.

지지에서 木국을 이루면 기세가 왕성한 것으로서
庚金이 투출하여 제어하고
己土를 보호하면 오히려 부귀하다고 합니다.

사주에 乙木이 많아도 乙木은 庚金에게 굴복하고
庚金은 乙木과 화합하고자 반드시 정을 주므로
사사로움을 버리고 바르게 할 수 없는 것으로서
이 사람은 반드시 교활하고 간사한 무리라고 합니다.

동남 木火운으로 들어서면 木의 기세가 더욱 왕성하여지는 것으로서
己土는 두려움을 예측하기 어려우므로 당연히 丁火로써 설기하는데
丁火가 있으면 소인일 뿐이지만 양심이 없지는 않다고 합니다.

土의 비겁과 火의 인성이 없으면 己土는 도움을 받지 못하므로
격국론의 용어로서 종살從煞한다고 하며 자신을 포기하고
기세가 왕성한 木의 기세를 따르므로 오히려 귀하게 된다고 합니다.

사주에 甲木과 丙火와 癸水가 없으면
음양의 조화를 이루지 못하므로 모두 하격이라고 합니다.

丙火가 용신이면 木이 처이고 火가 자식으로서 희신의 역할을 합니다.

조화원약에서 발췌한 명조입니다.

시	일	월	년	구분
乙	己	乙	癸	천간
丑	巳	卯	卯	지지

乙木의 기세가 왕성한데 癸水가 투출하고
丙火와 戊土가 암장되어 암암리에 재능을 발휘하므로
국가고시에 장원급제한 명조입니다.

시	일	월	년	구분
庚	己	乙	癸	천간
午	巳	卯	卯	지지

乙木의 기세가 왕성한데 癸水가 투출하고
庚金이 투출하여 乙木을 다스리며
丙火와 戊土가 암장되어 암암리에 재능을 발휘하므로
지방의 군사를 다스리는 장군으로서 무원撫院의 명조입니다.

시	일	월	년	구분
辛	己	乙	癸	천간
未	巳	卯	卯	지지

乙木의 기세가 왕성한데 癸水가 투출하고
辛金이 투출하여 癸水를 돕고
丙火와 戊土가 암장되어 암암리에 재능을 발휘하므로
산적의 두목으로서 초구草寇의 명조입니다.

3) 辰월의 己土

三月己土 正栽培禾稼之時 先丙後癸 土暖而潤 隨用甲疏 三者俱透天干
삼월기토 정재배화가지시 선병후계 토난이윤 수용갑소 삼자구투천간
必官居黃閣 或三者透一 科甲定然 但要得地 却以庚金爲病 或有丙甲
필관거황각 혹삼자투일 과갑정연 단요득지 각이경금위병 혹유병갑
無癸 亦可致富 但不貴顯 或有癸而無甲丙 亦有衣衿 或有丙癸無甲 亦
무계 역가치부 단불귀현 혹유계이무갑병 역유의금 혹유병계무갑 역
係人才 丙癸全無 流俗之輩 或一片乙木 無金制伏 貧而且夭也 妻子同前
계인재 병계전무 류속지배 혹일편을목 무금제복 빈이차요야 처자동전

삼월 己土는 벼를 재배하기 알맞은 시기로서 丙을 먼저 쓴 다음에 癸를 써서
土를 따뜻하게 하고 적시어주며 이어서 甲으로써 소토한다. 삼자가 모두 투출
하면 반드시 궁궐의 고위직이다. 삼자 중에 하나만 투출하여도 과갑은 반드시
하는데 단지 득지가 필요하고 庚金은 도리어 병이 된다. 丙甲이 있고 癸가 없
으면 부자는 가능하지만 귀하게 현달하지 않는다. 癸가 있고 甲丙이 없어도 벼
슬은 하고 丙癸가 있고 甲이 없으면 인재이다. 丙癸가 전혀 없으면 보통사람이
다. 전부 乙木인데 金이 없어 제복하지 못하면 가난하고 요절한다. 처자는 전
월과 같다.

입춘으로부터 세 번째의 달인 辰월은
벼를 재배하며 농사짓기 알맞은 시기이므로
우선 丙火로써 따뜻하게 하고 癸水로써 적시어주며
이어서 甲木으로써 소토를 하여준다고 합니다.

丙火와 癸水 그리고 甲木이 모두 투출하면 음양의 조화를 이루어
궁궐인 황각黃閣에서 임금을 모시는 고위직 관리라고 합니다.

丙火와 癸水 그리고 甲木의 삼자 중에 하나만 투출하여도
최고의 국가고시인 과갑에 반드시 급제한다고 합니다.
단지 지지에 득지得地하여 왕성한 기세를 얻는 것이 필요하다고 하며
庚金은 甲木을 제어하므로 도리어 병이 된다고 합니다.

丙火가 있고 甲木이 있는데 癸水가 없으면
甲木으로써 소토하여 부자는 가능하여도
음양의 조화를 이루지 못하므로 귀하게 현달하지 못한다고 합니다.

癸水가 있고 甲木과 丙火가 없어도
음양의 조화를 이루며 벼슬은 할 수 있다고 합니다.

丙火와 癸水가 있으면 음양의 조화는 이루어지므로
甲木이 없어도 재능이 있는 인재라고 합니다.

丙火와 癸水가 전혀 없으면 음양의 조화가 이루어지지 않으므로
보통사람에 불과하다고 합니다.

사주가 전부 乙木이라면 기세가 왕성한 것으로서
金이 없어 제복하지 못하면 己土가 감당하지 못하므로
가난하고 요절한다고 합니다.

용신과 처자는 전월과 동일하다고 합니다.

조화원약에서 발췌한 명조입니다.

시	일	월	년	구분
乙	己	丙	癸	천간
亥	巳	辰	丑	지지

丙火와 癸水가 투출하여 음양의 조화를 이루고
甲木이 암장되고 乙木이 투출하여 소토하므로
군을 통솔하는 총사령관으로서 원수元帥에 오른 명조입니다.

시	일	월	년	구분
辛	己	丙	癸	천간
未	巳	辰	丑	지지

丙火와 癸水가 투출하여 음양의 조화를 이루는데
辛金이 투출하여 癸水를 도우므로
지방고시에 급제한 학자로서 수재秀才의 명조입니다.

시	일	월	년	구분
丙	己	甲	壬	천간
寅	卯	辰	子	지지

壬水가 투출하고 甲木과 丙火가 투출하여 음양의 조화를 이루므로
중앙관서의 총리급인 재상宰相에 오른 명조입니다.

시	일	월	년	구분
壬	己	甲	壬	천간
申	卯	辰	子	지지

지지에 水국을 이루고 壬水가 중첩하여 투출하여 기세가 왕성하지만
甲木이 투출하여 설기하여주므로
국가고시인 과거에 장원급제한 명조입니다.

시	일	월	년	구분
甲	己	壬	辛	천간
子	巳	辰	未	지지

壬水와 辛金이 투출하고 기세가 왕성한데
甲木이 투출하여 설기하여주고 있으며
丙火와 戊土가 암장되어 암암리에 재능을 발휘하므로
늙어서 부자가 된 명조입니다.

2. 여름의 己土

三夏己土 雜氣財官 禾稼在田 最喜甘沛 取癸為要 次用丙火 夏無太陽
삼 하 기 토 잡 기 재 관 화 가 재 전 최 희 감 패 취 계 위 요 차 용 병 화 하 무 태 양
禾稼不長 故無癸曰旱田 無丙曰孤陰 或丙癸兩透 又加辛金生癸 此富
화 가 불 장 고 무 계 왈 한 전 무 병 왈 고 음 혹 병 계 양 투 우 가 신 금 생 계 차 부
貴之格 名水火既濟 鼎甲之人 却忌戊癸化合
귀 지 격 명 수 화 기 제 정 갑 지 인 각 기 무 계 화 합

여름의 己土는 잡기재관으로서 벼는 논을 가장 좋아하므로 癸를 취하는 것이
중요하고 다음으로 丙火를 쓴다. 여름에 태양이 없으면 벼가 자라지 못하며 癸
가 없으면 마른 밭이라고 하고 丙이 없으면 고독한 음이라고 한다. 丙癸가 모두
투출하고 더하여 辛金이 癸를 생하면 부귀격으로서 수화기제라고 하며 장원급
제한다. 다만 戊癸가 화합하는 것을 꺼린다.

여름의 己土는 격국론의 용어로서 잡기재관雜氣財官이라고 하며
잡기인 논과 밭을 가꾸어 재관인 부귀를 얻는 것으로서
벼는 습한 논을 가장 좋아하므로 癸水를 취하는 것이 중요하고
다음으로 丙火를 쓴다고 합니다.

여름에 丙火의 태양이 없으면 벼가 자라지 못한다고 하며
癸水가 없으면 마른 밭이라고 합니다.

癸水에게 丙火가 없으면 혼자서 음양의 조화를 이루지 못하므로
고독한 음기로서 고음孤陰이라고 합니다.

丙火와 癸水가 모두 투출하고 더하여 辛金이 투출하여 癸水를 생하면
음양의 조화가 이루어지며 부귀한 격이 되는데
이른바 음양이 조화로운 수화기제水火既濟가 이루어진 것이라고 하며
최고의 국가고시인 과갑에 장원급제한다고 합니다.

다만 戊土가 癸水를 합하면
음양의 조화가 이루어지지 않으므로 꺼린다고 합니다.

或有丙無癸 有壬亦可 但不大發 或一派丙火烈土 加以丁火制辛 癸水
혹유병무계 유임역가 단불대발 혹일파병화열토 가이정화제신 계수
無根 如七八月之間旱 則苗槁矣 此命孤苦零丁 或有甲木 又見丙火重
무근 여칠팔월지간한 즉묘고의 차명고고영정 혹유갑목 우견병화중
重 無滴水解炎 亦孤貧到老
중 무적수해염 역고빈도노

丙이 있고 癸가 없으면 壬을 쓸 수 있으나 단지 크게 발전하지는 못한다. 한 무리의 丙火로 土가 조열한데 더하여 丁火도 辛을 제어하고 癸水의 뿌리가 없다면 칠팔월에 가뭄이 들고 싹이 마른 것으로서 이 명은 외롭고 고통스러워 쇠약해진다. 甲木이 있고 또한 丙火가 중첩되어 있는데 水가 한 방울도 없어 열기를 해소하지 못하면 늙어서도 고독하고 가난하다.

丙火가 있고 癸水가 없으면 壬水를 쓸 수 있으나
癸水는 하늘에서 내리는 빗물이고 壬水는 강물이므로
단지 하늘의 도움이 없이 강물을 길러 스스로 노력을 하여야하므로
크게 발전하지는 못한다고 합니다.

한 무리의 丙火가 있다면 왕성한 온기로 인하여
己土는 조열하여지며 메마른다고 하며
또한 丁火도 있어 辛金을 제어하면
癸水를 지속적으로 생하지 못한다고 합니다.

더구나 癸水의 뿌리조차 없다면 기세가 미약하여
申酉월 뜨거운 여름에 가뭄이 들어 싹이 마른 것으로서
이 명은 외롭고 고통스러우며 쇠약해진다고 합니다.

甲木이 있고 丙火가 중첩되어 있는데 水가 한 방울도 없다면
왕성하고 뜨거운 열기를 해소하지 못하므로
마침내 늙어서도 고독하고 가난하다고 합니다.

如有壬水 又見庚辛 此又不作孤看 但恐目疾 心腎肝臟之災 若壬水有
여유임수 우견경신 차우부작고간 단공목질 심신간장지재 약임수유

根 辛金得地 又非此而論 或壬癸並出 破火潤土 此人聰穎特達 富中取
근 신금득지 우비차이론 혹임계병출 파화윤토 차인총영특달 부중취

貴 又轉禍爲福也 用癸者金妻水子 用丙者木妻火子
귀 우전화위복야 용계자금처수자 용병자목처화자

壬水가 있는데 庚辛도 있으면 고독하다고 간명하지 않는다. 단지 눈병이 두렵
고 심장과 신장 간장에 질환이 있다. 壬水에 뿌리가 있고 辛金이 득지하면 이렇
게 논하지 않는다. 壬癸가 함께 투출하여 火를 파하고 土를 적시면 이 사람은
총명하여 특히 뛰어나고 부자로서 귀하여지므로 전화위복이 된다. 용신이 癸이
면 金이 처이고 水가 자식이며 용신이 丙이면 木이 처이고 火가 자식이다.

壬水가 있는데 庚辛金도 있어 생하여주면
왕성한 기세로서 뜨거운 열기를 해소할 수 있으므로
고독하다고 간명하지는 않는다고 합니다.

단지 뜨거운 열기로 인하여 눈병을 앓는 것이 두렵다고 하며
심장과 신장 간장에도 질환이 생긴다고 합니다.

그러나 壬水에 뿌리가 있고 辛金이 득지하여 생하면
壬水로써 열기를 충분히 해소할 수 있으므로
위와 같이 논하지는 않는다고 합니다.

壬癸水가 함께 투출하여 火를 파괴하고
己土를 촉촉이 적시어 준다면
이 사람은 총명하여 특히 뛰어나다고 하며
부자로서 귀하여지므로 전화위복이 된다고 합니다.

癸水가 용신이면 金이 처이고 水가 자식으로서 희신의 역할을 하고
丙火가 용신이면 木이 처이고 火가 자식으로서 희신의 역할을 합니다.

조화원약에서 발췌한 명조입니다.

시	일	월	년	구분
庚	己	辛	乙	천간
午	巳	巳	丑	지지

辛金이 乙木을 제어하고 庚金이 투출하여 양기를 설기하며 돕고
癸水가 암장되어 암암리에 재능을 발휘하므로
지방관서의 장인 방백方伯의 지위에 오른 명조입니다.

시	일	월	년	구분
乙	己	辛	乙	천간
亥	酉	巳	酉	지지

辛金이 투출하여 기세가 왕성하여 乙木을 제어하고
壬水가 암장되어 암암리에 재능을 발휘하므로
지방관서의 장인 태수太守의 지위에 오른 명조입니다.

시	일	월	년	구분
辛	己	辛	乙	천간
未	巳	巳	巳	지지

辛金이 투출하여 乙木을 제어하고
丙丁火와 戊土가 암장되어 암암리에 재능을 발휘하므로
지방관서의 장인 지부知府의 지위에 오른 명조입니다.

시	일	월	년	구분
戊	己	癸	辛	천간
辰	卯	巳	未	지지

癸水가 투출하고 辛金이 생하여 도우며
戊土가 투출하여 약간은 부자가 되었지만
음기가 부족하므로 자식이 없는 여성의 명조입니다.

시	일	월	년	구분
乙	己	癸	丙	천간
亥	亥	巳	申	지지

丙火와 癸水가 모두 투출하고 乙木이 투출하여 도우므로
음양의 조화를 이루므로 남편이 일품의 벼슬을 한 여성의 명조입니다.

시	일	월	년	구분
己	己	辛	甲	천간
巳	酉	未	戌	지지

甲木이 투출하여 왕성한 土의 기세를 소토하고
辛金이 투출하여 왕성한 土의 기세를 설기하여주므로
부자가 된 명조입니다.

시	일	월	년	구분
戊	己	丁	丁	천간
辰	卯	未	亥	지지

지지에 木국을 이루고 丁火가 중첩하여 투출하여 기세가 왕성한데
戊土가 투출하여 丁火를 설기하여주고
壬癸水가 암장되어 암암리에 재능을 발휘하므로
장군이 된 명조입니다.

3. 가을의 己土

三秋己土 萬物收藏之際 外虛內實 寒氣漸升 須丙火溫之 癸水潤之
삼 추 기 토 만 물 수 장 지 제 외 허 내 실 한 기 점 승 수 병 화 온 지 계 수 윤 지
不特此也 且癸能洩金 丙能制金 補土精神 則秋生之物咸茂矣 癸先
불 특 차 야 차 계 능 설 금 병 능 제 금 보 토 정 신 즉 추 생 지 물 함 무 의 계 선
丙後 丙癸兩透 雁塔題名 或無癸 有兩丙透者 異途顯達 或武職權高
병 후 병 계 양 투 안 탑 제 명 혹 무 계 유 양 병 투 자 이 도 현 달 혹 무 직 권 고
가을의 己土는 만물을 거두어 저장하는 시기이므로 겉은 허해도 속은 실하다.
한기가 점차 상승하므로 반드시 丙火로써 따뜻하게 하고 癸水로써 적시어 준
다. 이뿐만 아니라 癸는 金을 설기하고 丙은 金을 제어하면서 土의 기세를 돕는
다. 가을에 살아가는 만물이 모두 무성하려면 癸를 먼저 쓰고 丙을 나중에 쓴
다. 丙癸가 모두 투출하면 과갑에 급제하고 癸가 없고 丙이 두 개 투출하면 다
른 길로 현달하고 무관직이면 권세가 높아진다.

가을에는 만물을 거두어 수확하고 저장을 하는 시기로서
논밭의 초목은 누렇게 시들어 허하게 보일지라도
열매는 알차게 여물었으므로 속은 내실 있다고 합니다.

가을에는 추운 한기가 점차 상승하는 계절이므로
반드시 丙火로써 따뜻하게 하고 癸水로써 적시어 준다고 합니다.
이 뿐만 아니라 癸水는 金의 기세를 설기하고 丙火로써 제어하면서
土의 정신精神인 기세를 돕는다고 합니다.

가을에 살아가는 만물이 모두 무성하려면
癸水를 먼저 쓰고 丙火는 나중에 쓴다고 합니다.

丙火와 癸水가 모두 투출하면 음양의 조화가 이루어지므로
최고의 국가고시인 과갑에 급제하고
癸水가 없고 丙火가 두 개 투출하면 무술이나 기예 등의
다른 길로 현달하고 무관직이면 권세가 높아진다고 합니다.

或有丙火 不見壬癸 為假道斯文 終無誠實 或有壬癸無丙者 衣食充足
혹유병화 불견임계 위가도사문 종무성실 혹유임계무병자 의식충족
才能而已 或支成金局 癸透有根 此人家畜萬緡 富中取貴 或支四庫 甲
재능이이 혹지성금국 계투유근 차인가축만민 부중취귀 혹지사고 갑
透者富 乏甲者孤貧 或甲出無癸乏金 積德可全科甲
투자부 핍갑자고빈 혹갑출무계핍금 적덕가전과갑

丙火가 있고 壬癸가 없으면 학자 행세를 하지만 마침내 성실함은 없다. 壬癸가
있고 丙이 없으면 의식이 충족하고 재능이 있을 뿐이다. 지지에 金국을 이루고
癸가 투출하여 뿌리가 있으면 이 사람은 집안에 돈을 쌓은 부자로서 귀하게 된
다. 지지에 사고가 있고 甲이 투출하면 부자이고 甲이 부족하면 고독하고 가난
하다. 甲이 투출하고 癸가 없고 金도 없으면 덕을 쌓아야 과갑을 할 수 있다.

丙火로써 학자 행세를 하여도 壬癸水가 없으면
己土가 메말라 쓰임이 없으므로 결국 성실함은 없다고 합니다.

壬癸水가 있고 丙火가 없으면
己土를 적시어 의식은 충분히 만족하고 재능이 있을 뿐이라고 합니다.

지지에 金국을 이루고 癸水가 투출하고 뿌리가 있으면
己土에게 지속적으로 습기를 공급할 수 있으므로
이 사람은 집안에 돈을 많이 쌓은 부자로서 귀하게 된다고 합니다.

지지에 辰戌丑未 사고四庫가 있고 甲木이 투출하면
왕성한 土의 기세를 제어할 수 있으므로 부자가 된다고 하며
甲木이 부족하면 오히려 고독하고 가난하다고 합니다.

甲木이 투출하여 왕성한 土의 기세를 소토를 하여도
癸水와 金도 없어 생하지 못하면
己土를 지속적으로 적시지 못하고 메마르므로
덕을 쌓아야 최고의 국가고시인 과갑에 급제할 수 있다고 합니다.

或會火局 無水救 乃大奸大惡之徒 或丙透癸藏 遇金頗有選援 加一
혹회화국 무수구 내대간대악지도 혹병투계장 우금파유선원 가일

壬輔 富貴慷慨 有賢聲 見戊透者 主遭凶厄且貧 八月支成金局 無丙
임보 부귀강개 유현성 견무투자 주조흉액차빈 팔월지성금국 무병

丁出救 此人零丁孤苦 如得丙透丁藏 生己元神 此人名魁天下 五福
정출구 차인영정고고 여득병투정장 생기원신 차인명괴천하 오복

完人
완인

火국을 이루고 水의 구제가 없으면 매우 간사하고 흉악한 무리이다. 丙이 투출
하고 癸가 암장되고 金을 만나면 상당한 도움으로 고위직에 선발되고 하나의
壬도 도우면 부귀하고 강개하며 어진 덕망으로 이름을 떨친다. 戊가 투출하면
재액을 만나고 가난하다. 팔월에 金국을 이루고 丙丁이 투출하여 구하지 못하
면 이 사람은 의지할 데 없이 외롭다. 丙이 투출하고 丁이 암장되면 己를 생하
는 원신으로서 이 사람은 과거에 장원급제하고 오복이 완전하다.

지지에 火국을 이루어 기세가 왕성한데
水로써 구제하지 않으면 己土는 메마르므로
매우 간사하고 흉악한 무리가 된다고 합니다.

丙火가 투출하고 癸水가 암장되고 金의 도움을 만나면
주위의 상당한 도움을 받아 고위직에 선발된다고 합니다.

더구나 하나의 壬水도 도와주면 음양의 조화를 이루며
부귀하여지고 성품이 강개하며 어진 덕망으로 이름을 떨친다고 하며
戊土가 투출하여 壬水를 제어하면 재액을 만나 가난하다고 합니다.

酉월에 金국을 이루어 기세가 왕성한데 丙丁火가 투출하여
구하지 못하면 이 사람은 의지할 곳이 없어 외롭다고 합니다.

丙火가 투출하고 丁火가 암장되면
己土를 생하는 원신이 되어 도와주므로
국가고시인 과거에 장원급제하고 오복이 완전하다고 합니다.

總之 三秋己土 先癸後丙 取辛輔癸 九月土盛 宜甲木疏之 餘皆酌用
총지 삼추기토 선계후병 취금보계 구월토성 의갑목소지 여개작용

勾陳全備潤下 勞碌奔波之客 土凝水竭 離鄉背井之流 勾陳得位會財
구진전비윤하 노록분파지객 토응수갈 리향배정지류 구진득위회재

官 無剋無破必然端 甲子北方寅卯木 管教環拱戴金冠 戊己喜亥卯未
관 무극무파필연단 갑자북방인묘목 관교환공재금관 무기희해묘미

為官 申子辰為財 忌刑剋煞害
위관 신자진위재 기형극살해

총론적으로 가을의 己土는 癸를 우선 쓰고 丙을 나중에 쓰며 辛을 취하여 癸를
돕는다. 구월은 土가 왕성하므로 마땅히 甲木으로 소토하고 나머지는 참작하여
쓴다. 구진에 윤하가 전부 구비되면 고생하며 방랑하는 사람이다. 土가 응결되
고 水가 고갈되면 고향을 등지고 떠나는 부류이다. 구진이 득지하여 재관을 만
나고 극파가 없어야 반드시 이룬다. 甲子가 북방에서 寅卯木을 얻으면 반드시
금관을 쓴 고위직이다. 戊己는 亥卯未 관성과 申子辰 재성을 반기고 형충을 꺼
린다.

총론적으로 가을의 己土는 癸水를 우선 쓰고
丙火를 나중에 쓰며 辛金을 취하여 癸水를 돕는다고 합니다.

戌월에는 土의 기세가 왕성하므로 마땅히 甲木으로써 소토하고
나머지는 상황에 따라 참작하여 쓴다고 합니다.

구진句陳은 土를 말하는 것으로서
水국이 완전하게 이루어져 윤하潤下가 전부 구비되면
흙이 물에 휩쓸리므로 고생하며 방랑하는 사람이라고 합니다.

土의 기세가 응결되어 뭉치고 水가 고갈되어 마르면
우물이 마르는 것으로서 고향을 등지고 떠나는 부류이라고 합니다.

구진句陳인 戊己土가 득지를 하고 水木의 재관을 만나고
극파가 없어야 반드시 부귀를 이룰 수 있다고 합니다.

甲子가 북방 水운에서 寅卯木을 얻어 기세가 왕성하면
반드시 금관을 쓴 고위직에 임명되어 귀하게 된다고 하며
戊己土는 亥卯未 木국과 申子辰 水국을 반기고 형충을 꺼립니다.

조화원약에서 발췌한 명조입니다.

시	일	월	년	구분
壬	己	癸	甲	천간
申	未	酉	寅	지지

壬癸水가 투출하여 기세가 왕성한데 甲木이 설기하여주므로
군을 통솔하는 제독提督의 지위에 오른 명조입니다.

시	일	월	년	구분
壬	己	甲	己	천간
申	丑	戌	巳	지지

甲木과 己土가 화합하고 壬水로써 음양의 조화를 이루므로
지방관서의 장인 도당都堂에 오른 명조입니다.

시	일	월	년	구분
戊	己	丙	乙	천간
辰	未	戌	丑	지지

丙火가 밝은데 癸水가 암장되어 암암리에 재능을 발휘하므로
지방고시에 급제한 교육자로서 교유教諭의 명조입니다.

시	일	월	년	구분
己	己	壬	癸	천간
巳	卯	戌	丑	지지

壬癸水가 투출하여 기세가 왕성하지만 己土로써 제어하기 어려우므로
위인이 탐욕스럽고 야비한 명조라고 합니다.

4. 겨울의 己土

三冬己土 溼泥寒凍 非丙暖不生 取丙爲尊 甲木參酌 戊土癸水不用 惟
삼동기토 습니한동 비병난불생 취병위존 갑목참작 무토계수불용 유
初冬壬旺 取戊制之 餘皆用丙丁 但丁不能解凍除寒 不能大濟 或干透
초동임왕 취무제지 여개용병정 단정불능해동제한 불능대제 혹간투
一丙 支藏一丙 加以甲透 科甲有准 即藏丙無制 亦主衣衿
일병 지장일병 가이갑투 과갑유준 즉장병무제 역주의금

겨울의 己土는 습한 진흙이 차갑게 얼은 것으로서 丙으로 따뜻하게 하지 않으면 생하지 못하므로 丙을 취하는 것을 존중하고 甲木은 참작하며 戊土와 癸水는 쓰지 않는다. 다만 초겨울에는 壬이 왕성하므로 戊를 취하여 제어하고 나머지는 모두 丙丁을 쓴다. 단지 丁은 해동하여 한기를 제거할 수 없으니 큰 도움이 안 된다. 하나의 丙이 투출하고 하나의 丙이 암장되고 甲도 투출하면 과갑은 하고 丙이 암장되고 제어하는 것이 없으면 벼슬은 한다.

겨울의 己土는 차갑게 얼어있는 진흙으로서
丙火로써 따뜻하게 해동하여야 만물이 생지 못하므로
丙火를 취하는 것을 존중하고 甲木은 상황에 따라 참작하며
戊土와 癸水는 쓰지 않는다고 합니다.

다만 초겨울에는 壬水가 왕성하므로 戊土로써 제어하고
나머지는 모두 丙丁火를 쓴다고 합니다.

단지 丁火로서 촛불이므로 丙火처럼 해동하여
한기를 제거하기 어려운 것으로서 큰 도움이 안 된다고 합니다.

하나의 丙火가 투출하고 하나의 丙火가 암장되고
甲木도 투출하여 소토하여주면 음양의 조화를 이룰 수 있으므로
최고의 국가고시인 과갑에 급제한다고 합니다.

丙火가 암장되고 이를 제어하는 壬癸水가 없으면
해동을 하여 음양의 조화를 이루므로 벼슬은 할 수 있다고 합니다.

或多壬水 得戊透制之 此命安然 富中取貴 不見戊土 富屋貧人 凡三冬
혹다임수 득무투제지 차명안연 부중취귀 불견무토 부옥빈인 범삼동
己土 見壬水出干 為水浸湖田 此人孤苦 若見火不孤 見土不貧 或一派
기토 견임수출간 위수침호전 차인고고 약견화불고 견토불빈 혹일파
癸 不見比劫 此為從財 反主富貴 雖不科甲 恩誥有之 若見比爭平常人
계 불견비겁 차위종재 반주부귀 수불과갑 은고유지 약견비쟁평상인
物 妻子主事 從財者木妻火子 或一派戊己 取甲制之 甲透者富貴 或一
물 처자주사 종재자목처화자 혹일파무기 취갑제지 갑투자부귀 혹일
片辛庚 須用丙火 還須丁火為助 丙藏 富貴奇特之命
편신경 수용병화 환수정화위조 병장 부귀기특지명

壬水가 많은데 戊가 투출하여 제어하면 이 명은 평온하며 부자로서 귀하고 戊
土가 없으면 부옥빈인이다. 대개 겨울 己土에 壬水가 투출하면 물이 넘쳐 밭이
호수와 같아지므로 이 사람은 외롭고 고통스럽다. 火가 있으면 고독하지 않고
土가 있으면 가난하지 않다. 한 무리의 癸가 있고 비겁이 없으면 종재격으로서
오히려 부귀하고 비록 과갑은 아니어도 은총으로 벼슬을 하사받는다. 비겁이
싸우면 보통사람으로서 처자가 일을 주관한다. 종재하면 木이 처이고 火가 자
식이다. 한 무리의 戊己가 있으면 甲을 취하여 제어하는데 甲이 투출하면 부귀
하다. 전부 庚辛이면 반드시 丙火를 쓰고 더욱 丁火로 도와야한다. 丙이 암장되
면 부귀가 특출한 명이다.

壬水가 많으면 겨울에 기세가 더욱 왕성하여지는 것으로서
戊土가 투출하여 제어하면 이 명은 평온하며 부자로서 귀하고
戊土가 없으면 왕성한 기세를 감당하지 못하므로
부잣집에 사는 가난한 사람으로서 부옥빈인富屋貧人이라고 합니다.

대개 겨울의 己土에게 壬水가 투출하면
왕성한 기세의 壬水의 강물이 넘쳐 밭이 호수와 같아지므로
이 사람은 외롭고 고통스럽다고 합니다.

그러나 火가 있으면 따뜻하게 도와주므로 고독하지 않고
戊己土가 있어 왕성한 기세의 壬水를 제어하여주면
가난하게 살지는 않는다고 합니다.

한 무리의 癸水가 있고 戊己土의 비겁이 없으면
격국론의 용어로서 종재격從財格이라고 하며
癸水를 감당하지 못하고 복종하고 따르는 것으로서
오히려 부귀하고 비록 최고의 국가고시인 과갑에 급제하지 못하여도
황제의 은총을 받아 고위직의 벼슬을 하사받는다고 합니다.

그러나 戊己土의 비겁이 癸水를 서로 차지하느라 싸우면
보통사람에 불과하다고 하며
오히려 집안의 일은 주로 처자가 맡아서 주관한다고 합니다.

종재하면 木이 처이고 火가 자식으로서 희신의 역할을 합니다.

이 경우에도 격국론의 관점으로 용신을 판단하면
종재격이면 金이 처이고 水가 자식으로서
희신의 역할을 하는 것이 당연합니다.

그러나 궁통보감에서는 기세의 억부론의 관점으로서
癸水에 종재하면 당연히 木이 처이고 火가 자식이 되어
음양의 조화를 이루며 희신의 역할을 하는 것입니다.

한 무리의 戊己土가 있으면 기세가 왕성한 것으로서
甲木을 취하여 제어하는데 甲木이 투출하면 부귀하다고 합니다.

사주가 전부 庚辛金이면 기세가 왕성한 것으로서
반드시 丙火로써 제어하는데
겨울에 온기가 미약하므로 더욱 丁火로써 돕는다고 하며
丙火가 암장되면 암암리에 재능을 발휘하므로
부귀가 특출한 명이라고 합니다.

조화원약에서 발췌한 명조입니다.

시	일	월	년	구분
戊	己	乙	甲	천간
辰	丑	亥	午	지지

甲木이 투출하여 戊土를 소토하고 음양의 조화를 이루므로
중앙관서의 장관급인 상보경尚寶卿에 오른 명조입니다.

시	일	월	년	구분
甲	己	丁	乙	천간
子	丑	亥	巳	지지

甲乙木과 丁火가 투출하여 음양의 조화를 이루므로
황제의 자문을 담당하는 대학사大學士의 명조입니다.

시	일	월	년	구분
甲	己	癸	戊	천간
子	卯	亥	辰	지지

戊癸가 화합하고 甲木이 투출하여 음양의 조화를 이루므로
감찰업무를 수행하는 포정布政의 명조입니다.

시	일	월	년	구분
丙	己	辛	壬	천간
寅	巳	亥	申	지지

壬水가 투출하고 辛金이 도와 기세가 왕성하나
丙火가 투출하여 음양의 조화를 이루므로
극품의 벼슬에 오른 명조입니다.

시	일	월	년	구분
甲	己	丙	甲	천간
子	丑	子	戌	지지

甲木과 丙火가 투출하여 음양의 조화를 이루므로
중앙관서의 장관급인 상서尚書의 지위에 오른 명조입니다.

시	일	월	년	구분
戊	己	丙	甲	천간
辰	未	子	辰	지지

甲木과 丙火가 투출하여 음양의 조화를 이루고
戊土가 투출하여 음기를 제어하므로
지방고시에 급제한 학자로서 학사學士의 명조입니다.

시	일	월	년	구분
丙	己	丙	甲	천간
寅	未	子	寅	지지

甲木과 丙火가 투출하여 음양의 조화를 이루고
시간에 丙火가 투출하여 밝게 빛나므로
권세가 있는 고위직으로서 귀하게 된 명조입니다.

시	일	월	년	구분
丁	己	戊	乙	천간
卯	卯	子	卯	지지

乙木의 기세가 왕성하고 丁火로써 설기하며
戊土가 투출하여 음기를 제어하므로
크게 귀하게 된 명조입니다.

시	일	월	년	구분
丙	己	庚	丙	천간
寅	卯	子	辰	지지

庚金과 丙火가 투출하여 음양의 조화를 이루므로
최고의 국가고시인 과갑에 급제한 진사進士의 명조입니다.

시	일	월	년	구분
丙	己	壬	壬	천간
寅	卯	子	寅	지지

壬水가 중첩하여 투출하고 기세가 왕성하지만
丙火가 투출하여 음양의 조화를 이루므로
최고의 국가고시인 과갑에 급제한 진사進士의 명조입니다.

시	일	월	년	구분
癸	己	丁	甲	천간
酉	未	丑	午	지지

癸水가 투출하여 기세가 왕성하지만
甲木과 丁火가 투출하여 음양의 조화를 이루므로
귀하게 된 명조입니다.

시	일	월	년	구분
乙	己	丁	己	천간
丑	丑	丑	丑	지지

己土가 투출하여 기세가 왕성하고
乙木과 丁火가 투출하여 등불을 밝게 비추므로
지방관서의 장으로서 지부知府에 오른 명조입니다.

시	일	월	년	구분
乙	己	辛	辛	천간
亥	卯	丑	巳	지지

辛金이 중첩하여 투출하여 음기를 돕고 있으며
乙木이 투출하여 음양의 조화를 이루므로
중앙관서의 장관급인 상서尙書의 지위에 오른 명조입니다.

시	일	월	년	구분
戊	己	癸	丁	천간
辰	酉	丑	丑	지지

癸水가 투출하여 기세가 왕성하지만
戊土가 투출하여 화합하며 丁火를 보호하므로
중앙관서의 차관급인 시랑侍郎의 지위에 오른 명조입니다.

시	일	월	년	구분
己	己	癸	丁	천간
巳	未	丑	亥	지지

癸水가 투출하여 기세가 왕성하지만
己土가 투출하여 제어하여 丁火를 보호하고
丙火가 암장되어 암암리에 재능을 발휘하므로
크게 귀하게 된 명조입니다.

시	일	월	년	구분
甲	己	癸	壬	천간
戌	丑	丑	申	지지

壬癸水가 투출하여 기세가 매우 왕성한데
甲木이 투출하여 설기하여 음양의 조화를 이루므로
중앙관서의 차관급인 시랑侍郎에 오른 명조입니다.

시	일	월	년	구분
戊	己	癸	壬	천간
辰	丑	丑	午	지지

壬癸水가 투출하여 기세가 매우 왕성한데
戊土가 투출하여 왕성한 음기를 제어하여 다스릴 수 있으므로
큰 부자가 된 명조입니다.

시	일	월	년	구분
己	己	癸	壬	천간
巳	卯	丑	子	지지

壬癸水가 투출하여 기세가 매우 왕성한데
己土가 투출하여 왕성한 음기를 제어하고
丙火가 암장되어 암암리에 재능을 발휘하여 음양의 조화를 이루므로
중앙관서의 장관급인 상서尚書의 지위에 오른 명조입니다.

시	일	월	년	구분
乙	己	乙	戊	천간
亥	丑	丑	寅	지지

戊土가 투출하여 음기를 제어하고
乙木이 음양의 조화를 이루므로
중앙관서의 고위직인 첨사僉事의 지위에 오른 명조입니다.

시	일	월	년	구분
乙	己	乙	癸	천간
亥	丑	丑	卯	지지

癸水가 투출하여 기세가 왕성하고
乙木이 투출하여 음양의 조화를 이루므로
국가고시에 급제한 학자로서 감생監生이며
큰 부자가 된 명조입니다.

제 8 장

경 금
庚 金

1. 봄의 庚金

1) 寅월의 庚金

正月庚金 木旺之際 有土皆死 不能生金 且金之寒氣未除 先用丙暖庚
정 월 경 금　목 왕 지 제　유 토 개 사　불 능 생 금　차 금 지 한 기 미 제　선 용 병 난 경
性 又慮土厚埋金 須甲疏洩 丙甲兩透 科甲顯榮 二者透一 亦有生監
성　우 려 토 후 매 금　수 갑 소 설　병 갑 양 투　과 갑 현 영　이 자 투 일　역 유 생 감
丙藏甲透 異路功名
병 장 갑 투　이 로 공 명

정월 庚金은 木이 왕성한 시기로서 土가 모두 죽으므로 金을 생하지 못한다. 또한 金의 한기는 아직 제거되지 않아 丙을 우선 써서 庚의 성정을 따뜻하게 하고 또한 土가 두터우면 金이 묻힐 염려가 있으므로 반드시 甲으로써 소토하고 설기한다. 丙甲이 모두 투출하면 과갑으로 현달하여 영화롭다. 둘 중에 하나가 투출하여도 생감은 한다. 丙이 암장되고 甲이 투출하면 다른 길로 공명이 있다.

입춘이 있는 첫 번째의 달은 정월로서 寅월이며
木의 기세가 왕성한 시기로서
土의 기세가 모두 죽어 金을 생하지 못한다고 합니다.

또한 金의 한기가 아직 제거되지 않았으므로
우선 丙火로써 庚金의 성정을 따뜻하게 하며
또한 土가 두터우면 金이 묻힐 염려가 있으므로
반드시 甲木으로써 土를 소토하고 설기한다고 합니다.

丙火와 甲木이 모두 투출하면 음양의 조화를 이루므로
최고의 국가고시인 과갑에 급제하고 현달하며 영화롭다고 합니다.

丙火와 甲木중에 하나만 투출하여도
국가고시에 급제한 학자로서 생감生監은 한다고 하며
甲木이 투출하고 丙火가 암장되면 암암리에 재능을 발휘하므로
무술이나 기예 등 다른 방면으로 공을 세워 이름을 떨친다고 합니다.

或柱中土多 甲透者貴 甲藏者富 庚出則否 或丁火出干 加以戊己而無
혹주중토다 갑투자귀 갑장자부 경출즉부 혹정화출간 가이무기이무
水者 又主富貴 何也 寅中甲木 引丁有根 無水爲病 名官星有氣 財旺
수자 우주부귀 하야 인중갑목 인정유근 무수위병 명관성유기 재왕
生扶 故以富貴推之 如火多則用土 用土者火妻土子
생부 고이부귀추지 여화다즉용토 용토자화처토자

사주 중에 土가 많은데 甲이 투출하면 귀하고 甲이 암장되면 부자이지만 庚이
투출하면 아니다. 丁火가 투출하고 戊己도 있는데 水가 없어도 부귀한데 어떠
한 경우인가. 寅중 甲木이 뿌리 있는 丁을 인화하는데 水가 없으면 병이 되지만
이른바 관성의 기세가 있다고 하는 것으로서 재성이 왕성하게 생하여 도우므로
부귀하다고 추명한다. 火가 많으면 土를 쓰고 용신이 土이면 火가 처이고 土가
자식이다.

사주에 土가 많으면 두터운 것으로서
甲木이 투출하여 소토하고 庚金을 구하면 귀하다고 하며
甲木이 암장되면 암암리에 재능을 발휘하므로 부자이지만
庚金이 투출하면 甲木을 제어하므로 부자가 아니라고 합니다.

丁火가 투출하고 戊己土도 있는데
水가 없어도 부귀한 경우는 어떠한 경우인가

寅중의 甲木이 뿌리 있는 丁火를 인화하면 기세가 왕성하여지는데
水가 없어 제어하지 않으면
庚金이 왕성한 열기에 의하여 녹으므로 병으로 작용하게 됩니다.

그러나 격국론의 용어로서 관성유기官星有氣라고 하는데
왕성한 木재성이 丁火관성을 생하여 기세가 있다고 하는 것으로서
오히려 부귀하다고 추명한다고 합니다.

火가 많으면 마땅히 土로써 설기한다고 하며
土가 용신이면 火가 처이고 土가 자식으로서 희신의 역할을 합니다.

或支成火局 壬透 有根者 大富貴 無根者 小富貴 乏水者 殘疾之人
혹지성화국 임투 유근자 대부귀 무근자 소부귀 핍수자 잔질지인
或木被金傷 無丙丁出制 支無丁火 此係平人 或丙遭癸困 無戊制者
혹목피금상 무병정출제 지무정화 차계평인 혹병조계곤 무무제자
亦然 總之 正月庚金 丙甲為上 丁火次之 春金多火 不夭則貧 陽金
역연 총지 정월경금 병갑위상 정화차지 춘금다화 불요즉빈 양금
最喜火煉 煆煉太過 反主奔流
최희화련 하련태과 반주분류

지지에 火국을 이루고 壬이 투출하여 뿌리가 있으면 크게 부귀하고 뿌리가 없
으면 부귀가 적다. 水가 부족하면 잔병이 있는 사람이다. 木이 金에 의하여 상
하는데 丙丁이 투출한 것이 없어 제어하지 못하거나 지지에도 丁火가 없으면
보통사람이다. 丙이 癸를 만나 곤란을 받는데 戊가 제어하지 못하여도 역시 그
렇다. 총론적으로 정월 庚金은 丙甲이 최상이며 丁火는 그 다음이다. 봄의 金에
게 火가 많으면 요절하지 않으면 가난하다. 양金은 火의 단련을 가장 반기지만
불로 단련하는 것이 태과하면 오히려 세차게 흐른다.

지지에 火국을 이루면 기세가 왕성한 것으로서
壬水의 뿌리가 깊어 왕성한 기세로써 제어하면
음양의 조화를 이루므로 크게 부귀하다고 하며

壬水의 뿌리가 없으면 기세가 쇠약하여 양기를 감당하기 어려워
음양의 조화를 이루지 못하므로 부귀가 적다고 합니다.

水가 부족하면 왕성한 양기를 제어하지 못하므로
왕성한 열기로 인하여 잔병으로 고생하는 사람이라고 합니다.

木이 金에 의하여 상하는데
丙丁火가 투출한 것이 없어 金을 제어하지 못하거나
지지에도 丁火가 없어 金을 제어하지 못하면
木이 상하므로 보통사람이라고 합니다.

丙火가 癸水로 인하여 곤란을 받고 있는데
이때 戊土로써 癸水를 제어하지 못하여도
음양의 조화를 이루기 어려우므로 역시 보통사람이라고 합니다.

총론적으로
寅월의 庚金은 추위가 제거되지 않아 음기가 왕성한 시기이므로
丙火와 甲木의 양기를 써서 음양의 조화를 이루어야 최상이라고 하며
丁火는 그 다음에 쓴다고 합니다.

봄의 金에게 火가 많으면 기세가 매우 왕성한 것으로서
金이 녹아버리므로 요절하지 않으면 가난하다고 합니다.

庚金은 양금陽金으로서
火로써 단련하여주는 것을 가장 반기지만
불로 단련하는 것이 태과하면
오히려 녹아버리므로 세차게 흐른다고 합니다.

조화원약에서 발췌한 명조입니다.

시	일	월	년	구분
丙	庚	庚	丙	천간
戌	戌	寅	寅	지지

丙火가 매우 왕성하여
庚金의 단련이 태과한 것으로서 눈이 먼 사람의 명조입니다.

시	일	월	년	구분
戊	庚	庚	丙	천간
寅	寅	寅	戌	지지

戊土가 투출하여 丙火를 설기하여 어둡게 하므로
고독하고 가난한 명조입니다.

시	일	월	년	구분
丙	庚	庚	辛	천간
戌	戌	寅	巳	지지

丙火가 왕성하지만
戊土가 암장되어 丙火의 빛을 어둡게 하므로
수행을 하면서 살아가는 승도의 명조입니다.

시	일	월	년	구분
乙	庚	壬	丁	천간
酉	子	寅	丑	지지

壬水와 丁火가 투출하여 화합하고
乙木이 투출하여 庚金과 화합하므로
음양의 조화를 이루면서 부자가 된 명조입니다.

시	일	월	년	구분
庚	庚	壬	壬	천간
辰	申	寅	子	지지

庚金과 壬水가 투출하여 순수하고 맑으며
소년시절에 양기가 미약하여 고통이 많았지만
늙어서 양기가 보충되며 음양의 조화를 이루므로
벼슬을 하여 현달한 명조입니다.

시	일	월	년	구분
丙	庚	壬	壬	천간
戌	申	寅	子	지지

壬水가 투출하여 기세가 왕성한데
丙火가 투출하여 음양의 조화를 이루므로
무관으로서 수비守備가 된 명조입니다.

시	일	월	년	구분
丙	庚	丙	己	천간
戌	戌	寅	未	지지

丙火의 기세가 왕성한데 己土가 투출하여 설기하고
戌土가 암장되어 암암리에 도와주므로 겨우 벼슬을 하는 명입니다.

시	일	월	년	구분
丙	庚	甲	癸	천간
戌	午	寅	卯	지지

지지에 火국을 이루고 丙火가 투출하여 기세가 왕성한데
癸水는 오히려 甲木을 도와 양기를 더욱 왕성하게 하므로
열기로 인하여 잔병으로 고생하며 고독하고 가난한 명조입니다.

2) 卯월의 庚金

二月庚金 柱中自然有乙 當令之乙 見庚必輸情於乙 此金有暗强之勢
이 월 경 금 주 중 자 연 유 을 당 령 지 을 견 경 필 수 정 어 을 차 금 유 암 강 지 세
如秋金一理 故二月庚金 專用丁火 借甲引丁 借庚劈甲 無丁用丙者
여 추 금 일 리 고 이 월 경 금 전 용 정 화 차 갑 인 정 차 경 벽 갑 무 정 용 병 자
富貴多出於勉强
부 귀 다 출 어 면 강
이월 庚金은 사주 중에 자연적으로 乙이 있는 것으로서 乙이 당령한 것이다. 庚
이 있으면 반드시 乙에게 정을 주게 된다. 이러한 金은 암암리에 강한 세력이
있어 마치 가을 金과 같은 이치로서 이월 庚金은 丁火를 전용하고 甲을 차용하
여 丁을 인화하며 庚을 차용하여 甲을 쪼갠다. 丁이 없는데 丙으로써 부귀하려
면 힘써 노력해야 한다.

입춘으로부터 두 번째의 달인 卯월은
월령에 자연적으로 乙木이 암장되어 있는 것으로서
乙木이 당령當令하여 권력을 잡고 있다고 합니다.

庚金이 있으면 반드시 乙木에게 정을 준다고 하며
庚金이 월령의 암장된 乙木과 화합을 하므로
이로 인하여 암암리에 강한 세력을 갖추는 것으로서
마치 가을 金의 왕성한 기세를 행사하는 것과 같은 이치라고 합니다.

그러므로 卯월 庚金은 丁火를 전용하여 제어하는 것이며
甲木을 차용하여 丁火의 불꽃을 인화하고
庚金을 차용하여 甲木을 장작으로 쪼개어 쓴다고 합니다.

丁火의 왕성한 기세가 없는데
丙火만으로는 왕성한 기세의 庚金을 단련하기에는 부족하므로
부귀하려면 힘써 노력하여야 합니다.

或丁在干 甲透引丁 支下再見一庚制甲 配得中和 必然大貴 如不見庚
혹 정 재 간 갑 투 인 정 지 하 재 견 일 경 제 갑 배 득 중 화 필 연 대 귀 여 불 견 경

合者 雖丁甲兩透 亦屬平人 春丁不旺不衰 故用甲為佐丁之物 甲若無
합 자 수 정 갑 양 투 역 속 평 인 춘 정 불 왕 불 쇠 고 용 갑 위 좌 정 지 물 갑 약 무

庚劈 則不能引丁
경 벽 즉 불 능 인 정

丁이 천간에 있고 甲이 투출하여 丁을 인화하는데 지지에서 하나의 庚이 甲을
제어하고 배합으로 중화를 이루면 반드시 크게 귀하며 庚이 없어 배합이 안 되
면 비록 丁甲이 모두 투출하여도 보통사람에 속한다. 봄의 丁은 왕성하지도 쇠
약하지도 않으므로 甲으로써 丁을 보좌한다. 甲은 庚이 쪼개지 않으면 丁을 인
화할 수 없다.

丁火가 천간에 있고 甲木이 투출하여 丁火를 인화하는데
지지에서 하나의 庚金이 암장되어 甲木을 제어하고
卯중 乙木과 화합하여 왕성한 金의 기세를 만들면 배합으로 중화를
이루었다고 하는 것으로서 반드시 크고 귀하게 된다고 합니다.

그러나 지지에 암장된 庚金이 없으면
비록 丁火와 甲木이 모두 투출하여도 쓸모가 없어지므로
보통사람에 불과하다고 합니다.

봄에는 丁火가 왕성하지도 쇠약하지 않으므로
甲木으로써 丁火를 보좌하는데
甲木은 庚金의 도끼로써 쪼개어 장작으로 만들지 않으면
丁火를 인화하여 왕성한 기세를 만들 수 없다고 합니다.

乙木雖多 又忌溼乙傷丁 難為丁母 故有丁甲無庚者 常人 有丁庚 甲不
을 목 수 다 우 기 습 을 상 정 난 위 정 모 고 유 정 갑 무 경 자 상 인 유 정 경 갑 불

出干者 常人 或丁透無庚甲者 可許貢監 無丁有丙者 異路功名 或一片
출 간 자 상 인 혹 정 투 무 경 갑 자 가 허 공 감 무 정 유 병 자 이 로 공 명 혹 일 편

甲乙 忌庚出干破財 乃從財格 反主富貴 若見一比 又主孤貧 從財者火
갑 을 기 경 출 간 파 재 내 종 재 격 반 주 부 귀 약 견 일 비 우 주 고 빈 종 재 자 화

妻土子 用丁者 取甲為妻 若有庚制 難許同偕 死金嫌蓋頂之泥 重見戊
처 토 자 용 정 자 취 갑 위 처 약 유 경 제 난 허 동 해 사 금 혐 개 정 지 니 중 견 무

土 如人壓伏之象 須甲透為妙
토 여 인 압 복 지 상 수 갑 투 위 묘

乙木이 비록 많이 있어도 습한 乙은 丁을 상하게 하여 꺼리므로 丁의 모친이 되
기 어렵다. 그러므로 丁甲이 있고 庚이 없으면 보통사람이고 丁庚이 있고 甲이
투출하지 않아도 보통사람이다. 丁이 투출하고 庚甲이 없으면 공감은 한다. 丁
이 없고 丙이 있으면 다른 길로 공명을 누린다. 전부 甲乙이면 庚이 투출하여
파재하는 것을 꺼리고 종재격이면 오히려 부귀하다. 하나의 비견이 있으면 고
독하고 가난하다. 종재격은 火가 처이고 土가 자식이다. 용신이 丁이면 甲을 처
로 취하는데 庚이 제어하면 해로하기 어렵다. 죽은 金을 흙으로 덮는 것을 혐오
하고 戊土가 중첩되면 눌리는 형상이므로 반드시 甲이 투출하여야 좋다.

乙木은 비록 많이 있어도 습한 초목으로서
丁火를 상하게 하여 꺼지게 하므로 꺼린다고 하며
丁火를 생하는 어머니가 되기는 어렵다고 합니다.

그러므로 丁火와 甲木이 있어도 庚金이 없으면
乙木을 제어하지 못하므로 쓸모가 없어 보통사람이라고 하며

丁火와 庚金이 있어도 甲木이 투출하지 않으면
庚金으로 乙木을 제어하여도
丁火를 인화하지 못하므로 쓸모가 없는 보통사람이라고 합니다.

丁火가 투출하고 庚金과 甲木이 없으면
丁火의 불꽃이 미약하지만 어느 정도 기세를 유지하므로
국가고시에 급제한 학자로서 공감貢監은 할 수 있다고 합니다.

丁火가 없고 丙火가 있으면 재능을 갈고 닦아
무술이나 기예 등 다른 방면에서 공명을 누린다고 합니다.

전부 甲乙木으로 되어 있으면 기세가 매우 왕성한 것으로서
庚金이 투출하여 왕성한 木의 기세를 파괴하는 것을 꺼리고
격국론의 용어로서 종재격從財格이라고 하여
왕성한 木재성의 기세에 복종하며 따르면 오히려 부귀하다고 합니다.

그러나 庚金의 비견이 하나라도 있으면
왕성한 木의 기세를 따르려고 하지 않으므로
오히려 木의 왕성한 기세를 감당하지 못하여
고독하고 가난하다고 합니다.

종재격이 되면 火가 처이고 土가 자식으로서 희신의 역할을 합니다.
이 경우에도 음양의 조화를 이루기 위하여
木의 왕성한 기세를 火로써 설기하여 음기를 돕는 것으로서
土를 용신으로 채용한 것입니다.

용신이 丁火이면 甲木을 처로 취하는데
庚金이 甲木을 제어하면 부부가 해로하기 어렵다고 합니다.

卯월은 庚金의 사지死地로서 죽은 金이라고 하는데
흙에 덮이면 무덤에 들어가는 것이므로 혐오한다고 하며
戊土가 중첩되어 무거우면 흙이 두터운 것으로서
庚金이 흙에 매몰되어 눌리는 형상이 되므로
이때는 반드시 甲木이 투출하여 구하여야 좋다고 합니다.

조화원약에서 발췌한 명조입니다.

시	일	월	년	구분
丁	庚	己	庚	천간
丑	寅	卯	申	지지

丁火와 庚金이 투출하고
甲木이 암장되어 암암리에 재능을 발휘하므로 부자가 되고
지방관서의 장인 지현知縣에 오른 명조입니다.

시	일	월	년	구분
甲	庚	己	庚	천간
申	子	卯	午	지지

庚金이 투출하여 甲木을 제어하고
丁火가 암장되어 암암리에 재능을 발휘하므로
무과에 급제하고 현달한 명조입니다.

시	일	월	년	구분
丁	庚	辛	丙	천간
亥	辰	卯	申	지지

丙火와 辛金이 화합하고 丁火가 투출하였으며
甲木과 庚金이 암장되어 암암리에 재능을 발휘하므로
크게 귀하게 된 명조입니다.

시	일	월	년	구분
庚	庚	辛	辛	천간
辰	寅	卯	丑	지지

庚辛金이 투출하여 순수하며
지지에 木국을 이루어 음양의 조화를 이루므로
부자로서 무과에 급제한 명조입니다.

3) 辰월의 庚金

三月庚金 戊土司令 無生金之理 有埋金之憂 故先甲後丁 不用庚劈甲
삼 월 경 금 무 토 사 령 무 생 금 지 리 유 매 금 지 우 고 선 갑 후 정 불 용 경 벽 갑
三月之庚 土旺金頑 頑金宜丁 旺土須甲 乏甲不能立業 乏丁焉能成名
삼 월 지 경 토 왕 금 완 완 금 의 정 왕 토 수 갑 핍 갑 불 능 입 업 핍 정 언 능 성 명
二者少一 富貴不真
이 자 소 일 부 귀 부 진

삼월 庚金은 戊土가 사령하여 金을 생하는 이치가 없고 金이 묻힐 우려가 있어
甲을 먼저 쓰고 丁을 나중에 쓰며 庚으로써 甲을 쪼개어 쓰지 않는다. 삼월의
庚은 土가 왕성하고 金이 무디므로 무딘 金에게는 丁이 마땅하고 왕성한 土에
게는 반드시 甲이 마땅하다. 甲이 부족하면 가업을 일으킬 수 없고 丁이 부족하
면 공명을 이룰 수 없다. 둘 중에 하나가 적어도 부귀가 진실하지 않다.

입춘으로부터 세 번째의 달인 辰월은
戊土가 사령하여 기세가 왕성한 것으로서
金을 생하기보다는 오히려 庚金이 흙속에 묻힐 우려가 있다고 합니다.

그러므로 먼저 甲木으로써 소토하고 나중에 丁火를 쓰는데
庚金으로써 甲木을 쪼개어 쓰지 않는다고 합니다.

辰월의 庚金은 土의 기세가 왕성하고 金의 기세가 무딘 것으로서
무딘 金을 날카롭게 다듬기 위하여 마땅히 丁火가 필요하고
왕성한 기세의 土를 소토하기 위하여서
반드시 甲木이 필요한 것이라고 합니다.

甲木의 기세가 부족하면 왕성한 기세의 戊土를 소토할 수 없으며
庚金이 흙에 묻히어 능력을 발휘하지 못하므로
가업을 일으킬 수 없다고 합니다.

丁火가 부족하면 쓰임이 없어 공명을 이룰 수 없다고 하며
둘 중에 하나라도 적으면 부귀가 진실하지 않다고 합니다.

庚金無火 非夭則貧 身弱財多 富貴不久 得丁甲兩透 不見比肩 科甲之
경 금 무 화 비 요 즉 빈 신 약 재 다 부 귀 불 구 득 정 갑 양 투 불 견 비 견 과 갑 지
命 但要好運相催 甲透丁藏 採芹拾芥 甲藏丁透 異路功名
명 단 요 호 운 상 최 갑 투 정 장 채 근 습 개 갑 장 정 투 이 로 공 명

庚金에게 火가 없으면 요절하지 않으면 가난하며 신약하고 재성이 많으면 부귀
는 오래가지 않는다. 丁甲이 모두 투출하고 비견이 있으면 과감하는 명인데 단
지 좋은 운이 서로 도와야 한다. 甲이 투출하고 丁이 암장되면 채근은 하며 甲
이 암장되고 丁이 투출하면 다른 길로 공명이 있다.

庚金에게 火가 없으면
辰월의 무딘 庚金을 단련하여 예리하게 만들지 못하므로
쓰임이 없어 요절하거나 가난하다고 합니다.

庚金의 기세가 쇠약하여 신약한데
木의 재성이 많아 기세가 왕성하면
庚金이 감당하지 못하므로 부귀는 오래가지 않는다고 합니다.

丁火와 甲木이 모두 투출하고 庚辛金의 비견이 있으면
甲木으로써 丁火를 인화하고 庚辛金이 쓰임이 있으므로
최고의 국가고시인 과갑에 급제하는 명이라고 하며
단지 좋은 운이 서로 도와야 된다고 합니다.

甲木이 투출하고 丁火가 암장되면
甲木으로써 戊土를 소토하고 丁火로써 암암리에 재능을 발휘하므로
지방고시에 급제한 학자로서 채근採芹은 할 수 있다고 합니다.

甲木이 암장되고 丁火가 투출하면
甲木으로써 암암리에 재능을 발휘하여 丁火를 쓰므로
무술이나 기예 등 다른 방면으로 공명을 이룬다고 합니다.

丁甲俱藏 不受庚制 富中取貴 刀筆起家 有甲無丁 平常之輩 有丁無甲
정갑구장 불수경제 부중취귀 도필기가 유갑무정 평상지배 유정무갑
迂儒腐儒 丁甲兩無 下賤之流 或一甲 無丁 有丙 由行伍而得官職 須
간유부유 정갑양무 하천지류 혹일갑 무정 유병 유행오이득관직 수
不見壬癸爲妙
불견임계위묘

丁甲이 모두 암장되고 庚이 제어 받지 않으면 부자로서 귀하고 도필로서 가업
을 일으킨다. 甲이 있고 丁이 없으면 보통사람의 무리이고 丁이 있고 甲이 없으
면 멍청하고 부패한 선비이고 丁甲이 모두 없으면 하천한 부류이다. 하나의 甲
이 있고 丁이 없고 丙이 있다면 군대에서 관직을 득하지만 반드시 壬癸가 없어
야 좋다.

丁火와 甲木이 모두 암장되고 庚金이 제어 받지 않으면
암암리에 재능을 발휘하여 음양의 조화를 이루므로
부자로서 귀하게 된다고 하며
글씨를 새기는 도필로서 집안의 가업을 일으킨다고 합니다.

甲木이 있고 丁火가 없으면
甲木이 있어도 인화할 丁火가 없어 쓰임이 없는 것으로서
보통사람의 무리에 속한다고 합니다.

丁火가 있고 甲木이 없으면
甲木이 없으면 기세가 왕성한 土를 소토하지 못하여
흙에 묻히므로 멍청하고 부패한 선비라고 합니다.

丁火와 甲木이 모두 없으면 쓸모가 없으므로 하천한 부류라고 합니다.

하나의 甲木이 있는데 丁火가 없고 丙火가 있으면
甲木으로써 소토하고 丙火로써 밝게 빛날 수 있으므로
행오行伍인 군대에서 관직을 얻을 수 있지만
壬癸水가 없어야 丙火가 제어되지 않으므로 좋다고 합니다.

지지에 土국을 이루면 기세가 매우 왕성한 것으로서
甲木이 없어 소토가 안 되면 수행을 하며 사는 빈천한 승도라고 하며
乙木이 있으면 소토할 기회만 엿보는 간사한 소인배라고 합니다.

지지에 火국을 이루면 기세가 왕성한 것으로서
癸水가 투출하여 제어하고 적시어주면 부귀하여진다고 하며
丙丁火가 투출하고 壬水로써 제어하면 비로소 길하지만
제어가 없으면 왕성한 양기를 감당하지 못하여 질병이 있다고 합니다.

甲木이 용신이면 水가 처이고 木이 자식으로서 희신의 역할을 하고
丁火가 용신이면 木가 처이고 火가 자식으로서 희신의 역할을 합니다.

조화원약에서 발췌한 명조입니다.

시	일	월	년	구분
壬	庚	庚	庚	천간
午	申	辰	子	지지

지지에 水국을 이루고 庚金과 壬水의 기세가 순수하여 맑다고 하며
丁火가 암장되어 암암리에 재능을 발휘하므로
황제의 스승으로 대학자인 태사太師의 명조입니다.

2. 여름의 庚金

1) 巳월의 庚金

> 四月庚金 長生於巳 巳內有戊 丙不鎔金 故不畏火炎 丙亦可作用 但先
> 사월경금 장생어사 사내유무 병불용금 고불외화염 병역가작용 단선
> 壬水 方得中和 故曰群金生夏 喜用勾陳 次取戊土 丙火佐之 三者皆全
> 임수 방득중화 고왈군금생하 희용구진 차취무토 병화좌지 삼자개전
> 登科及第 即透一二 亦非白丁
> 등과급제 즉투일이 역비백정
> 사월 庚金은 장생이 巳로서 巳안에 戊가 있어 丙은 金을 녹이지 못한다. 그러므
> 로 화염을 두려워하지 않으니 丙을 쓸 수 있다. 단지 壬水를 먼저 써야 비로소
> 중화를 얻는다. 이르기를 金의 무리가 여름에 태어나면 土를 쓰기를 좋아한다
> 고 하므로 다음으로 戊土를 취하여 丙火를 보좌한다. 삼자가 모두 완전하면 과
> 거에 급제하고 한두 개만 투출하여도 백정은 되지 않는다.

입춘으로부터 네 번째의 달인 巳월은
庚金의 장생지로서 巳중에 戊土와 丙火가 함께 암장되어
戊土가 丙火를 설기하므로 金을 녹이지 못한다고 합니다.

그러므로 庚金은 화염을 두려워하지 않고 丙火를 쓸 수 있다고 하며
단지 壬水를 먼저 써서 丙火를 해소하여야
음양의 조화를 이루어 중화를 얻을 수 있다고 합니다.

고서에 이르기를 金의 무리가 여름에 태어나면 土를 쓰기를
좋아한다고 하므로 戊土를 취하여 丙火를 보좌한다고 합니다.

壬水와 丙火 그리고 戊土 삼자가 모두 구비되어 완전하면
음양의 조화를 이루므로 국가고시인 과거에 급제한다고 하며
한두 개만 투출하여도
가장 천한 신분인 백정까지 되지는 않는다고 합니다.

或一派丙火 名曰假煞為權 須不見壬制者 此人假作淸高 並無仁義
혹 일 파 병 화 명 왈 가 살 위 권 수 불 견 임 제 자 차 인 가 작 청 고 병 무 인 의

刑妻剋子 有壬制者 又主榮華 壬藏支者 有富貴之命 而無其實 或支
형 처 극 자 유 임 제 자 우 주 영 화 임 장 지 자 유 부 귀 지 명 이 무 기 실 혹 지

成金局 變弱爲強 用丙無力 用丁方妙 故丁透者吉 無丁 無用之人
성 금 국 변 약 위 강 용 병 무 력 용 정 방 묘 고 정 투 자 길 무 정 무 용 지 인

한 무리의 丙火가 있으면 이른바 가살위권으로서 반드시 壬이 제어하지 않으면
이 사람은 고결한 척하며 인의도 없고 처자를 고통스럽게 한다. 壬의 제어가 있
으면 영화롭고 壬이 암장되면 부귀가 있는 명조이나 실속이 없다. 지지에 金국
을 이루면 약한 것이 강하게 변하므로 丙을 쓰면 무력하니 丁을 써야 비로소 좋
다. 그러므로 丁이 투출하면 길하고 丁이 없으면 쓸모없는 사람이다.

한 무리의 丙火가 있으면 기세가 왕성한 것으로서
격국론의 용어로서 가살위권假煞爲權이라고 하며
관살이 일간 대신에 권력을 행사하는 것이라고 하며

이 사람은 겉으로는 고결한 척하지만 인의가 없으며
가족을 제대로 돌보지 않으므로 처자를 고통스럽게 만든다고 합니다.

壬水로써 제어하면 丙火의 왕성한 기세를 제어할 수 있으므로
음양의 조화를 이루어 부귀하여 영화를 누리지만
壬水가 암장되면 암암리에 재능을 발휘하므로 비록 부귀가 있으나
속은 비어있어 실속은 없는 명조라고 합니다.

지지에 金국을 이루면 기세가 왕성하여지는 것으로서
巳월에 기세가 쇠약한 金이 강한 기세로 변한다고 하며
丙火를 쓰면 무력하니 丁火를 써야 비로소 좋다고 합니다.

그러므로 丁火가 투출하면 길하고
丁火가 없으면 쓸모없는 사람이라고 합니다.

或丁出三四 煆制太過 其人奔波 四月庚金 須用壬丙戊 但非拘執先後
혹정출삼사 하제태과 기인분파 사월경금 수용임병무 단비구집선후
宜分病用藥 妻子同前 劍戟成功 入火鄉而反害 金逢火已損 再見火必
의분병용약 처자동전 검극성공 입화향이반해 금봉화이손 재견화필
傷 庚辛火旺怕南方 逢辰巳之鄉 又為榮斷
상 경신화왕파남방 봉진사지향 우위영단

丁이 서너 개 투출하면 불로 제어하는 것이 태과하므로 그 사람은 분주하다. 사
월의 庚金은 반드시 壬丙戊를 쓰는데 단지 선후를 고집하지 말고 마땅히 병을
구분하여 약을 쓰며 처자는 전과 같다. 창칼로 공을 이루고 火운으로 들어서면
오히려 해로운데 金이 火를 만나서 이미 손상되었는데 재차 火가 있으면 반드
시 상한다. 庚辛은 火가 왕성한 남방운을 두려워하지만 辰巳운을 만나면 영화
롭다고 판단한다.

丁火가 서너 개 투출하면 기세가 왕성한 것으로서
불로 제어하는 것이 태과하여 庚金이 녹아서 세차게 흐르는 것으로서
그 사람은 평생 바쁘게 뛰어다니며 분주하다고 합니다.

巳월의 庚金은 반드시 壬水와 丙火와 戊土를 쓰는데
어느 것을 먼저 쓰고 나중에 쓰는 등의 선후를 고집하지 말고
마땅히 병을 구분하여 약을 써야 한다고 합니다.

병病은 용신을 제거하는 것으로서 기신이라고 하며
약藥은 기신을 제거하여 용신을 돕는 것으로서 희신이라고 합니다.

용신과 처자는 辰월과 같다고 합니다.

庚金을 불에 달구어 창칼을 만드는 공을 이미 이루었다면
창칼을 만드느라 火의 뜨거운 열기에 의하여 단련이 되어
이미 손상이 되어있는 것으로서
재차 火가 있으면 반드시 상하여 녹으므로 오히려 해롭다고 합니다.

庚辛金은 火가 왕성한 남방 火운을 만나면
녹으므로 두려워한다고 합니다.

그러나 辰巳운을 만나면 庚金이 생하는 시기로서
왕성한 기세를 얻을 수 있으므로
오히려 영화롭다고 판단할 수 있다고 합니다.

조화원약에서 발췌한 명조입니다.

시	일	월	년	구분
丙	庚	乙	壬	천간
戌	戌	巳	寅	지지

丙火가 시간에 투출하여 기세가 왕성한데
壬水는 멀리 있고 뿌리가 없어 미약하여 제어하지 못하고
庚金이 乙木과 화합하여도 丙火의 왕성한 기세를 감당하지 못하므로
고통을 당하고 고향을 떠나 분주하게 다니는 사람의 명조입니다.

시	일	월	년	구분
丁	庚	丁	癸	천간
亥	子	巳	丑	지지

丁火가 두 개 투출하여 기세가 왕성한데
癸水가 투출하여 열기를 해소하고 음양의 조화를 이루므로
지방고시에 급제한 학자로서 수재秀才이며 큰 부자가 된 명조입니다.

2) 午월의 庚金

五月庚金 丁火旺烈 庚金敗地 專用壬水 癸又次之 壬透癸藏 支見庚辛
오 월 경 금   정 화 왕 렬   경 금 패 지   전 용 임 수   계 우 차 지   임 투 계 장   지 견 경 신
必然科甲 切忌戊己透干制水 則否 戊藏支內 不失儒林 或壬在支 有金
필 연 과 갑   절 기 무 기 투 간 제 수   즉 부   무 장 지 내   부 실 유 림   혹 임 재 지   유 금
生助 又得金神出干 明經之貴 或癸出帶辛 異路之榮
생 조   우 득 금 신 출 간   명 경 지 귀   혹 계 출 대 신   이 로 지 영

오월 庚金은 丁火가 왕성하고 맹렬한 庚金의 패지로서 壬水를 전용하고 癸를 다음으로 쓴다. 壬이 투출하고 癸가 암장되고 지지에 庚辛이 있으면 반드시 과갑을 한다. 절대로 꺼리는 것은 戊己가 투출하여 水를 제어하는 것이며 그렇지 않고 戊가 암장되면 선비의 신분은 잃지 않는다. 壬을 지지에 있는 金이 생조하고 또한 金신이 투출하면 학자로서 귀하게 되고 癸가 투출하고 辛이 대동하면 다른 길로 영화로워진다.

입춘으로부터 다섯 번째의 달인 午월은
丁火가 왕성하고 맹렬하며 庚金의 욕패지浴敗地이므로
반드시 壬水를 전용하여 제어하고 癸水를 다음으로 쓴다고 합니다.

壬水가 투출하고 癸水가 암장되고 지지에도 庚金과 辛金이 암장되면
음양의 조화를 이룰 수 있으므로
반드시 최고의 국가고시인 과갑에 급제한다고 합니다.

절대로 꺼리는 것은 戊己土가 투출하여 水를 제어하는 것이며
戊土가 암장되어 있으면 선비의 신분은 잃지 않는다고 합니다.

壬水를 지지에 암장된 金으로써 생하여 돕고
또한 巳중 庚金이 투출하면 음양의 조화를 이루어
국가고시에 급제한 학자인 명경明經으로서 귀하게 된다고 합니다.

癸水가 투출하고 辛金이 대동하며 도우면
과거에 급제하지 않아도 벼슬을 하며 영화를 누린다고 합니다.

或支成火局 乏水者 奔波之客 有壬癸制者 捐納之人 又見戊己透者 則
혹지성화국 핍수자 분파지객 유임계제자 연납지인 우견무기투자 즉
吉 無壬癸制火者 又宜戊己出干 補金洩火 庶不夭折孤貧 總之 仲夏無
길 무임계제화자 우의무기출간 보금설화 서불요절고빈 총지 중하무
水 必非上格 或一派木火 無傷印比劫 又作從煞而論
수 필비상격 혹일파목화 무상인비겁 우작종살이론

지지에 火국을 이루고 水가 부족하면 분주한 사람이고 壬癸로 제어하면 재물로
써 벼슬하는 사람이다. 또한 戊己도 투출하면 길한데 壬癸로 火를 제어하지 못
하면 마땅히 戊己가 투출하여 金을 도와 火를 설기하면 요절거나 고독하고
가난하지는 않다. 총괄적으로 한창인 여름에 水가 없으면 반드시 상격이 아
니다. 한 무리의 木火가 있는데 식상 인성 비겁이 없으면 종살격으로 논한다.

지지에 火국을 이루어 기세가 왕성한데
水가 부족하면 왕성한 기세를 감당하기 어려우므로
이로 인하여 분주하게 뛰어다는 사람이라고 하며
壬癸水로 제어하면 재물로써 벼슬하는 사람이라고 합니다.

또한 戊己土도 투출하면 길하다고 하는데
壬癸水로써 왕성한 기세의 火를 제어하지 못하면
마땅히 戊己土가 투출하여 金을 도와 왕성한 기세의 火를 설기하면
요절하거나 고독하고 가난하지는 않는다고 합니다.

총괄적으로 午월은 여름이 한창인 시기로서
水가 없으면 왕성한 기세의 火를 제어하지 못하여
음양의 조화를 이루지 못하므로 반드시 상격이 아니라고 합니다.

한 무리의 木火가 있는데 水식상 土인성 金비겁의 도움이 없으면
午월에 木火의 왕성한 기세를 감당하지 못하는 것으로서
격국론의 용어로서 종살격從煞格으로 논한다고 하며
庚金은 木火의 왕성한 기세에 복종하며 따른다고 합니다.

조화원약에서 발췌한 명조입니다.

시	일	월	년	구분
壬	庚	庚	己	천간
午	戌	午	未	지지

지지에 火의 기세가 왕성한데
己土가 투출하여 설기하여보지만 미흡하므로
초년에 고생을 많이 하고 처자도 늦게 보았다고 합니다.

그러나 후반기에는
庚金이 己土의 기세를 설기하여 壬水를 돕고
壬水로써 왕성한 양기를 제어하며 음양의 조화를 이루어
만년에는 큰 부자가 되고 장수한 명조입니다.

시	일	월	년	구분
壬	庚	壬	庚	천간
午	寅	午	申	지지

천간에 庚金과 壬水만 투출하여 순수하고 맑다고 하며
지지의 왕성한 열기를 제어하고 음양의 조화를 이룰 수 있으므로
지방관서의 장으로서 지부知府에 오른 명조입니다.

3) 未月의 庚金

六月庚金 三伏生寒 頑鈍極矣 先用丁火 次取甲木 丁甲兩透名顯身榮
유월경금 삼복생한 완둔극의 선용정화 차취갑목 정갑양투명현신영
忌癸傷丁 有甲無丁 庸俗 有丁無甲 生員 丁甲全無 下賤之人
기계상정 유갑무정 용속 유정무갑 생원 정갑전무 하천지인

유월 庚金은 삼복에 한기를 생하는 시기로서 무디어짐이 극에 이르므로 丁火를
먼저 쓰고 甲木을 다음으로 쓴다. 丁甲이 모두 투출하면 이름을 떨치고 영화롭
다. 癸가 丁을 상하게 하는 것을 꺼리고 甲이 있고 丁이 없으면 보통 사람이며
丁이 있고 甲이 없으면 생원이며 丁甲이 모두 없으면 하천한 사람이다.

입춘으로부터 여섯 번째의 달인 未월은
삼복의 더위가 극에 이르며 오히려 한기를 생산하는 시기로서
무더운 더위로 인하여 庚金의 무디어짐은 극에 이른 상태라고 합니다.

그러므로 丁火를 먼저 써서
무디어진 庚金을 단련하여 예리하게 만들어야 쓰임이 있다고 하며
甲木으로써 丁火를 인화하여야
丁火를 지속적으로 유지할 수 있다고 합니다.

丁火와 甲木이 모두 투출하면 무디어진 庚金을 단련하여
쓰임이 있게 만들므로 이름을 떨치고 영화를 누린다고 합니다.

꺼리는 것은 癸水가 丁火를 상하게 하는 것으로서
丁火가 상하면 庚金을 단련하여 예리하게 만들지 못하기 때문입니다.

甲木이 있어도 丁火가 없으면 쓸모가 없는 보통사람이며
丁火이 있고 甲木이 없으면 丁火를 유지하기 어려우므로
단지 지방고시에 급제한 학자로서 생원生員에 불과하다고 합니다.

丁火와 甲木이 모두 없으면
무딘 庚金은 쓸모가 없으므로 하천한 사람이라고 합니다.

木雖有 丁不透 支又見水 執鞭之士 丁火無傷 貿易之流 支會土局
목수유 정불투 지우견수 집편지사 정화무상 무역지류 지회토국
甲先丁後 甲透者 文章顯達 丁透者 刀筆揚名 或柱多金 有二丁出制
갑선정후 갑투자 문장현달 정투자 도필양명 혹주다금 유이정출제
異路功名
이 로 공 명

木이 비록 있어도 丁이 투출하지 않고 지지에 水도 있으면 하급관리이며 丁火
가 상하지 않으면 무역하는 부류이다. 지지에 土국을 이루면 甲을 먼저 쓰고 丁
을 나중에 쓴다. 甲이 투출하면 문장으로 현달하고 丁이 투출하면 도필로서 이
름을 떨친다. 사주에 金이 많은데 두 개의 丁이 투출하여 제어하면 다른 길로
공명을 이룬다.

비록 木이 있어도 丁火가 투출하지 않고
지지에 암장된 水가 있어 암장된 丁火를 상하게 하면
말을 관리하는 집편집사執鞭之士로서 하급관리에 불과하다고 합니다.

암장된 丁火가 상하지 않으면 암암리에 재능을 발휘할 수 있으므로
무역을 하며 부를 추구하는 장사꾼의 부류이라고 합니다.

지지에 土국을 이루면 기세가 왕성한 것으로서
우선 甲木으로써 소토하고 丁火는 나중에 쓴다고 합니다.

甲木이 투출하면 왕성한 土의 기세를 소토하여
庚金을 구할 수 있는 재주가 있는 것으로서
문장文章인 계책이 뛰어나므로 현저하게 발달한다고 하며
丁火가 투출하면 재능이 있는 것으로서
글씨를 새기는 도필로서 이름을 떨친다고 합니다.

사주에 金이 많아 기세가 왕성한데 두 개의 丁火가 투출하면
金의 기세를 제어할 수 있는 재능이 있는 것으로서
무예나 기예 등 다른 방면에서 공명을 이룬다고 합니다.

조화원약에서 발췌한 명조입니다.

시	일	월	년	구분
癸	庚	乙	丙	천간
未	申	未	辰	지지

丙火가 투출하여 기세가 왕성한데
癸水가 투출하여 제어하고
丁火가 암장되어 암암리에 재능을 발휘하므로
집안을 일으킨 명조입니다.

시	일	월	년	구분
丁	庚	乙	丙	천간
亥	申	未	辰	지지

위 명조와 시만 다른 것으로서
丁火가 투출하여 庚金을 단련하여 쓰임이 있는 도구를 만들고
甲木이 암장되어 암암리에 재능을 발휘하므로
한 번의 과거에 급제하고 큰 부자가 된 명조입니다.

시	일	월	년	구분
壬	庚	乙	丙	천간
午	寅	未	午	지지

丙火가 매우 왕성한데
시간에 투출한 壬水가 제어하여 음양의 조화를 이루고
지방관서의 장으로서 현령縣令에 오른 명조입니다.

시	일	월	년	구분
己	庚	乙	辛	천간
卯	子	未	亥	지지

辛金이 투출하여 乙木을 제어하고
己土가 투출하여 음기를 제어하여 음양의 조화를 이루므로
지방고시에 급제한 학자로서 수재秀才의 명조입니다.

시	일	월	년	구분
甲	庚	己	癸	천간
申	子	未	巳	지지

癸水가 투출하였으나 己土가 투출하여 제어하고
甲木이 투출하고 암장된 丙丁火로써 암암리에 재능을 발휘하므로
지방고시에 급제한 학자로서 거인擧人의 명조입니다.

3. 가을의 庚金

1) 申월의 庚金

七月庚金 剛銳極矣 專用丁火煆煉 次取甲木引丁 故曰 秋金銳銳最
칠월경금 강예극의 전용정화하련 차취갑목인정 고왈 추금예예최
為奇 壬癸相逢不宜 如逢木火來成局 試看福壽與天齊 如得丁甲兩透
위기 임계상봉불의 여봉목화래성국 시간복수여천제 여득정갑양투
定步青雲
정보청운

칠월 庚金은 강하고 예리함이 극에 이른 것으로서 丁火를 전용하여 불에 단련
하고 甲木을 취하여 丁을 인화한다. 이르기를 가을 金은 예리함이 가장 뛰어나
므로 壬癸를 만나는 것은 마땅치 않고 木火를 만나 격국을 이루면 복과 수명이
하늘의 신과 같다고 하였다. 丁甲이 모두 투출하면 반드시 구름을 걷듯이 순조
롭다.

입춘으로부터 일곱 번째의 달인 申월은
庚金이 사령하여 권력을 잡은 시기로서 기세가 왕성하므로
강하고 예리함이 극에 이른 것이라고 합니다.

그러므로 丁火로써 불에 단련하여야 쓸모가 있으며
甲木으로써 丁火를 인화하여 열기를 왕성하게 만들어야 합니다.

고서에 이르기를
가을 金은 예리함이 가장 뛰어나므로 壬癸水를 만나는 것은
火를 제어하므로 마땅하지 않다고 하며
木火를 만나 격국을 이루면
복과 수명을 하늘의 신처럼 누릴 수 있다고 합니다.

丁火와 甲木이 모두 투출하면
왕성한 열기를 만들어 庚金을 단련하여 쓰임이 있도록 만들므로
부귀와 영화가 구름 위를 걷듯이 반드시 순조롭다고 합니다.

若有丁無甲為俊秀 有甲無丁是平人 丁甲兩無 無用物 只堪門下作閒人
약유정무갑위준수 유갑무정시평인 정갑양무 무용물 지감문하작한인
或支成水局 乏丁用丙 柱中即有丙火 不見甲木者 必主愚懦 何也 當時
혹지성수국 핍정용병 주중즉유병화 불견갑목자 필주우나 하야 당시
金水兩旺 金生水以制火 何能發達
금수양왕 금생수이제화 하능발달

丁이 있고 甲이 없으면 준수하고 甲이 있고 丁이 없으면 보통사람이다. 丁甲이
모두 없으면 쓸모가 없으며 단지 식객으로서 할 일없는 사람일 뿐이다. 지지에
水국을 이루고 丁이 부족하면 丙을 쓴다. 사주에 丙火가 있어도 甲木이 없으면
반드시 어리석고 나태한 것은 어찌된 것인가. 이때 金水가 모두 왕성하여 金이
水를 생하고 火를 제어하면 어찌 발달할 수 있는가.

丁火가 있고 甲木이 없으면
丁火로써 庚金을 단련할 수 있으나 甲木이 없어 丁火를 유지하지
못하므로 단지 재능이 있는 준수한 인물이라고 합니다.

甲木이 있고 丁火가 없으면
甲木이 있어도 丁火가 없으면 庚金을 단련하여 쓰지 못하므로
쓰임이 없는 보통사람이라고 합니다.

丁火와 甲木이 모두 없으면 쓸모가 없으므로
남의 집 식객으로 머물며 할 일 없이 노는 사람일 뿐이라고 합니다.

지지에 水국을 이루면 기세가 왕성한 것으로서
丁火가 부족하면 丙火를 써서 왕성한 음기를 제어한다고 합니다.

사주에 丙火가 있어도 甲木이 없으면 도움을 받지 못하여
양기가 쇠약하여지므로 반드시 어리석고 나태하다고 하며
이때 金水가 모두 왕성하여 金이 水를 생하고
火를 제어하면 어찌 발달할 수 있겠느냐고 합니다.

或見甲出引丁 可云生監 甲弱者 衣食充盈 或支成土局 先甲後丁 支成
혹 견 갑 출 인 정 가 운 생 감 갑 약 자 의 식 충 영 혹 지 성 토 국 선 갑 후 정 지 성
火局 富貴中人 金剛木明 行商坐賈之人 金備申酉戌之地 富貴無疑 金
화 국 부 귀 중 인 금 강 목 명 행 상 좌 고 지 인 금 비 신 유 술 지 지 부 귀 무 의 금
神入火鄉 逢羊刃 富貴榮華
신 입 화 향 봉 양 인 부 귀 영 화

甲이 투출하여 丁을 인화하면 생감은 하고 甲이 약하면 의식만 풍족하다. 지지
에 土국을 이루면 甲을 먼저 쓰고 丁을 나중에 쓴다. 지지에 火국을 이루면 부
귀한 사람이다. 金이 강하고 木이 밝으면 장사하는 사람이다. 金이 申酉戌의 지
지를 구비하면 부귀를 의심하지 않고 金이 火운에 들어가고 양인을 만나면 부
귀영화를 누린다.

甲木이 투출하여 丁火를 인화하면
지지에 水국을 이루어 기세가 왕성하여도
국가고시에 급제한 학자로서 생감生監은 한다고 합니다.

그러나 甲木이 쇠약하면 丁火를 제대로 인화하지 못하므로
丁火도 역시 쇠약하여지는 것으로서
단지 먹고 살 의식만 풍족할 뿐이라고 합니다.

지지에 土국을 이루면 기세가 왕성한 것으로서
먼저 甲木으로써 소토하여 庚金을 구하고
나중에 丁火로써 庚金을 단련한다고 합니다.

지지에 火국을 이루면 기세가 왕성한 것으로서
金水의 왕성한 기세를 제어하여 음양의 조화를 이룰 수 있으므로
부귀한 사람이라고 합니다.

金이 강한데 木이 지지의 火국으로 인하여 밝아지면
암암리에 재능을 발휘하므로
행상이나 시장에서 장사하는 사람이라고 합니다.

金이 申酉戌의 지지를 모두 구비하면
金의 기세가 매우 왕성한 것으로서 부귀를 의심하지 않는다고 합니다,

金이 남방 火운에 들어가면 무디어지는데
격국론의 용어로서 겁재를 양인羊刃이라고 하며
겁재인 辛金을 만나 도움을 받으면 부귀영화를 누린다고 합니다.

조화원약에서 발췌한 명조입니다.

시	일	월	년	구분
丙	庚	庚	戊	천간
子	申	申	申	지지

庚金이 투출하고 지지에 金水의 기세가 매우 왕성하지만
戊土가 투출하여 제어하고 丙火가 밝게 빛나므로
군의 총사령관으로서 원수元帥의 직위에 오른 명조입니다.

시	일	월	년	구분
丁	庚	庚	癸	천간
亥	申	申	巳	지지

癸水가 투출하여 丁火를 방해하고 있으나
戊土와 丙火가 암장되어 암암리에 재능을 발휘하므로
지방관서의 장인 부윤府尹에 오른 명조입니다.

시	일	월	년	구분
丁	庚	甲	乙	천간
亥	戌	申	未	지지

甲乙木이 투출하여 丁火를 생하여 돕고 있으나
기세가 미약하여 처음에는 가난하였으나
甲木이 암장되어 암암리에 재능을 발휘하므로
나중에는 부자가 된 명조입니다.

2) 酉월의 庚金

八月庚金 剛銳未退 用丁用甲 丙不可少 若丁甲透 又見一丙 功名顯赫
팔 월 경 금 강 예 미 퇴 용 정 용 갑 병 불 가 소 약 정 갑 투 우 견 일 병 공 명 현 혁
且見羊刃 無刑尅 丙煞藏支 名為羊刃駕煞 主出將入相 直介忠臣 或丙
차 견 양 인 무 형 극 병 살 장 지 명 위 양 인 가 살 주 출 장 입 상 직 개 충 신 혹 병
火重重 一丁高透 亦主科甲 丙出丁藏 異路功名
화 중 중 일 정 고 투 역 주 과 갑 병 출 정 장 이 로 공 명
팔월 庚金은 강하고 예리함이 아직 물러나지 않았으므로 丁과 甲을 쓰는데 丙
이 적어서는 안 된다. 丁甲이 투출하고 하나의 丙이 있으면 공명이 빛난다. 양
인이 있고 형극이 없으며 丙칠살이 암장되면 이른바 양인가살로서 장군과 재상
을 겸한 강직한 충신이다. 丙火가 중첩하고 하나의 丁이 높이 투출하면 과갑을
하고 丙이 투출하고 丁이 암장되면 다른 길로 공명을 누린다.

입춘으로부터 여덟 번째의 달인 酉월은
庚金이 강하고 예리한 것이 아직 물러나지 않은 시기로서
丁火로써 단련하고 甲木으로써 丁火를 인화하여야 하는데
丙火도 적어서는 안 된다고 합니다.

丁火와 甲木이 모두 투출하고 하나의 丙火도 있으면
음양의 조화를 이루므로 공명이 빛난다고 합니다.

겁재로서 양인이 있는데 형극이 없으며 丙火칠살이 암장되면
격국론의 용어로서 양인가살羊刃駕煞이라고 하며
장군과 재상을 겸한 강직한 충신이라고 합니다.

丙火가 중첩하고 하나의 丁火가 높이 투출하면
왕성한 열기로써 庚金을 단련할 수 있으므로
최고의 국가고시인 과갑에 급제한다고 합니다.

丙火가 투출하고 丁火가 암장되면 암암리에 재능을 발휘하므로
무술이나 기예 등 다른 방면으로 공명을 누린다고 합니다.

或甲藏支 火透而水不透者 亦主清高 衣衿可望 或丁藏支內 重見丙火
혹갑장지 화투이수불투자 역주청고 의금가망 혹정장지내 중견병화
者 此名假煞重重 雖羊刃帖身 却難從煞也 即一丙透 秀而不富 或支見
자 차명가살중중 수양인첩신 각난종살야 즉일병투 수이불부 혹지견
重重甲乙 無用之人 總之 旺金木衰 非火莫制 不見丙丁 藝術之輩
중중갑을 무용지인 총지 왕금목쇠 비화막제 불견병정 예술지배

甲이 지지에 암장되고 火가 투출하고 水가 투출하지 않으면 고결한 사람으로서
벼슬도 바랄 수 있다. 丁이 암장되고 丙火가 중첩되면 이른바 가살중중으로서
단지 양인이 가까이 있으므로 도리어 종살하기 어렵다. 하나의 丙이 투출하여
우수하여도 부자는 아니며 지지에 甲乙이 중첩되어도 쓸모가 없는 사람이다.
총괄적으로 金이 왕성하고 木이 쇠약하면 火가 아니면 제어하지 못하며 丙丁이
없으면 예술을 하는 무리이다.

甲木이 암장되고 火가 투출하고 水가 투출하지 않으면
火를 왕성하게 쓸 수 있으므로
고결한 사람으로서 벼슬도 바랄 수 있다고 합니다.

丁火가 암장되고 丙火가 중첩되면
격국론의 용어로서 가살중중假煞重重이라고 하며
칠살이 중첩되어 왕성하고 무겁다고 하는 것입니다.
단지 庚金이 양인과 가까이 있어 의지하므로
왕성한 칠살의 기세에 복종하고 따르며 종살하기 어렵다고 합니다.

하나의 丙火가 투출하면 밝게 빛나므로 우수한 재능이 있어도
庚金을 단련할 수 없으므로 부자는 될 수 없다고 하며
지지에 甲乙木이 중첩되어도 쓸모가 없는 사람이라고 합니다.

총괄적으로 金의 기세가 왕성하고 木의 기세가 쇠약하면
火가 아니면 왕성한 金의 기세를 제어할 수 없으므로
丙丁火가 없으면 예술을 하는 무리라고 합니다.

조화원약에서 발췌한 명조입니다.

시	일	월	년	구분
辛	庚	癸	甲	천간
巳	申	酉	辰	지지

甲木이 투출하여 癸水를 설기하고 辛金이 투출하여 도우며
丙火가 암장되어 암암리에 재능을 발휘하므로
지방관서의 장인 지주知州에 오른 명조입니다.

시	일	월	년	구분
丁	庚	乙	乙	천간
亥	午	酉	巳	지지

乙木이 투출하여 丁火를 도와 왕성한 金의 기세를 단련하고
甲木이 암장되어 암암리에 재능을 발휘하므로
지방고시에 급제한 학자로서 거인擧人의 명조입니다.

시	일	월	년	구분
丙	庚	丁	丙	천간
子	子	酉	子	지지

천간에 丙丁火가 가득하고
지지에는 金水가 가득하며 음양의 조화를 이루므로
중앙관서의 총리인 승상丞相의 지위에 오른 명조입니다.

시	일	월	년	구분
乙	庚	己	丁	천간
酉	辰	酉	未	지지

丁火가 투출하였으나 己土가 설기하고 있고
乙木이 庚金을 탐합하고 있으므로 보통사람에 불과한 명조입니다.

시	일	월	년	구분
辛	庚	己	丁	천간
巳	辰	酉	丑	지지

丁火가 투출하고 己土가 설기하고 辛金이 투출하여 돕고 있으며
丙火가 암장되어 암암리에 재능을 발휘하므로
지방관서의 장인 지부知府에 오른 명조입니다.

시	일	월	년	구분
戊	庚	癸	己	천간
寅	申	酉	亥	지지

癸水가 투출하였으나 戊己土가 제어하고
암장된 甲木과 丙火가 암암리에 재능을 발휘하고 있으므로
중앙관서의 총리인 승상丞相의 지위에 오른 명조입니다.

시	일	월	년	구분
丁	庚	辛	癸	천간
亥	子	酉	丑	지지

金水의 기세가 왕성한데
丁火가 홀로 투출하여 감당하기 어려우므로
고통을 당하며 고독하고 가난한 명조입니다.

3) 戌월의 庚金

九月庚金 戌土司令 最怕土厚埋金 宜先用甲疏 後用壬洗 則金自出矣
구 월 경 금 무 토 사 령 최 파 토 후 매 금 의 선 용 갑 소 후 용 임 세 즉 금 자 출 의
忌見己土濁壬 壬甲兩透 科甲相宜 或甲透壬藏 鄉魁可望 甲藏壬透 廩
기 견 기 토 탁 임 임 갑 양 투 과 갑 상 의 혹 갑 투 임 장 향 괴 가 망 갑 장 임 투 능
貢堪謀
공 감 모

구월 庚金은 戌土가 사령하여 土가 두터워 金이 묻히는 것을 가장 두려워하므로 마땅히 甲을 먼저 써서 소토하고 난 후에 壬으로 세척하면 金은 스스로 나온다. 꺼리는 것은 己土가 있어 壬을 탁하게 하는 것이다. 壬甲이 모두 투출하면 과갑에 적합하다. 甲이 투출하고 壬이 암장되면 향시에서 장원급제는 바라볼 수 있다. 甲이 암장되고 壬이 투출하면 능공은 할 수 있다.

입춘으로부터 아홉 번째의 달인 戌월은
戌土가 사령하여 왕성하고 두터운 土의 기세가 되는 것으로서
庚金은 두터운 土의 기세에 묻히는 것을 가장 두려워 합니다.
마땅히 甲木으로써 먼저 소토하고 난 후에 壬水로써 세척하면
庚金이 흙으로부터 스스로 나올 수 있다고 합니다.
꺼리는 것은 己土가 있어 壬水를 탁하게 하는 것이라고 합니다.

甲木과 壬水가 모두 투출하면
왕성한 기세의 土를 소토하고 壬水로써 맑게 세척하므로
최고의 국가고시인 과갑에 급제하는 것은 적합하다고 합니다.

甲木이 투출하고 壬水가 암장되면
왕성한 기세의 土를 소토하고 암암리에 재능을 발휘하므로
지방고시에 장원급제하는 향괴鄕魁는 바라본다고 합니다,

甲木이 암장되고 壬水가 투출하면
왕성한 기세의 土를 암암리에 소토하고 壬水로써 맑게 세척하므로
국가고시에 급제한 학자로서 능공廩貢은 할 수 있다고 합니다.

有甲無壬 猶有學問 有壬無甲 莫問衣衿 壬甲兩無 則為下格 或支成
유갑무임 유유학문 유임무갑 막문의금 임갑양무 즉위하격 혹지성
水局 丙透救之 此人才高邁眾 名重鄉閭 不見癸水 一榜可許 或四柱
수국 병투구지 차인재고매중 명중향려 불견계수 일방가허 혹사주
戊多金旺 全無甲壬者 即有衣祿 亦不能久 或庚戊多 而無壬甲者 愚
무다금왕 전무갑임자 즉유의록 역불능구 혹경무다 이무임갑자 우
頑之輩
완지배

甲이 있고 壬이 없으면 학문을 할 수 있고 壬이 있고 甲이 없으면 벼슬을 묻지
도 못하며 壬甲이 모두 없으면 하격이다. 지지에 水국을 이루는데 丙이 투출하
여 구하면 이 사람은 재능이 높고 무리에서 뛰어나며 지역에서 이름을 떨치고
癸水가 없으면 과거에 한 번은 급제할 수 있다. 사주에 戊가 많고 金도 왕성한
데 甲壬이 전혀 없으면 벼슬은 하여도 오래 할 수 없고 庚戊가 많은데 壬甲이
없으면 어리석고 둔한 무리이다.

甲木이 있고 壬水가 없으면
왕성한 土의 기세를 소토할 수 있으나 맑게 세척하지 못하므로
학문을 하는 서생에 불과하다고 합니다.

壬水가 있고 甲木이 없으면
왕성한 土의 기세를 소토하지 못하므로 壬水가 있어도 소용이 없으니
과거도 응시하지도 못하므로 벼슬은 묻지도 말라고 합니다.

壬水와 甲木이 모두 없으면
쓸모가 없으므로 천한 신분의 하격이라고 합니다.

지지에 水국을 이루면 음기가 왕성한 것으로서
丙火가 투출하여 따뜻하게 구한다면
이 사람은 재능이 높고 무리에서 뛰어나며 지역에서 이름을 떨치고
癸水가 없어 丙火를 방해하지 않으면
국가고시인 과거에 한 번은 급제할 수 있다고 합니다.

사주에 戊土가 많고 金도 왕성한데 甲木과 壬水가 전혀 없으면
왕성한 기세로써 벼슬은 하여도 오래 유지할 수 없다고 하며

庚金과 戊土가 많은데 壬水와 甲木이 없으면
왕성한 기세가 소통이 안 되므로 어리석고 둔한 무리라고 합니다.

조화원약에서 발췌한 명조입니다.

시	일	월	년	구분
丁	庚	庚	丁	천간
丑	子	戌	未	지지

두 개의 丁火가 투출하여 단련하며 음양의 조화를 이루므로
두 가지의 과거에 모두 급제한 명조입니다.

시	일	월	년	구분
辛	庚	丙	庚	천간
巳	戌	戌	寅	지지

천간에 庚辛金이 투출하여 무겁지만 丙火가 밝게 빛나고
甲木과 丙火가 암장되어 암암리에 재능을 발휘하므로
지방관서의 장으로서 방백方伯에 오른 명조입니다.

시	일	월	년	구분
甲	庚	戊	辛	천간
申	申	戌	酉	지지

戊土가 투출하여 두터우므로 甲木이 투출하여 소토하고
壬水가 암장되어 암암리에 재능을 발휘하므로
중앙관서의 장관인 상서尙書에 오른 명조입니다.

시	일	월	년	구분
辛	庚	戊	辛	천간
巳	申	戌	酉	지지

土金의 기세가 매우 왕성한데
丙火와 壬水가 암장되어 암암리에 재능을 발휘하므로
군사의 최고 직위인 태위太尉에 오른 명조입니다.

시	일	월	년	구분
戊	庚	庚	壬	천간
寅	戌	戌	申	지지

土金의 기세가 매우 왕성한데 壬水가 투출하여 설기하고
甲木이 암장되어 암암리에 재능을 발휘하므로
군량미를 관리하는 양도糧道에 오른 명조입니다.

시	일	월	년	구분
己	庚	丙	乙	천간
卯	寅	戌	亥	지지

丙火가 투출하여 밝게 빛나고 乙木과 己土가 도우며
甲木과 壬水가 암장되어 암암리에 재능을 발휘하므로
남편이 일품의 고위직을 하사받은 여성의 명조입니다.

4. 겨울의 庚金

1) 亥월의 庚金

> 十月庚金 水冷性寒 非丁莫造 非丙不暖 丁甲兩透 支無水局 一榜有之
> 시월경금 수냉성한 비정막조 비병불난 정갑양투 지무수국 일방유지
> 支藏丙火 桃浪之仙 支見亥子 得己出制 亦有功名 若見丙透無丁者 決
> 지장병화 도랑지선 지견해자 득기출제 역유공명 약견병투무정자 결
> 無顯達 丁藏甲透 武職之人 以上不合者 庸俗
> 무 현 달 정 장 갑 투 무 직 지 인 이 상 불 합 자 용 속
> 시월 庚金은 水의 성정이 차가운 시기로서 丁이 아니면 제조할 수 없고 丙이 아
> 니면 따뜻하게 하지 못한다. 丁甲이 모두 투출하고 지지에 水국이 없다면 과거
> 에 급제하고 丙火가 암장되면 신선과 같다. 지지에 亥子가 있는데 己가 투출하
> 여 제어하면 공명이 있다. 丙이 투출하고 丁이 없으면 결코 현달하지 못하고 丁
> 이 암장되고 甲이 투출하면 무관이며 이상에 부합되지 않으면 보통사람이다.

입춘으로부터 열 번째의 달인 亥월은 水의 성정이 차가운 시기로서
丁火가 아니면 庚金을 제조하여 쓰임이 있게 만들 수 없고
丙火가 아니면 따뜻하게 하지 못한다고 합니다.

丁火와 甲木이 모두 투출하고 지지에 水국이 없으면
음양의 조화를 이루므로 한 번의 과거에 급제한다고 하며
丙火가 암장되면 따뜻한 환경에서 신선과 같은 삶을 산다고 합니다.

지지에 亥子가 있으면 기세가 왕성한 것으로서
己土가 투출하여 제어하면 공을 세워 이름을 떨친다고 합니다.

丙火가 투출하여도 丁火가 없으면
庚金을 제조하지 못하므로 결코 현저하게 발달하지 못한다고 하며
丁火가 암장되고 甲木이 투출하면
암암리에 재능을 발휘하는 것으로서 무관의 직책이라고 합니다.
상기와 같은 조건에 부합되지 않으면 보통사람이라고 합니다.

如金水混雜 全無丙丁者 鄙夫 支成金局 無火者 僧道之命也 書曰 水
여 금 수 혼 잡 전 무 병 정 자 비 부 지 성 금 국 무 화 자 승 도 지 명 야 서 왈 수
冷金寒愛丙丁
냉 금 한 애 병 정

金水가 혼잡하고 丙丁이 전혀 없으면 비속한 사람이고 지지에 金국을 이루고
火가 없으면 승도의 명이다. 고서에서 말하기를 水와 金이 차가우면 丙丁을 좋
아한다고 하였다.

金水가 혼잡하고 丙丁火가 전혀 없으면
음기가 정체되어 탁하여지므로 비속한 사람이라고 합니다.

지지에 金국을 이루고 火가 없으면
역시 음기가 정체되어 탁하여지므로
수행을 하면서 살아가는 승도의 명이라고 합니다.

고서에서 말하기를 水와 金이 차가우면 丙丁火를 좋아한다고 합니다.

조화원약에서 발췌한 명조입니다.

시	일	월	년	구분
壬	庚	辛	丁	천간
午	子	亥	亥	지지

金水의 기세가 왕성한데 丁火가 투출하고 甲木이 암장되어
암암리에 재능을 발휘하므로 감찰관인 염방廉訪에 오른 명조입니다.

시	일	월	년	구분
丙	庚	辛	壬	천간
子	辰	亥	辰	지지

金水의 기세가 왕성한데 丙火가 투출하여 밝게 빛나므로
남편이 귀하게 되어 영화를 누린 여성의 명조입니다.

2) 子월의 庚金

십일월 庚金은 기후가 매우 차가운 시기로서 여전히 丁甲을 취하고 난 후에 丙火를 취하여 따뜻하게 비춘다. 丁甲이 모두 투출하고 丙이 지지에 있으면 반드시 과갑을 하고 丙火가 없으면 벼슬은 한다. 丁이 있고 甲이 없으면 부자로서 귀하게 될 수 있고 甲이 있고 丁이 없으면 단지 보통사람이다.

입춘으로부터 열한 번째의 달인 子월은
기후가 매우 차가운 시기로서
여전히 丁火와 甲木을 취하고 난 후에
丙火로써 따뜻하게 비추어 준다고 합니다.

丁火와 甲木이 모두 투출하고 丙火가 암장되어
암암리에 재능을 발휘하여 음양의 조화를 이루어주면
최고의 국가고시인 과갑에 반드시 급제한다고 합니다.

그러나 丙火가 없으면 재능을 발휘하지 못하는 것으로서
평범한 벼슬은 할 수 있다고 합니다.

丁火가 있고 甲木이 없으면 丁火를 유지하기 어렵지만
부자로서 귀하게 될 수도 있다고 합니다.

그러나 甲木이 있어도 丁火가 없으면 쓰임이 없으므로
단지 보통사람에 불과하다고 합니다.

丙火가 투출하고 丁火가 암장되면
丙火가 밝게 빛나고 암장된 丁火로써 암암리에 재능을 발휘하므로
무술이나 기예 등의 다른 방면에서 명망이 있다고 합니다.

丁火가 암장되고 甲木이 있으면
역시 丁火로써 암암리에 재능을 발휘하므로
무과에 급제하고 무술을 연구하는 무학武學은 한다고 합니다.

丙火가 중첩되면 따뜻하여 일개 부자가 될 수는 있어도
단지 丙火의 기세가 중첩되어 무거워 탁한 것으로서
인품이 고결하지는 않다고 합니다.

丙火와 戊土는 寅木이 장생지로서
丙火가 寅木에 앉아 있으면 태양이 떠오르지만
戊土가 암장되어 태양의 빛을 가리고 있는 것으로서
한두 명은 진실한 부자가 되어도 귀한척 흉내만 낸다고 합니다.

더구나 癸水가 투출하면 안개가 자욱한 것으로서
丙火의 태양이 빛나기 어려우므로
일개 가난한 선비에 불과하다고 합니다.

或支成水局 不見丙丁者 此乃傷官格 為人清雅 衣祿常盈 但子息艱難
혹 지 성 수 국 불 견 병 정 자 차 내 상 관 격 위 인 청 아 의 록 상 영 단 자 식 간 난
耳 或丙丁太多 名官煞混雜最無良 又怕身輕有損傷 如遇東南二運地
이 혹 병 정 태 다 명 관 살 혼 잡 최 무 량 우 파 신 경 유 손 상 여 우 동 남 이 운 지
焉能挨得過時光 過於清冷 似有凄涼 柱中一派金水 不入火土之鄉 主
언 능 애 득 과 시 광 과 어 청 냉 사 유 처 량 주 중 일 파 금 수 불 입 화 토 지 향 주
一生孤貧浪蕩 難望有成也
일 생 고 빈 랑 탕 난 망 유 성 야

지지에 水국을 이루고 丙丁이 없으면 이는 상관격으로서 위인이 맑고 우아하며
벼슬 복이 항상 가득하나 단지 자식이 어려울 뿐이다. 丙丁이 매우 많으면 이른
바 관살혼잡으로서 가장 좋지 않고 또한 일간이 약하여 손상되는 것을 두려워
하는데 동남의 두 운을 만나면 어찌 세월을 보낼 것인가. 시원함도 과하면 처량
한 것이니 사주 중에 한 무리의 金水가 있는데 火土운으로 들어가지 않으면 일
생동안 고독하고 가난하며 방탕하므로 성공을 바라기도 어렵다.

지지에 水국을 이루고 丙丁火가 없으면 水의 기세만 왕성하여
격국론의 용어로서 상관격傷官格이라고 하며
이 사람은 위인이 맑고 우아하며 벼슬 복은 항상 가득하지만
왕성한 水의 기세로 인하여 자식을 두기 어려울 뿐이라고 합니다.

丙丁火가 매우 많으면
격국론의 용어로서 관살혼잡官煞混雜으로서 가장 좋지 않다고 하며
또한 庚金일간이 상하는 것을 두려워하는데
동남 木火운을 만나면 丙丁火의 기세가 더욱 왕성하여지므로
손상된 庚金이 어찌 힘든 세월을 견딜 수 있겠느냐고 합니다.

시원함도 과하면 오히려 처량한 것과 같으므로
사주 중에 한 무리의 金水가 있으면 기세가 매우 왕성한 것으로서
남방 火土운으로 들어가지 않으면 일생동안 고독하고 가난하며
방탕한 생활을 하므로 성공을 바라기도 어렵다고 합니다.

조화원약에서 발췌한 명조입니다.

시	일	월	년	구분
壬	庚	丙	甲	천간
午	午	子	子	지지

壬水가 투출하여 기세가 왕성하지만
丙火와 甲木이 투출하여 음양의 조화를 이루므로
무과에 급제한 무거武擧의 명조입니다.

시	일	월	년	구분
戊	庚	戊	乙	천간
寅	寅	子	卯	지지

乙木의 기세가 왕성하며 암장된 甲木의 도움으로
戊土를 제어하며 부자가 되었다고 하며
丙火와 戊土가 함께 암장되어 밝음이 가려지므로
귀한 척하는 명조입니다.

시	일	월	년	구분
癸	庚	庚	辛	천간
未	辰	子	亥	지지

金水가 가득하여 기세가 매우 왕성한데
戊土가 암장되어 암암리에 재능을 발휘하므로
작은 부귀라도 누린 명조입니다.

시	일	월	년	구분
庚	庚	丙	甲	천간
辰	申	子	子	지지

金水의 기세가 매우 왕성하고 甲木과 丙火가 투출하여 빛나고
戊土가 암장되어 암암리에 재능을 발휘하므로
중앙관서의 장관인 상서尚書의 지위에 오른 명조입니다.

3) 丑월의 庚金

십이월 庚金은 매우 추운 기후로서 습기가 많은 진흙이 차갑게 얼어있는 것으로서 먼저 丙火를 취하여 해동하고 난 후에 丁火를 취하여 金을 제련하는데 甲이 적어서는 안 된다. 丙丁甲이 투출하면 과갑은 아니어도 은총을 받아 영화를 누린다. 丙이 있는데 丁甲이 없어도 부자로서 귀하게 된다. 丁甲이 있는데 丙이 없어도 뛰어난 재능이 있는 사람이다. 丙丁이 있고 甲이 없어도 자수성가하고 도필로 형통하며 金이 부족하면 더욱 좋다. 지지에 金국을 이루고 火가 없으면 승도의 부류이다.

입춘으로부터 열두 번째의 달인 丑월은
기후가 매우 추운 혹한이므로 습한 진흙이 차갑게 얼어있는 것으로서
먼저 丙火로써 해동하고 난 후에
丁火를 취하여 庚金을 제조하는데
丁火를 인화하는 甲木이 적어서는 안 된다고 합니다.

丙火와 丁火와 甲木이 모두 투출하면 음양의 조화를 이루므로
비록 최고의 국가고시인 과갑에 급제하지 못하여도
황제의 은총을 받아 고위직으로서 영화를 누린다고 합니다.

丙火가 있는데 丁火와 甲木이 없어도
丙火로써 해동을 하여 부자로서 귀하게 된다고 하며
丁火와 甲木이 있는데 丙火가 없어도
비록 부자는 아니어도 뛰어난 재능을 가진 사람이라고 합니다.

丙火와 丁火가 있는데 甲木이 없어도
丙丁火로써 재능을 발휘하여 자수성가하고
글씨를 새기는 도필로서 형통하여 모든 일이 뜻대로 잘 된다고 하며
단지 甲木이 없어 丙丁火를 유지하기 어려우므로
金이 부족하면 더욱 좋다고 합니다.

지지에 金국을 이루고 丙丁火가 없으면
왕성한 金의 기세를 제어하지 못하므로
수행을 하면서 살아가는 승도의 부류라고 합니다.

조화원약에서 발췌한 명조입니다.

시	일	월	년	구분
丙	庚	丁	己	천간
戌	午	丑	亥	지지

丁火가 투출하였지만 己土가 설기하며
丙火가 투출하였지만 戊土가 암장되어 밝음이 사라지므로
일찍 세상을 떠난 여성의 명조입니다.

시	일	월	년	구분
癸	庚	己	庚	천간
未	戌	丑	辰	지지

金水의 기세가 왕성한데
戊土와 丁火가 암장되어 암암리에 재능을 발휘하므로 큰 부자로서
남편과 해로하고 자식이 모두 귀하게 된 여성의 명조입니다.

시	일	월	년	구분
壬	庚	己	乙	천간
午	子	丑	巳	지지

金水의 기세가 왕성한데 己土가 투출하여 제어하지만
乙木의 방해로 인하여 어려우므로 잔병으로 고생하는 명조입니다.

시	일	월	년	구분
甲	庚	丁	己	천간
申	子	丑	巳	지지

丁火와 甲木이 투출하여 음양의 조화를 이루므로
지방고시에 급제한 학자로서 생원生員의 명조입니다.

시	일	월	년	구분
乙	庚	丁	己	천간
酉	子	丑	巳	지지

위 명조와 시만 다른 쌍둥이 형제로서
乙木이 투출하여 丁火를 유지하기 어려우므로
귀하지 못한 명조입니다.

窮通寶鑑

제 9 장
신 금
辛 金

1. 봄의 辛金

1) 寅월의 辛金

正月辛金 陽氣舒而寒氣未除 不知正月建寅 中有長生之丙 解去寒氣
정 월 신 금 양 기 서 이 한 기 미 제 부 지 정 월 건 인 중 유 장 생 지 병 해 거 한 기
忌甲木司權 辛金失令 取己土為生身之本 欲得辛金發現 全賴壬水之
기 갑 목 사 권 신 금 실 령 취 기 토 위 생 신 지 본 욕 득 신 금 발 현 전 뢰 임 수 지
功 己壬兩透 支見庚制甲 科甲定然 或己土透干 支中有甲 異路恩榮
공 기 임 양 투 지 견 경 제 갑 과 갑 정 연 혹 기 토 투 간 지 중 유 갑 이 로 은 영

정월 辛金은 양기가 풀리고 한기가 아직 제거되지 않았지만 암암리에 정월의
월건인 寅에 丙이 장생하며 한기를 해소하며 제거하고 있는 것이다. 甲木이 사
령하여 권력이 있고 辛金은 실령한 것을 꺼리므로 己土를 취하여 자신을 생하
는 근본으로 삼고 辛金이 발현하고자 한다면 壬水의 공로에 전적으로 의뢰하여
야 한다. 己壬이 모두 투출하고 지지에 庚이 있어 甲을 제어하면 과갑은 반드시
한다. 己土가 투출하고 지지에 甲이 있으면 다른 방면으로 은총으로 받아 영화
를 누린다.

입춘으로부터 첫 번째의 달인 寅월은
양기가 풀리고 차가운 한기가 아직 제거되지 않았지만
월건 寅木중에 丙火의 온기가 장생하면서
암암리에 차가운 한기를 해소하며 제거하고 있다고 합니다.

寅월은 甲木이 사령하여 권력이 있으므로 기세가 왕성한 것으로서
상대적으로 辛金은 실령하여 기세가 쇠약하므로 꺼린다고 합니다.
그러므로 己土를 취하여 辛金 자신을 생하는 근본으로 삼는다고 하며
壬水로써 씻는 공로에 전적으로 의뢰하여야 발현할 수 있다고 합니다.

己土와 壬水가 모두 투출하고 庚金이 암장되어 甲木을 제어하면
최고의 국가고시인 과갑에는 반드시 급제한다고 하며
己土가 투출하고 甲木이 암장되면 암암리에 재능을 발휘하므로
과거가 아니어도 은총을 받아 고위직으로 영화를 누린다고 합니다.

或己土不全 號曰君臣失勢 富貴難全 或有丙火出干 亦主武學 或見壬
無己庚者 貧賤之徒 或支成火局 即壬水出干 不剋己土 亦尋常之人 或
庚壬兩透 破局制火 必為顯達

己土가 온전하지 못하면 이른바 군신실세로서 부귀가 모두 어렵다. 丙火가 투
출하면 무학은 하며 壬水가 있고 己庚이 없으면 가난하고 천한 무리이다. 지지
에 火局을 이루는데 壬水가 투출하고 己土가 극하지 않으면 평범한 사람이다.
庚壬이 모두 투출하여 火局을 파하고 제어하면 반드시 현달한다.

己土가 온전하지 못하면 辛金을 생하지 못하므로
이른바 군신실세君臣失勢라고 하여
임금과 신하가 모두 기세를 잃어버린 것으로서
부귀가 모두 어렵다고 합니다.

丙火가 투출하면 밝게 빛나므로
무과에 급제하고 무술을 수련하는 무학武學은 할 수 있다고 합니다.

壬水가 있어도 己土와 庚金이 없으면
쇠약한 辛金의 기세를 도울 수 없어 가난하고 천한 무리라고 합니다.

지지에 火局을 이루면 기세가 왕성한 것으로서
壬水가 투출하여 제어하는데 己土가 방해하지 않으면
비록 火의 기세를 제어할 수 있어도 辛金이 쇠약하므로
발현하지는 못하고 평범한 사람이라고 합니다.

그러나 庚金과 壬水가 모두 투출하여 辛金을 도우면
火局의 왕성한 기세를 파괴하여 제어하고
반드시 현저하게 발달한다고 합니다.

或支成水局 不見丙火 名為金弱沉寒 平常之士 書曰 金水性寒寒到底
혹 지 성 수 국 불 견 병 화 명 위 금 약 침 한 평 상 지 사 서 왈 금 수 성 한 한 도 저
淒涼難免少年憂 得丙照暖 反主富貴 故正月辛金 先己後壬 己為君 庚
처 량 난 면 소 년 우 득 병 조 난 반 주 부 귀 고 정 월 신 금 선 기 후 임 기 위 군 경
為佐 如用丙火須參看 用己火妻土子 用壬金妻水子 辛金珠玉 最怕紅
위 좌 여 용 병 화 수 참 간 용 기 화 처 토 자 용 임 금 처 수 자 신 금 주 옥 최 파 홍
爐 辛逢卯日子時 名曰朝陽
로 신 봉 묘 일 자 시 명 왈 조 양

지지에 水국을 이루고 丙火가 없으면 이른바 金이 쇠약하여 가라앉는 것으로서
보통의 선비이다. 고서에서 말하기를 金水의 성정이 더욱 더 차가워져 바닥까
지 이르면 처량하므로 소년에 우환을 면하기 어렵고 丙을 득하여 따뜻하게 비
추어주면 오히려 부귀하다고 하였다. 정월 辛金은 己를 먼저 쓰고 壬을 나중에
쓰는데 己는 군주로서 庚이 보좌하고 丙火는 반드시 참조하여 쓴다. 용신이 己
이면 火가 처이고 土가 자식이며 용신이 壬이면 金이 처이고 水가 자식이다. 辛
金은 보석이므로 용광로를 가장 두려워하고 辛이 卯일 子시이면 조양이다.

지지에 水국을 이루면 기세가 왕성한 것으로서
이른바 금약침한金弱沉寒이라고 하여
金이 쇠약하여 물속에 가라앉아 차가워지며 발현하지 못하므로
보통의 선비에 불과하다고 합니다.

고서에서 말하기를
金水의 성정이 더욱 더 차가워져 바닥까지 이르면 처량하므로
소년 시절에 우환을 면하기 어렵다고 하며
丙火를 득하여 따뜻하게 비추어주면 오히려 부귀하다고 합니다.

寅월 辛金은 己土를 먼저 쓰고 壬水를 나중에 쓰는데
己土는 辛金을 생하는 군주로서 庚金이 보좌하며 돕는다고 하며
丙火는 반드시 상황에 따라 참조하여 쓴다고 합니다.

己土가 용신이면 火가 처이며 土가 자식으로서 희신의 역할을 하고
壬水가 용신이면 金이 처이며 水가 자식으로서 희신의 역할을 합니다.

辛金은 보석과 같으므로
용광로와 같은 홍로紅爐에서는 녹을 수 있으므로 가장 두려워합니다.

辛金이 卯일 子시이면
고대 격국론의 용어로서 조양격朝陽格이라고 하는데
조양이란 아침 해가 밝아오는 형상으로서
丙火의 태양을 암합으로 불러와 밝게 비추므로 귀하다고 합니다.

조화원약에서 발췌한 명조입니다.

시	일	월	년	구분
己	辛	庚	丙	천간
丑	酉	寅	辰	지지

己土와 庚金이 투출하여 辛金을 돕고 있으며
丙火가 투출하여 해동하고 밝게 빛나며 음양의 조화를 이루므로
지방고시에 급제한 학자로서 수재秀才의 명조입니다.

2) 卯월의 辛金

二月辛金 陽和之際 壬水為尊 見戊己為病 得甲制伏 則辛金不致埋沒
이월신금 양화지제 임수위존 견무기위병 득갑제복 즉신금불치매몰
壬水不致混濁 合此者必身入玉堂 故二月辛金 有壬甲透者貴顯 否則
임수불치혼탁 합차자필신입옥당 고이월신금 유임갑투자귀현 부즉
鄉紳 或壬坐亥支 不見土出 可能入芥 家亦小康 得申中之壬者 異途名
향신 혹임좌해지 불견토출 가능입개 가역소강 득신중지임자 이도명
望 無壬者常人 其生剋之理 與正月辛金皆同
망 무임자상인 기생극지리 여정월신금개동

이월 辛金은 봄기운이 화창한 시기로서 壬水를 존중하고 戊己가 있으면 병이
되므로 甲을 득하여 제복하여야 辛金이 매몰되지 않고 壬水가 혼탁하지 않는
다. 이에 부합되면 반드시 옥당으로 들어간다. 이월 辛金은 壬甲이 투출하면 귀
하여 현달하고 아니면 지방의 선비이다. 壬이 亥에 있고 土가 투출하지 않으면
작은 벼슬은 하고 먹고 살만하다. 申중 壬을 득하면 다른 방면으로 명망이 있고
壬이 없으면 보통사람이다. 생극의 이치는 정월 辛金과 모두 같다.

입춘으로부터 두 번째의 달인 卯월은
봄기운인 양기가 화창한 시기로서 壬水를 존중하여 쓰는데
戊己土가 제어하면 병이 되므로 甲木을 약으로 써서 제복하여야
辛金이 매몰되지 않고 壬水가 혼탁하지 않다고 합니다.
이에 부합되면 반드시 궁궐의 옥당玉堂으로 들어간다고 합니다.

卯월 辛金은 壬水와 甲木이 투출하면
음양의 조화를 이루면서 귀하고 현달할 수 있다고 하며
그렇지 않으면 지방에 있는 선비라고 합니다.

亥중에 壬水가 암장되고 土가 투출하지 않으면
작은 벼슬은 할 수 있으며 가정형편은 먹고 살만하다고 하며
申중에 있는 壬水를 득하면 벼슬이 아닌 다른 방면으로 명망이 있고
壬水가 없으면 보통사람에 불과하다고 합니다.
卯월의 생극의 이치는 寅월과 모두 같다고 합니다.

或壬戊透 甲不出干 此為病不遇藥 平常之人 得乙破戊 頗有衣衿 但假
혹임무투 갑불출간 차위병불우약 평상지인 득을파무 파유의금 단가

名假利 刻薄乖張 或一派壬水汪洋 名金水淘洗太過 不得中和 略有衣
명 가 리 각박괴장 혹일파임수양왕 명금수도세태과 부득중화 약유의

食 全無作為 如壬水重重 得戊反吉
식 전무작위 여임수중중 득무반길

壬戊가 투출하고 甲이 투출하지 않으면 이것은 병이 있어도 약이 없는 것으로
서 보통사람이다. 乙을 득하여 戊를 파괴하면 벼슬은 상당하여도 부귀는 허울
뿐이고 냉혹하며 비뚤어져 있다. 한 무리의 壬水가 매우 왕성하면 이른바 金을
水로 씻김이 태과한 것으로서 중화를 얻지 못하여 약간의 의식만 있고 아무 것
도 하지 못한다. 壬水가 중첩되고 戊를 득하면 오히려 길하다.

壬水와 戊土가 투출하면 戊土가 壬水를 제어하여 병으로 작용하는데
甲木이 투출하지 않으면 戊土를 제어하지 못하므로
병이 있는데 약이 없는 것과 같다고 하며
쓰임이 없으므로 보통사람에 불과하다고 합니다.

乙木을 득하여 戊土를 파괴하여도 甲木처럼 파괴하기 어려우므로
벼슬은 상당하다고 하여도 부귀는 허울뿐이라고 하며
이 사람의 성격은 냉혹하고 비뚤어져 있다고 합니다.

한 무리의 壬水의 기세가 매우 왕성하면
큰 바다가 물결을 일으키는 왕양汪洋과 같은 것으로서
이른바 金을 水로 씻는 것이 태과하다고 하며
음양의 조화를 이루지 못하여 중화를 얻지 못한 것이므로
약간은 먹고 살 수는 되지만 아무 일도 못한다고 합니다.

壬水가 중첩되어도 戊土를 득하여 제어할 수 있으면
음양의 조화를 이룰 수 있어 쓰임이 있다고 하는 것으로서
오히려 길하다고 합니다.

或支成木局 洩盡壬水 有庚富貴 無庚平人 或支成火局 名官印相爭
혹지성목국 설진임수 유경부귀 무경평인 혹지성화국 명관인상쟁
金水兩傷 下流之格 得二壬出制 富貴反奇 辛金生於春季 一派壬水
금수양상 하류지격 득이임출제 부귀반기 신금생어춘계 일파임수
而無丙火 即能顯達 家無宿舂 得壬丙齊透 方許大富大貴
이무병화 즉능현달 가무숙용 득임병제투 방허대부대귀
지지에 木국을 이루면 壬水가 완전히 설기되므로 庚이 있으면 부귀하고 庚이
없으면 보통사람이다. 지지에 火국을 이루면 이른바 관인상쟁으로서 金水가 모
두 상하므로 하류의 격이지만 두 개의 壬이 투출하여 제어하면 부귀는 오히려
뛰어나다. 辛金이 봄에 태어나 한 무리의 壬水가 있는데 丙火가 없으면 현달할
수 있어도 집에서 먹고 잘 수 없으며 壬丙이 나란히 투출하여야 비로소 큰 부귀
를 이룬다.

지지에 木국을 이루면 왕성한 기세로써 壬水가 완전히 설기되므로
庚金이 있으면 木의 기세를 제어하고 壬水를 구하면 부귀하다고 하며
庚金이 없으면 쓸모가 없으므로 보통사람이라고 합니다.

지지에 火국을 이루면 기세가 왕성한 것으로서
격국론의 용어로서 관인상쟁官印相爭이라고 하며
火土의 왕성한 기세로써 서로 경쟁적으로 金水를 극하여
모두 상하게 하므로 쓸모가 없으니 하류의 격이라고 합니다.

그러나 두 개의 壬水가 투출하여 火국의 왕성한 기세를 제어하고
金水를 구하여주면 부귀는 오히려 뛰어나다고 합니다.

辛金이 봄에 태어나 한 무리의 壬水가 있어 기세가 왕성하면
辛金을 씻기어 현저하게 발달할 수 있어도
丙火가 없다면 집에서 먹고 잘 수 없을 정도로 가난하다고 하며
壬水와 丙火가 나란히 투출하여야
음양의 조화를 이루며 큰 부귀를 이룰 수 있다고 합니다.

조화원약에서 발췌한 명조입니다.

시	일	월	년	구분
甲	辛	己	乙	천간
午	酉	卯	卯	지지

甲乙木이 왕성한 기세로써 투출하고
己土가 투출하여 辛金을 도와 음양의 조화를 이루므로
지방관서의 장으로서 태수太守에 오른 명조입니다.

시	일	월	년	구분
壬	辛	己	乙	천간
辰	酉	卯	卯	지지

乙木이 왕성한 기세로써 투출하고 己土는 辛金을 도우며
壬水가 투출하여 辛金의 기세를 씻으며 음양의 조화를 이루므로
지방관서의 장으로서 도당都堂에 오른 명조입니다.

시	일	월	년	구분
丙	辛	己	乙	천간
申	卯	卯	酉	지지

乙木이 왕성한 기세로써 투출하고 己土는 辛金을 도우며
丙火가 투출하고 壬水가 암장되어 암암리에 재능을 발휘하므로
중앙관서의 차관급인 시랑侍郞의 지위에 오른 명조입니다.

시	일	월	년	구분
己	辛	丁	己	천간
亥	卯	卯	未	지지

지지에서 木국을 이루고 丁火의 열기로써 己土가 조열하지만
壬水와 甲木이 암장되어 암암리에 재능을 발휘하므로
지방고시에 급제한 학자로서 공사貢士의 명조입니다.

시	일	월	년	구분
戊	辛	丁	己	천간
子	丑	卯	未	지지

丁火의 열기로써 己土가 조열하지만
戊土가 투출하여 암장된 癸水를 제어하므로
재능을 발휘하지 못하여 노복으로 사는 명조입니다.

시	일	월	년	구분
己	辛	丁	甲	천간
亥	未	卯	午	지지

지지에 木국을 이루고 甲木이 투출하여 기세가 매우 왕성하고
丁火가 왕성하여 己土가 조열하여지지만
壬水가 암장되어 암암리에 재능을 발휘하므로
국가고시인 과거에 장원급제한 명조라고 합니다.

시	일	월	년	구분
戊	辛	辛	辛	천간
子	卯	卯	卯	지지

지지에 木의 기세가 왕성한데
戊土가 투출하여 암장된 癸水를 막고 있으므로
홀로 사는 고독한 명조입니다.

시	일	월	년	구분
壬	辛	癸	壬	천간
辰	卯	卯	子	지지

壬癸水가 투출하여 기세가 왕성한 것으로서
젊어서 음란하고 천하였으며
노년에 홀로 사는 고독한 여성의 명조입니다.

3) 辰월의 辛金

三月辛金 戊土司令 辛承正氣 母旺子相 先壬後甲 壬甲兩透 富貴必然
삼월신금 무토사령 신승정기 모왕자상 선임후갑 임갑양투 부귀필연
壬透甲藏 廩貢不失 甲透壬藏 富則可云 壬甲皆無 平常之格
임투갑장 름공부실 갑투임장 부귀가운 임갑개무 평상지격

삼월의 辛金은 戊土가 사령하고 辛은 정기를 이어 받아 왕성한 모친이 자식을
도우니 壬을 먼저 쓰고 甲을 나중에 쓴다. 壬甲이 모두 투출하면 반드시 부귀하
다. 壬이 투출하고 甲이 암장되면 름공을 잃지 않으며 甲이 투출하고 壬이 암장
되면 부자는 가능하다고 하며 壬甲이 모두 없으면 보통의 격이다.

입춘으로부터 세 번째의 달인 辰월은
戊土가 사령하여 기세가 왕성한 모왕자상母旺子相의 형상으로서
辛金이 戊土 어머니의 왕성한 기세를 이어받았다고 합니다.

그러므로 먼저 壬水로써 辛金의 기세를 설기하고
이후에 甲木으로써 戊土를 소토한다고 합니다.

壬水와 甲木이 모두 투출하면
음양의 조화를 이루므로 반드시 부귀하다고 합니다.

壬水가 투출하고 甲木이 암장되면
壬水로써 설기하고 甲木으로써 암암리에 재능을 발휘하므로
국가고시에 급제한 학자로서 름공廩貢은 할 수 있다고 합니다.

甲木이 투출하고 壬水가 암장되면
甲木으로써 소토하고 壬水로써 암암리에 재능을 발휘하므로
부자는 가능하다고 합니다.

壬水와 甲木이 모두 없으면
쓰임이 없으므로 보통의 격에 불과하다고 합니다.

丙火가 辛金을 탐합하면 꺼린다고 하는데
辛金을 사이에 두고 월간과 시간에 丙火가 모두 있으면
이른바 쟁합爭合이라고 하여 서로 화합하려고 싸우는 것으로서
이 사람은 기개가 있고 풍류와 폭 넓은 사교를 즐긴다고 합니다.

癸水가 투출하여 丙火를 제어하면
丙火의 쟁합이 해소되므로
지방고시에 급제한 학자로서 채근採芹은 할 수 있다고 합니다.

辰월에 지지에 亥子水가 있고
또 申金이 있다면 申子辰 水국을 이루어 기세가 왕성한 것으로서
丙火와 辛金과 화합하면 水의 진정한 기세가 되므로
궁궐의 대학자로서 옥당玉堂이 아니면
반드시 고위직에 오를 수 있다고 합니다.

그러나 戊土가 투출하여 水의 기세를 제어하는데
이때 甲乙木이 없어 戊土를 제어하지 못하면
결국 丙辛합과 水국의 기세로서 이루어진 화합격은 파국이 되므로
쓰임이 없어 할 일없이 지내는 한가한 사람이라고 합니다.

又或支見四庫 名土厚金埋 不見甲制 愚頑之輩 或四柱火多 無水制伏
우 혹 지 견 사 고　명 토 후 매 금　불 견 갑 제　우 완 지 배　혹 사 주 화 다　무 수 제 복
名火土雜亂 主作緇衣 見癸可解 或比劫重重 壬癸淺弱 主夭 有甲出干
명 화 토 잡 란　주 작 치 의　견 계 가 해　혹 비 겁 중 중　임 계 천 약　주 요　유 갑 출 간
則貴 然無庚制方妙
즉 귀　연 무 경 제 방 묘
지지에 사고가 있으면 이른바 土가 두터워 金이 묻히는 것으로서 甲의 제어가
없으면 어리석고 완고한 무리이다. 사주에 火가 많은데 水의 제복이 없으면 이
른바 火土가 난잡한 것으로서 승려인데 癸가 있으면 해소할 수 있다. 비겁이 중
첩되고 壬癸가 쇠약하면 요절하고 甲이 투출하면 귀하지만 庚의 제어가 없어야
비로소 좋다.

지지에 辰戌丑未 사고四庫가 모두 있으면
이른바 土의 기세가 매우 두터워 辛金이 흙속에 묻히는 것으로서
이때 甲木의 소토가 없으면 어리석고 완고한 무리라고 합니다.

사주에 火가 많으면 기세가 왕성한 것으로서
水로써 제복하지 않으면 土가 메마르므로
이른바 火土로 인하여 난잡하다고 하며 척박한 환경이 되므로
치의緇衣라고 하는 검은 승려 복을 입고
수행을 하면서 살아가는 승려라고 합니다.

그러나 癸水가 있으면 메마른 땅에 비가 내린 것으로서
火土로 인한 난잡함을 해소할 수 있다고 합니다.

庚辛金의 비겁이 중첩되면 기세가 무거워지는데
壬癸水의 기세가 쇠약하여 제대로 씻어 설기를 하지 못하면
무거운 土에 의하여 묻히게 되므로 요절한다고 합니다.

甲木이 투출하여 왕성한 기세의 土를 소토하면 오히려 귀하다고 하며
이때 庚金이 없어야 甲木이 할 일을 할 수 있으므로
비로소 좋다고 합니다.

2. 여름의 辛金

1) 巳월의 辛金

四月辛金 時逢首夏 忌丙火之燥烈 喜壬水之洗淘 支成金局 水透出干
사월신금 시봉수하 기병화지조열 희임수지세도 지성금국 수투출간
有木制戊 名一清澈底 科甲功名 癸透壬藏 富眞貴假 若壬癸皆藏
유목제무 명일청철저 과갑공명 계투임장 부진귀가 약임계개장
戊己亦藏 略富
무 기 역 장 약 부
사월의 辛金은 여름이 시작하는 시기로서 丙火의 조열함을 꺼리므로 壬水로 씻
는 것을 반긴다. 지지에 金국을 이루고 水가 투출하고 木이 戊를 제어하면 이른
바 매우 맑아지는 것으로서 과갑으로 공명이 있다. 癸가 투출하고 壬이 암장되
면 부는 진실하여도 귀한 척하며 壬癸가 모두 암장되고 戊己도 암장되면 약간
의 부자이다.

입춘으로부터 네 번째의 달인 巳월은
입하立夏로서 여름이 시작되는 시기이므로
丙火로 인하여 조열하여지는 것을 꺼린다고 하며
壬水로써 辛金을 씻어주는 것을 반긴다고 합니다.

지지에 金국을 이루면 왕성한 기세를 水가 투출하여 설기하는데
戊土가 방해하면 甲木이 戊土를 제어하여 水를 보호하여야
이른바 일청철저一淸澈底로서 매우 맑아진다고 하며
최고의 국가고시인 과갑에 급제하고 공명을 이룬다고 합니다.

癸水가 투출하고 壬水가 암장되면
癸水로써 메마른 土를 적시어 부자는 되어도
壬水가 암장되어 암암리에 재능을 발휘하므로 귀한 척 한다고 합니다.

壬癸水가 모두 암장되고 戊己土도 모두 암장되면
암암리에 재능을 발휘하는 것으로서 약간은 부자라고 합니다.

若壬癸俱無 反見火出 必主鰥獨 或支成火局 有制者吉 無制者凶 凡火
약임계구무 반견화출 필주환독 혹지성화국 유제자길 무제자흉 범화

旺無水 取土洩之 若壬水藏亥 戊不出干 亦主上達 有戊常人 有一甲透
왕무수 취토설지 약임수장해 무불출간 역주상달 유무상인 유일갑투

衣祿可求 若有甲無壬癸者 富貴虛浮 所謂羊質虎皮是也 壬癸甲三者
의록가구 약유갑무임계자 부귀허부 소위양질호피시야 임계갑삼자

全無 又不合格 斯為下品
전무 우불합격 사위하품

壬癸가 모두 없는데 오히려 火가 투출하면 반드시 홀아비로 고독하다. 지지에
火국을 이루는데 제어하면 길하고 제어하지 못하면 흉하다. 일반적으로 火가
왕성한데 水가 없으면 土로써 설기한다. 壬水가 亥에 암장되고 戊가 투출하지
않으면 상달하며 戊가 있으면 보통사람이고 하나의 甲이 투출하면 벼슬을 구할
수 있다. 甲이 있고 壬癸가 없으면 부귀는 허공에 뜬 것으로서 소위 양가죽으로
만든 호랑이가죽이라고 한다. 壬癸甲 삼자가 전부 없으면 합당한 격을 이루지
못하므로 이것은 하품이다.

壬癸水가 모두 없는데 오히려 火가 투출하면
조열하여지므로 반드시 홀아비로서 고독하다고 합니다.

지지에 火국을 이루어 기세가 왕성한데
왕성한 기세를 제어하면 길하고 제어하지 못하면 흉하다고 하며
일반적으로 火의 기세가 왕성한데
水가 없으면 土로써 설기한다고 합니다.

壬水가 亥水에 암장되고 戊土가 투출하지 않으면
암장된 壬水로써 火의 기세를 암암리에 해소할 수 재능이 있으므로
상위의 직책으로 현저하게 발달한다고 합니다.

그러나 戊土가 투출하면 壬水를 방해하므로 보통사람에 불과하고
하나의 甲木이 투출하여 戊土를 제어하면 벼슬은 구한다고 합니다.

甲木이 있어 戊土를 제어한다고 하여도
壬癸水가 없으면 왕성한 火의 기세를 해소하지 못하므로
부귀는 허공에 뜬 구름과 같다고 하며 마치 양가죽으로 만든
호랑이가죽과 같이 허울만 좋고 실속이 없다고 합니다.

壬癸水와 甲木이 전부 없다면
합당한 격을 이루지 못하여 쓸모가 없으므로
이것은 하품의 명조라고 합니다.

조화원약에서 발췌한 명조입니다.

시	일	월	년	구분
庚	辛	己	甲	천간
寅	未	巳	午	지지

甲木과 己土가 화합하고 庚金이 도우나
壬癸水가 하나도 없어 왕성한 火의 기세를 해소하지 못하므로
고독하고 가난하다고 합니다.

시	일	월	년	구분
乙	辛	辛	乙	천간
未	亥	巳	未	지지

천간에 乙木과 辛金만이 투출하여 순수하고 맑으며
壬水가 암장되어 암암리에 재능을 발휘하므로
지방고시에 급제한 학자로서 무재茂才의 명조입니다.

2) 午月의 辛金

五月辛金 丁火司權 辛金失令 陰柔之極 不宜煆煉 須己壬兼用 何也
오월신금 정화사권 신금실령 음유지극 불의하련 수기임겸용 하야
己為泥沙 壬為湖海 己無壬不濕 辛無己不生 故壬己並用 無壬 癸亦
기위니사 임위호해 기무임불습 신무기불생 고임기병용 무임 계역
可用 但癸力小
가용 단계역소

오월의 辛金은 丁火가 사령하여 권력을 잡고 辛金은 실령하여 음의 연약함이
극에 이르러 불로 단련하는 것은 마땅치 않다. 반드시 己壬을 겸용하는 것은 무
슨 까닭인가. 己는 진흙과 모래이고 壬은 호수와 바다이므로 己는 壬이 없으면
습하지 않고 辛은 己가 없으면 생하지 못하므로 壬己를 병용하는 것이다. 壬이
없으면 癸도 가용하지만 단지 癸는 힘이 적을 뿐이다.

입춘으로부터 다섯 번째의 달인 午월은
丁火가 사령하여 권력을 잡아 기세가 매우 왕성한 시기로서
辛金은 실령하고 기세가 쇠약하여 음의 유약함이 극에 이른 것으로서
왕성한 불로 단련하는 것은 마땅치 않다고 합니다.

午월에는 반드시 己土와 壬水를 겸용하여 쓰는 것은 무슨 까닭인가.

己土는 진흙과 모래와 같고
壬水는 호수와 바다의 물과 같은 것으로서
己土는 壬水가 없으면 습기가 없어 메마른 흙에 불과하고
辛金은 己土가 없으면 생을 받을 수 없으므로
己土와 壬水를 병용하는 것이라고 합니다.

壬水가 없으면 癸水로도 가용하지만
단지 癸水로서는 壬水처럼
午월의 왕성한 열기를 감당할 수 있는 힘이 적기 때문에
쓰기 어려울 뿐이라고 합니다.

或支成火局 即重見癸出亦不濟 得壬透破火方可 必主生員 若無壬
혹지성화국 즉중견계출역불제 득임투파화방가 필주생원 약무임
癸見戊 雖有午宮己土 燥泥成灰 金必爍鎔 反遭埋沒 必為僧道 有一
계견무 수유오궁기토 조니성회 금필하용 반조매몰 필위승도 유일
二重比肩 不致孤獨
이중비견 불치고독

지지에 火국을 이루면 癸가 중첩하여 투출하여도 도움이 안 된다. 壬이 투출하
여야 비로소 火를 파괴할 수 있으며 반드시 생원이다. 壬이 없는데 癸가 戊를
보면 비록 午중 己土가 있어도 진흙은 메말라 재가 되며 金은 반드시 불에 녹아
오히려 매몰되므로 반드시 승도가 된다. 하나 둘의 비견이 중첩되면 고독하지
는 않다.

지지에 火국을 이루면 기세가 왕성한 것으로서
癸水가 중첩하여 투출하여도
왕성한 기세를 제어하기는 역부족이므로 도움이 안 된다고 합니다.

壬水가 투출하여야
비로소 왕성한 火의 기세를 파괴할 수 있으며
지방고시에 급제한 학자로서 반드시 생원生員은 한다고 합니다.

壬水가 없는데
癸水가 戊土를 보면 火로 화합하여 왕성한 火의 기세를 도우므로
비록 午중에 己土가 있어도
왕성한 火의 기세에 의하여 진흙이 메말라 재가 되어 흩어지며
金은 불에 달구어져 녹아 흙속에 매몰되므로
반드시 수행을 하면서 살아가는 승도가 된다고 합니다.

하나 둘의 辛金의 비견이 중첩하여 있으면
火의 기세가 비록 왕성하여도 서로 협력하여 감당하고자 하므로
힘들어도 고독하게 살지는 않다고 합니다.

五月辛金 壬癸己三者皆用 或壬己兩透 支見癸水 不沖 定主顯達 即己
오 월 신 금 임 계 기 삼 자 개 용 혹 임 기 양 투 지 견 계 수 불 충 정 주 현 달 즉 기
藏支 亦有廩貢 或無壬有己 須得異途 或癸出有庚 必主衣錦 叨受恩榮
장 지 역 유 름 공 혹 무 임 유 기 수 득 이 도 혹 계 출 유 경 필 주 의 금 도 수 은 영
若水土多者 見甲方妙 庚辛生於夏月 要壬癸得地 若木多火多 不見金
약 수 토 다 자 견 갑 방 묘 경 신 생 어 하 월 요 임 계 득 지 약 목 다 화 다 불 견 금
水 逢金水運必敗
수 봉 금 수 운 필 패

오월 辛金은 壬癸己 세 개를 모두 쓴다. 壬己가 모두 투출하고 지지에 癸水가 있
는데 충이 없으면 반드시 현달한다. 己가 암장되면 름공이다. 壬이 없고 己가
있으면 반드시 다른 길로 나아간다. 癸가 투출하고 庚이 있으면 반드시 은총을
받아 벼슬을 하사받는다. 水土가 많으면 甲이 있어야 비로소 좋다. 庚辛이 여름
생이면 壬癸는 득지가 필요하다. 木火가 많고 金水가 없는데 金水운을 만나면
반드시 패한다.

午월 辛金은 壬水와 癸水와 己土를 모두 쓰는데
壬癸水로써 왕성한 火의 기세를 제어하고
己土로써 유약한 辛金을 돕는다고 합니다.

壬水와 己土가 모두 투출하고 지지에 암장된 癸水가 있는데
충이 없으면 반드시 현저하게 발달한다고 합니다.

己土가 암장되어 암암리에 재능을 발휘하며 辛金을 도우면
국가고시에 급제한 학자로서 름공廩貢이라고 합니다.

壬水가 없고 己土가 있으면 왕성한 火土의 기세로 인하여
무술이나 기예 등의 다른 방면으로 나아간다고 합니다.

癸水의 습기가 투출하고 庚金이 있으면
庚金이 癸水를 생하여 도우므로 왕성한 양기를 제어할 수 있으므로
반드시 은총을 받아 벼슬을 하사받는다고 합니다.

水土가 많으면 기세가 왕성한 것으로서
甲木으로써 소토하고 설기하여야 비로소 좋다고 합니다.

庚辛金이 여름에 태어나면
壬癸水는 지지에 득지하여야 기세가 왕성한 것으로서
왕성한 火의 기세를 제어할 수 있다고 합니다.

사주에 木火의 기세가 많아 왕성하고 金水의 기세가 없는데
이때 서북방 金水운을 만나면 왕성한 火의 기세가 반발하므로
이로 인하여 반드시 패한다고 합니다.

조화원약에서 발췌한 명조입니다.

시	일	월	년	구분
壬	辛	甲	丙	천간
辰	亥	午	子	지지

午월에 甲木과 丙火가 투출하여 기세가 매우 왕성한데
壬水가 득지하여 왕성한 火의 기세를 제어하고
중앙관서의 장관급인 랑중郞中에 오른 명조입니다.

시	일	월	년	구분
戊	辛	丙	壬	천간
戌	酉	午	午	지지

午월에 丙火가 투출하여 火의 기세가 매우 왕성한데
壬水의 기세가 쇠약하여 왕성한 火의 기세를 감당하기 어려우며
한편으로 戊土가 투출하여 壬水를 제어하므로
하인으로서 고독하게 지낸 명조입니다.

3) 未월의 辛金

六月辛金 己土當權 輔助太多 恐掩金光 先用壬水 取庚佐之 壬庚兩透
유 월 신 금　기 토 당 권　보 조 태 다　공 엄 금 광　선 용 임 수　취 경 좌 지　임 경 양 투
科甲功名 即不出干 藏支得所 亦有榮華 但忌戊出 得甲制之 方吉
과 갑 공 명　즉 불 출 간　장 지 득 소　역 유 영 화　단 기 무 출　득 갑 제 지　방 길
유월 辛金은 己土가 권력을 담당하여 너무 많이 돕는 것으로서 金의 빛이 가려
지는 것을 두려워하므로 壬水를 먼저 쓰고 庚으로 보좌한다. 壬庚이 모두 투출
하면 과갑으로 공명을 이루고 투출하지 못하고 적절한 위치에 암장되어도 영화
를 누린다. 단지 戊가 투출하는 것을 꺼리는데 甲이 제어하면 비로소 좋다.

입춘으로부터 여섯 번째의 달인 未월은
己土가 권력을 담당하여 기세가 왕성하므로
辛金을 돕는 기세가 너무 많다고 하는 것으로서
己土의 흙에 묻혀 金의 빛이 가려지는 것을 두려워한다고 합니다.

그러므로 먼저 壬水로써 흙을 씻어내어 辛金을 맑게 하고
庚金으로써 壬水를 생하여 보좌한다고 합니다.

壬水와 庚金이 모두 투출하면 辛金이 맑아지므로
최고의 국가고시인 과갑에 급제하고 공명을 이룬다고 합니다.

壬水와 庚金이 투출하지 못하고 적절한 위치에 암장되어도
암암리에 재능을 발휘할 수 있으므로 영화를 누린다고 합니다.

단지 戊土가 투출하여 壬水를 제어하는 것을 꺼리는데
甲木이 戊土를 제어하여 壬水를 구하면 비로소 좋다고 합니다.

甲木은 己土와 반드시 떨어져야 한다는데
甲木이 己土와의 탐합으로 土로 화합하게 되면
土의 기세가 두터워지므로 두려워하다고 하는 것으로서
이로 인하여 오히려 金의 빛을 가리고 壬水의 흐름도 막히므로
하천한 명이 되기 때문이라고 합니다.

또한 庚金이 투출하여 甲木을 제어하면
土의 두터운 기세를 제어하지 못하므로 역시 꺼린다고 합니다.

未중에 하나의 己土가 암장되어 있고 壬水가 이미 있으면
己土는 습한 진흙이 되는 것으로서
甲木을 보아도 암장된 己土와 화합하는 것이 불가하므로
甲木이 투출하여도 쓰임이 없어 오히려 보통사람이라고 합니다.

총괄적으로 壬水와 己土는 하나씩 있어야 하며
庚金이 있고 甲木이 없어야 비로소 좋다고 합니다.
용신은 午월의 辛金이 壬水와 己土를 쓰는 것과 같다고 합니다.

丁火와 乙木이 투출하면 火의 기세가 매우 왕성하여지므로
庚金과 壬水가 있어야 왕성한 火의 기세를 제어하고
음양의 조화를 이루며 귀함이 나타나지만
壬水가 없으면 왕성한 火의 기세를 제어하지 못하므로
귀함이 나타나지 않는다고 합니다.

지지에 木국을 이루면 기세가 왕성한 것으로서
이로 인하여 火의 기세가 더욱 왕성하여지므로
이때 壬水가 투출하고 庚金이 壬水를 생하는 수원水源이 되어주어야
왕성한 火의 기세를 제어할 수 있으므로 부귀할 수 있다고 합니다.

조화원약에서 발췌한 명조입니다.

시	일	월	년	구분
甲	辛	丁	壬	천간
午	丑	未	辰	지지

丁火와 壬水가 화합하고
甲木이 투출하여 왕성한 土의 기세를 제어하여
크게 귀하게 된 명조입니다.

시	일	월	년	구분
丁	辛	辛	甲	천간
酉	未	未	寅	지지

丁火와 甲木이 투출하여 기세가 매우 왕성한데
일간을 도와줄 수 없으므로 일생 고독하고 가난한 명조입니다.

3. 가을의 辛金

1) 申월의 辛金

七月辛金 值庚司令 不旺自旺 且壬水居申 四柱不見戊土 胎元戊藏
칠월신금 치경사령 불왕자왕 차임수거신 사주불견무토 태원무장
申內 為壬堤岸 人命得此 為官淸正 但不富耳 或有土無甲 為有病無藥
신내 위임제안 인명득차 위관청정 단불부이 혹유토무갑 위유병무약
常人 有甲者 衣衿可望
상인 유갑자 의금가망

칠월 辛金은 庚이 사령한 시기로서 왕성하지 않아도 저절로 왕성하다. 더구나
壬水도 申에 머물고 있는데 사주에 戊土가 없어도 태어나면서 戊가 申안에 암
장되어 壬의 제방이 되어주므로 사람의 명이 이를 득하면 청렴하고 공정한 관
리인데 단지 부자가 안 될 뿐이다. 土가 있는데 甲이 없으면 병이 있는데 약이
없는 것으로서 보통사람이고 甲이 있으면 벼슬은 바라볼 수 있다.

입춘으로부터 일곱 번째의 달인 申월은
庚金이 사령하여 金의 기세가 매우 왕성한 시기로서
辛金의 기세가 왕성하지 않아도 저절로 왕성하다고 합니다.

더구나 壬水도 申중에 머물고 있는데
사주에 戊土가 없어도 태어나면서 申중에 戊土가 암장되어
저절로 戊土가 壬水를 담고 있는 제방이 되어주므로
사람의 명이 이와 같다면 청렴하고 공정한 관리라고 하며
단지 壬水를 제어하고 있으므로 부자가 안 될 뿐이라고 합니다.

土가 있고 甲木이 없으면 土를 소토하지 못하므로
병이 있는데 약이 없는 것으로서 보통사람에 불과하다고 합니다.

그러나 甲木을 약으로 써서 土의 기세를 제어하면
벼슬은 바라볼 수 있다고 합니다.

或四柱金多 宜水洩之 若一派金水 得一戊土 反為辛用 又宜甲制 自然
혹 사 주 금 다 의 수 설 지 약 일 파 금 수 득 일 무 토 반 위 신 용 우 의 갑 제 자 연
富貴 或干支水多 重見戊土 逢生得位 福壽之造 七月辛金 壬不在多
부 귀 혹 간 지 수 다 중 견 무 토 봉 생 득 위 복 수 지 조 칠 월 신 금 임 불 재 다
故書云 水淺金多 號曰體全之象 壬水為尊 甲戊酌用可也 癸水不可為用
고 서 운 수 천 금 다 호 왈 체 전 지 상 임 수 위 존 갑 무 작 용 가 야 계 수 불 가 위 용

사주에 金이 많으면 마땅히 水로 설기한다. 한 무리의 金水가 있는데 하나의 戊
土를 득하면 오히려 辛을 쓰고 또한 마땅히 甲으로 제어하면 자연 부귀하다. 간
지에 水가 많은데 戊土가 중첩되고 생을 만나는 적절한 위치가 되면 복과 장수
를 누리는 명조이다. 칠월의 辛金은 壬이 많으면 안 된다. 고서에 이르기를 水
가 적고 金이 많으면 체전지상으로서 壬水를 존중하고 甲戊는 참작하여 쓸 수
있으며 癸水는 쓸 수 없다고 하였다.

사주에 金이 많으면 기세가 왕성한 것으로서
마땅히 水로써 왕성한 기세를 설기한다고 합니다.

한 무리의 金水가 있으면 음기가 왕성한 것으로서
하나의 戊土로 왕성한 음기를 제어하면 오히려 반발하기 쉬우므로

이때는 오히려 辛金으로써 왕성한 음기를 돕게 하고
또한 마땅히 甲木으로써 戊土를 제어하여야
음기가 순수하여지면서 자연 부귀하여진다고 합니다.

간지에 水가 많으면 음기가 왕성한 것으로서
戊土가 중첩하고 생하여주는 위치가 적절하면
비로소 왕성한 음기를 제어하고
복과 장수를 누리는 명조가 될 수 있다고 합니다.
그러므로 申월의 辛金은 壬水가 많으면 안 된다고 합니다.

고서에 이르기를 水가 적고 金이 많으면
완전한 몸체를 갖춘 체전지상體全之象이라고 합니다.

그러므로 壬水를 존중하여 쓰는 것이며
甲木과 戊土는 상황에 따라 참작하여 쓰고
癸水는 힘이 약하여 쓸 수 없다고 합니다.

조화원약에서 발췌한 명조입니다.

시	일	월	년	구분
戊	辛	庚	戊	천간
子	卯	申	午	지지

戊土가 水火의 기세를 동시에 조절하며 庚金이 투출하여 도와주므로
지방고시에 급제한 수재秀才로서 총병總兵의 지위에 오른 명조입니다.

시	일	월	년	구분
己	辛	庚	戊	천간
亥	卯	申	午	지지

戊己土가 혼잡한데 庚金이 투출하여 도와주지만
오히려 지지의 木국을 제어하므로 재물만 탐하는 명조입니다.

시	일	월	년	구분
壬	辛	壬	甲	천간
辰	卯	申	寅	지지

壬水가 중첩하여 투출하였지만 甲木이 투출하여 설기하여주므로
지방고시에 급제한 학자로서 생원生員의 명조입니다.

같은 명조로서 癸巳시에 태어난 사람은
戊土가 암장되어 암암리에 재능을 발휘하므로
오히려 궁궐의 대학자로서 사림詞林에 오른 명조입니다.

2) 酉월의 辛金

八月辛金 當權得令 旺之極矣 專用壬水淘洗 故云 金見水以流通 如見
팔월신금 당권득령 왕지극의 전용임수도세 고운 금견수이류통 여견
戊己 則生扶太過 故以土為病 見甲制土方妙 無戊不宜用甲
무기 즉생부태과 고이토위병 견갑제토방묘 무무불의용갑
팔월의 辛金은 당권하고 득령하여 왕성함이 지극하므로 壬水를 전용하여 씻어
낸다. 이르기를 金에게 水가 있으면 흐르며 통한다고 하였다. 戊己가 있으면 생
하고 도와주는 것이 태과하여 土가 병이 되므로 甲으로써 土를 제어하여야 비
로소 좋다. 戊가 없는데 甲을 쓰는 것은 마땅하지 않다.

입춘으로부터 여덟 번째의 달인 酉월은
辛金이 권력을 담당하고 득령하여 기세의 왕성함이 지극하다고 하며
壬水를 전용하여 辛金의 왕성한 기세를 씻어낸다고 합니다.

고서에서 이르기를
金에게 水가 있으면 흐르며 통한다고 하였으므로
왕성한 辛金의 기세는 壬水를 전용하여
씻어내는 도세淘洗로서 설기하여야 맑아진다고 합니다.

戊己土가 있으면
酉월에 왕성한 기세의 辛金을 생하고 도와주어
더욱 더 왕성하게 하므로 태과하여진다고 하는 것으로서
오히려 戊己土가 병이 된다고 합니다.

그러므로 甲木을 약으로 써서 戊己土를 제어하여야
辛金의 기세가 매우 왕성하여지는 것을 방지할 수 있으므로
비로소 좋아진다고 합니다.

그러나 甲木은 戊土를 제어하는데 써야 효과적이며
戊土가 없는데 甲木을 쓰면 壬水를 설기하여 마땅치 않다고 합니다.

或四柱一點壬水 甲多洩水 此為用神無力 奸詐之徒 得庚制者 反主仁義
혹 사 주 일 점 임 수 갑 다 설 수 차 위 용 신 무 력 간 사 지 도 득 경 제 자 반 주 인 의
或三點辛金 一重壬水 多見甲木 有庚透者 主大富貴 不見丁為美
혹 삼 점 신 금 일 중 임 수 다 견 갑 목 유 경 투 자 주 대 부 귀 불 견 정 위 미
若見一丁 此人風雅清高 衣食饒裕而已 或一二比肩 壬甲皆一 無庚出干
약 견 일 정 차 인 풍 아 청 고 의 식 요 유 이 이 혹 일 이 비 견 임 갑 개 일 무 경 출 간
亦有恩榮
역 유 은 영

사주에 한 점의 壬水가 있는데 甲이 많아 水를 설기하면 이는 용신이 무력한 것
으로서 간사한 무리이므로 庚으로써 제어하면 오히려 인의가 있다. 세 점의 辛
金과 하나의 무거운 壬水가 있으며 甲木이 많은데 庚이 투출하면 크게 부귀하
지만 丁이 없어야 좋다. 하나의 丁이 있으면 이 사람은 풍채가 우아하고 고결하
며 의식이 풍족할 뿐이다. 한두 개의 비견과 壬甲이 모두 하나인데 庚이 투출하
지 않으면 은총을 받아 영화를 누린다.

사주에 한 점의 壬水가 있는데 甲木이 많아서 壬水를 설기하면
이는 壬水용신이 무력한 것으로서 간사한 무리이므로
이때는 庚金으로써 제어하면 오히려 인의가 있는 사람이라고 합니다.

세 개의 辛金이 있고 하나의 무거운 壬水가 있으면
辛金의 왕성한 기세를 무거운 壬水의 기세로써 설기하고
甲木이 많아 기세가 왕성한데 庚金이 투출하여 제어하면
크게 부귀하다고 하며 이때는 丁火가 없어야 좋다고 합니다.

하나의 丁火가 있으면 甲木의 기세를 설기하고 庚金을 제어하므로
이 사람은 풍채가 우아하고 고결하며 의식이 풍족할 뿐이라고 합니다.

한두 개의 辛金의 비견이 있고 壬水와 甲木이 모두 하나씩 있는데
庚金이 투출하지 않으면 甲木의 도움을 받을 수 있으므로
임금의 은총을 받아 영화를 누린다고 합니다.

若二三比肩 一點壬水 戊土多見 此為土厚埋金 此人愚懦 見一甲出
약 이 삼 비 견 일 점 임 수 무 토 다 견 차 위 토 후 매 금 차 인 우 나 견 일 갑 출

必為創立之人 或一派辛金 一位壬水 無庚雜亂 又主富中取貴 或一
필 위 창 립 지 인 혹 일 파 신 금 일 위 임 수 무 경 잡 란 우 주 부 중 취 귀 혹 일

派壬水洩金 無戊出制 為沙水同流 主奔波勞苦 若得支見一戊止流
파 임 수 설 금 무 무 출 제 위 사 수 동 류 주 분 파 노 고 약 득 지 견 일 무 지 류

其人頗有才略 藝術過人
기 인 파 유 재 략 예 술 과 인

두세 개의 비견이 있고 한 점의 壬水가 있는데 戊土가 많으면 土가 두터워 金이
묻히는 것으로서 이 사람은 어리석고 나태하다. 하나의 甲이 투출하면 창립하
는 사람이다. 한 무리의 辛金과 하나의 壬水가 있는데 庚이 혼잡하게 하지 않으
면 부자로서 귀하게 된다. 한 무리의 壬水로 금을 설기하는데 戊가 투출하여 제
어하지 않으면 모래와 물이 함께 휩쓸리므로 분주하고 고생하며 하나의 戊가
지지에 있어 흐름을 멈추게 하면 그 사람은 재략이 상당하고 예술에 뛰어난 사
람이다.

두세 개의 辛金비견이 있고 한 점의 壬水가 있는데 戊土가 많으면
두터운 흙에 묻히는 것으로서 이 사람은 어리석고 나태하다고 하며
하나의 甲木이 투출하여 제어하면 창립하여 일가를 이룬다고 합니다.

한 무리의 辛金과 하나의 壬水가 있어 흐름이 맑은데
庚金이 혼잡하게 하지 않으면 부자로서 귀하게 된다고 합니다.

한 무리의 壬水로써 金을 설기하는데
戊土가 투출하여 제어하지 않으면 이른바 사수동류沙水同流로서
모래와 물이 함께 휩쓸리므로 분주하게 뛰어다니며 고생한다고 하며

하나의 戊土가 지지에 암장되어 흐름을 멈추게 하면
그 사람은 재략이 상당한 것으로서 재능을 암암리에 발휘하므로
예술분야에 뛰어난 사람이라고 합니다.

或支成金局 干見比肩 無壬淘洗 此宜用丁 無丁必主凶頑無賴 若得
혹지성금국 간견비견 무임도세 차의용정 무정필주흉완무뢰 약득
一壬高透 以洩群金 又名一清到底 定有治國之材 或支成金局 戊己透干
일임고투 이설군금 우명일청도저 정유치국지재 혹지성금국 무기투간
壬透無火 名白虎格 運行西北 富貴大顯 子息艱難 或透丙火 雖有壬出
임투무화 명백호격 운행서북 부귀대현 자식간난 혹투병화 수유임출
亦屬平庸
역속평용

지지에 金국을 이루고 천간에 비견이 있는데 壬의 씻김이 없으면 마땅히 丁을
쓰는데 丁이 없으면 반드시 흉악하고 무뢰하다. 하나의 壬이 높이 투출하여 金
의 무리를 설기하면 이른바 일청도저로서 반드시 국가를 다스리는 인재이다.
지지에 金국을 이루고 戊己가 투출하고 壬이 투출하는데 火가 없으면 이른바
백호격으로서 서북 운으로 가면 부귀가 크게 나타나지만 자식이 어렵다. 丙火
가 투출하면 비록 壬이 투출하여도 보통사람에 속한다.

지지에 金국을 이루고 천간에 辛金비견도 있으면
기세가 매우 왕성한 것으로서 壬水가 씻어주는 도세淘洗가 없으면
마땅히 丁火로써 제어를 한다고 하는데
丁火가 없으면 반드시 흉악하고 무뢰한 사람이라고 합니다.

하나의 壬水가 높이 투출하여 金의 무리의 왕성한 기세를 설기하면
이른바 일청도저一清到底로서 밑바닥까지 매우 맑은 상태가 되므로
반드시 국가를 다스리는 인재라고 합니다.

지지에 金국을 이루고 戊己土가 투출하는데 壬水가 투출하고
火가 없으면 순수한 음기로서 이루어진 백호격白虎格이라고 하며
서북방 金水운으로 가면 부귀가 크게 나타나는데
단지 戊己土로 壬水가 제어되므로 자식이 어렵게 된다고 합니다.

丙火가 투출하면 비록 壬水가 투출하여도
辛金의 순수함이 손상되므로 보통사람에 속한다고 합니다.

或一二辛金 一派己土 定為僧道 或干透己土 支見庚甲 一生安閑 或一
혹일이신금 일파기토 정위승도 혹간투기토 지견경갑 일생안한 혹일
派乙木 不見庚干 為財多身弱 一見庚制 富貴可期 金生秋月土重 貧無
파을목 불견경간 위재다신약 일견경제 부귀가기 금생추월토중 빈무
寸鐵 六辛日逢戊子時 運喜西方 陰若朝陽 切忌丙丁離位 庚辛局全巳
촌철 육신일봉무자시 운희서방 음약조양 절기병정이위 경신국전사
酉丑 位高權重
유축 위고권중

한두 개의 辛金이 있고 한 무리의 己土가 있으면 반드시 승도이다. 己土가 투출
하여도 지지에 庚甲이 있으면 일생이 편안하다. 한 무리의 乙木이 있고 庚이 투
출하지 않으면 재다신약이고 하나의 庚이 제어하면 부귀는 기대할 수 있다. 金
이 가을 생인데 土가 중첩되면 매우 가난하다. 여섯 개의 辛일간이 戊子시를 만
나면 서방 운을 반기고 음이 아침 해와 같으니 丙丁 남방을 절대로 꺼린다. 庚
辛이 巳酉丑국이 완전하면 고위직으로 권세가 무겁다.

한두 개의 辛金이 있고 한 무리의 己土가 있으면
辛金과 己土의 기세가 왕성하여 서로 뒤섞이며 자갈밭이 되므로
반드시 수행을 하면서 살아가는 승도라고 합니다.

己土가 투출하여도 지지에 庚金과 甲木이 암장되면
암장된 甲木과 庚金이 암암리에 작용하며 도우므로
일생이 편안하고 한가롭다고 합니다.

한 무리의 乙木이 있으면 기세가 왕성한 것으로서
庚金이 투출하지 않으면 왕성한 기세를 감당하기 어려우므로
격국론의 용어로서 재다신약財多身弱이라고 합니다.
그러나 하나의 庚金이 제어하면 부귀는 기대할 수 있다고 합니다.

가을에 태어난 金에게 土가 중첩되어 두텁고 무거우면
흙에 묻히어 쓸모없으므로 매우 가난하여 설 자리도 없다고 합니다.

여섯 개의 辛金일간이 戊子시를 만나면
고대 격국론의 용어로서 조양격朝陽格이라고 하며
음의 기세가 아침에 태양이 떠오르는 형상과 같은 것이라고 합니다.
丙丁火가 있는 남방 火운은 파격이 되므로 절대로 꺼린다고 합니다.

庚辛金이 巳酉丑 金국을 완전하게 이루면
金의 기세가 왕성한 종혁격從革格으로서
고위직으로 권세가 무겁다고 합니다.

조화원약에서 발췌한 명조입니다.

시	일	월	년	구분
戊	辛	辛	戊	천간
子	酉	酉	辰	지지

辛金과 戊土가 투출하고 火가 없어 순수하고 맑은 것으로서
지방관서의 군사를 통솔하는 무원撫院에 오른 명조입니다.

시	일	월	년	구분
戊	辛	辛	戊	천간
子	丑	酉	辰	지지

위 명조와 일지만 다르지만 己土가 암장되어 맑음이 사라지므로
작은 벼슬을 하는 명조입니다.

시	일	월	년	구분
己	辛	癸	己	천간
亥	未	酉	酉	지지

己土가 두 개나 투출하고 癸水를 머금어 진흙 속에 묻혀있으나
甲木과 壬水가 암장되어 암암리에 재능을 발휘하므로
과거에는 급제하였지만 단지 가난하게 살아가는 명조입니다.

시	일	월	년	구분
丙	辛	己	丁	천간
申	酉	酉	酉	지지

辛金의 기세가 매우 왕성하고 火土가 투출하였지만
壬水가 암장되어 암암리에 재능을 발휘하므로
지방관서의 장인 지부知府에 오른 명조입니다.

시	일	월	년	구분
壬	辛	己	丁	천간
辰	亥	酉	卯	지지

壬水가 투출하여 씻어주고 己土가 丁火를 도와
음양의 조화를 이루므로 국가고시인 과거에 장원급제한 명조입니다.

시	일	월	년	구분
戊	辛	辛	癸	천간
子	酉	酉	巳	지지

金水의 음기가 왕성하지만 戊土가 투출하여 제어하고
丙火가 암장되어 음기의 순수함을 훼손하므로
고독하고 가난한 명조입니다.

3) 戌月의 辛金

입춘으로부터 아홉 번째의 달인 戌월은
戊土가 사령하여 모친이 자식을 돕는 모왕자상母旺子相으로서
우선 壬水로써 설기하고 난 후에 甲木으로써 소토한다고 합니다.

壬水와 甲木이 모두 투출하면 음양의 조화를 이루므로
도동桃洞 즉 화려한 복숭아밭에서 사는 신선과 같다고 합니다.

壬水가 투출하고 甲木이 암장되고 戊土가 있으면
壬水로써 설기를 하여도 戊土가 제어를 하는데
암장된 甲木으로서는 戊土를 제어하기 어려우므로
쓸모가 없어 보통사람이라고 합니다.

甲木이 투출하고 壬水가 암장되고 戊土도 암장되면
戌월의 戊土가 암장되어도 土의 기세는 왕성한 것으로서
甲木이 투출하여 제어하고
암장된 壬水로써 암암리에 재능을 발휘할 수 있으므로
과거에 급제하지 않아도 다른 방법으로 벼슬을 할 수 있다고 합니다.

或辛日甲月 壬水在支 有庚 自能去濁留清 秋闈一榜 若戊戌月 即有甲
혹신일갑월 임수재지 유경 자능거탁류청 추위일방 약무술월 즉유갑
在支 亦否 總之土太多 甲不出干 莫問功名 得一壬出 洗土助甲 雖不
재지 역부 총지토태다 갑불출간 막문공명 득일임출 세토조갑 수불
發達 富而可求
발달 부이가구

辛일 甲월인데 壬水가 지지에 있고 庚이 있으면 자연적으로 탁한 것을 제거하
고 맑아지므로 과거에 급제하고 戊戌월인데 甲이 지지에 있으면 아니다. 총괄
적으로 土가 매우 많은데 甲이 투출하지 않으면 공명을 묻지도 못하고 하나의
壬이 투출하여 土를 씻어내고 甲을 도우면 비록 발달하지 아니하여도 부는 구
할 수 있다.

辛일간이 甲戌월이고 壬水가 암장되고 庚金도 있으면
암장된 壬水와 庚金이 서로 도우며 암암리에 능력을 발휘하고
甲木이 안심하고 왕성한 土의 기세를 제어할 수 있으므로
자연적으로 탁한 것이 맑아진다고 하는 거탁류청去濁留淸으로서
한 번의 과거에 급제한다고 합니다.

辛일간이 戊戌월이면
戊土가 투출하여 기세가 매우 왕성한 것으로서
지지에 암장된 甲木으로는 제어하기 어려우므로
과거에 급제하기 어렵다고 합니다.

총괄적으로
土가 매우 많아 기세가 매우 왕성한데 甲木이 투출하지 아니하면
왕성한 土의 기세를 제어할 수 없으므로
공명功名은 묻지도 못한다고 합니다.

그러나 하나의 壬水가 투출하여 왕성한 기세의 土를 씻어내고
甲木을 도와 土의 왕성한 기세를 제어하면
비록 발달하여 귀하게 되지는 못하여도 부는 구할 수 있다고 합니다.

或土多無壬甲 時月多透丙辛者 略貴 加以辰字在支 則榮顯莫及 或木
혹토다무임갑 시월다투병신자 약귀 가이진자재지 즉영현막급 혹목
多土厚 無水者常人 或干上重見癸水 雖無淘洗之功 頗有清明之用
다토후 무수자상인 혹간상중견계수 수무도세지공 파유청명지용
此命主富 辛苦 或己透無壬有癸 亦能滋生金力 衣衿之貴 但恐己多
차명주부 신고 혹기투무임유계 역능자생금력 의금지귀 단공기다
不免濁富 九月辛金 火土為病 水木為藥
불면탁부 구월신금 화토위병 수목위약

土가 많고 壬甲이 없는데 시와 월에 丙辛이 많이 투출하면 약간은 귀하고 辰자
도 지지에 있으면 영화가 매우 크게 나타난다. 木이 많고 土가 두터워도 水가
없으면 보통사람이다. 천간에 癸水가 중첩되면 비록 씻어내는 공은 없어도 상
당히 맑게 쓰이므로 이 명은 부자가 되지만 고생한다. 己가 투출하고 壬이 없고
癸가 있으면 金의 힘을 도울 수 있으므로 벼슬로 귀하게 된다. 단지 己가 많으
면 두려운데 탁한 부자를 면하지 못하기 때문이다. 구월의 辛金에게 火土는 병
이 되고 水木은 약이 된다.

土가 많고 甲木과 壬水가 없어 소토하고 씻어내지 못하는데
시간과 월간에 丙火와 辛金이 많이 투출하면 서로 화합하여
왕성한 土를 설기하고자 하므로 약간은 귀하게 될 수 있다고 하며
더구나 지지에 辰土도 있으면 丙辛이 화합하여 음기로서의
역할을 확실하게 하므로 영화가 매우 크게 나타난다고 합니다.

木이 많고 土가 두터워도 水가 없으면
木의 왕성한 기세로써 土의 왕성한 기세를 소토한다고 하여도
水가 없으면 씻어내지 못하므로 보통사람에 불과하다고 합니다.

천간에 癸水가 중첩되어 있어도
비록 壬水처럼 辛金을 맑게 씻어내는 공은 없다고 합니다.
그러나 癸水로도 상당히 맑게 쓰이므로 부자는 될 수 있다고 하며
단지 힘에 부치므로 고생을 한다고 합니다.

己土가 투출하고 壬水가 없어도 癸水로써 己土를 적시어
金을 생하여 도울 수 있으므로 벼슬로 귀하게 될 수 있다고 합니다.
단지 己土가 많으면 金이 진흙 속에 묻힐까봐 두려운 것으로서
결국 더러워지므로 탁한 부자를 면하지 못한다고 합니다.

戌월의 辛金에게는 土의 기세가 왕성하므로
火土는 병이 되고 이를 제어하는 水木은 약이 된다고 합니다.

조화원약에서 발췌한 명조입니다.

시	일	월	년	구분
壬	辛	戊	丙	천간
辰	未	戌	戌	지지

戌월에 戊土와 丙火가 투출하여 왕성하므로 병이 되고 있는데
壬水가 투출하여 제어하고 씻어내므로
중앙관서의 장관급인 상서尙書에 오른 명조라고 하며
단지 甲木이 없어 소토를 하지 못하므로 자식이 없다고 합니다.

시	일	월	년	구분
己	辛	戊	丙	천간
丑	未	戌	戌	지지

위 명조와 시만 다른데
丑중에 癸水가 암장되어 己土를 적시어 辛金을 생하여주므로
지방고시에 급제한 학자로서 거인擧人의 명조입니다.

시	일	월	년	구분
戊	辛	甲	己	천간
戌	亥	戌	亥	지지

甲木과 己土가 화합하고 戊土가 투출하여 土의 기세가 매우 왕성하므로
辛金이 흙에 묻혀 쓸모가 없어 보통사람에 불과한 명조입니다.

시	일	월	년	구분
戊	辛	戊	辛	천간
戌	亥	戌	亥	지지

戊土와 辛金만이 투출하여 순수하고 맑다고 하며
壬水가 암장되어 암암리에 재능을 발휘하므로
약간의 부귀를 누리는 명조입니다.

시	일	월	년	구분
丙	辛	壬	癸	천간
申	酉	戌	亥	지지

지지에 金국을 이루고 壬癸水가 투출하여 음기가 매우 맑은데
丙火과 辛金과 화합하여 동조하므로
중앙관서의 장관급인 팔좌八座에 오른 명조입니다.

4. 겨울의 辛金

1) 亥월의 辛金

十月辛金 時值小陽 陽氣漸升 寒氣將降 先用壬水 次取丙火 壬丙兩透
시월신금 시치소양 양기점승 한기장강 선용임수 차취병화 임병양투
金榜題名 何也 蓋辛金有壬水丙火 名金白水清 又在亥月故發 丙透壬藏
금방제명 하야 개신금유임수병화 명금백수청 우재해월고발 병투임장
採芹之造 丙藏壬透 富有千金 壬丙在支 聰明之士
채근지조 병장임투 부유천금 임병재지 총명지사
시월 辛金은 소양의 시기로서 양기가 점차 상승하고 한기가 곧 내려오므로 壬
水를 먼저 쓰고 丙火를 다음으로 쓴다. 壬丙이 모두 투출하면 과거에 급제하는
것은 무슨 까닭인가. 대개 辛金에게 壬水와 丙火가 있으면 이른바 금백수청으로
서 또한 亥월에 발전하기 때문이다. 丙이 투출하고 壬이 암장되면 채근의 명조
이다. 丙이 암장되고 壬이 투출하면 천금의 부자이며 壬丙이 지지에 있으면 총
명한 선비이다.

입춘으로부터 열 번째의 달인 亥월은
甲木이 암장되어 생하는 시기로서 소양의 시기라고 하며
양기가 점차 상승하고 한기가 곧 내려오기 시작하므로
壬水를 먼저 쓰고 丙火를 다음으로 쓴다고 합니다.

壬水와 丙火가 모두 투출하면 과거에 급제한다고 하는 까닭은
대개 辛金에게 壬水와 丙火가 있으면 음양의 조화가 이루어지고
이른바 금백수청金白水清으로서 金水가 맑아지기 때문이라고 하며
亥월에는 특히 발전하기 때문이라고 합니다.

丙火가 투출하고 壬水가 암장되면 밝게 빛날 수 있어
지방고시에 급제한 학자로서 채근採芹을 하는 명조라고 하며
丙火가 암장되고 壬水가 투출하면 맑아지므로 천금의 부자이고
壬水와 丙火가 모두 암장되면
암암리에 재능을 발휘하므로 총명한 선비라고 합니다.

戊壬在柱 積富之人 或壬多無戊 名辛水汪洋 反成貧賤 戊多壬少 又主
무 임 재 주   적 부 지 인   혹 임 다 무 무   명 신 수 왕 양   반 성 빈 천   무 다 임 소   우 주

成名 或甲多戊少 因藝術而蓄金 若己多有戊 壬水被困 金被埋 不過誠
성 명   혹 갑 다 무 소   인 예 술 이 축 금   약 기 다 유 무   임 수 피 곤   금 피 매   불 과 성

實之人 或壬癸多無戊丙者 勞碌辛苦 十月辛金 先壬後丙 餘皆參用
실 지 인   혹 임 계 다 무 무 병 자   노 록 신 고   시 월 신 금   선 임 후 병   여 개 참 용

戊壬이 사주에 있으면 부를 쌓는 사람이다. 壬이 많고 戊가 없으면 이른바 신수
왕양으로서 오히려 빈천하며 戊가 많고 壬이 적으면 공명을 이룬다. 甲이 많고
戊가 적으면 예술로 재물을 모은다. 己가 많고 戊가 있으면 壬水가 곤란을 당하
고 金이 묻히므로 성실한 사람에 불과하다. 壬癸가 많고 戊丙이 없으면 힘들게
고생만 한다. 시월 辛金은 壬을 먼저 쓰고 丙을 나중에 쓰며 나머지는 참작하여
쓴다.

戊土와 壬水가 사주에 있으면
壬水를 戊土의 제방에 담는 것으로서 재물을 모으는 부자라고 합니다.

壬水가 많은데 戊土가 없어 제어를 하지 못하면
이른바 신수왕양辛水汪洋으로서 바다와 같아 쓸모가 없으므로
오히려 빈천하다고 합니다.

戊土가 많고 壬水가 적으면
음기가 왕성한 亥월의 壬水를 제어할 수 있으므로
공명을 이룬다고 합니다.

甲木이 많고 戊土가 적으면
甲木으로써 壬水를 설기하는 재능이 있으므로
예술로 재물을 모은다고 합니다.

己土가 많고 戊土가 있으면 혼잡된 土로 인하여
壬水가 탁하여지므로 곤란을 당하고 辛金은 흙속에 묻히어 맑지 못하므로
단지 열심히 노력하는 성실한 사람에 불과하다고 합니다.

壬癸水가 많은데 戊土와 丙火가 없으면
壬癸水의 왕성한 기세를 제어하지도 못하고
왕성한 음기만 있어 힘들게 고생만 한다고 합니다.

亥월 辛金은 壬水를 먼저 쓰고 丙火는 나중에 쓰며
나머지는 상황에 따라 참작하여 쓴다고 합니다.

조화원약에서 발췌한 명조입니다.

시	일	월	년	구분
丙	辛	辛	壬	천간
申	亥	亥	辰	지지

壬水가 먼저 투출하여 맑게 씻고
丙火가 나중에 투출하여 빛나므로
음양의 조화를 이루고 있는 청태종淸太宗의 명조입니다.

2) 子月의 辛金

十一月辛金 癸水司令 爲寒冬雨露 切忌癸出凍金 而困丙火 壬丙兩透
십일월신금 계수사령 위한동우로 절기계출동금 이곤병화 임병양투
不見戊癸 衣錦腰金 即壬藏丙透 一榜堪圖
불견무계 의금요금 즉임장병투 일방감도

십일월 辛金은 癸水가 사령한 것으로서 추운 겨울의 비와 이슬과 같다. 절대로 꺼리는 것은 癸가 투출하여 金을 얼게 하고 丙火를 곤란하게 하는 것이다. 壬丙이 모두 투출하고 戊癸가 없으면 고위직의 벼슬을 하고 壬이 암장되고 丙이 투출하면 과거에 급제한다.

입춘으로부터 열한 번째의 달인 子월은
癸水가 사령하는 시기이므로 기세가 매우 왕성한 것으로서
추운 겨울에 내리는 비와 이슬과 같다고 합니다.

절대로 꺼리는 것은 癸水가 투출하는 것으로서
차가운 눈과 비로써 金을 얼어붙게 만들고
丙火의 해동을 방해하며 곤란하게 하는 것이라고 합니다.

壬水와 丙火가 모두 투출하면
壬水로써 辛金을 설기하여 맑게 씻어주고
丙火로써 따뜻하게 해동하며 밝게 비추어주어야
음양의 조화를 이루는데
단지 戊土와 癸水가 없어 壬水와 丙火를 방해하지 않으면
금띠를 두르고 고위직의 벼슬을 할 수 있다고 합니다.

壬水가 암장되고 丙火가 투출하면
丙火로써 따뜻하게 해동할 수 있고
암장된 壬水로써 암암리에 재능을 발휘하므로
국가고시인 과거에 한 번 급제한다고 합니다.

或壬多有戊 丙甲出干者 青雲之客 若壬多無戊丙者 洩金太過 定主寒儒
혹 임 다 유 무 병 갑 출 간 자 청 운 지 객 약 임 다 무 병 자 설 금 태 과 정 주 한 유
或壬多 甲乙重重 無丙火者 貧寒 或支成水局 癸水出干 有二戊制者
혹 임 다 갑 을 중 중 무 병 화 자 빈 한 혹 지 성 수 국 계 수 출 간 유 이 무 제 자
富貴恩榮 無戊者常人
부 귀 은 영 무 무 자 상 인

壬이 많고 戊가 있으며 丙甲이 투출하면 높은 직위에 오른다. 壬이 많고 戊丙이
없으면 金의 설기가 태과하므로 반드시 가난한 선비이다. 壬이 많고 甲乙이 중
첩되고 丙火가 없으면 가난하다. 지지에 水국을 이루고 癸水가 투출하고 두 개
의 戊가 제어하면 부귀하고 은총을 받아 영화를 누리고 戊가 없으면 보통사람
이다.

壬水가 많으면 기세가 왕성한 것으로서 戊土로써 제어하고
丙火가 투출하여 해동하여 따뜻하게 하여주고
甲木이 투출하여 壬水의 왕성한 기세를 설기하여
丙火를 도와 음양의 조화를 이루면 높은 직위에 오른다고 합니다.

壬水가 많은데 戊土가 없어 제어하지 못하면
金의 설기가 태과하여지고
丙火도 없어 해동을 하지 못하면 음양의 조화를 이루지 못하므로
반드시 춥고 가난한 선비라고 합니다.

壬水가 많은데 甲乙木이 중첩되어 설기한다고 하여도
丙火가 없어 해동하지 못하면 음양의 조화를 이루지 못하므로
역시 춥고 가난하여 빈한貧寒하다고 합니다.

지지에 水국을 이루고 癸水가 투출하면 기세가 매우 왕성한 것으로서
이때 두 개의 戊土가 투출하여 제어하면 부귀하여지고
은총을 받아 영화를 누릴 수 있다고 합니다.
그러나 戊土가 없으면 왕성한 기세를 제어할 수 없으므로
보통사람에 불과하다고 합니다.

或支見亥子丑 干出比劫 無丙 名潤下格 富貴雙全 運喜西北 若無庚辛
혹 지 견 해 자 축　간 출 비 겁　무 병　명 윤 하 격　부 귀 쌍 전　운 희 서 북　약 무 경 신
又出甲乙 無戊丙者 必主僧道 或支成木局 有丁出干 又見戊者 功名特達
우 출 갑 을　무 무 병 자　필 주 승 도　혹 지 성 목 국　유 정 출 간　우 견 무 자　공 명 특 달
冬月辛金 須丙溫暖 方妙
동 월 신 금　수 병 온 난　방 묘

지지에 亥子丑이 있고 비겁이 투출하고 丙이 없으면 이른바 윤하격으로서 부귀
가 모두 완전하며 서북 운을 반긴다. 庚辛이 없는데 또한 甲乙이 투출하고 戊丙
이 없으면 반드시 승도이다. 지지에 木국을 이루고 丁이 투출하고 戊도 있으면
공명을 이루고 특히 현달한다. 겨울의 辛金은 반드시 丙으로 따뜻하게 하여야
비로소 좋다.

지지에 亥子丑이 있으면 기세가 왕성한 것으로서
천간에 庚辛金이 투출하여 水의 기세를 돕는데 丙火가 없으면
이른바 윤하격潤下格이라고 하며 水의 기세가 순수하므로
부귀가 모두 완전하다고 하며 서북방 金水운을 반긴다고 합니다.

庚辛金이 없는데 甲乙木이 투출하여 水의 기세를 설기하고
戊土와 丙火가 없어 水의 기세를 제어하고 해동하지 못하면
반드시 수행을 하면서 살아가는 승도라고 합니다.

지지에 木국을 이루면 기세가 왕성한 것으로서
丁火가 투출하여 木의 기세를 설기하여 인화하고
戊土로써 왕성한 음기를 제어하고 丁火를 보호하면
공명을 이루고 특히 현달한다고 합니다.

겨울의 辛金은 丁火를 쓰는 것보다
반드시 丙火로써 해동하여 따뜻하게 하여야 비로소 좋다고 합니다.

조화원약에서 발췌한 명조입니다.

시	일	월	년	구분
丁	辛	壬	丁	천간
酉	丑	子	亥	지지

丁火와 壬水가 화합하고 시간의 丁火로써 밝게 비추므로
국가고시에 급제한 학자로서 진사進士의 명조입니다.
단지 丙火가 없어 벼슬길에 나아가지 못하였다고 합니다.

시	일	월	년	구분
辛	辛	丙	己	천간
卯	卯	子	亥	지지

丙火가 투출하였지만 辛金이 또 있어 탐합을 하며
己土가 투출하여 金水의 기세를 혼탁하게 하므로
남편을 힘들게 하고 자식이 없는 가난한 여성의 명조입니다.

시	일	월	년	구분
甲	辛	丙	甲	천간
午	巳	子	寅	지지

甲木과 丙火의 기세가 왕성한데
壬水가 없어 음양의 조화를 이루지 못하므로
남편은 있어도 딸만 하나 있으며
질병으로 고생을 하는 여성의 명조입니다.

3) 丑월의 辛金

十二月辛金 寒凍之極 先丙後壬 無丙不能解凍 無壬不能洗淘 丙壬兩透
십이월신금 한동지극 선병후임 무병불능해동 무임불능세도 병임양투
金馬玉堂之客 壬丙俱藏 游庠食餼之人 有丙無壬 富眞貴假 有壬乏丙
금마옥당지객 임병구장 유상식희지인 유병무임 부진귀가 유임핍병
賤而且貧 或丙多 無壬有癸 市中貿易之流 或水多 有戊己出干 又有丙丁
천이차빈 혹병다 무임유계 시중무역지류 혹수다 유무기출간 우유병정
必主衣食充盈 一生安樂 十二月辛金 丙先壬後 戊己次之
필주의식충영 일생안락 십이월신금 병선임후 무기차지
십이월 辛金은 차갑고 얼어붙는 것이 극에 이른 시기로서 丙을 먼저 쓰고 壬을
나중에 쓴다. 丙이 없으면 해동을 하지 못하고 壬이 없으면 씻지 못한다. 丙壬
이 모두 투출하면 궁궐의 대학자이며 壬丙이 모두 암장되면 학자로 먹고 사는
사람이다. 丙이 있고 壬이 없으면 부자는 진실하여도 귀한 척한다. 壬이 있는데
丙이 부족하면 천하고 가난하다. 丙이 많은데 壬이 없고 癸가 있으면 시장에서
장사하는 부류이다. 水가 많은데 戊己가 투출하고 丙丁도 있으면 반드시 의식
은 충분하고 일생동안 안락하다. 십이월 辛金은 丙을 우선 쓰고 壬을 나중에 쓰
며 戊己는 다음으로 쓴다.

입춘으로부터 열두 번째의 달인 丑월은
차갑고 얼어붙는 것이 극에 이른 시기로서
丙火를 먼저 쓰고 壬水를 나중에 쓴다고 합니다.

丑월의 辛金은 丙火가 아니면 해동할 수 없고
壬水가 없으면 설기하며 씻지 못한다고 합니다.

丙火와 壬水가 모두 투출하면 음양의 조화를 이루므로
궁궐의 대학자로서 금마옥당지객馬玉堂之客이라고 합니다.

丙火와 壬水가 모두 암장되면 암암리에 재능을 발휘하는 것으로서
지방고시에 급제한 학자인 수재秀才로서
국가에서 주는 봉록으로 먹고 사는 사람에 불과하다고 합니다.

丙火가 있고 壬水가 없으면
丙火가 있어 해동을 하면 따뜻하여지므로 부자는 진실하여도
壬水가 없어 씻지 못하면 맑지 못하므로 귀한 척 한다고 합니다.

壬水가 있고 丙火가 부족하면
壬水가 있으면 차가운 환경이 되는데
丙火가 부족하면 해동이 어려우므로 천하고 가난하다고 합니다.

丙火가 많아 기세가 왕성한데
壬水가 없으면 丙火의 왕성한 기세를 해소하지 못하고
癸水가 있으면 시장에서 장사하는 부류이라고 합니다.

水가 많은데 戊己土가 투출하고 丙丁火도 있으면
戊己土로써 왕성한 水의 기세를 제어하고
丙丁火로써 얼어붙은 水의 기세를 해동하여 주면
반드시 의식은 충분하고 일생동안 안락하게 지낼 수 있다고 합니다.

丑월의 辛金은 丙火를 우선 쓰고 壬水를 나중에 쓴다고 하며
다음으로 戊己土를 쓴다고 합니다.

조화원약에서 발췌한 명조입니다.

시	일	월	년	구분
己	辛	丁	甲	천간
亥	卯	丑	申	지지

甲木과 丁火가 투출하고 상생하며 인화하고
壬水가 암장되어 암암리에 재능을 발휘하므로
군대를 통솔하는 장군의 명조입니다.

시	일	월	년	구분
戊	辛	丁	己	천간
子	丑	丑	丑	지지

戊己土가 투출하여 지지에 있는 왕성한 水의 기세를 제어하고
丁火로써 己土를 밝히어주므로
중앙관서의 차관급인 시랑侍郎에 오른 명조입니다.

시	일	월	년	구분
庚	辛	己	乙	천간
寅	卯	丑	丑	지지

乙木의 기세가 왕성한데 庚金이 투출하여 제어하고
丙火가 암장되어 암암리에 재능을 발휘하므로
중앙관서의 차관급인 시랑侍郎에 오른 명조입니다.

시	일	월	년	구분
丁	辛	己	乙	천간
酉	未	丑	卯	지지

乙木이 투출하여 어두운 환경이므로 처음에는 가난하였지만
나중에 丁火로써 밝게 비추어주므로
부자가 되고 장수한 명조입니다.

시	일	월	년	구분
戊	辛	乙	癸	천간
子	卯	丑	丑	지지

癸水가 투출하였지만 戊土가 제어를 하여주므로
지방관서의 감찰직인 안찰按察의 명조입니다.
단지 丙丁火가 없어 따뜻하지 못하므로 자식이 없다고 합니다.

窮
通
寶
鑑

제 10 장
임 수
壬 水

1. 봄의 壬水

1) 寅월의 壬水

正月壬水 汪洋之象 能并百川之流 然水性柔弱 宜用庚金之源 庶不致
정월임수 왕양지상 능병백천지류 연수성유약 의용경금지원 서불치
汪洋無度 有庚丙戊三者齊透 科甲功名 或庚戊藏支 丙坐寅支者 亦有
왕양무도 유경병무삼자제투 과갑공명 혹경무장지 병좌인지자 역유
恩誥 即一庚透 貢監有之
은고 즉일경투 공감유지
정월 壬水는 넓은 바다의 물상으로서 능히 모든 하천을 모아놓은 것이다. 그러
나 水의 성정이 유약하므로 마땅히 庚金을 수원으로 쓰고 오직 넓은 바다가 절
도가 없어서는 안 된다. 庚丙戊 삼자가 함께 투출하면 과갑을 하고 공명을 이룬
다. 庚戊가 지지에 암장되고 丙이 寅에 앉아 있으면 은총으로 벼슬을 하사받으
며 하나의 庚이 투출하면 공감은 한다.

입춘이 있는 첫 번째 달인 寅월의 壬水는
넓은 바다의 물상으로서 모든 하천을 모아 놓은 것과 같다고 합니다.
그러나 水의 성정이 유약하여 쇠약하므로 마땅히 庚金으로써 생하고
壬水의 기세를 왕성하게 하는데 자칫 넘칠 우려가 있으므로
오직 넓은 바다가 잠잠해지는 절도가 없어서는 안 된다고 합니다.

庚金과 丙火와 戊土의 삼자가 함께 투출하면 음양의 조화를 이루므로
최고의 국가고시인 과갑에 급제하고 공명을 이룬다고 합니다.

庚金과 戊土가 암장되고 丙火가 寅木에 앉아 있으면
丙火는 아침에 태양이 떠오르는 것으로서 밝게 빛나며
암장된 庚金과 戊土로써 암암리에 재능을 발휘하므로
은총을 받아 고위직의 벼슬을 하사받을 수 있다고 하며

하나의 庚金이 투출하면 壬水를 생하여 왕성하게 하여주므로
국가고시에 급제한 학자로서 공감貢監은 한다고 합니다.

凡壬日無比肩羊刀者 不必用戊 專用庚金 以丙為佐 或見比劫 又有庚辛
범임일무비견양인자 불필용무 전용경금 이병위좌 혹견비겁 우유경신
此弱極復旺 又宜制伏 戊透 可云科甲 戊藏 則是秀才 然必丙透不合
차약극복왕 우의제복 무투 가운과갑 무장 즉시수재 연필병투불합
為妙
위묘

일반적으로 壬일간에게 비견과 양인이 없으면 戊를 쓸 필요가 없고 庚金을 전
용하고 丙으로 보좌한다. 비겁이 있고 庚辛이 있으면 이것은 쇠약한 것이 극
에 이르러 왕성함을 회복되는 것으로서 마땅히 제복한다. 戊가 투출하면 과갑
을 할 수 있고 戊가 암장되면 수재이다. 그러나 丙이 투출하여 합이 안 되어야
좋다.

일반적으로 壬水일간에게 壬癸水가 없으면
이들을 제어할 필요가 없으므로 戊土를 쓸 필요가 없다고 하며
庚金을 전용하여 壬水를 생하고 丙火로써 보좌한다고 합니다.

비견과 양인은 격국론의 용어로서
비견은 壬水이며 양인은 겁재라고 하며 癸水를 말합니다.

壬癸水가 있고 庚辛金이 있으면
寅월에 쇠약한 것이 극에 이른 壬水일간을 생하여주므로
기세가 다시 왕성하게 회복되는 것으로서

마땅히 戊土가 투출하여 왕성하게 회복된 기세를 제복하면
최고의 국가고시인 과갑에 급제할 수 있다고 합니다.

戊土가 암장되면 암암리에 재능을 발휘하므로
지방고시에 급제한 학자로서 수재秀才라고 합니다.

그러나 반드시 丙火가 투출하여 辛金과 화합이 안 되어야
음양의 조화를 이룰 수 있으므로 좋다고 합니다.

或支見多戊 又有甲出 名一將當關 群邪自伏 主光明磊落 名重百僚
혹 지 견 다 무　우 유 갑 출　명 일 장 당 관　군 사 자 복　주 광 명 뇌 락　명 중 백 료

或支成火局 惜不逢時 主名利皆虛 文章駭俗 用庚者土妻金子 用丙
혹 지 성 화 국　석 불 봉 시　주 명 리 개 허　문 장 해 속　용 경 자 토 처 금 자　용 병

者木妻火子 用戊者火妻土子
자 목 처 화 자　용 무 자 화 처 토 자

지지에 戊가 많고 甲도 투출하면 이른바 일장당관으로서 간사한 무리들이 스
스로 복종하며 공명정대하므로 모든 관료들에게 명성이 두텁다. 지지에 火국을
이루면 아쉽게도 때를 만나지 못한 것으로서 부귀가 모두 헛되고 문장도 해괴
하고 저속하다. 용신이 庚이면 土가 처이고 金이 자식이며 용신이 丙이면 木이
처이고 火가 자식이고 용신이 戊이면 火가 처이고 土가 자식이다.

지지에 戊土가 많은데 甲木이 투출하면
甲木이 戊土의 왕성한 기세를 지키며 제압하는 것으로서

이른바 일장당관一將當關이라고 하며
한 명의 장수가 관문을 지키고 있는 형상으로서
간사한 무리들이 스스로 복종한다고 하며
위인이 공명정대하므로 모든 관료들에게 명성이 두텁다고 합니다.

지지에 火국을 이루면 기세가 왕성하지만
寅월에는 아쉽게도 왕성한 때를 만나지 못한 것으로서
부귀가 모두 헛되고 문장도 해괴하고 저속하다고 합니다.

庚金이 용신이면 土가 처이고 金이 자식으로서 희신의 역할을 하고
丙火가 용신이면 木이 처이고 火가 자식으로서 희신의 역할을 하고
戊土가 용신이면 火가 처이고 土가 자식으로서 희신의 역할을 합니다.

조화원약에서 발췌한 명조입니다.

시	일	월	년	구분
壬	壬	壬	壬	천간
寅	辰	寅	寅	지지

壬水가 천간에 모두 투출하여 순수하여 맑으며
지지에는 寅木의 기세가 왕성하고
戊土가 암장되어 암암리에 재능을 발휘하므로 부자의 명조입니다.

시	일	월	년	구분
壬	壬	壬	壬	천간
寅	寅	寅	寅	지지

壬寅이 순수하고 맑으며 丙火와 戊土가 암장되어 암암리에 재능을 발휘하
므로 감찰업무를 수행하는 어사禦史의 명조입니다.

시	일	월	년	구분
己	壬	壬	壬	천간
酉	子	寅	戌	지지

壬水가 매우 왕성한데 己土가 투출하여 탁하게 하고 있으므로
쓸모가 없어 보통사람에 불과한 명조라고 합니다.

시	일	월	년	구분
庚	壬	丙	己	천간
子	辰	寅	巳	지지

庚金이 투출하여 壬水를 왕성하게 생하고
丙火가 투출하여 밝게 빛나며 해동하여주므로 부자가 되었으나
왕성한 壬水의 기세를 제어할 戊土가 암장되고
己土가 투출하여 탁하게 하므로 귀하지 못한 명조입니다.

2) 卯월의 壬水

二月壬水 寒氣初除 有并流之象 不用丙暖 專取戊土辛金 二月壬水
이월임수 한기초제 유병류지상 불용병난 전취무토신금 이월임수
先戊後辛 庚金次之 戊辛兩透 雁塔題名 戊透辛藏 亦有恩誥 或戊辛
선무후신 경금차지 무신양투 안탑제명 무투신장 역유은고 혹무신
不透 有庚出干者 主富
불투 유경출간자 주부
이월 壬水는 한기가 처음 제거되고 함께 흐르는 상으로서 丙의 따스함을 쓰지
않고 戊土와 辛金을 취하여 전용한다. 이월 壬水는 戊를 먼저 쓰고 辛을 나중에
쓰며 庚金은 다음에 쓴다. 戊辛이 모두 투출하면 과거에 급제하고 戊가 투출하
고 辛이 암장되면 은총으로 벼슬을 한다. 戊辛이 투출하지 않고 庚이 투출하면
부자이다.

입춘으로부터 두 번째의 달인 卯월은
차가운 한기가 처음으로 제거되어 양기가 함께 흐르는 상이라고 하며
丙火로써 따뜻하게 해동하는 용도로는 쓰지 않으며
戊土와 辛金을 취하여 전용한다고 합니다.

卯월 壬水는
우선 戊土로써 壬水의 제방역할을 하여 보호하는 것이 중요하고
이후에 辛金으로써 壬水를 생하여 돕는다고 하며
庚金은 그 다음으로 쓴다고 합니다.

戊土와 辛金이 모두 투출하면 음양의 조화를 이루므로
국가고시인 과거에 급제한다고 합니다.

戊土가 투출하고 辛金이 암장되면 壬水를 보호하고
암암리에 생하여주므로 황제의 은총을 받아 벼슬을 할 수 있다고 하며

戊土와 辛金이 투출하지 아니하고 庚金이 투출하면
왕성한 木의 기세를 제어하며 壬水를 도와 부자가 된다고 합니다.

지지에 木국을 이루면 기세가 왕성한 것으로서
庚金이 투출하여 제어하고 壬水를 도우면
국가고시인 과거에 급제한다고 합니다.

庚金이 지지에 암장되어 있으면
암암리에 재능을 발휘하여
무술이나 기예 등의 다른 방면으로 벼슬을 한다고 합니다.

木이 투출하고 火가 많으면 기세가 왕성한 것으로서
이른바 목성화염木盛火炎이라고 하여
木의 기세가 왕성하여 불타오르고
화염이 치솟아 모든 것을 태워버리는 형상이 된다고 합니다.

이때는 반드시 壬水의 비견과 양인으로서 壬癸水가 투출하여야
왕성한 水의 기세로써 치열한 화염을 제어하여
음양의 조화를 이룰 수 있으므로 부귀하여진다고 하며
은총을 받아 영화를 누릴 수 있다고 합니다.

그러나 水의 기세가 부족하면 치열한 화염을 제어할 수 없고
음양의 조화를 이룰 수 없으므로 부귀와 영화는 없다고 합니다.

或比肩重重 又須戊土 書曰 土止流水福壽全 若戊不見 名水泛木浮
혹비견중중 우수무토 서왈 토지류수복수전 약무불견 명수범목부
一生辛苦 再行水運 落水身亡 或甲乙重重無比肩者 此依人度日 全無
일생신고 재행수운 락수신망 혹갑을중중무비견자 차의인도일 전무
作為 若見庚辛 飢寒可免
작위 약견경신 기한가면

비견이 중첩되어 무거우면 반드시 戊土가 있어야 한다. 고서에서 말하기를 土
가 흐르는 물을 멈추게 하면 복과 수명이 완전하다고 하였다. 戊가 없으면 이른
바 수범목부로서 일생동안 고생하고 재차 水운으로 흐르면 물에 빠져 죽는다.
甲乙이 중첩되어 무겁고 비견이 없으면 이 사람은 타인에게 의지하고 세월만
보내며 하는 일이 전혀 없으나 庚辛이 있으면 춥고 배고픈 것은 면할 수 있다.

壬水비견이 중첩되면 기세가 무거운 것으로서
반드시 戊土가 있어야 제어할 수 있다고 합니다.

고서에서 말하기를 土가 흐르는 물을 멈추게 하면
복과 수명이 완전하다고 하였답니다.

戊土가 없으면 왕성한 水의 기세를 제어하지 못하므로
이른바 수범목부水泛木浮로서 물이 넘쳐 나무가 떠다니므로
일생동안 떠돌아다니며 고생한다고 하며
재차 북방 水운으로 흐르면 물에 빠져 죽는다고 합니다.

甲乙木이 중첩되어 무거운데 壬水비견이 없으면
壬水일간으로서는 卯월의 木의 왕성한 설기를 감당하기 어려우므로
壬水의 비견의 도움이 없으면 이 사람은 타인에게 의지하고
세월만 보내며 하는 일이 전혀 없다고 합니다.

그러나 庚辛金이 있으면 木의 왕성한 기세를 제어할 수 있으므로
춥고 배고픈 것은 면할 수 있다고 합니다.

3) 辰월의 壬水

三月壬水 戊土司權 恐有推山塡海之患 先用甲疏季土 次取庚金 甲庚
삼 월 임 수 무 토 사 권 공 유 추 산 전 해 지 환 선 용 갑 소 계 토 차 취 경 금 갑 경
俱透 科甲定然 甲透庚藏 修齊品格 甲藏有根 可云俊秀 有癸滋甲
구 투 과 갑 정 연 갑 투 경 장 수 제 품 격 갑 장 유 근 가 운 준 수 유 계 자 갑
必主干城
필 주 간 성
삼월의 壬水는 戊土가 사령하여 권력이 있으므로 산을 깎아 바다를 메우는 우
환을 두려워하는바 甲으로써 우선 소토하고 다음으로 庚金을 취한다. 甲庚이
모두 투출하면 과갑은 반드시 한다. 甲이 투출하고 庚이 암장되면 수신제가의
품격이 있다. 甲이 암장되어 뿌리가 있으면 준수하다고 할 수 있다. 癸가 있어
甲을 도우면 반드시 국가의 인재이다.

입춘으로부터 세 번째의 달인 辰월은
戊土가 사령하여 권력이 있으므로 왕성한 기세로서 산을 깎아
바다를 메운다는 추산전해推山塡海의 우환을 두려워한다고 합니다.
그러므로 우선 甲木으로써 소토하여 제어하고
다음으로 庚金으로써 壬水를 생하여 돕는다고 합니다.

甲木과 庚金이 모두 투출하면 戊土를 제어하고 壬水를 도와
최고의 국가고시인 과갑에 반드시 급제한다고 합니다.

甲木이 투출하고 庚金이 암장되면
甲木으로써 왕성한 기세의 戊土를 소토하여 다스리고
庚金으로써 암암리에 재능을 발휘하므로 몸과 마음을 닦고
집안을 다스리는 수신제가修身齊家의 품격이 있다고 합니다.

甲木이 암장되어 뿌리가 있으면
甲木의 기세가 왕성한 것으로서
戊土를 제어하는 재능이 뛰어나므로 준수한 인물이라고 할 수 있으며
癸水로써 甲木을 도우면 반드시 국가의 인재라고 합니다.

獨甲藏支必富 獨庚在柱常人 無甲剛暴之徒 乏庚愚頑之輩 或時干透
독 갑 장 지 필 부 독 경 재 주 상 인 무 갑 강 폭 지 도 핍 경 우 완 지 배 혹 시 간 투
丁者 此爲化合 助火而不助水 見丁未一理 或支成四庫 乏甲者 名煞
정 자 차 위 화 합 조 화 이 부 조 수 견 정 미 일 리 혹 지 성 사 고 핍 갑 자 명 살
重身輕 終身有損 凡水旺多見庚金者 乃無用之人 須丙制之方妙
중 신 경 종 신 유 손 범 수 왕 다 견 경 금 자 내 무 용 지 인 수 병 제 지 방 묘
甲이 단독으로 암장되면 반드시 부자이며 庚이 단독으로 사주에 있으면 보통사
람이다. 甲이 없으면 난폭한 무리이고 庚이 부족하면 어리석고 둔한 무리이다.
시간에 丁이 투출하면 이것은 화합하여 火를 도와도 水를 돕지 않는 것으로서
丁未가 있어도 마찬가지이다. 지지에 사고가 있고 甲이 부족하면 이른바 살중
신경으로서 평생 손상을 당한다. 일반적으로 水가 왕성하고 庚金이 많으면 쓸
모없는 사람이므로 반드시 丙으로 제어하여야 비로소 좋아진다.

甲木이 단독으로 암장되면
암암리에 재능을 발휘하여 반드시 부자가 된다고 하며
庚金이 단독으로 사주에 있으면
단지 壬水를 생하기만 할 뿐이므로 보통사람에 불과하다고 합니다.

甲木이 없으면 戊土를 제어할 수 없으므로 난폭한 무리라고 하며
庚金이 없으면 壬水를 생하지 못하여 어리석고 둔하다고 합니다.

시간에 丁火가 투출하면 丁未시가 되는데
辰월에는 시간의 丁火와 壬水일간이 木으로 화합하는 것으로서
화합한 木으로써 火를 도와도 水를 돕지는 않는다고 합니다.

지지에 辰戌丑未 사고가 있으면 土의 기세가 매우 왕성한 것으로서
甲木이 없으면 소토를 하지 못하므로
격국론의 용어로서 살중신경煞重身輕이라고 하며
土칠살의 기세가 왕성하고 壬水일간의 기세가 쇠약한 것으로서
평생 피해를 당하고 손해 본다고 합니다.

일반적으로 水가 왕성하고 庚金이 많이 있으면
金水의 기세가 왕성한 것으로서 쓸모가 없는 사람이라고 하며
반드시 丙火로써 제어를 하여야 비로소 좋아진다고 합니다.

조화원약에서 발췌한 명조입니다.

시	일	월	년	구분
甲	壬	甲	壬	천간
辰	辰	辰	辰	지지

壬水와 甲木만이 투출하여 순수하고 맑다고 하며
지지에는 辰土만 있어 왕성하지만 甲木이 소토하므로
국가의 중요한 기밀을 관리하는 추밀樞密의 명조입니다.

시	일	월	년	구분
辛	壬	庚	庚	천간
亥	申	辰	子	지지

지지에 水국을 이루고 金水의 기세가 매우 왕성한 것으로서
암장된 戊土로 감당하기 어려우므로
도를 닦으며 수행하면서 살아가는 사람의 명조입니다.

2. 여름의 壬水

1) 巳월의 壬水

四月壬水 丙火司權 水弱極矣 專取壬水比肩為助 次取辛金發源 且暗
사 월 임 수 병 화 사 권 수 약 극 의 전 취 임 수 비 견 위 조 차 취 신 금 발 원 차 암
合丙火 庚金為佐 壬辛兩透 金榜有名 或癸辛兩出 加以甲透 亦主異路
합 병 화 경 금 위 좌 임 신 양 투 금 방 유 명 혹 계 신 양 출 가 이 갑 투 역 주 이 로
之榮 無甲者 富貴門下之客
지 영 무 갑 자 부 귀 문 하 지 객
사월 壬水는 丙火가 사령하여 권력을 담당하므로 水가 극도로 쇠약한 것으로서
오로지 壬水비견을 취하여 도운 다음에 辛金을 취하여 발원하고 丙火와 암합하
면 庚金으로 보좌한다. 壬辛이 모두 투출하면 과거에 급제한다. 癸辛이 모두 투
출하고 甲도 투출하면 다른 길로 영화로워진다. 甲이 없으면 부귀한 집의 식객
이다.

입춘으로부터 네 번째의 달인 巳월은 丙火가 사령하여 권력을 담당하므로
상대적으로 水의 기세가 극도로 쇠약한 것으로서
오로지 壬水의 비견을 취하여 도운 다음에
辛金으로써 壬水를 생하는 발원지로서 취한다고 하며
丙辛이 서로 암합하면 庚金으로써 보좌한다고 합니다.

壬水와 辛金이 모두 투출하면
음양의 조화를 이루므로 국가고시인 과거에 급제한다고 합니다.

癸水와 辛金과 甲木이 모두 투출하면 壬水 대신에 癸水를 쓰는 것으로서
辛金이 癸水를 생하여주고 甲木은 癸水를 보호하여주므로
무술이나 기예 등의 다른 길로 영화를 누린다고 합니다.

그러나 甲木이 없으면 癸水를 보호하지 못하고 쓸모가 없으므로
부귀한 집에 드나드는 식객에 불과하다고 합니다.

如無壬 木少火多者 又作棄命從財格 因妻致富 癸透者殘疾 或四柱
여 무 임 목 소 화 다 자 우 작 기 명 종 재 격 인 처 치 부 계 투 자 잔 질 혹 사 주
多金得地 則極弱復強 須用巳中戊土 亦主名利雙全 或異途之貴 若
다 금 득 지 즉 극 약 복 강 수 용 사 중 무 토 역 주 명 리 쌍 전 혹 이 도 지 귀 약
見一甲藏寅 與巳相刑 主有暗疾 名利皆虛 不能創立 或多甲乙 有庚
견 일 갑 장 인 여 사 상 형 주 유 암 질 명 리 개 허 불 능 창 립 혹 다 갑 을 유 경
出干者 貴 無庚者 否 或支成水局 大貴
출 간 자 귀 무 경 자 부 혹 지 성 수 국 대 귀

壬이 없는데 木이 적고 火가 많으면 기명종재격으로서 처로 인하여 부자가 되
고 癸가 투출하면 잔병이 있다. 사주에 金이 많고 득지하면 극히 약한 것이 강
하게 회복되는 것으로서 반드시 巳中 戊土를 쓰면 부귀가 모두 완전하고 다른
방면으로도 귀하게 된다. 하나의 甲이 寅에 암장되면 巳와 서로 형이 되므로 질
병이 있고 부귀가 모두 공허하며 일가를 이루지도 못한다. 甲乙이 많은데 庚이
투출하면 귀하고 庚이 없으면 아니다. 지지에 水국을 이루면 크게 귀하다.

壬水가 없는데 木이 적고 火가 많으면
巳월에 열기가 왕성한 것으로서 壬水일간이 감당할 수 없으니
격국론의 용어로서 기명종재격棄命從財格이라고 하며 부득이 자신을
포기하고 재성을 따르는 것으로서 처로 인하여 부자가 된다고 합니다.

그러나 癸水가 투출하면 왕성한 열기를 건드려 분노하게 만들므로
오히려 잔병을 앓는다고 합니다.

사주에 金이 많고 득지하면 기세가 왕성한 것으로서
이로 인하여 쇠약한 水의 기세가 다시 강하게 회복된다고 하며
반드시 巳중 戊土로써 왕성한 水의 기세를 제어하면
음양의 조화를 이룰 수 있으므로 부귀가 모두 완전하다고 하며

한편으로 암암리에 재능을 발휘하므로
무술이나 기예 등 다른 방면으로도 귀하게 된다고 합니다.

하나의 甲木이 寅木에 암장되면
월지 巳火와 서로 寅巳형이 되어 열기가 왕성하여지므로
이로 인하여 남모르는 질병이 생기고 부귀가 모두 공허하며
일가를 이루지도 못한다고 합니다.

甲乙木이 많으면 기세가 왕성한 것으로서
庚金이 투출하여 제어하면 귀하게 되지만
庚金이 없으면 귀하지 않다고 합니다.

지지에 水국을 이루면 기세가 왕성하여지는 것으로서
음양의 조화가 이루어지므로 크게 귀하다고 합니다.

조화원약에서 발췌한 명조입니다.

시	일	월	년	구분
己	壬	乙	壬	천간
酉	申	巳	午	지지

壬水가 투출하고 庚辛金이 암장되어 암암리에 재능을 발휘하며
음양의 조화를 이루므로
중앙관서의 장관급인 상서尚書에 오른 명조입니다.

시	일	월	년	구분
乙	壬	乙	壬	천간
巳	午	巳	寅	지지

천간에 壬水와 乙木이 순수하고 맑으며
사주에 비록 木火의 기세가 왕성하지만
壬水가 투출하고 庚金이 암장되어 암암리에 재능을 발휘하므로
지방관서를 다스리는 총독總督의 명조입니다.

시	일	월	년	구분
戊	壬	己	甲	천간
申	申	巳	子	지지

壬水의 기세가 왕성한데 戊己土가 투출하여 제어하고
甲木이 투출하여 己土와 화합하며 도우므로
무과에 장원급제한 명조입니다.

시	일	월	년	구분
壬	壬	丁	癸	천간
寅	寅	巳	卯	지지

丁火가 투출하여 기세가 왕성한데
壬癸水가 투출하여 丁火를 파괴하고 음양의 조화를 이루므로
국가의 문서를 관리하는 주부主簿의 명조입니다.

시	일	월	년	구분
壬	壬	癸	丙	천간
寅	辰	巳	辰	지지

丙火가 투출하여 밝은 태양이 빛나는데
癸水가 투출하여 丙火의 태양을 가리므로
이로 인하여 밝지도 않고 어둡지도 않은 상태로서 쓸모가 없어지며
일생동안 고독하고 가난하게 사는 명조입니다.

2) 午월의 壬水

오월의 壬水는 丁이 왕성하고 壬이 쇠약하므로 癸를 취하여 쓰고 庚을 취하여
보좌한다. 庚이 없으면 발수할 수 없고 癸가 없으면 丁을 상하게 할 수 없다. 오
월 壬水가 辛癸를 참작하여 쓰는 이치는 사월과 모두 동일하다. 庚癸가 모두 투
출하면 과갑은 반드시 하고 庚壬이 모두 투출하면 극품의 고위직이다. 庚이 있
고 壬癸가 없으면 보통사람이다. 지지에 火국을 이루고 金水가 전혀 없으면 이
른바 재다신약으로서 부잣집에서 사는 가난한 사람이고 또한 甲乙도 많으면 승
도의 명이다.

입춘으로부터 다섯 번째의 달인 午월은
丁火의 기세가 왕성하고 壬水의 기세가 쇠약하므로
癸水를 취하여 쓰고 庚金을 취하여 보좌한다고 합니다.

庚金이 없으면 癸水를 생하여 발수發水 할 수 없다고 하며
癸水가 없으면 丁火를 상하게 할 수 없다고 합니다.

午월 壬水가 辛金과 癸水를 상황에 따라 참작하여
辛金으로써 癸水를 생하여 쓰는 이치는
巳월과 모두 동일하다고 합니다.

庚金과 癸水가 모두 투출하면 음양의 조화를 이루므로
최고의 국가고시인 과갑에 반드시 급제한다고 합니다.

庚金과 壬水가 모두 투출하여도 음양의 조화를 이룰 수 있으므로
극품의 고위직 관리가 된다고 합니다.
그러나 庚金이 있어도 壬癸水가 없으면 음양의 조화를 이루지 못하고
쓰임이 없으므로 보통사람에 불과하다고 합니다.

지지에 火국을 이루면 기세가 매우 왕성한 것으로서
金水의 기세가 전혀 없으면
격국론의 용어로서 재다신약이라고 하며
火의 재성의 기세를 감당하지 못하므로
부잣집에서 사는 가난한 사람이라고 합니다.

또한 甲乙木도 많다면 火의 기세는 더욱 왕성하여지므로
수행을 하면서 살아가는 승도의 명이라고 합니다.

조화원약에서 발췌한 명조입니다.

시	일	월	년	구분
癸	壬	壬	庚	천간
卯	寅	午	午	지지

천간에 壬癸水가 투출하고 庚金이 투출하고
지지에 木火의 기세가 왕성하여 음양의 조화를 이루므로
중앙관서의 장관에 오른 상서尙書의 명입니다.

시	일	월	년	구분
甲	壬	丙	丁	천간
辰	寅	午	酉	지지

丙丁火가 투출하고 甲木도 투출하여 木火의 기세가 매우 왕성한데
마침 지지에서 癸水와 辛金이 암장되어 암암리에 재능을 발휘하므로
지방관서의 장인 태수太守의 지위에 오른 명조입니다.

3) 未月의 壬水

六月壬水 己土當權 丁火退氣 先用辛金癸水 次用甲木劈土 六月壬水
유월임수 기토당권 정화퇴기 선용신금계수 차용갑목벽토 유월임수
先辛後甲 次取癸水 辛甲兩透 富貴淸高 甲藏辛透 貢監生員 辛藏甲透
선신후갑 차취계수 신갑양투 부귀청고 갑장신투 공감생원 신장갑투
異途武職
이 도 무 직
유월 壬水는 己土가 권력을 담당하고 丁火의 기가 물러나므로 辛金과 癸水를 우
선 쓰고 다음으로 甲木을 써서 土를 제어한다. 유월 壬水는 辛을 우선 쓰고 甲을
나중에 쓰고 다음으로 癸水를 취한다. 辛甲이 모두 투출하면 부귀하고 고결하
며 甲이 암장되고 辛이 투출하면 공감이나 생원이다. 辛이 암장되고 甲이 투출
하면 다른 방면으로 무관의 직책을 갖는다.

입춘으로부터 여섯 번째의 달인 未월은
己土가 권력을 담당하고 丁火의 기세는 물러나는 시기로서
우선 辛金과 癸水로써 壬水를 생하여 돕고
다음으로 甲木으로써 왕성한 土의 기세를 제어한다고 합니다.

未월 壬水는 辛金을 우선 쓰고 甲木을 나중에 쓰며
다음으로 癸水를 취하여 돕는다고 합니다.

辛金과 甲木이 모두 투출하면
음양의 조화를 이루므로 부귀하고 고결하다고 합니다.

辛金이 투출하여 壬水를 생하여 돕고
암장된 甲木으로써 암암리에 능력을 발휘하면
국가고시에 급제한 학자로서 공감貢監이나 생원生員이라고 합니다.

甲木이 투출하여 왕성한 기세의 己土를 제어하고
암장된 辛金으로써 암암리에 재능을 발휘하면
무술 방면으로 진출하여 무관의 직책을 갖는다고 합니다.

甲壬兩透 無傷 有治國之貴 即甲藏壬出無破 是拾芥之才 或支多土火
갑임양투 무상 유치국지귀 즉갑장임출무파 시습개지재 혹지다토화
又只淸貧 或一派己土 此假從煞格 為人奸詐 且主孤貧 得甲乙出制可
우지청빈 혹일파기토 차가종살격 위인간사 차주고빈 득갑을출제가
救 凡土居生旺之地 須用木制方妙 或支成木局 洩水太過 當用金水為
구 범토거생왕지지 수용목제방묘 혹지성목국 설수태과 당용금수위
貴 以金為妻水為子
귀 이금위처수위자

甲壬이 모두 투출하여 상하지 않으면 국가를 다스리는 귀함이 있다. 甲이 암장
되고 壬이 투출하여 파괴되지 않으면 학자의 인재이며 지지에 土火가 많으면
단지 청빈할 뿐이다. 한 무리의 己土가 있으면 이것은 가종살격으로서 위인이
간사하고 고독하며 가난하고 甲乙이 투출하여 제어하면 구할 수 있다. 일반적
으로 土가 생왕의 지지에 있으면 반드시 木으로써 제어하여야 비로소 좋다. 지
지에 木국을 이루면 水의 설기가 태과하므로 마땅히 金水를 써야 귀하게 된다.
이 경우에는 金이 처이고 水가 자식이다.

甲木과 壬水가 모두 투출하여 상하지 않으면
甲木이 왕성한 기세의 土를 제어하고 壬水로써 도울 수 있으므로
국가를 다스리는 귀한 인재가 될 수 있다고 합니다.

甲木이 암장되고 壬水가 투출하여 파괴되지 않으면
지방고시에 급제한 학자로서 습개拾芥가 될 수 있는 인재라고 하며
다만 지지에 火土가 많으면 조열하여지므로
단지 청빈淸貧하여 성품과 행실이 곧으나 가난하다고 합니다.

한 무리의 己土가 있으면 土의 기세가 왕성한 것으로서
격국론의 용어로서 가종살격假從煞格이라고 하며
土칠살의 기세를 따르며 복종하는 척하므로
이 사람은 위인이 간사하고 고독하면 가난하다고 합니다.

이때 甲乙木이 투출하면
왕성한 土의 기세를 제어하고 壬水를 구할 수 있다고 합니다.

일반적으로 土가 생왕한 지지에 있으면 기세가 왕성한 것으로서
이때는 반드시 木으로써 제어하여야 비로소 좋아진다고 합니다.

지지에 木국을 이루면 기세가 왕성한 것으로서
水의 설기가 태과하여지므로 마땅히 金水로써 壬水를 도와야
음양의 조화를 이루므로 귀하게 된다고 합니다.
이 경우에는 金이 처이고 水가 자식으로서 희신의 역할을 합니다.

조화원약에서 발췌한 명조입니다.

시	일	월	년	구분
辛	壬	丁	壬	천간
亥	子	未	子	지지

壬水와 丁火가 화합하므로 어린 시절에 고생이 많았지만
辛金이 투출하여 돕고 甲木이 암장되어 암암리에 재능을 발휘하므로
지방고시에 급제한 학자로서 수재秀才의 명조입니다.

3. 가을의 壬水

1) 申월의 壬水

> 七月壬水 庚金司令 壬得申之長生 源流自遠 轉弱為強 專用戊土 次取
> 칠월임수 경금사령 임득신지장생 원류자원 전약위강 전용무토 차취
> 丁火佐戊制庚 但用辰戌之戊 不用申中受病之戊 戊丁俱透 科甲生員
> 정화좌무제경 단용진술지무 불용신중수병지무 무정구투 과갑생원
> 칠월의 壬水는 庚金이 사령하고 壬이 申의 장생을 득하여 근원으로부터 스스
> 로 멀리까지 흐를 수 있는 것으로서 약한 것이 강하게 전환된 것이므로 戊土를
> 전용하고 다음으로 丁火로써 戊를 보좌하며 庚을 제어한다. 단지 辰戌의 戊를
> 쓰고 申中의 병든 戊를 써서는 안 된다. 戊丁이 모두 투출하면 과갑으로 생원
> 이다.

입춘으로부터 일곱 번째의 달인 申월은
庚金이 사령하여 권력을 잡고 있어 기세가 왕성하다고 합니다.

壬水는 申金에서 장생하므로 근원으로부터
스스로 멀리까지 흐를 수 있는 기세가 있다고 하는 것으로서
쇠약한 기세가 왕성한 기세로 전환된 것이라고 합니다.

그러므로 戊土를 전용하여 壬水의 왕성한 기세를 제어하고
다음으로 丁火로써 戊土를 보좌하며 庚金을 제어한다고 합니다.

단지 辰戌에 암장된 戊土를 써야 기세가 왕성하여지는 것으로서
壬水의 왕성한 기세를 효과적으로 제어할 수 있다고 하며
申중에 암장된 戊土는 병들어서 기세가 쇠약한 것으로서
壬水의 기세를 충분히 제어하기 어려우므로 써서는 안 된다고 합니다.

戊土와 丁火가 모두 투출하면 음양의 조화를 이루므로
최고의 국가고시인 과갑에 급제한 학자로서 생원生員이라고 합니다.

戊透天干 丁藏午戌 恩封可待 特忌戊癸化合 即支見寅戌 年出丁火
무 투 천 간　정 장 오 술　은 봉 가 대　특 기 무 계 화 합　즉 지 견 인 술　년 출 정 화
可許衣衿 或丁戊兩藏 富中取貴 或四柱多壬 戊又透干 名假煞化權
가 허 의 금　혹 정 무 양 장　부 중 취 귀　혹 사 주 다 임　무 우 투 간　명 가 살 화 권
閬苑之仙
랑 원 지 선
戊가 투출하고 丁이 午戌에 암장되면 은총으로 고직위에 임명되는 것을 기대할
수 있으며 다만 戊癸가 화합하는 것을 특히 꺼린다. 지지에 寅戌이 있고 년에
丁火가 투출하면 벼슬은 할 수 있다. 丁戊가 모두 암장되면 부자로서 귀하게 된
다. 사주에 壬이 많고 戊도 투출하면 이른바 가살화권으로서 신선이다.

戊土가 투출하고 丁火가 午戌에 암장되면
戊土로써 壬水의 기세를 제어하고
암장된 丁火로써 암암리에 재능을 발휘할 수 있으므로
임금의 은총으로 고위직에 임명되는 것을 기대할 수 있다고 합니다.

다만 癸水가 투출하여 戊土와 화합하면
壬水의 기세를 효과적으로 제어할 수 없으므로 특히 꺼린다고 합니다.

지지에 寅戌이 있고 년에 丁火가 투출하면
丁火의 기세가 왕성한 것으로서
庚金을 효과적으로 제어할 수 있으므로 벼슬은 할 수 있다고 합니다.

丁火와 戊土가 모두 암장되면
암암리에 재능을 발휘할 수 있으므로
부자가 되고 더불어 귀하게도 된다고 합니다.

사주에 壬水가 많고 戊土도 투출하면
격국론의 용어로서 가살화권假煞化權이라고 하며
칠살이 권력을 행사하는 흉내를 내는 것으로서
신선과 같은 여유로운 삶을 산다고 합니다.

支中見甲 亦不忌也 但太多者 常人 有庚居申 頗有衣祿 或戊多而透
지 중 견 갑 역 불 기 야 단 태 다 자 상 인 유 경 거 신 파 유 의 록 혹 무 다 이 투
得一甲制 略富貴 無甲常人 或一派甲木 又見火多 無庚出者 別祖離
득 일 갑 제 약 부 귀 무 갑 상 인 혹 일 파 갑 목 우 견 화 다 무 경 출 자 별 조 이
鄉 隨緣度日 蓋申中之庚 不能救也 七月壬水 專用戊土 丁火為佐
향 수 련 도 일 개 신 중 지 경 불 능 구 야 칠 월 임 수 전 용 무 토 정 화 위 좌
지지에 甲木이 있으면 꺼리지 않아도 단지 너무 많으면 보통사람이지만 庚이 申
에 있으면 벼슬 복이 상당하다. 戊가 많이 투출하고 하나의 甲이 제어하면 약간
은 부귀하고 甲이 없으면 보통사람이다. 한 무리의 甲木이 있고 火도 많이 있는
데 庚이 투출하지 않으면 조상과 이별하고 고향을 떠나 인연 따라 어렵게 살고
대개 申中의 庚으로는 구할 수 없다. 칠월의 壬水는 戊土를 전용하고 丁火로 보
좌한다.

지지에 甲木이 암장되어 있는 것을 꺼리지 않지만
단지 너무 많으면 왕성한 기세로써
암암리에 戊土를 제어하므로 보통사람에 불과하다고 합니다.
그러나 庚金이 申金에 암장되어 있으면 암장된 甲木이 너무 많아도
제어할 수 있는 재능이 있으므로 벼슬 복이 상당하다고 합니다.

戊土가 많이 투출하면 기세가 두터운 것으로서
하나의 甲木이 투출하여 제어하면 약간은 부귀하다고 하며
甲木이 없어 제어하지 못하면 쓸모가 없어 보통사람이라고 합니다.

한 무리의 甲木이 있고 火도 많다면 木火의 기세가 왕성한 것으로서
庚金이 투출하지 않으면 이를 제어하기 어려워 감당하지 못하므로
조상과 이별하고 고향을 떠나고 인연 따라 어렵게 산다고 합니다.

대개 申중에 암장되어있는 庚金으로는 왕성한 木火의 기세를
제어하기 어려우므로 壬水를 구제할 수 없다고 합니다.

申월의 壬水는 戊土를 전용하고 丁火로써 보좌한다고 합니다.

조화원약에서 발췌한 명조입니다.

시	일	월	년	구분
壬	壬	庚	戊	천간
寅	辰	申	寅	지지

戊土가 투출하여 왕성한 水의 기세를 제어하고 있으며
甲木과 丙火가 암장되어 암암리에 재능을 발휘하므로
지방관서의 장으로서 무원撫院에 오른 명조입니다.

시	일	월	년	구분
庚	壬	戊	丁	천간
戌	申	申	亥	지지

庚金이 투출하여 金水의 기세가 매우 왕성한 것으로서
戊土와 丁火가 투출하여 음양의 조화를 이루므로
중앙관서의 장관인 상서尚書의 지위에 오른 명조입니다.

시	일	월	년	구분
庚	壬	丙	辛	천간
戌	申	申	酉	지지

丙火와 辛金이 화합하여 金水의 기세가 순수하게 하므로
중앙관서의 차관급으로 시랑侍郞에 오른 명조입니다.

시	일	월	년	구분
辛	壬	丙	辛	천간
亥	申	申	丑	지지

丙火와 辛金이 화합하여 金水의 기세가 순수하게 하므로
국왕에게 자문을 하는 한림翰林 학자의 명조입니다.

시	일	월	년	구분
辛	壬	庚	癸	천간
亥	辰	申	酉	지지

金水의 기세가 왕성한데
戊土가 암장되어 암암리에 재능을 발휘하므로
지방고시에 급제한 학자로서 수재秀才이며 부자가 된 명조입니다.

시	일	월	년	구분
壬	壬	甲	乙	천간
寅	申	申	亥	지지

壬水의 기세가 왕성하지만 이를 제어하는 戊土가 없고
甲乙木이 투출하여 설기하지만 감당하기 어려우므로
외롭고 고독한 사람의 명조입니다.

2) 酉월의 壬水

八月壬水 辛金司權 正金白水清 忌戊土爲病 專用甲木 甲木一透制戊
팔 월 임 수 신 금 사 권 정 금 백 수 청 기 무 토 위 병 전 용 갑 목 갑 목 일 투 제 무
壬水澈底澄清 名高翰苑 若甲出時干 功名顯達 設見庚破 又屬常人 即
임 수 철 저 징 청 명 고 한 원 약 갑 출 시 간 공 명 현 달 설 견 경 파 우 속 상 인 즉
甲藏支 無庚 秀才可許
갑 장 지 무 경 수 재 가 허
팔월 壬水는 辛金이 사령하여 권력을 잡아 바른 금백수청으로서 戊土는 병이
되어 꺼리므로 甲木을 전용한다. 甲木이 하나 투출하여 戊를 제어하면 壬水는
매우 맑아지므로 학자로서 명성이 높다. 甲이 시간에 투출하면 공명 현달한다.
만일 庚이 파괴하면 보통사람이고 甲이 암장되고 庚이 없으면 수재는 한다.

입춘으로부터 여덟 번째의 달인 酉월은
辛金이 사령하여 권력을 잡고 있으므로
金水가 맑은 금백수청金白水清의 바른 모습이라고 합니다.

이때 壬水를 제어하는 戊土가 있으면
금백수청의 맑음이 탁하게 되어 병病으로 작용하므로 꺼린다고 하며
甲木을 전용하여 약藥으로 써서 戊土를 제어하여 맑음을 회복하면
황제의 자문기구인 한원翰苑의 학자로서 명성이 높다고 합니다.

甲木이 시간에 투출하면 壬水를 戊土로부터 보호할 수 있으므로
공명을 이루고 고위직으로 현달한다고 합니다.

庚金이 甲木을 파괴하면 戊土를 제어하지 못하는 것으로서
맑음을 유지하지 못하므로 보통사람에 불과하다고 합니다.

甲木이 암장되고 庚金이 없으면
암장된 甲木으로써 암암리에 재능을 발휘할 수 있으므로
지방고시에 급제한 학자로서 수재秀才는 가능하다고 합니다.

或天干有壬 支見申亥 此非用甲 戊土作用 亥雖有甲 又有申中之金制
혹 천 간 유 임 지 견 신 해 차 비 용 갑 무 토 작 용 해 수 유 갑 우 유 신 중 지 금 제
甲 秀才一定 且富足多才 或無戊 多金水者 主人淸財濁 困苦寒儒 無
갑 수 재 일 정 차 부 족 다 재 혹 무 무 다 금 수 자 주 인 청 재 탁 곤 고 한 유 무
甲用金 發水之源 名獨水三犯庚辛 號曰體全之象 八月壬水 專用甲木
갑 용 금 발 수 지 원 명 독 수 삼 범 경 신 호 왈 체 전 지 상 팔 월 임 수 전 용 갑 목
庚金次之 用甲者水妻木子
경 금 차 지 용 갑 자 수 처 목 자

천간에 壬이 있고 지지에 申亥가 있으면 甲을 쓰지 않고 戊土를 쓴다. 亥에 비록
甲이 있어도 申중에 金이 있어 甲을 제어하면 수재는 반드시 하고 또한 부자로
서 풍족하고 재능도 많다. 戊가 없고 金水가 많으면 인물이 맑으나 재물이 탁하
므로 고통스럽고 가난한 선비이다. 甲이 없고 金을 쓰면 발수원이 되므로 이른
바 水가 홀로 庚辛을 세 번 만난 것으로서 체전지상이라고 한다. 팔월의 壬水는
甲木을 전용하고 庚金은 다음으로 쓴다. 용신이 甲이면 水가 처이고 木이 자식
이다.

천간에 壬水가 있고 지지에 申亥가 있으면
壬水가 지지에 뿌리가 깊어 기세가 왕성한 것으로서
이때는 甲木을 쓰지 않고
戊土로써 壬水의 왕성한 기세를 제어한다고 합니다.

亥중에 비록 甲木이 암장되어도 申중에 庚金이 암장되어 있어
甲木을 암암리에 제어하며 재능을 발휘하고 있다면
지방고시에 급제한 학자로서 수재秀才는 반드시 한다고 하며
또한 부자로서 풍족하며 재능도 많다고 합니다.

戊土가 없고 金水가 많으면 金白水淸으로서 인물은 맑아지는데
음양의 조화를 이루지 못하므로
재물이 탁하다고 하며 고통스럽고 가난한 선비라고 합니다.

甲木이 없고 金을 쓰면
金은 水를 생하는 발수發水의 원천으로서 작용을 하는데
이른바 水가 홀로 庚辛金을 세 번이나 거듭 만나면
金水의 기세를 완전하게 이루는 체전지상體全之象이 된다고 합니다.

酉월의 壬水는 甲木을 전용하고 庚金은 그 다음으로 쓰고
甲木이 용신이면 水가 처이고 木이 자식으로서 희신의 역할을 합니다.

조화원약에서 발췌한 명조입니다.

시	일	월	년	구분
戊	壬	辛	癸	천간
申	申	酉	未	지지

癸水와 辛金이 투출하여 금백수청의 맑은 상을 이루며
戊土가 투출하여 적절히 제어하므로
감찰업무를 수행하는 포정布政의 명조입니다.

시	일	월	년	구분
甲	壬	乙	庚	천간
辰	子	酉	午	지지

乙木과 庚金이 화합하고
甲木이 투출하여 壬水를 보호하며 돕고 있으므로
황제의 자문기구인 사림詞林의 학자의 명조입니다.

시	일	월	년	구분
壬	壬	丁	辛	천간
寅	辰	酉	酉	지지

辛金이 투출하여 맑은데 丁火가 빛나게 하여주므로
국가고시에 장원급제한 명조입니다.

시	일	월	년	구분
庚	壬	己	壬	천간
戌	子	酉	子	지지

己土가 투출하여 壬水를 탁하게 하므로 귀하지는 않으나
庚金이 시간에 투출하여 돕고
戌土가 암장되어 암암리에 재능을 발휘하므로 부자가 된 명조입니다.

시	일	월	년	구분
己	壬	丁	丙	천간
酉	子	酉	子	지지

丙丁火는 투출하였으나 기세가 미약하고
己土가 壬水을 탁하게 하고 있으므로
일생동안 가난으로 고생한 명조입니다.

3) 戌월의 壬水

九月壬水進氣 其性將厚 若一派壬水 見一甲 制戌中之戊 戊又出干
구 월 임 수 진 기 기 성 장 후 약 일 파 임 수 견 일 갑 제 술 중 지 무 무 우 출 간
斯用丙火 此格淸貴極矣 正合一將當關 群邪自伏 或不見丙戊 亦不
사 용 병 화 차 격 청 귀 극 의 정 합 일 장 당 관 군 사 자 복 혹 불 견 병 무 역 불
爲妙
위 묘
구월은 壬水가 진기하므로 그 성정이 곧 두터워지는 시기이다. 한 무리의 壬水
가 있고 하나의 甲이 戌中 戊를 제어하는데 戊가 또 투출하면 즉시 丙火를 써야
이 격은 맑고 귀함이 극에 이르러 일장당관에 바로 부합되는 것으로서 무리가
스스로 항복하는 것과 같다. 丙戊가 없으면 좋지 않다.

입춘으로부터 아홉 번째의 달인 戌월은
壬水의 기세가 진기하여 나아가므로
그 성정이 곧 두터워 왕성하여지는 시기라고 합니다.

한 무리의 壬水가 있으면 기세가 왕성한 것으로서
하나의 甲木이 있어 戌중 戊土를 제어하고 있는데
또한 戊土도 투출하면 즉시 丙火를 써서 甲木을 인화하여야
음양의 조화를 이룰 수 있다고 합니다.

이 격은 맑고 귀함이 극에 이른다고 하며
이른바 일장당관一將當關이라고 하며
한 명의 장수가 관문을 지키는 것에 바로 부합된다고 하는 것으로서
모든 무리가 스스로 항복하는 것과 같다고 합니다.

그러나 丙火와 戊土가 없으면
丙火로써 甲木을 인화하지 못하고
壬水의 왕성한 기세를 제어하지도 못하여
음양의 조화를 이룰 수 없으므로 좋지 않다고 합니다.

或一派戊土 無一己庚雜亂 得一甲透時干 玉堂淸貴 即甲透月上 亦主
혹일파무토 무일기경잡란 득일갑투시간 옥당청귀 즉갑투월상 역주
科甲 若支藏己土 一榜可圖 或庚透乏丁 貧賤之人 或丁透見甲 略貴
과갑 약지장기토 일방가도 혹경투핍정 빈천지인 혹정투견갑 약귀
或水多乏丙者 又用戊土 常人 九月壬水 專用甲木 次用丙火 用土者火
혹수다핍병자 우용무토 상인 구월임수 전용갑목 차용병화 용토자화
妻土子
처토자

한 무리의 戊土가 있는데 하나의 己庚으로 혼잡한 것이 없고 하나의 甲이 시간
에 투출하면 학자로서 고결하며 甲이 월간에 투출하여도 과갑에 선발된다. 지
지에 己土가 암장되면 과거에 급제한다. 庚이 투출하고 丁이 부족하면 가난하
고 천한 사람이다. 丁이 투출하고 甲이 있으면 약간은 귀하다. 水가 많고 丙이
부족한데 戊土를 쓰면 보통사람이다. 구월 壬水는 甲木을 전용하고 다음으로 丙
火를 쓴다. 용신이 土이면 火가 처이고 土가 자식이다.

한 무리의 戊土가 있는데
하나의 己土와 庚金이 투출하여 혼잡하지 않으면
戊土의 기세가 왕성하고 맑은 것으로서
이때 하나의 甲木이 시간에 투출하여 왕성한 戊土의 기세를 제어하면
황제의 자문기구인 옥당玉堂의 학자로서 고결하다고 합니다.

甲木이 월간에 투출하여도 역시 왕성한 戊土의 기세를 제어하므로
최고의 국가고시인 과갑에 급제한다고 하며
지지에 己土가 암장되어도 과거에는 급제할 수 있다고 합니다.

庚金이 투출하고 丁火가 부족하면
甲木이 庚金에게 제어되어 쓸모가 없는 것으로서
가난하고 천한 사람이라고 합니다.

그러나 丁火가 투출하여 庚金을 제어하고 甲木이 있으면
왕성한 기세의 戊土를 제어할 수 있으므로 약간은 귀하다고 합니다.

水의 기세가 많고 丙火의 기세가 부족한데 戊土를 쓰게 되면
丙火의 기세를 설기하여 더욱 쇠약하게 만들어
음양의 조화를 이룰 수 없으므로 보통사람에 불과하다고 합니다.

戊월 壬水는 甲木을 전용하고 다음으로 丙火를 쓴다고 하며
土가 용신이면 火가 처이고 土가 자식으로서 희신의 역할을 합니다.

조화원약에서 발췌한 명조입니다.

시	일	월	년	구분
辛	壬	戊	丙	천간
丑	戌	戌	寅	지지

丙火가 투출하여 밝게 빛나고
戊土가 壬水의 기세를 제어하는데 辛金이 壬水를 도우므로
중앙관서의 고위직으로 참정參政에 오른 명조입니다.

시	일	월	년	구분
甲	壬	戊	丙	천간
辰	申	戌	子	지지

丙火가 투출하여 어둠을 밝게 비추어주며
戊土가 투출하고 甲木이 제어하여 壬水를 보호하므로
최고의 국가고시인 과갑에 급제한 학자로서 진사進士이며
지방관서의 장인 태수太守를 지낸 명조입니다.

시	일	월	년	구분
甲	壬	壬	戊	천간
辰	子	戌	寅	지지

戊土가 투출하여 壬水를 제어하는데
甲木이 투출하여 戊土를 제어하여 보호하면서
丙火가 암장되어 암암리에 재능을 발휘하므로
소년에 황제의 자문기구인 한림의 학자가 되었으며
감찰업무를 수행하는 어사禦史의 명조입니다.

시	일	월	년	구분
甲	壬	戊	辛	천간
辰	戌	戌	丑	지지

戊土가 투출하여 辛金을 탁하게 하는데
마침 甲木이 시간에 투출하여 戊土를 제어하여 주므로
역사를 연구하는 학자로서 태사太史를 지낸 명조입니다.

4. 겨울의 壬水

1) 亥월의 壬水

十月壬水司權 至旺之極 取戊為用 若生辰日干 又見辰時 必須戊透
시 월 임 수 사 권 지 왕 지 극 취 무 위 용 약 생 진 일 간 우 견 진 시 필 수 무 투
又須庚制甲 不傷戊土 戊庚兩全 定主登科及第 位顯權高 或甲出制
우 수 경 제 갑 불 상 무 토 무 경 양 전 정 주 등 과 급 제 위 현 권 고 혹 갑 출 제
戊 不見庚救者 斷之困窮 戊藏無制 可許生員
무 불 견 경 구 자 단 지 곤 궁 무 장 무 제 가 허 생 원

시월 壬水는 사령하여 권력이 있으므로 왕성함이 극에 이른 시기로서 戊를 쓴
다. 辰일 辰시생이면 반드시 戊가 투출하고 또한 庚이 甲을 제어해야 戊土가 상
하지 않는다. 戊庚이 모두 완전하면 반드시 과거에 급제하고 권세가 높아진다.
甲이 투출하여 戊를 제어하는데 庚이 구하지 않으면 곤궁하여질 뿐이다. 戊가
암장되고 제함이 없으면 생원은 가능하다.

입춘으로부터 열 번째의 달인 亥월은
壬水가 사령하여 권력이 있으므로 왕성한 기세가 극에 이른 것으로서
戊土로써 제어한다고 합니다.

辰일 辰시생이면 壬辰일 甲辰시의 명조가 되는 것으로서
반드시 戊土가 투출하여 왕성한 壬水의 기세를 제어하여야 하는데
이때는 庚金으로써 甲木을 제어하면 戊土가 상하지 않는다고 합니다.

戊土와 庚金이 모두 완전하면
반드시 과거에 급제하고 고위직에 올라 권세가 높아진다고 합니다.

甲木이 투출하여 戊土를 제어하는데 庚金이 투출하여
甲木을 제어하고 戊土를 구하지 않으면 곤궁하여질 뿐이라고 합니다.

戊土가 암장되고 甲木의 제어함이 없으면
지방고시에 급제한 학자로서 생원生員은 가능하다고 합니다.

或戊庚兩透無甲者 亦主榮顯 或支成木局 有甲乙出干 得庚透者 富貴
혹무경양투무갑자 역주영현 혹지성목국 유갑을출간 득경투자 부귀

無庚者 平常 或支成水局 不見戊己 名潤下格 運行西北 大富貴 行東
무경자 평상 혹지성수국 불견무기 명윤하격 운행서북 대부귀 행동

南者 必危 或丙戊兩透 火土運 名利雙全 或有丙無戊 可云衣祿 有戊
남자 필위 혹병무양투 화토운 명리쌍전 혹유병무무 가운의록 유무

無丙 難許推盈 十月壬水 專用戊丙 次取庚金
무병 난허추영 시월임수 전용무병 차취경금

戊庚이 모두 투출하고 甲이 없으면 영화로움이 나타난다. 지지에 木국을 이루
고 甲乙이 투출하고 庚이 투출하면 부귀하여지고 庚이 없으면 보통사람이다.
지지에 水국을 이루고 戊己가 없으면 이른바 윤하격으로서 서북운으로 가면 크
게 부귀하고 동남으로 가면 반드시 위험하다. 丙戊가 모두 투출하고 火土운이
면 부귀가 모두 완전하다. 丙이 있고 戊가 없으면 벼슬 복이 있고 戊가 있고 丙
이 없으면 부를 이루기도 어렵다. 시월 壬水는 戊丙을 전용하고 다음으로 庚金
을 쓴다.

戊土와 庚金이 모두 투출하고 甲木이 없으면
庚金의 도움으로 金水의 기세가 왕성하여지므로
이때는 戊土로써 제어하면 영화로움이 나타난다고 합니다.

지지에 木국을 이루고 甲乙木이 투출하면 기세가 매우 왕성한 것으로서
庚金이 투출하여 제어하면 부귀하여진다고 하며
庚金이 없어 왕성한 기세의 木을 제어하지 못하면 쓰임이 없어 보통사람에
불과하다고 합니다.

지지에 水국을 이루면 기세가 왕성한 것으로서
戊己土의 제어가 없으면 기세가 순수한 윤하격潤下格이라고 하며
서북방 金水운으로 가면 왕성하고 맑게 쓰며 크게 부귀하여지지만

반대로 동남방 木火운으로가면
왕성한 水의 기세가 반발하므로 반드시 위험하다고 합니다.

丙火와 戊土가 모두 투출하고 남방 火土운으로 가면
음양의 조화를 이룰 수 있으므로 부귀가 모두 완전하다고 합니다.

丙火가 있고 戊土가 없어도
丙火의 밝음으로 벼슬 복은 있다고 합니다.

그러나 戊土가 있어도 丙火가 없으면
밝음이 없으므로 부를 이루기도 어렵다고 합니다.

亥월 壬水는 戊土와 丙火를 전용하고
다음으로 庚金을 쓴다고 합니다.

조화원약에서 발췌한 명조입니다.

시	일	월	년	구분
癸	壬	辛	丁	천간
卯	子	亥	丑	지지

金水의 음기가 매우 왕성하고 丁火가 밝아도
이를 제어할 戊土가 없어 가난한 명조입니다.

시	일	월	년	구분
辛	壬	乙	己	천간
亥	辰	亥	亥	지지

己土가 투출하였지만 乙木이 제어하고
戊土가 암장되어 암암리에 재능을 발휘하므로
두 가지 과거에 모두 급제한 명조입니다.

시	일	월	년	구분
庚	壬	丁	乙	천간
戌	午	亥	巳	지지

庚金이 투출하여 壬水의 음기를 돕고 있지만
乙木과 丁火가 투출하여 제어하여 쓸모가 없으므로
수행을 하면서 살아가는 승도의 명조입니다.

시	일	월	년	구분
庚	壬	丁	庚	천간
戌	戌	亥	子	지지

丁火가 투출하여 庚金을 제어하고 있지만
시간에 庚金이 또 다시 투출하여 壬水의 음기를 도우므로
국가고시에 급제한 학자로서 회원會元의 명조입니다.

시	일	월	년	구분
辛	壬	辛	壬	천간
亥	子	亥	申	지지

金水의 음기가 매우 왕성하여 바다와 같은데
이를 제어할 戊土가 없으므로 넘치는 것으로서
수행을 하면서 살아가는 승도의 명입니다.

2) 子月의 壬水

十一月壬水 陽刃幫身 較前更旺 先取戊土 次用丙火 丙戊兩透 富貴榮華
십일월임수 양인방신 교전갱왕 선취무토 차용병화 병무양투 부귀영화
有戊無丙 略可言富 有丙無戊 好謀無成
유무무병 약가언부 유병무무 호모무성
십일월 壬水는 양인이 일간을 도우므로 전월과 비교하면 더욱 왕성한 것으로서
먼저 戊土를 취하여 쓰고 다음으로 丙火를 쓴다. 丙戊가 모두 투출하면 부귀영
화를 누리며 戊가 있고 丙이 없으면 약간은 부자이고 丙이 있고 戊가 없으면 일
의 도모는 좋아해도 성취가 없다.

입춘으로부터 열한 번째의 달인 子월은
癸水가 사령하여 기세가 왕성하지만 癸水는 壬水의 겁재로서
격국론의 용어로서 양인陽刃이라고 하여
왕성한 기세를 가지고 있으므로 壬水를 위협하는 존재이기도 합니다.

그러므로 亥월과 비교하면 기세가 더욱 왕성한 것으로서
우선 戊土로써 제어하고 다음으로 丙火를 쓴다고 합니다.

丙火와 戊土가 모두 투출하면
음양의 조화를 이루므로 부귀와 영화를 누린다고 합니다.

戊土가 있고 丙火가 없으면
단지 왕성한 水의 기세를 제어할 수 있으므로
약간은 부자가 될 수 있다고 합니다.

丙火가 있고 戊土가 없으면
왕성한 水의 기세를 제어하지 못하므로
丙火의 밝음으로 일을 도모하기는 좋아해도
성취하여 이루는 것이 없다고 합니다.

或支成水局 丙不出干 即有戊土 亦是庸人 或丙透得所 即戊藏支 亦可
혹지성수국 병불출간 즉유무토 역시용인 혹병투득소 즉무장지 역가
顯達 須運得用方妙 或支成火局 一富而已 或比見月時 年見丁火 平常
현 달 수운득용방묘 혹지성화국 일부이이 혹비견월시 년견정화 평상
之輩 支成四庫 富貴中人
지배 지성사고 부귀중인

지지에 水국을 이루고 丙이 투출하지 않고 戊土가 있으면 보통사람이다. 丙이
투출하여 알맞은 자리를 얻으면 戊가 암장하여도 현달할 수 있지만 반드시 운
을 득하여 써야 비로소 좋다. 지지에 火국을 이루면 일개 부자일 뿐이고 비견이
월과 시에 있고 년에 丁火가 있으면 보통사람이며 지지에 사고를 이루면 부귀
한 사람이다.

지지에 水국을 이루면 기세가 왕성한 것으로서
丙火가 투출하지 않고 戊土가 있으면
단지 水의 기세를 제어할 수 있으나 음양의 조화를 이루지 못하므로
보통사람이라고 합니다.

丙火가 투출하여 알맞은 자리에서 밝게 빛나면
비록 戊土가 암장하여도 현달할 수 있지만
반드시 남방 火운을 득하여야 비로소 좋다고 합니다.

지지에 火국을 이루면 기세가 왕성한 것으로서
단지 환경이 따뜻하므로 일개 부자일 뿐이라고 합니다.

壬水가 월과 시에 있는데 년에 丁火가 있으면
丁火와 壬水가 화합하느라 제대로 쓰이지 못하므로
보통사람이라고 합니다.

지지에 辰戌丑未 사고를 이루면 土의 기세가 왕성한 것으로서
왕성한 음기를 암암리에 제어하여 음양의 조화를 이룰 수 있으므로
부귀한 사람이라고 합니다.

或丁出時干 名為爭合 主名利難成 或壬子日 丁未時 雖不能科甲 亦有
혹정출시간 명위쟁합 주명리난성 혹임자일 정미시 수불능과갑 역유
恩榮 何也 蓋用子中癸水 為官 號曰用神得地 亦主榮華 十一月壬水
은영 하야 개용자중계수 위관 호왈용신득지 역주영화 십일월임수
丙戊並用
병무병용

丁이 시간에 투출하면 이른바 쟁합으로서 부귀를 이루기 어려운데 壬子일 丁未
시이면 비록 과갑은 할 수 없어도 은총으로 영화를 누리는 것은 무슨 까닭인가.
대개 子중 癸水로써 관성을 만들면 용신이 득지한다고 하여 영화를 누린다고
한다. 십일월 壬水는 丙戊를 모두 쓴다.

丁火가 시간에 투출하면
壬水일간과 월간에 있는 壬水가
丁火를 서로 차지하려고 다투며 쟁합爭合을 하는 것으로서
이로 인하여 대체로 부귀를 이루기 어렵다고 합니다.

그러나 壬子일 丁未시이면 丁火가 시간에 투출하여도
비록 과갑은 할 수 없으나
은총으로 영화를 누릴 수 있다고 하는 것은 무슨 까닭인가

대개 子중 癸水로써 관성을 만들면
용신이 득지한다고 하여 영화를 누릴 수 있기 때문이라고 합니다.

여기서 관성이란 未중 己土로서
己土용신이 득지하여 기세가 있으므로
子중 癸水를 암암리에 제어하는 재능을 발휘할 수 있다고 합니다.

子월 壬水는 丙火와 戊土를 모두 쓴다고 합니다.

488 / 궁통보감

조화원약에서 발췌한 명조입니다.

시	일	월	년	구분
戊	壬	壬	丁	천간
申	寅	子	卯	지지

壬水와 丁火가 화합하고
戊土가 투출하여 왕성한 水의 기세를 제어하며
丙火가 암장되어 암암리에 재능을 발휘하므로
지방관서의 장인 방백方伯의 지위에 오른 명조입니다.

시	일	월	년	구분
壬	壬	壬	壬	천간
寅	子	子	寅	지지

壬水만이 투출하여 순수하고 맑다고 하며
甲木과 丙火가 암장되어 암암리에 재능을 발휘하므로
중앙관서의 차관급인 시랑侍郎에 오른 명조입니다.

시	일	월	년	구분
甲	壬	壬	壬	천간
辰	子	子	子	지지

壬水의 음기가 매우 왕성한데 甲木이 투출하여 유통이 잘 되므로
중앙관서의 장관급인 상서尚書에 오른 명조입니다.

시	일	월	년	구분
辛	壬	壬	壬	천간
亥	子	子	寅	지지

壬水의 음기가 매우 왕성한데 辛金이 돕고
甲木과 丙火가 암장되어 암암리에 재능을 발휘하므로
부자가 된 명조입니다.

3) 丑월의 壬水

十二月壬水 旺極復衰 何也 上半月癸辛主事 故旺 專用丙火 下半月
십 이 월 임 수 왕 극 복 쇠 하 야 상 반 월 계 신 주 사 고 왕 전 용 병 화 하 반 월
己土主事 故衰 亦用丙火 甲木佐之 有丙解凍 名利雙全 丙透甲出
기 토 주 사 고 쇠 역 용 병 화 갑 목 좌 지 유 병 해 동 명 리 쌍 전 병 투 갑 출
科甲之貴 然四柱無壬 方妙 無丙 單寒之士
과 갑 지 귀 연 사 주 무 임 방 묘 무 병 단 한 지 사
십이월 壬水는 왕성함이 극에 달하다가 다시 쇠약하여지는 것은 무슨 까닭인
가. 상반월은 癸辛이 일을 주관하여 왕성하므로 丙火를 전용하고 하반월은 己土
가 일을 주관하여 쇠약하므로 丙火를 쓰고 甲木으로 보좌한다. 丙이 해동을 하
면 부귀가 모두 완전하고 丙甲이 투출하면 과갑으로 귀하게 된다. 그러나 사주
에 壬이 없어야 비로소 좋고 丙이 없으면 외롭고 가난한 선비이다.

입춘으로부터 열두 번째의 달인 丑월은
壬水의 기세가 왕성함이 극에 달하다가
다시 쇠약하여지는 것은 무슨 까닭인가

상반월은 癸水와 辛金이 사령하여 일을 주관하기 때문에
壬水의 기세가 왕성하여지므로 丙火를 전용한다고 하는 것이며

하반월은 己土가 사령하여 왕성한 기세로써 일을 주관하기 때문
壬水의 기세가 쇠약하여지므로 丙火를 전용하되
甲木으로 보좌하여 己土를 제어해야 한다고 합니다.

丙火로써 해동하면 음양의 조화를 이루어 부귀가 모두 완전하며
丙火와 甲木이 모두 투출하면
최고의 국가고시인 과갑에 급제하고 귀하게 된다고 합니다.

그러나 사주에 壬水가 없어야 비로소 좋다고 하며
丙火가 없으면 해동하지 못하므로 외롭고 가난한 선비라고 합니다.

490 / 궁통보감

或四柱多壬 戊透制之 衣衿可望 或丁出時干 化合成木 月干又見丁火
혹사주다임 무투제지 의금가망 혹정출시간 화합성목 월간우견정화

無癸破格 亦主富貴 或支成金局 不見丙丁 名金寒水凍 一世孤貧 見火
무계파격 역주부귀 혹지성금국 불견병정 명금한수동 일세고빈 견화

略可 即丙透遇辛 亦不爲妙 見丁頗吉
약가 즉병투우신 역불위묘 견정파길

사주에 壬이 많은데 戊가 투출하여 제어하면 벼슬은 바라볼 수 있다. 丁이 시간
에 투출하여 화합하여 木을 이루고 월간에도 丁火가 있는데 癸水가 없어 파격
되지 않으면 부귀하다. 지지에 金국을 이루고 丙丁이 없으면 이른바 金水가 차
갑게 얼은 것으로서 일생 외롭고 가난하며 火가 있으면 대략 가능하다. 丙이 투
출하여 辛을 만나면 좋지 않은데 丁이 있으면 상당히 길하다.

사주에 壬水가 많으면 기세가 왕성한 것으로서
戊土가 투출하여 제어하면 벼슬은 바라볼 수 있다고 합니다.

丁火가 시간에 투출하여 壬水와 화합하여 木을 이루고
월간에도 丁火가 있는데 癸水가 있어 丁火의 불길을 꺼뜨리면
파격이 되므로 癸水가 없어야 부귀하다고 합니다.

지지에 金국을 이루면 기세가 왕성한 것으로서
丙丁火가 없어 제어를 하지 못하면
이른바 금한수동金寒水凍으로 金水가 차갑게 얼어붙은 것으로서
차가운 환경에서 지내야 하므로 일생동안 외롭고 가난하다고 합니다.
그러나 火로써 해동하여주면 대략 부귀할 수 있다고 합니다.

丙火가 투출하여도 辛金을 만나면
丙辛합으로 화합하여 좋지 않다고 하며
丁火가 있으면 辛金을 제어하여 丙火를 쓸 수 있으므로
상당히 길하다고 합니다.

섣달 丑월은 소한小寒 대한大寒의 절기가 있는 혹한의 계절이므로
먼저 丙火를 취하여 해동하고 丁火와 甲木으로써 보좌한다고 합니다.

水가 얼고 金이 차가우므로
丙火와 丁火로써 해동하고 따뜻하게 하는 것을 좋아한다고 하며
火가 용신이면 木이 처이고 火가 자식으로서 희신의 역할을 합니다.

水의 기세가 왕성하여도 丑土의 울타리 안에 머무르면
水의 성정으로 반드시 지혜가 있다고 하며
水土가 혼잡하여 탁하여지면 반드시 어리석고 완고하다고 합니다.

壬癸水가 남방 火운을 지나가면 음양의 조화를 이루며
강건하고 부귀하다고 합니다.

또한 고서에서 이르기를
격국론의 용어로서 水木상관격은
火土재관을 함께 보아야 쓰임이 있으므로 환영한다고 합니다.

조화원약에서 발췌한 명조입니다.

시	일	월	년	구분
壬	壬	丁	甲	천간
寅	寅	丑	寅	지지

甲木이 丁火를 인화하여 밝게 빛나고
丙火가 암장되어 암암리에 재능을 발휘하므로
국가고시에 급제한 학자로서 공사貢士의 명조입니다.

시	일	월	년	구분
乙	壬	丁	甲	천간
巳	辰	丑	午	지지

甲木이 丁火를 인화하여 밝게 빛나고
丙火와 戊土가 암장되어 암암리에 재능을 발휘하므로
부자가 된 명조입니다.

시	일	월	년	구분
甲	壬	丁	甲	천간
辰	辰	丑	午	지지

甲木이 丁火를 인화하여 밝게 빛나지만
시간의 甲木이 암장된 戊土를 제어하여 재능을 발휘하지 못하므로
가난으로 고생을 한 명조라고 합니다.

시	일	월	년	구분
辛	壬	己	乙	천간
亥	午	丑	未	지지

己土가 투출하였으나 乙木이 제어하고 있으며
辛金이 투출하여 돕고 甲木이 암장되어 암암리에 재능을 발휘하므로
지방고시에 급제한 학자로서 생원生員의 명조입니다.

시	일	월	년	구분
辛	壬	己	庚	천간
亥	寅	丑	子	지지

己土와 金水가 차갑고 얼었는데
丙火와 甲木이 암장되어 암암리에 재능을 발휘하므로
최고의 국가고시인 과갑에 급제한 명조입니다.

시	일	월	년	구분
壬	壬	己	庚	천간
寅	辰	丑	午	지지

己土와 金水가 차갑고 얼었으며
丙火와 甲木이 암장되어 암암리에 재능을 발휘하므로
지방고시에 급제한 학자로서 수재秀才의 명조입니다.

시	일	월	년	구분
庚	壬	辛	辛	천간
子	戌	丑	亥	지지

庚辛金이 투출하여 金水가 차갑고 얼었으며
戊土가 암장되어 암암리에 재능을 발휘하므로
지방고시에 급제한 학자로서 생원生員의 명조입니다.

시	일	월	년	구분
辛	壬	辛	丙	천간
丑	寅	丑	寅	지지

丙火와 辛金이 화합하고 시간에 辛金이 투출하여 차가운데
丙火가 암장되어 암암리에 재능을 발휘하므로
문서를 관리하는 주부主簿의 명조입니다.

窮通寶鑑

제 11 장

계 수

癸 水

1. 봄의 癸水

1) 寅월의 癸水

正月癸水 値三陽之候 雨露之精 其性至柔 先用辛金 生癸水之源 次用
정월계수 치삼양지후 우로지정 기성지유 선용신금 생계수지원 차용
丙火照暖 名陰陽和合 萬物發生 辛丙兩透 金榜有名 或支成火局 辛金
병화조난 명음양화합 만물발생 신병양투 금방유명 혹지성화국 신금
受傷 有壬出救者 富貴 無壬者 貧窮
수상 유임출구자 부귀 무임자 빈궁

정월 癸水는 삼양의 시기로서 비와 이슬의 성정이 지극히 유약하므로 먼저 辛
金으로써 癸水를 생하는 원천으로 하고 다음으로 丙火로써 따뜻하게 비추면 이
른바 음양화합으로서 만물이 발생한다. 辛丙이 모두 투출하면 과거에 급제한
다. 지지에 火국을 이루면 辛金이 상하는데 壬이 투출하여 구하면 부귀하고 壬
이 없으면 가난하다.

입춘으로부터 첫 번째의 달인 寅월은
삼양三陽의 시기로서 양기는 점차 왕성하고 음기가 쇠약하여지며
癸水는 비와 이슬로서 성정이 지극히 유약하다고 합니다.

그러므로 우선 辛金으로써 癸水를 생하는 원천으로 삼아
癸水의 유약함을 보완하고 다음으로 丙火로써 따뜻하게 비추어주면
이른바 음양이 화합하여 만물을 발생시킬 수 있다고 합니다.

辛金과 丙火가 모두 투출하면
음양의 조화를 이루므로 국가고시인 과거의 급제한다고 합니다.

지지에 火국을 이루면 기세가 왕성한 것으로서
왕성한 기세로 인하여 辛金이 손상을 받아 상한다고 하며
이때 壬水가 투출하여 辛金을 구하면 부귀하다고 하며
壬水가 없어 구하지 못하면 가난하다고 합니다.

或丙出天干 辛在酉丑 亦有衣衿 若辛丙皆無 貧寒下格 或辛透丙藏
혹병출천간 신재유축 역유의금 약신병개무 빈한하격 혹신투병장
恩榮之造 丙辛在柱 以富得官 或戊透月上 坐辰時 不見比劫 丙丁出干
은영지조 병신재주 이부득관 혹무투월상 좌진시 불견비겁 병정출간
此爲化合 定主腰金 見刑沖則否
차위화합 정주요금 견형충즉부

丙이 투출하고 辛이 酉丑에 있으면 벼슬은 한다. 辛丙이 모두 없으면 가난한 하
격이다. 辛이 투출하고 丙이 암장되면 은총을 받아 영화를 누리는 명조이다. 丙
辛이 사주 중에 있으면 부자로서 관직을 득한다. 戊가 월상에 투출하고 辰시이
며 비견이 없고 丙丁이 투출하여 이와 같이 화합하면 반드시 고위직이며 형충
이 있으면 그러하지 않다.

丙火가 투출하여 따뜻하게 비추어주고
지지에 있는 酉金과 丑土에 辛金이 암장되면
암암리에 재능을 발휘하므로 벼슬은 할 수 있다고 합니다.

그러나 辛金과 丙火가 모두 없으면
쓸모가 없으므로 하격으로서 가난하다고 합니다.

辛金이 투출하면 癸水를 생하여 도와주고
丙火가 암장되어 암암리에 재능을 발휘하면
황제의 은총으로 고위직에 임명되어 영화를 누리는 명조라고 합니다.

丙火와 辛金이 모두 사주 중에 있으면
재능을 발휘하므로 부자로서 관직을 득할 수 있다고 합니다.

戊土가 월간에 투출하고 辰시인데
壬癸水가 없고 丙丁火가 투출하면 음양의 조화가 이루어져
음양이 화합하는 것으로서 반드시 고위직으로 귀하게 된다고 합니다.
그러나 형충이 있으면 귀하다고 하지는 않는다고 합니다.

或支成水局 宜有丙透 無壬者 衣祿不少 若見丙火重重 又作貴推 正月
혹지성수국 의유병투 무임자 의록불소 약견병화중중 우작귀추 정월
癸水 辛金為主 庚金次之 丙亦不可少 若無庚辛 雖有丙火 無用之人
계 수 신 금 위 주 경 금 차 지 병 역 불 가 소 약 무 경 신 수 유 병 화 무 용 지 인
或火多土多 殘疾不免 用辛者土妻金子
혹 화 다 토 다 잔 질 불 면 용 신 자 토 처 금 자
지지에 水국을 이루면 丙이 투출하는 것이 마땅하고 壬이 없어야 벼슬 복이 적
지 않으며 丙火가 중첩되어도 귀하다고 추명한다. 정월 癸水는 辛金이 위주이고
庚金이 다음이며 丙이 적어서는 안 된다. 庚辛이 없으면 비록 丙火가 있어도 쓸
모없는 사람이다. 火土가 많으면 질병을 면하지 못한다. 용신이 辛이면 土가 처
이고 金이 자식이다.

지지에 水국을 이루면 기세가 왕성한 것으로서
丙火가 투출하여 따뜻하게 비추어주는 것이 마땅하다고 하며
壬水가 없어야 음양의 조화를 이룰 수 있는 것으로서
벼슬 복이 적지 않다고 합니다.

丙火가 중첩되어 무거워도 음양의 조화를 이룰 수 있으므로
귀한 것으로 추명한다고 합니다.

寅월 癸水는 쇠약한 기세를 생하는 辛金이 위주이고
庚金이 그 다음이며 丙火가 적어서는 안 된다고 합니다.

庚金과 辛金이 없으면 癸水의 유약한 기세를 돕지 못하므로
비록 丙火가 있어도 음양의 조화를 이루지 못하므로
쓸모없는 사람이라고 합니다.

火土가 많으면 매우 조열하여지므로 질병을 면하지 못한다고 합니다.

辛金이 용신이면 土가 처이고 金이 자식으로서 희신의 역할을 합니다.

조화원약에서 발췌한 명조입니다.

시	일	월	년	구분
丁	癸	壬	壬	천간
巳	卯	寅	寅	지지

壬水가 두 개나 투출하였으나 지지에 기세가 없고
丁火의 기세가 왕성하므로 열기를 제어하지 못하므로
가난하고 고독하게 살고 눈이 손상된 명조입니다.

시	일	월	년	구분
丙	癸	壬	壬	천간
辰	卯	寅	子	지지

지지에 木국을 이루고 壬水의 설기가 태과하여
음양의 조화를 이루지 못하므로
쓸모가 없어 보통사람에 불과하다고 하며
형제가 서로 싸우며 처가 있으되 자식이 없는 명조입니다.

2) 卯월의 癸水

二月癸水 不剛不柔 乙木司令 洩弱元神 專以庚金為用 辛金次之 庚辛
이 월 계 수 불 강 불 유 을 목 사 령 설 약 원 신 전 이 경 금 위 용 신 금 차 지 경 신
俱透 無丁出干者 貴由科甲 無庚辛者常人 或庚透辛藏 榮封有准 庚藏
구 투 무 정 출 간 자 귀 유 과 갑 무 경 신 자 상 인 혹 경 투 신 장 영 봉 유 준 경 장
辛透 亦有衣衿 庚辛兩藏 富中取貴 或刀筆揚名 或庚辛重見 有己丁出
신 투 역 유 의 금 경 신 양 장 부 중 취 귀 혹 도 필 양 명 혹 경 신 중 견 유 기 정 출
干者亦貴 或支成木局 月時又見木者 為洩水太過 定主貧困多災 即運
간 자 역 귀 혹 지 성 목 국 월 시 우 견 목 자 위 설 수 태 과 정 주 빈 곤 다 재 즉 운
入西方 亦屬無用
입 서 방 역 속 무 용

이월 癸水는 강하지도 유약하지도 않은데 乙木이 사령하여 원신을 설기하고 쇠약하게 하므로 오직 庚金을 쓰고 辛金을 다음으로 쓴다. 庚辛이 모두 투출하고 丁이 투출하지 않아야 과갑으로 귀하게 되며 庚辛이 없으면 보통사람이다. 庚이 투출하고 辛이 암장되면 영예로운 직위를 받고 庚이 암장되고 辛이 투출하면 벼슬은 한다. 庚辛이 모두 암장되면 부자로서 귀하게 되거나 또는 도필로서 이름을 떨친다. 庚辛이 중첩하고 己丁이 투출하면 귀하다. 지지에 木국을 이루고 월과 시에 또 木이 있으면 설기가 태과하므로 반드시 가난하고 재난이 많으며 운이 서방으로 들어서면 쓸모없다.

입춘으로부터 두 번째의 달인 卯월의
癸水의 기세는 강하지도 유약하지도 않다고 하며
乙木이 사령하여 왕성한 木의 기세로써
癸水 원신의 기세를 설기하여 쇠약하게 하므로
우선 庚金으로써 왕성한 木의 기세를 제어하고
다음에 辛金으로써 癸水를 생하여 돕는다고 합니다.

庚金과 辛金이 모두 투출하고 丁火가 투출하지 않아야
최고의 국가고시인 과갑에 급제하고 귀하게 된다고 합니다.

그러나 庚金과 辛金이 없으면
쓸모가 없으므로 보통사람에 불과하다고 합니다.

庚金이 투출하여 왕성한 木의 기세를 제어하고
암장된 辛金으로써 암암리에 재능을 발휘하면
영예로운 직위에 임명된다고 합니다.

辛金이 투출하여 癸水의 기세를 돕고
암장된 庚金으로써 암암리에 재능을 발휘하면
벼슬은 할 수 있다고 합니다.

庚金과 辛金이 모두 암장되면
암암리에 재능을 발휘하여 부자로서 귀하게 될 수 있다고 하며
글씨를 새기는 재능이 있어 도필로서 이름을 떨치기도 합니다.

庚金과 辛金이 중첩되면 기세가 무거우므로
丁火와 己土가 투출하여 제어하면 귀하다고 합니다.

지지에 木국을 이루고 월과 시에 또 木이 있으면
木의 기세가 매우 왕성한 것으로서
癸水의 설기가 태과하여지므로 반드시 가난하고 재난이 많다고 하며
서방 金운으로 들어서면 왕성한 木의 기세는 쓸모가 없다고 합니다.

조화원약에서 발췌한 명조입니다.

시	일	월	년	구분
癸	癸	丁	甲	천간
亥	亥	卯	申	지지

甲木이 투출하여 丁火를 인화하고
庚金이 암장되어 암암리에 재능을 발휘하므로
국가고시에서 선발된 학자로서 공사貢士이며 큰 부자의 명조입니다.

시	일	월	년	구분
癸	癸	辛	丙	천간
亥	酉	卯	辰	지지

辛金과 丙火가 화합하고 癸水가 투출하여 기세가 왕성하고
辛金이 암장되어 암암리에 재능을 발휘하므로
중앙관서의 장관급인 상서尚書에 오른 명조입니다.

시	일	월	년	구분
癸	癸	癸	丁	천간
丑	亥	卯	未	지지

癸水가 투출하여 기세가 왕성하고
지지에 木국을 완전하게 이루어 丁火의 불꽃이 밝게 빛나므로
중앙관서의 총리급인 재상宰相에 오른 명조입니다.

시	일	월	년	구분
癸	癸	癸	丁	천간
丑	卯	卯	亥	지지

癸水가 투출하여 기세가 왕성하고 丁火의 불꽃이 밝게 빛나며
암장된 辛金으로써 암암리에 재능을 발휘하므로
중앙관서의 차관급으로서 시랑侍郎에 오른 명조입니다.

시	일	월	년	구분
庚	癸	己	庚	천간
申	亥	卯	寅	지지

지지에 木의 기세가 왕성한데 庚金이 투출하여 제어하고
丙火가 암장되어 암암리에 재능을 발휘하므로
군주를 보좌하여 신을 모시는 명조입니다.

시	일	월	년	구분
辛	癸	己	庚	천간
酉	卯	卯	子	지지

庚辛金이 투출하여 癸水를 돕고
己土가 투출하였으나 지지의 木의 기세로써 제어하여 맑아지므로
궁궐의 대학자로서 각로閣老의 명조입니다.

시	일	월	년	구분
己	癸	乙	癸	천간
未	卯	卯	卯	지지

지지에 木국의 기세가 왕성하고 乙木의 기세가 왕성한데
己土를 제어하고 丁火가 암장되어 암암리에 재능을 발휘하므로
국가고시에 장원급제한 명조입니다.

시	일	월	년	구분
甲	癸	乙	癸	천간
寅	巳	卯	卯	지지

甲乙木이 투출하여 木의 기세가 매우 왕성한데
이를 제어할 庚金이 巳火에 암장되어 제대로 쓰이지를 못하므로
일생 동안 고생만 하는 명조입니다.

3) 辰월의 癸水

三月癸水 要分清明穀雨 清明後 火氣未熾 專用丙火 爲陰陽合諧 穀雨
삼 월 계 수 요 분 청 명 곡 우 청 명 후 화 기 미 치 전 용 병 화 위 음 양 합 해 곡 우
後 雖用丙火 尙宜辛甲佐之 如辛卯 壬辰 癸未 丙辰 生上半月 用丙火
후 수 용 병 화 상 의 신 갑 좌 지 여 신 묘 임 진 계 미 병 진 생 상 반 월 용 병 화
顯達 生下半月 必無傷辛金癸水 方妙 然丙亦不可少 用丙木妻火子
현 달 생 하 반 월 필 무 상 신 금 계 수 방 묘 연 병 역 불 가 소 용 병 목 처 화 자
삼월 癸水는 청명 곡우로 구분하는데 청명 후에는 火기가 아직 치열하지 않
으므로 丙火를 전용하면 음양이 화합하여 조화롭다. 곡우 후에는 비록 丙火를
써도 마땅히 辛甲으로 보좌한다. 辛卯 壬辰 癸未 丙辰이 상반 월에 태어나면
丙火를 써야 현달하고 하반 월에 태어나면 반드시 辛金과 癸水가 상함이 없어
야 비로소 좋으며 丙이 적어서도 안 된다. 용신이 丙이면 木이 처이고 火가 자
식이다.

입춘으로부터 세 번째 달인 辰월은 청명과 곡우로 구분하는데
상반 월인 청명淸明 후에는 火의 기세가 아직 치열하지 않으므로
丙火를 전용하여야 음양이 화합하여 조화롭다고 하며

하반 월인 곡우穀雨 후에는 비록 丙火를 쓰더라고
마땅히 辛金으로써 癸水를 돕고
甲木으로써 왕성한 土의 기세를 제어하면서 보좌한다고 합니다.

시	일	월	년	구분
丙	癸	壬	辛	천간
辰	未	辰	卯	지지

상반 월에 태어나면 丙火를 써야 현달한다고 하며
하반 월에 태어나면 반드시 辛金과 癸水가 상하지 않아야
비로소 좋다고 하며 丙火도 적어서는 안 된다고 합니다.

丙火가 용신이면 木이 처이고 火가 자식으로서 희신의 역할을 합니다.

三月癸水 從化者多 得化者榮祿 不化者平常 或支成水局 又見己土
삼 월 계 수 종 화 자 다 득 화 자 영 록 불 화 자 평 상 혹 지 성 수 국 우 견 기 토
無木 乃假煞格 亦貴 有甲出者 常人 或支坐四庫 又得甲透 可謂顯
무 목 내 가 살 격 역 귀 유 갑 출 자 상 인 혹 지 좌 사 고 우 득 갑 투 가 위 현
達名揚 無甲者 僧道孤苦 或支成木局 無金 名傷官生財格 主聰明博
달 명 양 무 갑 자 승 도 고 고 혹 지 성 목 국 무 금 명 상 관 생 재 격 주 총 명 박
學 衣祿充饒 三月癸水 辛甲皆酌用 下半月土妻金子
학 의 록 충 요 삼 월 계 수 신 갑 개 작 용 하 반 월 토 처 금 자

삼월 癸水는 종화하는 경우가 많은데 종화하면 영화로운 벼슬 복이 있지만 종
화하지 못하면 보통사람이다. 지지에 水국을 이루고 己土가 있는데 木이 없으
면 가살격으로서 귀하게 되고 甲이 투출하면 보통사람이다. 지지에 사고가 있
고 甲도 투출하면 현달하여 이름을 떨칠 수 있으며 甲이 없으면 승도로서 외롭
고 고생한다. 지지에 木국을 이루고 金이 없으면 이른바 상관생재격으로서 총
명하고 박학하며 벼슬 복이 가득하다. 삼월 癸水는 辛甲을 모두 참작하여 쓰고
하반 월에는 土가 처이고 金이 자식이다.

辰월에 癸水가 戊土를 만나면 戊癸합으로 화합化合하여
火의 기세에 복종하고 따르며 종화從化하는 경우가 많다고 하며
종화하면 영화로운 벼슬 복이 있으나
종화하지 못하면 보통사람에 불과하다고 합니다.

지지에 水국을 이루면 기세가 왕성한 것으로서
己土로써 왕성한 기세를 제어하는데 木이 없어 방해하지 않으면
격국론의 용어로서 가살격假煞格이라고 하며 귀하게 되고
甲木이 투출하여 己土를 제어하면 보통사람에 불과하다고 합니다.

지지에 辰戌丑未 사고가 있으면 土의 기세가 매우 왕성한 것으로서
甲木도 투출하여 제어하면 현달하여 이름을 떨칠 수 있으나
甲木이 없으면 土의 기세를 제어하지 못하므로 승도로서 외롭고 고생한다
고 합니다.

지지에 木국을 이루고 이를 제어하는 金이 없으면
격국론의 용어로서 상관생재격傷官生財格이라고 하며
총명하고 박학하며 벼슬 복이 가득하다고 합니다.

辰월 癸水는 辛金과 甲木을 모두 상황에 따라 참작하여 쓰고
하반 월에는 土가 처이고 金이 자식으로서 희신의 역할을 합니다.

조화원약에서 발췌한 명조입니다.

시	일	월	년	구분
甲	癸	壬	丙	천간
寅	巳	辰	寅	지지

상반 월에 태어난 사람은
壬水가 투출하여 癸水를 도우며
丙火가 투출하고 甲木이 도와 음양의 조화를 이루므로
노년에 군사를 통솔하는 총독總督의 지위에 오른 명조입니다.

하반 월에 태어난 사람은
丙火와 왕성한 土의 기세로써 壬水를 제어하고
辛金도 없어 癸水를 돕지 못하므로 소년에 고생이 많았으나
나중에 甲木이 투출하여 왕성한 土의 기세를 제어하여주므로
무과에 급제한 명조입니다.

시	일	월	년	구분
丙	癸	壬	丙	천간
辰	丑	辰	寅	지지

壬水가 癸水를 도와 기세가 왕성하고
丙火가 년시에 투출하여 음양의 조화를 이룰 수 있으므로
부마駙馬로서 황실의 사위가 된 명조입니다.

시	일	월	년	구분
辛	癸	甲	丁	천간
酉	亥	辰	卯	지지

甲木이 丁火를 인화하며 土의 기세를 제어하고
辛金이 투출하여 癸水를 도와 크게 현달한 명조입니다.

시	일	월	년	구분
辛	癸	丙	戊	천간
酉	丑	辰	午	지지

하반 월에 태어난 명조로서
丙火와 戊土의 기세가 왕성하고
辛金이 투출하여 癸水를 도와 음양의 조화를 이루므로
군사를 통솔하는 장군將軍의 명조입니다.

시	일	월	년	구분
丙	癸	戊	己	천간
辰	酉	辰	酉	지지

戊己土가 투출하여 왕성한 기세로써 癸水를 제어하므로
처음에는 가난하였지만
나중에는 丙火가 투출하여 戊己土의 왕성한 기세를 설기하고
辛金이 암장되어 암암리에 재능을 발휘하므로
큰 부자가 된 명조입니다.

2. 여름의 癸水

1) 巳월의 癸水

四月癸水 喜辛金為用 無辛用庚 若辛高透 不見丁火 加以壬透 主科
사 월 계 수 희 신 금 위 용 무 신 용 경 약 신 고 투 불 견 정 화 가 이 임 투 주 과
名榮貴 聲播四夷 若有丁破格 貧無立錐 有壬可免 辛藏無丁 貢監衣衿
명 영 귀 성 파 사 이 약 유 정 파 격 빈 무 입 추 유 임 가 면 신 장 무 정 공 감 의 금
사월 癸水는 辛金을 쓰는 것을 반기고 辛이 없으면 庚을 쓴다. 辛이 높이 투출하
고 丁火가 없으며 壬도 투출하면 과거에 급제하여 영예로운 귀를 누리며 명성
을 사방에 떨친다. 丁이 있으면 파격으로 가난하여 설 자리도 없지만 壬이 있으
면 면할 수 있다. 辛이 암장되고 丁이 없으면 공감의 벼슬이다.

입춘으로부터 네 번째의 달인 巳월은 양기가 왕성한 시기로서
癸水가 쇠약하므로 辛金으로써 돕는 것을 반기며
辛金이 없으면 庚金으로써 돕는다고 합니다.

辛金이 높이 투출하면 辛金의 기세가 맑고 왕성한 것으로서
丁火가 없고 壬水도 투출하여 도와주면 음양의 조화를 이루므로
과거에 급제하여 영예로운 고위직의 귀함을 누리며
명성을 사방에 떨친다고 합니다.

丁火가 있어 辛金을 파괴하면 癸水를 생하지 못하는 것으로서
파격이 되어 쓸모가 없으므로 가난하여 설 자리도 없다고 하며
이때 壬水가 있어 癸水를 도우면 가난은 겨우 면할 수 있다고 합니다.

辛金이 암장되고 丁火가 없으면
丁火의 방해가 없이 辛金이 암암리에 재능을 발휘할 수 있으므로
국가고시에서 선발된 학자로서 공감貢監의 벼슬이라고 합니다.

或一派火土乏辛 即有已庚 亦不能生水 又無比肩羊刃 必至熬乾癸水
혹일파화토핍신 즉유이경 역불능생수 우무비견양인 필지오건계수
損目無疑 若庚壬兩透 洩制火土 名劫印化晉 極貴之造 有丁見干者
손목무의 약경임양투 설제화토 명겁인화진 극귀지조 유정견간자
則否 如有庚無壬 亦無丁破庚者 堪入儒林 有庚無辛者 異路功名 總之
즉부 여유경무임 역무정파경자 감입유림 유경무신자 이로공명 총지
四月癸水 專用辛金方妙
사월계수 전용신금방묘

한 무리의 火土가 있는데 辛이 부족하면 庚이 이미 있어도 水를 생하지 못하고
비견이나 양인도 없으면 반드시 癸水는 말라버리므로 눈의 손상을 의심하지
않는다. 庚壬이 모두 투출하여 火土를 설기하고 제어하면 이른바 겁인화진으
로서 극히 귀한 명조가 되고 丁이 투출하면 그러하지 않다. 庚이 있고 壬이 없
는데 丁이 없어 庚을 파괴하지 않으면 유림에는 들어간다. 庚이 있고 辛이 없
으면 다른 방면으로 공명이 있다. 총괄하여 사월 癸水는 辛金을 전용하여야 비
로소 좋다.

한 무리의 火土가 있으면 기세가 매우 왕성한 것으로서
辛金이 부족하면 庚金이 이미 있어도 癸水를 생하지 못하고
더구나 壬癸水의 비견이나 양인이 없어 돕지 못한다면
癸水는 반드시 왕성한 火土의 기세에 의하여 말라버리므로
이로 인하여 눈이 손상되는 것을 의심하지 않는다고 합니다.

庚金과 壬水가 모두 투출하여 火土의 기세를 설기하고 제어한다면
격국론의 용어로서 겁인화진劫印化晉이라고 하며
음양의 조화를 이루므로 극히 귀한 명조가 된다고 하는 것으로서
丁火가 투출하면 壬水와 庚金의 설기와 제어를 방해하므로
귀하게 되지는 않는다고 합니다.

庚金이 있고 壬水가 없는데 丁火도 없으면
庚金이 파괴되지 않으므로 癸水를 도울 수 있어
학자로서 유림儒林에는 들어갈 수 있다고 합니다.

庚金이 있고 辛金이 없으면
辛金대신에 庚金으로써 癸水를 돕는 것으로서
무술이나 기예 등 다른 방면으로 공을 세워 이름을 떨친다고 합니다.
총괄하여 巳월 癸水는 辛金을 전용하여야 비로소 좋다고 합니다.

조화원약에서 발췌한 명조입니다.

시	일	월	년	구분
乙	癸	己	甲	천간
卯	酉	巳	辰	지지

甲木과 己土가 화합하고 乙木이 투출하여 火土의 기세가 왕성하고
辛金이 암장되어 암암리에 재능을 발휘하므로
중앙관서의 장관의 지위인 팔좌八座에 오른 명조입니다.

시	일	월	년	구분
辛	癸	己	甲	천간
酉	酉	巳	辰	지지

위 명조와 시만 다른 것으로서
辛金이 투출하여 도우므로
지방관서를 관찰하는 장관의 지위인 방백方伯에 오른 명조입니다.

시	일	월	년	구분
癸	癸	己	甲	천간
亥	巳	巳	寅	지지

火土의 기세가 왕성하지만 癸水가 투출하고
壬水와 甲木이 암장되어 암암리에 재능을 발휘하므로
제후의 직위에 봉하여진 명조입니다.

2) 午月의 癸水

五月癸水 至弱無根 必須庚辛為生身之本 但丁火司權 金難敵火 安能
오월계수 지약무근 필수경신위생신지본 단정화사권 금난적화 안능
滋養癸水 宜見比劫 方得辛金之用 五月癸水 庚辛壬參酌 並用可也 如
자양계수 의견비겁 방득신금지용 오월계수 경신임참작병용가야 여
庚辛透干 又見壬癸者 定主鍾鼎名家
경신투간 우견임계자 정주종정명가

오월 癸水는 지극히 약하고 뿌리가 없으므로 반드시 庚辛으로써 일간을 생하는
근본으로 삼는다. 단지 丁火가 사령하여 권력이 있어 金으로 火를 대적하기 어
려우니 어찌 癸水를 도울 수 있겠는가. 마땅히 비겁이 있어야 비로소 辛金을 쓸
수 있다. 오월의 癸水는 庚辛壬을 참작하여 함께 쓸 수 있다. 庚辛金이 투출하고
壬癸水도 있으면 반드시 명문의 가문이다.

입춘으로부터 다섯 번째의 달인 午월에는 火의 열기가 왕성하므로
癸水는 상대적으로 지극히 쇠약하고 뿌리조차도 없는 것으로서
반드시 庚辛金으로써 癸水를 생하는 근본으로 삼는다고 합니다.

단지 午월은 丁火가 사령하여 권력이 있으므로
火의 기세가 매우 왕성한 것으로서 金이 있어도 대적하기도 어려운데
어찌 癸水를 도울 수 있겠느냐고 합니다.

마땅히 壬癸水로써 火의 왕성한 기세를 제어할 수 있어야
비로소 辛金으로써 癸水를 도울 수 있다고 합니다.

午월의 癸水는 庚金과 辛金 그리고 壬水를
상황에 따라 참작하여 함께 쓸 수 있다고 합니다.

庚辛金이 투출하고 壬癸水도 있으면 기세가 왕성한 것으로서
왕성한 火의 기세를 제어하여 음양의 조화를 이룰 수 있으므로
반드시 명문의 가문으로서 종정명가鍾鼎名家를 이룬다고 합니다.

或有金透 支見申子辰者 亦主金榜掛名 或無水出干 支只一水 雖有庚
혹유금투 지견신자진자 역주금방괘명 혹무수출간 지지일수 수유경
辛 一富之造 故曰 水源會夏 富重貴輕 又曰 金水會夏天 富貴永無邊
신 일부지조 고왈 수원회하 부중귀경 우왈 금수회하천 부귀영무변
運行火土地 快樂似神仙
운행화토지 쾌락사신선

金이 투출하고 지지에 申子辰이 있으면 과거에 급제한다. 水가 투출하지 않고
지지에 단지 하나의 水가 있다면 비록 庚辛이 있어도 일개 부자의 명조이다. 그
러므로 이르기를 수원이 여름에 회합하면 부자이지만 귀함은 작다고 하며 또한
金水가 여름에 천간에서 회합하면 부귀가 오래도록 끊어지지 않고 火土운으로
행하면 즐거움이 신선과 같다고 한다.

庚辛金이 투출하고 지지에 申子辰이 있으면
金水의 기세가 왕성한 것으로서
왕성한 火의 기세를 제어하고 음양의 조화를 이룰 수 있으므로
국가고시인 과거의 급제자 명단에 이름이 포함된다고 합니다.

水가 투출하지 않고 지지에 단지 하나의 水가 암장되어 있다면
왕성한 火의 기세를 제어하기에는 역부족이므로
비록 庚辛金이 있어도 일개 부자의 명조일 뿐이라고 합니다.

고서에서 이르기를
申金은 水를 생하는 수원水源으로서
여름에 지지에서 申子辰으로 회합하면 부자는 될 수 있지만
庚辛金이 투출하지 못하면 귀함은 작다고 합니다.

또한 이르기를
여름에 庚辛金과 壬癸水가 천간에서 회합하면
부귀가 오래도록 끊어지지 않는다고 하며
남방 火土운으로 행하면 신선과 같은 즐거움을 누린다고 합니다.

或支成火局 無壬出干 定主僧道 或二壬一庚同透 衣錦腰金 或一派己
혹 지 성 화 국 무 임 출 간 정 주 승 도 혹 이 임 일 경 동 투 의 금 요 금 혹 일 파 기
土 無甲出制 此作從煞而論 又主大貴 凡從煞者 切不可破格方吉
토 무 갑 출 제 차 작 종 살 이 론 우 주 대 귀 범 종 살 자 절 불 가 파 격 방 길
지지에 火局을 이루고 壬이 투출하지 않으면 반드시 승도이다. 두 개의 壬과 하
나의 庚이 함께 투출하면 고위직 벼슬을 한다. 한 무리의 己土가 있는데 甲이
투출하여 제어하지 않으면 이것은 종살론으로서 크게 귀하게 된다. 일반적으로
종살격은 절대로 파격이 되지 않아야 비로소 좋다.

지지에 火局을 이루면 午월에 火의 기세가 매우 왕성한 것으로서
壬水가 투출하여 제어하지 않으면
반드시 수행을 하면서 살아가는 승도라고 합니다.

두 개의 壬水와 하나의 庚金이 함께 투출하면
金水의 기세가 왕성하여지므로 왕성한 火의 기세를 충분히 제어하고
음양의 조화를 이룰 수 있으므로 고위직 벼슬을 한다고 합니다.

한 무리의 己土가 있으면 午월에 火土의 기세가 왕성한 것으로서
甲木이 투출하여 제어하지 않으면 癸水가 감당하기 어려우므로
격국론의 용어로서 종살격從煞格이라고 하며
己土의 기세를 따르므로 이로 인하여 크게 귀하게 된다고 합니다.

일반적으로 종살격은
칠살의 기세가 왕성하여 일간이 감당하기 어려우므로
부득이 칠살의 기세에 복종하며 따른다고 하는 것으로서
일간을 돕는 인성과 비겁이 있으면 종살하며 따르려고 하지 않으므로
종살격이 성립 안 되고 파격이 된다고 하며

파격이 되면 일간은 칠살의 왕성한 기세에 의하여 어려움을 당하므로
파격이 되지 않아야 비로소 좋다고 합니다.

3) 未月의 癸水

六月癸水 有上下月之分 下半月庚辛有氣 上半月庚辛休囚 凡六癸日
유 월 계 수 유 상 하 월 지 분 하 반 월 경 신 유 기 상 반 월 경 신 휴 수 범 육 계 일
多不驗者 何也 俗士不知此理 因未中有乙己同宮 破而不破 故癸水
다 불 험 자 하 야 속 사 부 지 차 리 인 미 중 유 을 기 동 궁 파 이 불 파 고 계 수
不能從煞 所以專用庚辛 如上半月金神衰弱 火氣炎烈 宜比劫助身
불 능 종 살 소 이 전 용 경 신 여 상 반 월 금 신 쇠 약 화 기 염 렬 의 비 겁 조 신
可云富貴 與五月一理 下半月庚辛有氣 即無比劫亦可 又忌丁透 即
가 운 부 귀 여 오 월 일 리 하 반 월 경 신 유 기 즉 무 비 겁 역 가 우 기 정 투 즉
丁在支亦不吉 其生剋制化 與五月略同
정 재 지 역 불 길 기 생 극 제 화 여 오 월 약 동

유월 癸水는 상하월로 나누는데 하반 월에는 庚辛에게 기가 있으나 상반 월에
는 庚辛이 휴수이다. 일반적으로 여섯 癸일은 적중한 것이 많지 않다고 하는데
무슨 까닭인가. 이는 세속의 술사들이 이치를 모르는 것으로서 未중에는 乙己
가 함께 있어도 파괴되지 않으므로 癸水는 종살을 할 수 없기 때문에 庚辛을 전
용하는 것이다. 상반 월에는 金신이 쇠약하고 火기는 치열하게 타오르므로 마
땅히 비겁으로 일간을 도와야 부귀할 수 있는 것은 오월의 이치와 같다. 하반
월에는 庚辛에게 기가 있으므로 비겁이 없어도 가능하지만 丁의 투출을 꺼리며
丁이 지지에 있으면 길하지 않다. 그 생극제화는 오월과 대략 같다.

입춘으로부터 여섯 번째의 달인 未월은 상하월로 나누는데
상반 월에는 火의 기세가 치열하고 庚辛金의 기세가 휴수한 시기이며
하반 월에는 庚辛金의 기세가 왕성하여지는 시기라고 합니다.

일반적으로 여섯 癸水의 일간은
통변에서 적중된 사례가 많지 않다고 하는데 무슨 까닭인가

이는 세속의 술사들이 이치를 모르는 것으로서
未중에는 乙木과 己土가 함께 있어도 서로 파괴하지 않고 공생하므로
己土의 기세가 왕성하여도 癸水는 종살할 수 없기 때문에
庚辛金을 전용하여 癸水를 돕는 것이라고 합니다.

상반 월에는 金의 기세가 쇠약하고 火의 기세는 치열하게 타오르므로
마땅히 壬癸水로써 도와야 음양의 조화를 이루면서 부귀할 수 있으며
이는 午월의 이치와 같다고 합니다.

하반 월에는 庚辛金의 기세가 왕성하므로
壬癸水가 없어도 가능하지만 丁火가 투출하거나 또는 암장되어도
庚辛金의 기세를 제어하므로 길하지 않다고 하여 꺼린다고 하며
그 생극제화의 이치는 午월과 대략 같다고 합니다.

조화원약에서 발췌한 명조입니다.

시	일	월	년	구분
庚	癸	癸	乙	천간
申	未	未	酉	지지

상반 월에 태어나 庚金과 癸水의 기세가 왕성하므로
중앙관서의 총리급인 승상丞相에 오른 명조입니다.

시	일	월	년	구분
癸	癸	癸	乙	천간
丑	卯	未	未	지지

상반 월에 태어나 乙木의 기세와 癸水의 기세가 왕성하므로
지방관서의 장으로서 도사都司에 오른 명조입니다.

시	일	월	년	구분
丙	癸	辛	己	천간
辰	未	未	未	지지

하반 월에 태어나 辛金이 투출하고 丁火가 암장되어 있으나
己土가 투출하고 戊土가 암장되어 암암리에 재능을 발휘하므로
지방관서의 장으로서 지주知州에 오른 명조입니다.

3. 가을의 癸水

1) 申월의 癸水

七月癸水 正母旺子相之時 癸雖死申 殊不知申中有庚生之 名死處逢生
칠월계수 정모왕자상지시 계수사신 수부지신중유경생지 명사처봉생
弱中復強 即運行西北 亦不死也 但庚司令 剛銳極矣 必取丁火爲用
약중복강 즉운행서북 역불사야 단경사령 강예극의 필취정화위용
칠월 癸水는 바로 왕성한 어머니가 자식을 돕는 시기로서 癸가 비록 申에서 죽
는다고 하여도 뜻밖에 申중 庚이 생하므로 이른바 죽은 곳에서 다시 살아나며
약한 가운데에서 강한 것이 회복되는 것으로서 서북으로 운행하면 죽지 않는
다. 단지 庚이 사령하여 강하고 예리함이 극에 이르렀으니 반드시 丁火를 취하
여 써야 한다.

입춘으로부터 일곱 번째의 달인 申월은
어머니인 庚金의 왕성한 기세로써 자식인 癸水를 생하며 돕는다는
모왕자상母旺子相의 시기라고 합니다.

癸水는 양생음사陽生陰死의 십이운성의 이론에 의하여
비록 申에서 죽는다고 하여 사지死支라고 하지만
뜻밖에 申중 庚金의 기세가 왕성하여
모왕자상으로서 癸水를 생하여주므로
죽은 곳에서 다시 살아난다고 하여 사처봉생死處逢生이라고 합니다.

따라서 癸水가 약한 가운데에서 강하게 회복된다고 하며
서북방 金水운으로 운행하면 도움을 받으므로
죽음에 이르지는 않는다고 합니다.

단지 庚金이 사령하여 강하고 예리함이 극에 이르렀으므로
반드시 丁火를 취하여 庚金을 제어하는 것이 필요하다고 합니다.

或丁透有甲 名有燄之火 必主科甲 或丁透無甲 又無壬癸 即有一二
혹정투유갑 명유염지화 필주과갑 혹정투무갑 우무임계 즉유일이
庚金 亦有生監 有二丁更妙 或金多乏丁制者 貧困之人 或一丁坐午
경금 역유생감 유이정갱묘 혹금다핍정제자 빈곤지인 혹일정좌오
名獨財格 主金玉滿堂 富中取貴 若在未戌 則是常人 或柱見二戌二
명독재격 주금옥만당 부중취귀 약재미술 즉시상인 혹주견이술이
未 又得丙丁藏支 干見甲出 無水 亦作富貴而推
미 우득병정장지 간견갑출 무수 역작부귀이추

丁이 투출하고 甲이 있으면 이른바 불타오르는 火로서 반드시 과갑에 급제한
다. 丁이 투출하고 甲이 없으며 壬癸도 없으면 한두 개의 庚金이 있어도 생감
은 하며 두 개의 丁이 있으면 더욱 좋다. 金이 많고 丁이 부족하면 가난한 사람
이다. 하나의 丁이 午에 있으면 이른바 독재격으로서 금과 옥이 가득한 부자로
서 귀하게 되고 未戌에 있으면 보통사람이다. 사주에 두 개의 戌과 두 개의 未
가 있는데 또한 丙丁도 암장되고 甲이 투출하고 水가 없으면 부귀하다고 추명
한다.

丁火가 투출하고 甲木이 있으면
이른바 유염지화有燄之火로서 불타오르는 왕성한 기세로써
庚金의 왕성한 기세를 제어할 수 있으므로
최고의 국가고시인 과갑에 급제한다고 합니다.

丁火가 투출하고 甲木과 壬癸水도 없는데 한두 개의 庚金이 있으면
비록 甲木이 없지만 丁火로써 庚金을 제어할 수 있으므로
국가고시에 급제한 학자로서 생감生監은 할 수 있다고 하고

두 개의 丁火가 있으면 열기를 합쳐
왕성한 기세의 庚金을 제어할 수 있으므로 더욱 좋다고 합니다.

金이 많으면 기세가 더욱 왕성하여지는 것으로서
丁火가 부족하면 제어하기 어려우므로
가난한 사람에 불과하다고 합니다.

하나의 丁火가 午火에 있으면 기세가 왕성한 것으로서
격국론의 용어로서 독재격獨財格으로서 홀로 재격을 이룬다고 하며
금과 옥이 가득한 부자로서 귀하게 된다고 합니다.
그러나 丁火가 未土와 戌土에 있으면 기세가 쇠약하므로
쓸모가 없어 보통사람에 불과하다고 합니다.

사주에 未土와 戌土가 두 개씩 있는데 丙丁火도 암장되고
甲木이 투출하여 도우면 음양의 조화를 이루는데
이때 水가 없어야 부귀하다고 추명한다고 합니다.

조화원약에서 발췌한 명조입니다.

시	일	월	년	구분
庚	癸	壬	甲	천간
申	未	申	寅	지지

庚金과 壬水의 기세가 왕성한데 丁火가 未土에 암장되어 있으므로
고상한 척하는 사람의 명조입니다.

시	일	월	년	구분
丁	癸	甲	乙	천간
巳	未	申	未	지지

甲乙木과 丁火의 기세가 왕성하여 감당하기 어려우므로
부잣집에 사는 가난한 사람의 명조입니다.

시	일	월	년	구분
甲	癸	戊	丁	천간
寅	卯	申	酉	지지

戊土가 丁火를 보호하고 丙火가 암장되고 甲木이 도와주므로
중앙관서의 장관으로서 상서尚書에 오른 명조입니다.

시	일	월	년	구분
乙	癸	庚	戊	천간
卯	亥	申	午	지지

庚金이 투출하여 기세가 매우 왕성하지만
丁火가 午火에 암장되어 암암리에 재능을 발휘하므로
만금의 부자로서 구십 세까지 장수한 명조입니다.

시	일	월	년	구분
癸	癸	丙	辛	천간
亥	酉	申	酉	지지

丙火와 辛金이 화합하여 밝음이 빛나지 않으므로
수행을 하면서 살아가는 승도의 명조입니다.

시	일	월	년	구분
癸	癸	戊	壬	천간
亥	亥	申	申	지지

金水의 기세가 왕성한데 戊土가 제어하기 역부족이므로
고독하고 가난하지만 백세까지 장수한 명조입니다.

시	일	월	년	구분
庚	癸	庚	癸	천간
申	酉	申	酉	지지

庚金과 癸水가 두 개씩 투출하여 순수하고 맑은 기세로서
완전하므로 큰 부자가 된 명조입니다.

2) 酉月의 癸水

八月癸水 辛金虛靈 非頑金可比 正金白水淸 故取辛金爲用 丙火佐之
팔 월 계 수 신 금 허 령 비 완 금 가 비 정 금 백 수 청 고 취 신 금 위 용 병 화 좌 지
名水暖金溫 如丙與辛隔位同透 主科甲功名 或丙透辛藏 一榜之士 或
명 수 난 금 온 여 병 여 신 격 위 동 투 주 과 갑 공 명 혹 병 투 신 장 일 방 지 사 혹
土多剋水 生意中人 八月癸水 丙辛皆用
토 다 극 수 생 의 중 인 팔 월 계 수 병 신 개 용
팔월의 癸水는 辛金의 정신이 맑아 둔한 金에 비할 바가 아니므로 바른 금백수
청이다. 그러므로 辛金을 취하여 쓰고 丙火로 보좌하면 水와 金이 따뜻하다. 丙
과 辛이 서로 떨어져 동시에 투출하면 과갑을 하고 공명을 이룬다. 丙이 투출하
고 辛이 암장되면 과거에 선발된다. 土가 많아 水를 극하면 장사하는 사람이다.
팔월 癸水는 丙辛을 모두 쓴다.

입춘으로부터 여덟 번째의 달인 酉월은
辛金의 기세가 순수하여 맑은 정신을 가지고 있는 허령虛靈으로서
둔한 金에 비할 바가 아니라고 하며
바른 금백수청金白水淸으로서 金水가 맑은 형상이라고 합니다.

그러므로 酉월에는 辛金을 쓰고 丙火로써 보좌하면
이른바 수난금온水暖金溫으로서 水와 金이 따뜻하여진다고 하며
丙火와 辛金이 서로 떨어져 동시에 투출하게 되면
최고의 국가고시인 과갑에 급제하고 공명을 이룬다고 합니다.

丙火가 투출하고 辛金이 암장되어 암암리에 재능을 발휘하면
국가고시인 과거에 급제할 수 있다고 합니다.

土가 많아 왕성한 기세로써 水를 극하면
土로써 水의 기세를 가두는 것으로서 장사하는 상인이라고 합니다.

酉월 癸水는 丙火와 辛金을 모두 쓴다고 합니다.

조화원약에서 발췌한 명조입니다.

시	일	월	년	구분
丙	癸	乙	庚	천간
辰	亥	酉	寅	지지

乙庚이 화합하고 丙火가 투출하여 밝게 비추어주므로
지방관서의 장인 태수太守에 오른 명조입니다.

시	일	월	년	구분
癸	癸	丁	辛	천간
亥	巳	酉	酉	지지

辛金의 기세가 매우 맑고 왕성하고 丁火가 밝게 비추어주며
시간의 癸水가 돕고 있으며
巳중에 丙火가 암장되어 암암리에 따뜻하게 하여주므로
복과 수명이 오래도록 이어진 명조입니다.

시	일	월	년	구분
丙	癸	辛	癸	천간
辰	巳	酉	卯	지지

辛金을 癸水가 씻어주어 기세가 매우 맑은데
시간에 丙火가 투출하여 온 누리를 밝게 비추어주므로
성을 다스리는 제후諸侯에 봉하여진 명조입니다.

3) 戌월의 癸水

九月癸水 失令無根 戊土司權 剋制太過 專用辛金發水之源 要比肩
구 월 계 수 실 령 무 근 무 토 사 권 극 제 태 과 전 용 신 금 발 수 지 원 요 비 견
滋甲制戊方妙 或辛甲兩透 支見子癸 定主平步靑雲 或癸甲兩透 富
자 갑 제 무 방 묘 혹 신 갑 양 투 지 견 자 계 정 주 평 보 청 운 혹 계 갑 양 투 부
貴成名 或有甲辛無癸者 亦有恩封 或有甲癸無辛者 富大貴小 有甲
귀 성 명 혹 유 갑 신 무 계 자 역 유 은 봉 혹 유 갑 계 무 신 자 부 대 귀 소 유 갑
無癸辛者 常人 二者俱無 貧賤之格 或有甲見壬者 頗許衣衿 九月癸
무 계 신 자 상 인 이 자 구 무 빈 천 지 격 혹 유 갑 견 임 자 파 허 의 금 구 월 계
水 辛甲並用
수 신 갑 병 용
구월 癸水는 실령하고 뿌리가 없는데 戊土가 사령하여 권력이 있어 극하고 제
어함이 태과하므로 辛金을 전용하여 발수지원으로 삼아야 한다. 반드시 비견
으로 甲을 도와 戊를 제어하여야 비로소 좋다. 辛甲이 모두 투출하고 지지에 子
중 癸가 있으면 반드시 고위직에 오른다. 癸甲이 모두 투출하면 부귀하며 공명
을 이룬다. 甲辛이 있고 癸가 없으면 은총으로 벼슬을 하사받고 甲癸가 있고 辛
이 없으면 큰 부자이나 귀함이 적다. 甲이 있고 癸辛이 없으면 보통사람이고 모
두 없으면 가난하고 천한 격이다. 甲이 있고 壬도 있으면 벼슬이 상당하다. 구
월 癸水는 辛甲을 모두 쓴다.

입춘으로부터 아홉 번째의 달인 戌월은
癸水의 뿌리가 없어 실령失令한 것으로서 기세가 쇠약하다고 하며
戊土가 사령하여 권력이 있어 기세가 왕성하므로
癸水를 극하고 제어하는 것이 태과하다고 합니다.

그러므로 辛金을 전용하여 癸水를 생하는 발수지원發水之源으로 삼고
반드시 癸水의 비견으로써 甲木을 도와
戊土를 제어하여야 비로소 좋다고 합니다.

辛金과 甲木이 모두 투출하고 지지에서 子중 癸水가 암장되어 있으면
癸水와 甲木의 기세가 모두 왕성하여지므로
반드시 구름 위를 걷듯이 순조롭게 고위직에 오른다고 합니다.

癸水와 甲木이 모두 투출하면
癸水로써 甲木을 도와 戊土를 제어할 수 있으므로
부귀하며 공을 세워 이름을 떨친다고 합니다.

甲木과 辛金이 있어도 癸水가 없으면 甲木을 도울 수는 없으나
辛金의 맑은 기세가 끊어지지 않으므로
황제의 은총을 받아 벼슬을 하사받을 수 있다고 합니다.

甲木과 癸水가 있는데 辛金이 없으면
戊土를 제어할 수 있어 큰 부자가 될 수 있으나
단지 맑은 辛金이 없어 귀함은 적다고 합니다.

甲木이 있고 癸水와 辛金이 없으면
戊土를 지속적으로 소토하기 어렵고 맑음도 없으므로
쓸모가 없는 보통사람에 불과하다고 합니다.

甲木과 癸水와 辛金이 모두 없으면
쓸모가 없으므로 가난하고 천한 격이라고 합니다.

甲木이 있고 壬水도 있으면
壬水로써 甲木과 癸水를 도울 수 있으므로
벼슬이 상당한 지위에 오른다고 합니다.

戊월 癸水는 辛金과 甲木을 모두 쓴다고 합니다.

조화원약에서 발췌한 명조입니다.

시	일	월	년	구분
甲	癸	甲	甲	천간
寅	卯	戌	戌	지지

甲木이 세 개나 투출하여 기세가 매우 왕성하고 순수하므로
왕성한 土를 제어하고
중앙관서의 차관급인 시랑侍郞에 오른 명조입니다.

시	일	월	년	구분
壬	癸	戊	辛	천간
子	亥	戌	丑	지지

金水의 음기와 戊土의 기세가 모두 왕성한 것으로서
甲木이 암장되어 암암리에 재능을 발휘하므로
궁궐의 학자로서 한림翰林에 들어간 명조입니다.

시	일	월	년	구분
甲	癸	壬	癸	천간
寅	卯	戌	亥	지지

壬癸水의 기세가 왕성하고 甲木이 투출하여 도우므로
군사를 통솔하는 총독總督의 명조입니다.

시	일	월	년	구분
癸	癸	庚	壬	천간
亥	丑	戌	辰	지지

金水의 기세가 왕성하지만
土의 기세가 왕성하여 제어되므로
쓸모가 없어 머슴으로서 노복奴仆에 불과한 명조입니다.

4. 겨울의 癸水

1) 亥월의 癸水

十月癸水 旺中有弱 何也 因亥搖木 洩散元神 宜用庚辛爲妙 得庚辛
시월계수 왕중유약 하야 인해요목 설산원신 의용경신위묘 득경신
兩透 不見丁傷者 功名有准 或支成木局 有丁出干 爲木旺火相 制住
양투 불견정상자 공명유준 혹지성목국 유정출간 위목왕화상 제주
庚辛不生水 必主清寒
경신불생수 필주청한
시월 癸水는 왕성한 중에 약한 것이 있다고 하는 것은 무슨 까닭인가. 이는 亥
가 木을 움직여 원신이 설기되어 흩어지기 때문으로서 마땅히 庚辛을 써야 좋
다. 庚辛이 모두 투출하고 丁이 없어 상하지 않으면 공명을 이룬다. 지지에 木
국을 이루고 丁이 투출하면 木이 왕성하여 火를 돕는 것으로서 庚辛이 제어되
어 水를 생하지 못하므로 반드시 매우 가난하다.

입춘으로부터 열 번째의 달인 亥월은
癸水가 왕성한 가운데 약한 것이 있다고 하는 것은 무슨 까닭인가

이는 亥중 甲木이 생지로서 동하여 움직이므로
亥월에 원신인 水가 왕성하지만 동하여 움직이는 甲木에게
설기되어 흩어지기 때문에 쇠약하다고 합니다.
그러므로 마땅히 庚辛金으로써 생하여 도와야 좋다고 합니다.

庚金과 辛金이 모두 투출하고
丁火가 없어 庚辛金을 상하게 하지 않으면
癸水를 도울 수 있으므로 공명을 이룰 수 있다고 합니다.

지지에 木국을 이루고 丁火가 투출하면
木의 왕성한 기세로써 丁火를 돕는 것으로서 庚辛金이 제어되므로
水의 기세를 돕지 못하여 반드시 매우 가난하다고 합니다.

或成木局 干見丙丁 異路之榮 或一派壬水 不見戊制 名冬水汪洋 奔波
혹성목국 간견병정 이로지영 혹일파임수 불견무제 명동수왕양 분파
到老 若得戊透 清貴堪誇 或一派庚辛 得丁出制 主名利雙全 若不見丁
도 노 약득무투 청귀감과 혹일파경신 득정출제 주명리쌍전 약불견정
又主貧薄 或四柱火多 名財多身弱 富屋貧人
우 주 빈 박 혹 사 주 화 다 명 재 다 신 약 부 옥 빈 인
木국을 이루고 천간에 丙丁이 있으면 다른 길로 영예롭다. 한 무리의 壬水가 있
는데 戊로써 제어하지 않으면 이른바 겨울 水가 바다와 같은 것으로서 늙도록
바쁘게 뛰어다니고 戊가 투출하면 고결함을 자랑한다. 한 무리의 庚辛이 있는
데 丁이 투출하여 제어하면 부귀가 모두 완전하고 丁이 없으면 가난하다. 사주
에 火가 많으면 이른바 재다신약으로서 부잣집에서 사는 가난한 사람이다.

木국을 이루고 천간에 丙丁火가 있으면
따뜻한 환경을 만들 수 있으므로
과거를 보지 않아도 다른 방법으로 영화를 누린다고 합니다.

한 무리의 壬水가 있으면 기세가 왕성한 것으로서
戊土로써 제어하지 않으면
이른바 동수왕양冬水汪洋으로서 겨울 水가 바다와 같다고 하여
감당하기 어려우므로 늙도록 바쁘게 뛰어다닌다고 합니다.
그러나 戊土가 투출하여 제어하면 고결함을 자랑한다고 합니다.

한 무리의 庚辛金이 있는데 丁火가 투출하여 제어하면
음양의 조화를 이룰 수 있으므로 부귀가 모두 완전하다고 하며
丁火가 없으면 金의 기세를 감당하지 못하므로 가난하다고 합니다.

사주에 火가 많으면 기세가 왕성한 것으로서
癸水로서는 감당하기 어려우므로
격국론의 용어로서 재다신약財多身弱이라고 하며
부잣집에서 사는 가난한 사람이라고 합니다.

조화원약에서 발췌한 명조입니다.

시	일	월	년	구분
壬	癸	辛	壬	천간
子	亥	亥	寅	지지

金水의 기세가 매우 왕성하고 순수하고
丙火와 甲木이 암장되어 암암리에 재능을 발휘하므로
국가고시인 과거에 세 번이나 급제한 명조입니다.

시	일	월	년	구분
壬	癸	辛	壬	천간
子	亥	亥	申	지지

金水의 기세가 매우 왕성하고 순수한 것으로서
최고의 국가고시인 과갑에 급제한 진사進士로서
중앙관서의 차관급인 랑중郎中에 오른 명조입니다.

시	일	월	년	구분
癸	癸	癸	癸	천간
亥	丑	亥	卯	지지

천간에 癸水만이 투출하여 순수하고 맑은 것으로서
상반 월에 태어나면 木국에 설기되어 귀함이 적지만
하반 월에 태어나면 순수함이 극에 달하며 크게 귀하다고 합니다.

시	일	월	년	구분
癸	癸	己	辛	천간
亥	丑	亥	酉	지지

金水의 기세가 맑고 순수하지만
己土가 투출하여 혼탁하게 하므로
수행을 하면서 살아가는 승도의 명조입니다.

2) 子월의 癸水

十一月癸水 値冰凍之時 金水無交歡之象 專用丙火解凍 庶不致成冰
십 일 월 계 수 치 빙 동 지 시 금 수 무 교 환 지 상 전 용 병 화 해 동 서 불 치 성 빙
又要辛金滋扶 無丙有辛 不妙 凡冬季癸水 有丙透解凍 則金溫水暖
우 요 신 금 자 부 무 병 유 신 불 묘 범 동 계 계 수 유 병 투 해 동 즉 금 온 수 난
兩兩相生 要不見壬癸 自然登科及第 紫誥金章
양 양 상 생 요 불 견 임 계 자 연 등 과 급 제 자 고 금 장
십일월 癸水는 얼음이 어는 시기로서 金水가 어우러져 즐기는 상이 없으므로
丙火를 전용하여 해동하면 얼음이 얼지 않는다. 또한 辛金으로 돕는 것이 필요
하나 丙이 없고 辛이 있으면 좋지 않다. 일반적으로 겨울의 癸水는 丙이 투출하
여 해동하면 金과 水가 따뜻하여지며 서로 상생하는 것으로서 반드시 壬癸가
없어야 저절로 등과급제하고 고위직에 오른다.

입춘으로부터 열한 번째의 달인 子월은
얼음이 어는 시기로서 金水가 얼어버리므로
서로 상생하며 어우러져 즐기는 교환지상交歡之象이 없으므로
丙火를 전용하여 해동하여야 얼음이 얼지 않는다고 합니다.

또한 辛金으로써 생하여 돕는 것이 필요하지만
丙火가 없어 해동을 하지 못하여
辛金이 있어도 얼어있는 癸水를 생하지 못하므로 좋지 않다고 합니다.

일반적으로 겨울 癸水는 얼어버리므로
丙火가 투출하여야 해동할 수 있으며
金水가 따뜻하여지면서 서로 상생하며 교환지상을 이룬다고 합니다.

이때 壬癸水가 없어야
丙火로써 해동하여 음양의 조화를 이룰 수 있으므로
저절로 국가고시인 등과에 급제하고
고위직의 직위를 부여 받을 수 있다고 합니다.

或一派壬水 無丙出干 寒困之士 一派癸水 孤賤之流 或支成水局 得丙
혹 일 파 임 수　무 병 출 간　한 곤 지 사　일 파 계 수　고 천 지 류　혹 지 성 수 국　득 병
火重出干者 又主蟒袍玉帶之榮 或支成金局 丙火無跡者 芒鞋革履之流
화 중 출 간 자　우 주 망 포 옥 대 지 영　혹 지 성 금 국　병 화 무 적 자　망 혜 혁 리 지 류
한 무리의 壬水가 있는데 丙이 투출하지 않으면 가난한 선비이다. 한 무리의 癸
水가 있으면 고독하고 천한 무리이다. 지지에 水국을 이루고 丙火가 중첩하여
투출하면 고위직의 영예가 있다. 지지에 金국을 이루고 丙火가 흔적도 없으면
짚신을 가죽신으로 여기며 가난하게 수행을 하는 부류이다.

한 무리의 壬水가 있으면 기세가 왕성한 것으로서
丙火가 투출하지 않으면 해동을 할 수 없으므로
추운 환경에서 지내는 가난한 선비에 불과하다고 합니다.

한 무리의 癸水가 있으면 기세가 왕성한 것으로서
겨울에 얼음이 고립되어 뭉쳐있어 해동을 하지 않으면
고독하고 천한 무리라고 합니다.

지지에 水국을 이루면 기세가 왕성한 것으로서
丙火가 중첩하여 투출하여 해동을 하여주면
음양의 조화를 이룰 수 있으므로
황금과 옥으로 된 망포옥대蟒袍玉帶를 허리에 찬 고위직으로서
영예를 누린다고 합니다.

지지에 金국을 이루면 기세가 왕성한 것으로서
丙火의 양기가 흔적도 없으면 왕성한 기세를 제어할 수 없으므로
음양의 조화를 이룰 수 없어
짚신을 가죽신으로 여기며 가난하게 수행을 하면서
살아가는 부류라고 합니다.

시	일	월	년	구분
	癸	丙	辛	천간
		子		지지

이 명조는 丙辛이 화합하여 水의 기세가 순수한 것으로서
火가 있으면 음양의 조화를 이룰 수 있으므로
은총으로 영예로운 벼슬을 하사받고 자식도 훌륭하게 된다고 하며

火가 없으면 순수한 水의 기세로써
재물을 모아 벼슬을 구하고 고위직에 오른다고 합니다.

한 무리의 戊己土가 있으면 土의 기세가 왕성한 것으로서
격국론의 용어로서 살중신경煞重身輕이라고 하며
왕성한 土의 칠살의 기세를 癸水일간이 감당하기 어려우므로
가난하지 않으면 요절한다고 합니다.

용신이 火이면 木이 처이고 火가 자식으로서 희신의 역할을 하고
용신이 辛金이면 土가 처이고 金이 자식으로서 희신의 역할을 합니다.

조화원약에서 발췌한 명조입니다.

시	일	월	년	구분
壬	癸	庚	丙	천간
子	未	子	子	지지

金水의 기세가 왕성한데 丙火가 투출하여 해동을 하고
己土가 암장되어 암암리에 재능을 발휘하므로
무과에 급제한 명조입니다.

시	일	월	년	구분
癸	癸	戊	庚	천간
亥	巳	子	戌	지지

金水의 기세가 왕성한 것으로서 戊土가 제어하고
암장된 丙火가 암암리에 재능을 발휘하므로
중앙관서의 총리급인 재상宰相에 오른 명조입니다.

시	일	월	년	구분
丙	癸	戊	庚	천간
辰	丑	子	子	지지

金水의 기세가 왕성한 것으로서 戊土가 제어하고
丙火가 해동하여 주므로 두 가지 국가고시인 과거에 급제하고
지방관서의 장인 부윤府尹에 오른 명조입니다.

시	일	월	년	구분
丁	癸	戊	庚	천간
巳	卯	子	子	지지

金水의 기세가 왕성한 것으로서 戊土가 제어하고
丁火가 庚金을 제어하고
丙火가 암장되어 암암리에 재능을 발휘하므로
부자로서 귀하게 된 명조입니다.

3) 丑월의 癸水

十二月癸水 寒極成冰 萬物不能舒泰 宜丙火解凍 或丙透年時 加以壬透
십 이 월 계 수 한 극 성 빙 만 물 불 능 서 태 의 병 화 해 동 혹 병 투 년 시 가 이 임 투
支中多戊 名水輔陽光 主顯達名臣 無戊者 異途之職 若有丙無壬 黌門
지 중 다 무 명 수 보 양 광 주 현 달 명 신 무 무 자 이 도 지 직 약 유 병 무 임 황 문
之客 有壬無丙 戊又出干者 皂隷之流
지 객 유 임 무 병 무 우 출 간 자 조 예 지 류

십이월의 癸水는 추위가 극에 달하여 얼었으므로 만물이 편안하게 살 수가 없
으니 마땅히 丙火로써 해동한다. 丙이 년과 시에 투출하고 壬도 투출하고 지지
에 戊가 많으면 이른바 수보양광으로서 현달하는 명신이다. 戊가 없으면 다른
방면으로 직책을 갖는다. 丙이 있고 壬이 없으면 글방의 손님이다. 壬이 있는데
丙이 없고 戊도 투출하면 노비의 부류이다.

입춘으로부터 열두 번째의 달인 丑월은
추위가 극에 달하여 얼었으므로 만물이 편안하게 살 수 없는 것으로서
마땅히 丙火의 양기로써 해동한다고 합니다.

丙火가 년간과 시간에 투출하고 壬水도 투출하고
지지에 戊土가 많이 있다면 이른바 수보양광水輔陽光으로서
水로 인하여 태양이 밝게 빛나므로 현달하는 명신이라고 합니다.

戊土가 없으면 壬水를 제어하여 丙火를 도울 수 없는 것으로서
무술이나 기예 등의 다른 방면으로 직책을 갖는다고 합니다.

丙火가 있는데 壬水가 없으면 음양의 조화를 이루지 못하므로
단지 글방의 손님에 불과하다고 합니다.

壬水가 있는데 丙火가 없고 戊土가 투출하면
壬水를 제어한다고 하여도 丙火가 없어 해동이 안 되므로
단지 노비에 불과하다고 합니다.

지지에 子丑이 있는데 癸水가 투출하면
왕성하고 단단한 얼음이 된 것으로서
丙火가 투출하여도 해동할 수 없으므로 보통사람에 속한다고 합니다.

癸水가 없어도 丙火와 辛金이 화합을 하여 음기를 도우므로
역시 해동을 할 수 없으므로 좋지 않다고 하며
아때 丁火가 투출하여 辛金을 제거하고
丙火와 함께 해동을 하면 길함이 적지 않다고 합니다.

전부 癸水와 己土만 모이면
己土의 밭에 癸水의 눈이 내린 눈밭의 형상이 된다고 하는 것으로서
이때 丁火가 년간에 투출하면
눈밭에 있는 등불의 형상인 설후등광雪後燈光이라고 합니다.

밤에 태어나면 등불이 밝게 비추어주므로 귀하게 된다고 하며
낮에 태어나면 등불이 있어도 빛나지 않으므로 귀하지 않다고 하며
丁火가 없으면 등불이 없는 것이니 고독하고 가난하다고 합니다.

或支成水局 無丙者 四海為家 一生勞苦 或支成火局 有庚辛透者 衣食
혹 지 성 수 국 무 병 자 사 해 위 가 일 생 노 고 혹 지 성 화 국 유 경 신 투 자 의 식
充足 無金出 孤苦零仃 或支成金局 丙透得地 名金溫水暖 彼此相生
충 족 무 금 출 고 고 영 정 혹 지 성 금 국 병 투 득 지 명 금 온 수 난 피 차 상 생
定許光大門閭 聲馳翰苑 乏丙者 即文章駭世 總為孫山
정 허 광 대 문 려 성 치 한 원 핍 병 자 즉 문 장 해 세 총 위 손 산

지지에 水국을 이루고 丙이 없으면 사해를 집으로 삼고 떠돌아다니며 일생 고
생한다. 지지에 火국을 이루고 庚辛이 투출하면 의식이 충족하고 金이 투출하
지 않으면 외롭고 고생하며 의지할 곳조차 없다. 지지에 金국을 이루고 丙이 투
출하고 득지하면 이른바 金水가 따뜻한 것으로서 서로 상생하는 것이니 반드시
가문이 크게 빛나고 한원에 이름을 떨친다. 丙이 부족하면 문장은 뛰어나도 과
거에 낙방한 손산과 같다.

지지에 水국을 이루면 기세가 왕성한데
丙火가 없으면 해동을 할 수 없으므로
사방의 바다를 집으로 삼아 떠돌아다니며 일생 고생한다고 합니다.

지지에 火국을 이루면 기세가 왕성한 것으로서
庚辛金이 투출하면 癸水를 도와 의식이 충족하여지나
庚辛金이 없으면 癸水를 돕지 못하므로
외롭고 고생하며 의지할 곳조차 없다고 합니다.

지지에 金국을 이루고 癸水를 도와 왕성한 기세를 만들고
丙火가 투출하고 지지에 득지하여 왕성한 기세로써 해동하면
이른바 金水가 따뜻한 금온수난金溫水暖으로 서로 상생하므로
반드시 가문이 크게 빛나고
궁궐의 학자로서 한림원翰林院에 이름을 떨친다고 합니다.

그러나 丙火의 기세가 부족하면 음양의 조화를 이루기 어려우므로
문장이 뛰어나도 과거에 낙방한 오나라 손산孫山과 같다고 합니다.

或支成木局 洩水太過 主殘病呻吟 得金出干輔救 技藝之流 凡冬月用丙
혹 지 성 목 국 설 수 태 과 주 잔 병 신 음 득 금 출 간 보 구 기 예 지 류 범 동 월 용 병
須丙火得地方妙 不然 即重重丙火出干 安能輕許富貴哉
수 병 화 득 지 방 묘 불 연 즉 중 중 병 화 출 간 안 능 경 허 부 귀 재
지지에 木국을 이루고 水의 설기가 태과하면 잔병으로 신음하고 金이 투출하여
구하면 기예의 부류이다. 일반적으로 겨울에는 丙을 쓰는데 반드시 丙火가 득
지하여야 비로소 좋고 그렇지 않고 丙火가 중첩되어 투출하면 어찌 부귀를 가
볍게 허락할 수 있겠는가.

지지에 木국을 이루면 기세가 왕성한 것으로서
癸水의 설기가 태과하므로 잔병으로 신음한다고 합니다.

그러나 庚辛金이 투출하여 木의 기세를 제어하고 癸水를 구하면
재능이 있는 것으로서 기예를 하는 부류이라고 합니다.

일반적으로 겨울에는 丙火을 쓰는데
丙火가 득지하고 기세가 왕성하여야 해동을 하고
음양의 조화를 이룰 수 있으므로 비로소 좋다고 합니다.

그러나 丙火가 중첩되어 투출하면 기세가 매우 왕성한 것으로서
오히려 해동이 지나쳐 해로우므로
어찌 부귀를 가볍게 허락할 수 있겠는가.

조화원약에서 발췌한 명조입니다.

시	일	월	년	구분
丙	癸	己	乙	천간
辰	丑	丑	丑	지지

己土의 기세가 왕성하나 乙木이 제어하고
丙火가 투출하여 해동하여 음양의 조화를 이루고 있으므로
중앙관서의 차관급인 시랑侍郞의 지위에 오른 명조입니다.

시	일	월	년	구분
壬	癸	己	乙	천간
子	卯	丑	巳	지지

壬水가 투출하여 기세가 왕성하고 乙木이 己土를 제어하며
丙火가 암장되어 암암리에 재능을 발휘하므로
학생들을 가르치는 교육자의 명조입니다.

시	일	월	년	구분
庚	癸	己	乙	천간
申	巳	丑	酉	지지

지지에 金국을 이루고 기세가 왕성한데 乙木이 己土를 제어하고
丙火가 암장되어 암암리에 재능을 발휘하므로
지방고시에 급제한 학자로서 생원生員의 명조입니다.

시	일	월	년	구분
壬	癸	癸	丁	천간
戌	卯	丑	丑	지지

壬癸水가 투출하여 기세가 왕성하고 丁火의 등불이 밝게 빛나므로
국가고시에 급제한 학자로서 공사貢士이며
학생들을 가르치는 교육자의 명조입니다.

시	일	월	년	구분
乙	癸	乙	戊	천간
卯	巳	丑	寅	지지

乙木의 기세가 왕성하여 戊土를 제어하므로
감찰업무를 수행하는 포정布政의 명조입니다.

시	일	월	년	구분
癸	癸	乙	癸	천간
丑	卯	丑	未	지지

癸水의 눈이 많이 내리고 乙木이 눈 속에 묻히는데
丙火가 없어 해동을 하지 못하므로 잔병이 많은 명조입니다.

窮通寶鑑